JN272378

アジア地域文化学叢書1

アジア地域文化学の構築

――21世紀COEプログラム研究集成――

早稲田大学アジア地域文化エンハンシング研究センター編

アジア地域文化学の構築　目次

第三部　理論モデルの検証―乾燥アジア史と文化人類学

刊行にあたり

拠点リーダー　大橋一章

二十一世紀ＣＯＥプロジェクトの一つとして、わたくしどものアジア地域文化エンハンシング研究センターがスタートして四年目が終わろうとしている。前例となるものがなく、すべてが初めてのことで、手探りの状態がつづき、走りながら決断していたことが、今やなつかしい時期となった。

改革路線の小泉内閣のもと、二〇〇一年六月遠山敦子文部科学大臣は突如、大学トップ三十の構想を打ち上げた。全国の大学人が疑心暗鬼していると、翌二〇〇二年五月、世界的レベルの教育研究拠点を形成するという二十一世紀ＣＯＥプログラムが発表された。要するに大学の監督官庁たる文部科学省が全国の大学に突きつけた大学改革なのである。国立大学の独立行政法人化や少子化問題等、大学を取り巻く環境は近年ことのほか厳しい。人文系の学部や大学院はより厳しく攻め立てられるだろうと、本学の第一文学部の入試改革や、さらには創立百二十五周年の二〇〇七年スタートの第一文学部と第二文学部の抜本的な改革を教授会に提案した経緯もあって、二十一世紀ＣＯＥプログラムはわたくしにとってとうとう来たのかという思いが強かった。

ＣＯＥプログラムに応募すべく、東洋史専攻の工藤元男教授を中心に連日検討が繰り返され、最終的に大学院文学研究科の東洋史・日本史・美術史・考古学・東洋哲学・中国文学・日本語日本文化の七専攻から教員が参加することにした。二〇〇〇年四月一日から本学に設置されていたプロジェクト研究所のうちアジア関係の長江流域文化研究所・中国古籍文化研究所・シルクロード調査研究所・モンゴル研究所・朝鮮文化研究所・奈良美術研究所・水稲文化研究所・ラオス地域人類学研究所の八研究所を、本研究センターの八つの研究チームに位置付け、アジア地域文化学の構築をテーマに全体構想を練り上げ、七専攻出身の二十二名の教員を各研究チームに所属させて事業推進者として申請した。

二〇〇三年十月にアジア地域文化エンハンシング研究センターは無事採択された。事業推進者となったアジア関係の教員はそれまで比較的自由な研究をしていたが、これからは本プログラムの申請書に則した研究もしなければならず、これは教員にとって新たな負担となった。さらに若手研究者育成という教育指導も加わる。本プログラムへの参加はかつての人文系の大学教員には想像もできない負担を強いることになったのである。誰からも強いられることなく好きな研究をし、大学に行っては講義さえしていればよかった時代は今や過去のものになりつつある、いや過去のものになったというべきか。二十一世紀の大学のあるべき姿を、本プログラムは一足先に実践しているのである。

われわれ人文系の研究者はどちらかというと共同研究は苦手で、一人書斎にこもって文献相手に研究することが多かった。共同研究が計画されてもそれは往々にして分担研究、つまり寄せ集め的なものになりがちであった。アジア地域文化エンハンシング研究センターにも応募前から寄せ集めであってはならないというプレッシャーが伸し掛かっていた。二十二名の事業推進者にとって、アジア地域文化学の構築が共通認識でなければならない。そのために、二〇〇三・四・五年と国際シンポジュウム「アジア地域文化学の構築」Ⅰ・Ⅱ・Ⅲを開催してきた。

一回目のシンポジュウムは未だ手探りの状態で、事業推進者のモチベーションもいろいろといったところであった。しかし、回を重ねるごとに共通認識も確実に深まってきた。二〇〇五年の春にはこれまでの各自の研究成果を論文にまとめて出版しようという気運が持ち上がった。成果発表としてＣＯＥ叢書の出版が運営委員会で決定した。いうまでもなく書名は『アジア地域文化学の構築』である。毎月第一火曜日に開かれる本研究センターの運営委員長をつとめながら、理論構築を担ってきた近藤一成教授には、「アジア地域文化学の構築—総論」の執筆をお願いした。これは本書をもって嚆矢とするＣＯＥ叢書の大いなる指針となるものである。本書は三部から構成されていて、第一部は「東アジアの形成—四川モデルの原点」、第二部は「広域文明と地域文化—地域文化としての日本」、第三部は「理論モデルの検証―乾燥アジア史と文化人類学」となっており、それぞれ四人、計十二人の事業推進者が執筆した。

本書につづく論文集は本年二〇〇六年九月に出版の予定で準備している。その後は本研究センターの八つの研究チームそれぞれの編集による出版も計画している。本書は二十一世紀COEプログラムに参加して最初の研究成果として出版するもので、不備な点が多々あるのではなかろうか。先輩諸氏の御叱正を仰ぎたい。

アジア地域文化学の構築―総論

近藤一成

はじめに

早稲田大学21世紀ＣＯＥプログラム「アジア地域文化エンハンシング研究センター」は、二〇〇二年のプログラム採択後、これまで実質三年間の研究・教育活動を展開してきた。本総論は、その間「アジア地域文化学の構築」という課題で三回行われた国際シンポジウムの成果を基礎に、本プログラムが提唱する「アジア地域文化学」の可能性について検討し、プログラムの進捗状況を述べた中間報告である。

具体的な検討に入る前に、「21世紀ＣＯＥプログラム」の特色について簡単に述べる必要がある。それは、その目的として「我が国の大学に世界最高水準の研究教育拠点を形成し、研究水準の向上と世界をリードする創造的な人材育成を図るため、重点的な支援を行い、もって、国際競争力のある個性輝く大学づくりを推進することを目的としています」（学術振興会21世紀ＣＯＥプログラムＨＰ）とあるように、ＣＯＥが大学での拠点形成という、従来の大型科学研究費補助による共同研究とは異なる目的をもつからである。それはまた、拠点での人材育成という教育プログラムの確立も併せ要求している。従って、以下の記述はこのようなプログラムの枠組みを前提とし、それらをどのように実現したかという内容にならざるを得ない。とはいえ、拠点の設定する課題は学問・研究というグローバルな世界の問題であり、一大学のローカルな話でないことはいうまでもない。ここでは、本プログラムが掲げる研究分野としての「アジア地域文化学」とはどのような「学」であるのかの検討を主とし、それを具体化するセンターの組織・運営については必要な限りで述べることにする。

「アジア地域文化エンハンシング研究センター」は、早稲田大学のプロジェクト研究所を母体とする八つの研究チームによって構成されている。プロジェクト研究所とは、早稲田大学の教員が、学部や専攻の枠にとらわれず、また学外の研究者も参加可能な形で組織する期間限定の研究所で、外部資金により運営される。八チームの母体となる研究所とは、文学学術院に属する教員が所長を務める長江流域文化・奈良美術・中国古籍文化・シルクロード調査・モンゴル・朝鮮文化・水稲文化・ラオス地域人類学各研究所である。また、これらに属する教員の大学院での専攻は、東洋史学、日本史学、東洋哲学、中国文学、考古学、文化人類学などに分かれ、率直にいって研究対象がアジアという以外に研究上の共通項は余りなかった。しかし逆に、それらが共同研究体制を組むことは、専攻の枠を超えた新しいアジア研究の場が生まれる可能性につながるとの見通しの下に本プログラムは始まった。この見通しの実現が容易でないことは事前に十分予想されたが、実際に活動を開始してみると、それは予想以上であったというのが現段階での正直な感想である。

一　アジア地域文化学と早稲田大学

早稲田大学文学部には、津田左右吉、会津八一など東洋学史上に大きな業績をあげた多くの学者が名を連ねる。ここではかつて文学研究科の東洋史学に属した教員であり、本COEプログラムを立ち上げる際にアジアのイメージを共有するのに助けとなった、松田壽男教授と栗原朋信教授の学問上の遺産を紹介したい。雄大な構想力によって多元世界のアジアの歴史を総合的に解き明かした松田『アジアの歴史』(1)と、秦漢王朝の璽印という微細な研究対象の分析を通して漢帝国が構想した壮大な国際秩序を浮かび上がらせた栗原『秦漢史の研究』(2)がそれである。歴史の全体像に迫る二人の手法は対照的であるが、それぞれが提示したアジア史と東アジア史の構造は今なお有効であり、われわれのアジア地域文化学構築の出発点であり土台であるといってよい。

松田『アジアの歴史』は、本人の意図はともかく、戦後日本の歴史学界の一大潮流であった「万国史ではない世界史」叙述の追求という流れのなかで独自の位置を占めている。歴史学と地理学を同じ「根」をもつ学問とし、その「根」を「風土」と理解して、風土に根づく歴史相・地理相から世界史を捉えようという立場である。独特の用語法は近代歴史学の概念に馴染んだものには違和感が残るが、その行論はいたって明快である。とくにそこで構想されたアジア史の構造は、卓抜な図示によってより説得的となっている。代表的な図を三点だけ採録すると以下のようである。

松田教授が、多元世界のアジアの歴史を総合的に理解する鍵語となる①の三風土帯説を提唱した時期は昭和十二(一九三七)年に遡る。氏はその後、唐の玄奘が『大唐西域記』のなかで取り上げた四〇国余を全体の上にのせて説くための地域区分に注目し、それを四主説と命名した。②の図がそれであり、三風土帯説の乾燥アジアと湿潤アジアを長方形に表すと、地文的区分としては右上から左下への対角線で分けられ、また人文的区分としては中国文化を中心とする東アジア民族文化圏とイスラーム文化を中心とする西アジア文化圏を左上から右下への対角線で区分けできる。それを重ねれば、まさに四主説と同じ構図が現れる。七世紀中葉に既にこのような文化圏設定を生み出した「東洋の英知」を目の当たりにして、松田教授は自らの風土帯アジア史観の妥当性を確信したかにみえる。ランケ以来の近代歴史学とは、ヨーロッパ中心主義で、しかも都合のよい時代と地域をつなぎ合わせる「切捨てごめん」「つまみ食い」の歴史学であ

松田壽男原案

① アジアの三風土帯説

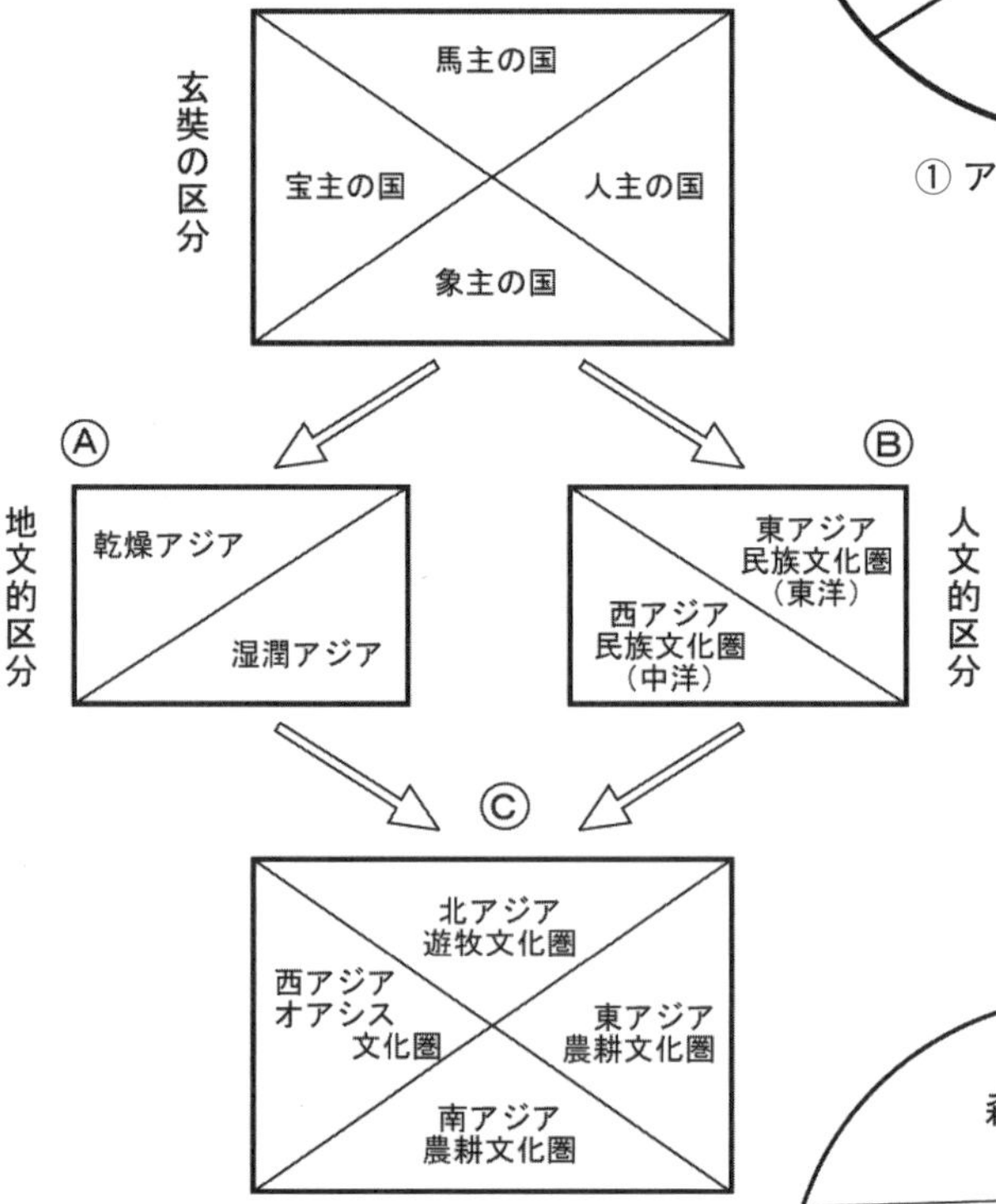

② 玄奘の四主説

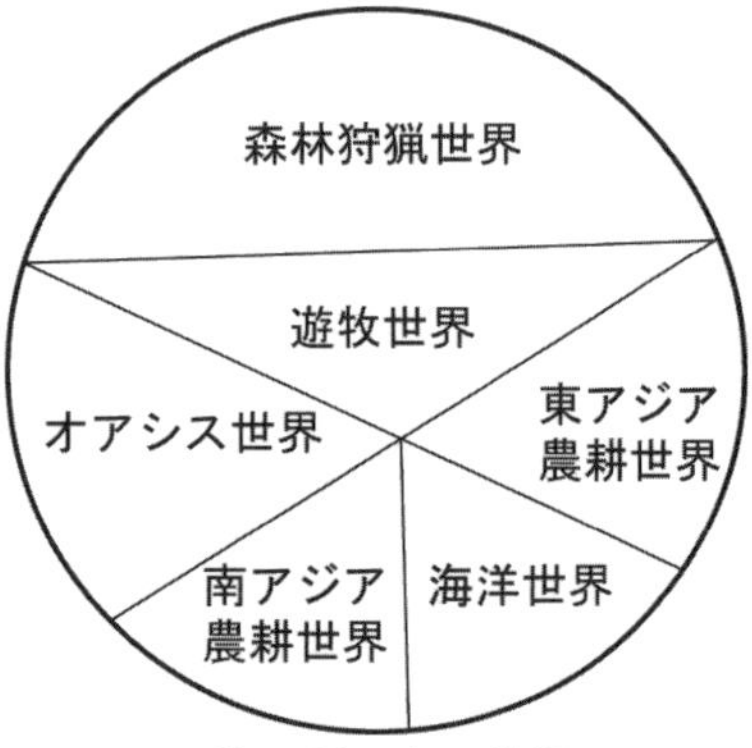

③ アジア史の基盤

り、アジアにおいては「十八史略」的な中国王朝興亡史が横行することに異議を唱え続けてきた松田史学にとって、四主説は十九世紀西欧で形成された学問ディシプリンを突き抜けた真の歴史学確立への頼もしい援軍に思えたことであろう。

こうして最終的には、玄奘の求法旅行では見聞されなかったが故に『大唐西域記』には現れない森林狩猟世界（貂皮の世界）と海洋世界（密林に囲まれた港市を結ぶ点と線の世界）の二つの地域を加え、六地域からなるアジア歴史世界の構造図に到達したのである（③）。これを松田の歴史基盤と呼ぶことにする。

六地域は、東アジア農耕世界がさらに秦嶺―淮河線によって二地域、あるいは黄河、長江、珠江三流域に区分されているように、風土の違いにより幾つかに細分されるが、それらについては原書を参照していただくことにし、ここでは立ち入らない。③は、一見すると梅棹忠夫『文明の生態史観』の生態モデルと同工異曲の図にみえる。しかし両者は、発想と結論においてまったく異なるといってよい。川勝平太氏が「生態学的接近は、地域の循環的、静態的説明になりがちで、歴史変化を読むという点では弱いように思う。どうしても歴史への視座が落ちがちになる[3]」と指摘する、その歴史への視座こそが三風土帯説の出発点である。そして地域構造の比較検討の結果、各風土帯に立脚する地域間の交流史のなかで各地域の歴史が形成されたとの結論に達する。すなわち該書を些か強引に読み込めば、世界史は各地域がモザイク状に集まった多元世界の歴史として展開したのではなく、平和的あるいは武力的交流により他地域の要素を取り込み融合しながら独自の地域性を形成しつつ、多元の統合として展開したことになる。これは、地域文化と広域文明の関係性のなかでアジア地域文化学を考えている本プログラムにとり重要な手掛かりを与える。

一方、栗原『秦漢史の研究』は、秦の「皇帝璽」すなわち「伝国の璽」の検討から始まり、漢の印章制度を明らかにして、国家構造の復元にまで及んだ研究である。それによると、漢帝国は、内臣、外臣、外客臣、絶域の朝貢国、隣対の国という順序で世界の政治秩序を構想したことになる。内臣とは漢帝国内の郡県制と王国制下にある王・侯・官僚であり、外臣は帝国外にある国の君主のことで、漢と直接関係をもつ君主のみが漢の礼と法を奉じ、その君主が支配する民はその国独自の礼と法に従う。また絶域の朝貢国は、漢の天子の徳だけが及ぶ地域であり、君長が徳を慕って朝貢をする。これらに対し、一般外臣より徳化の程度が薄いとされる外客臣や、対等の存在（敵国）として天子の徳も及ばない隣対の国の規定は、内臣、外臣、朝貢国という理念的秩序づけでは収まりきらない現実に対応した、構想内への位置づけということになろう。このように『秦漢史の研究』が、漢の天子の礼、法、徳のそれぞれが及ぶ程度を規準とした国際秩序の観念と、それに対応する現実の存在を明らかにした功績は大きい。いうまでもなく、ここでは観念によって現実が作り出されたと主張されているのではなく、逆に現実に即して観念が形成されたと言われているのでもない。むしろわれわれとしてはM・ウェーバーの理念型的な用法として理解し、これを栗原モデルと呼んでおく。図としてイメージすれば、皇帝＝天子を頂点にした円錐形を上から内臣、外臣、外客臣、朝貢国、隣対国の順に同心円の輪切り状態を考えればよい。周知のように栗原モデルは、西嶋定生教授によって「冊封体制論」に発展させられ、さらに漢字・儒教・

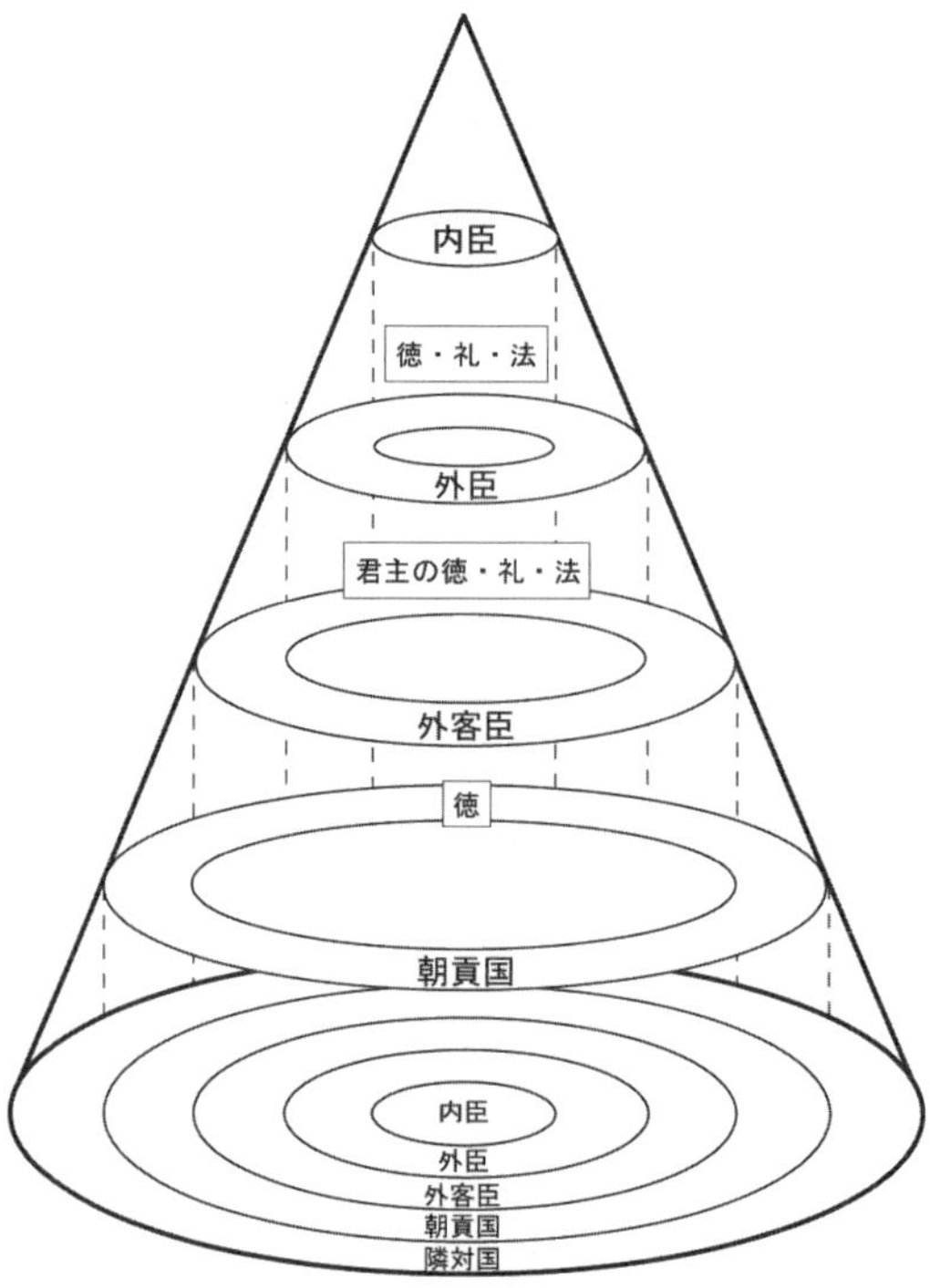

栗原モデル

仏教・律令という共通の文化要素を指標とする東アジア文化圏論に展開し、その後の東アジア史理解に決定的な影響を与えることになる。

本プログラムでは、現在その基本的視点に幾つかの疑問が表明されている西嶋冊封体制論や東アジア文化圏論には拠らず(4)、そこに行く前の栗原モデルを、松田歴史基盤に乗せることで東アジアを主とする前近代アジア史の構造図を共有することにしたい。栗原モデルの円錐形は、専ら政治秩序を表すが、皇帝＝天子を頂点とする階層的統合論理、これが中国文明の核になる芯だとしてよい。その上で実際にはさまざまな要素や作業仮説を歴史基盤としての地域の上に載せ、アジア史の多様な局面

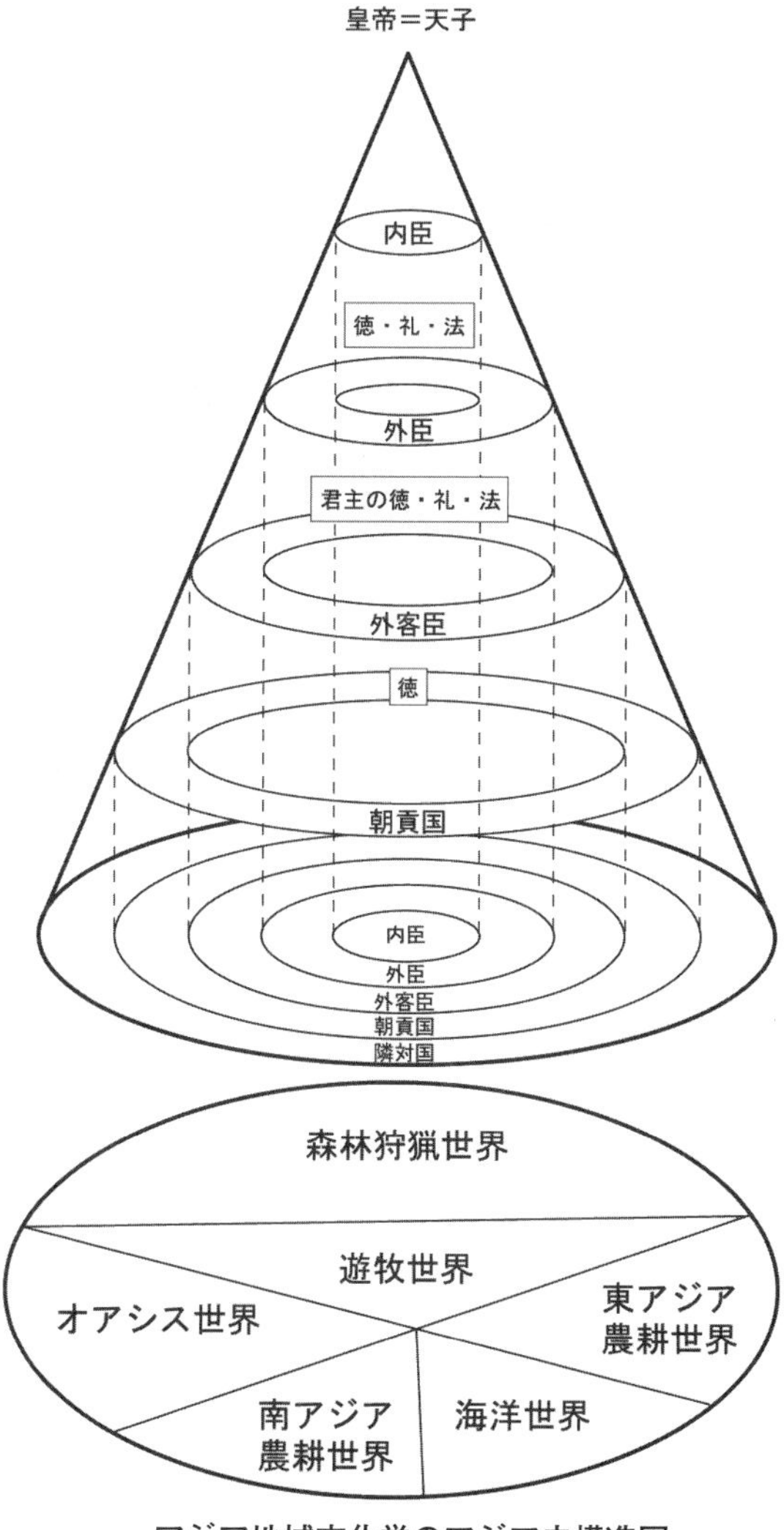

アジア地域文化学のアジア史構造図

を表現し、かつ分析の対象とすることが必要とされる。

二　近年のアジア地域研究

ベルリンの壁が崩壊し、冷戦体制が終了した一九九〇年代、世界は新たな秩序に向け希望の歩みを開始したかにみえた。しかし二十一世紀初頭の現在、地域紛争は拡大し、アメリカ「一極支配」に対する無差別テロの蔓延など、世界は出口のみえない混乱に喘いでいる。その中でアジアには依然として社会主義体制ないし社会主義政権が存続し、東欧「革命」によって大きく体制転換を成し遂げたユーラシア大陸の西端地域とは政治事情を大きく異にすることになった。こうした世界情勢に対応するかのように、有効なグランドセオリーの不存在という条件のなかでアジア研究の分野にも新たな研究のパラダイムを求める動きが急速に活発となってきた。ここでは、それらの研究潮流なかで企画された大型科学研究費補助金による「地域研究」の二つのプロジェクトを取り上げ、それらとの対比で本COEプログラムの特質を再確認したい。一つは一九九三～九六年度重点領域研究の「総合的地域研究の手法確立」であり、もう一つは一九九七～二〇〇一年度創成的基礎研究「現代イスラーム世界の動態的研究（通称「イスラーム地域研究」）」である。とはいえそれぞれの研究成果は、膨大な量の報告書やプロジェクト終了後の叢書の刊行としてまとめられており、ここで総括的に論評することは筆者の能力からも時間的余裕からも不可能である。とりあえず、それらプロジェクトの担当者自身による研究の位置づけや目標をまず理解することで本プログラムの位置を探ることにする。

二つのプロジェクトの共通項は「地域」であるが、「総合的地域研究」は東南アジアを、「イスラーム地域研究」は言うまでもなくイスラームを、他から区別された研究対象としての「地域」の指標とする。一般的な感覚からいえば、東南アジアは地理上の概念であり、イスラームは宗教概念である。とすればある地域を他の地域から区別し、そこを研究の対象として切り取るための規準は一様ではないということになる（但し後述のように、イスラームという言葉が地域を切り取る規準として妥当かどうかは後に論議の対象となる）。逆にいえば、一様ではない規準によって切り取られた地域は、それぞれの規準という固有の要素を共有するから諸「地域研究」は成り立つ、といえる。少し先走れば、こうした異なる規準によって切り取られたさまざまな位相の地域研究を重ね合わせることで、地域研究はその真価をより一層発揮できると思われる。東南アジア地域にとってイスラーム地域はその一部であり、イスラーム地域にとっても東南アジア地域はその一部である。とすれば東南アジアイスラームは、この二つの地域研究を重ね合わせることで初めて十分な理解が可能になるといえるのである。

地域研究は、外部の人間からみると常に「地域」とは何か、「地域研究」はどのような学問かを問い続けているようにみえる。とりわけ「総合的地域研究」においては、その「手法確立」という課題名から推測できるように、地域研究という新たな学問分野を開拓する意気込みが横溢しており、それ故、各分担者の地域研究理解にはかなりの差がみえる。それにもかかわらずそこで共有される認識は、従来の研究がいわゆる大文明中心で、欧米や中国、インドという巨大文明についての研究はその研究手法が確立し、分析はますます緻密・犀利になるのに、東南アジアやアフリカはそれら大文明の地域からの働きかけの対象、受け手としか理解されていなかったこと。確かに東南アジアには、「ヒンドゥ、仏教、イスラーム、キリスト教、植民地主義、資本主義、そして絶えざる交易者や移民の流れがこの地域に向かっていた」が、生態環境に注目すれば、そこは熱帯多雨林と多島海という自然環境のなかの「小人口世界」という特色があり、その圧倒的な自然・生態環境に即応する固有の生活が営まれる地域であること。その生活に着目すれば、それはさらに幾つかの小単位に分割される。(5) いわば人為によって自然を切り拓く文明とは異なる、気候や植生を含む生態環境を重視する世界であり、そのような世界の人間のつながりと物の考え方や社会の仕組みこそ21世紀の人類が存続するために必要とされる、という信念である。

「総合的地域研究」には、この呼称によって行われる地域研究こそが真の地域研究である、という主張がある。一九六五年に設置された京都大学の東南アジア研究センターの歩みに沿って、東南アジア学の第一段階は、既存のディシプリンを武器に研究者個人が研究を進めた時代（例えば「タイの石灰岩台地上の植物の研究」など）。次がいわゆる学際的研究の段階。専門を異にする複数の研究者が集まり一つの地域を研究するか、一人の研究者が複数の専門分野の知識を駆使して、その地域を多角的に研究する場合をいう。総合的地域研究は、その次の第三段階であり、これまでに確立されているディシプリンを超え、「地域という枠組みにこだわり、そのなかで諸現象を総合的に捉えようとする。最終的には、地域の総合的像を描くことによって、新しい知の枠組みの再編を目指し、パラダイムの解体・再構築を目論む」[6]との主張である。あるべき「総合的地域研究」の具体的なあり方は、プロジェクト分担者の間でも合意をみなかったようであるが、その最も強力な主張者である立本氏は、ディシプリンの寄せ集めである学際的研究は決して地域研究とはいえないとして、真の地域研究を、地域性（研究の対象）・総合性（全体性　研究の方法）・現代性（研究の目的）の観点から詳細に論じている。一見すると歴史的なまとまりのないアフリカ諸地域や東南アジア諸地域の、ディシプリンでは見えないものを明らかにして「バラバラにして一緒」「間柄としてつながる」社会を捉える「研究の方法」は、しかし未だ課題であり続けているとする。

こうしてみると本ＣＯＥプログラム「アジア地域文化学」は、主に前近代の「アジア」の「地域文化」を研究する「学」であるから、いろいろなディシプリンの研究者が集まるインターディシプリナリーとしての学際研究であり、真の地域研究ではない、ということになる。われわれは地域研究であるかないかそれ自体を強く意識する必要はないであろうが、「地域研究」者との対話においては少なくともその自覚が必要であろう。この点に関して「イスラーム地域研究」の代表佐藤次高氏は「私は、研究の対象となるイスラームと新しい研究分野として登場してきた〈地域研究〉とを結びつけ、〈イスラーム地域研究〉とするのがいいのではないか、と思いはじめた。〈イスラーム・地域研究〉でもなく、

〈イスラーム地域・研究〉でもなく、ふたつを融合した〈イスラーム地域研究〉である」と述べている。(7) それは、先のラディカルな「総合的地域研究」の厳格な自己規定を否定はしないが、その道はまだ発見されていないとして、「イスラーム地域研究の新しい手法」をさまざまなディシプリン研究の総合として確立することを目標の一つに掲げたことの別の表現とみられる。イスラームプロジェクトでは、そのための具体的な計画として地域間比較の試みと歴史的アプローチの重視の二つが提案されている。しかしここでも、ディシプリン研究の総合による新しい研究手法はいまだ手探り状態にある、と総括され、今後は地域間比較を行うための座標軸の設定が重要であるとの提言がなされている。事実、中国側の岸本美緒氏による所有論・寺田浩明氏の契約論、東南アジア側の関本照夫氏の市場論からみたイスラーム社会との比較は興味深い議論となっているから、(8) その方向性をさらに展開する必要があるとの提言であろう。

既存の研究分野に拘泥することへの評価が厳しい昨今であるが、既存研究分野（ディシプリン）の研ぎ澄まされた方法論、緻密で深い分析など細分化されたが故に到達可能となった研究水準については、どのような場面であっても排斥される理由はない。問題は、それが何のための研究にどのような役割を果たしているのか、研究者が無反省なところにある。勿論「イスラーム地域研究」の諸分担者は決してそのことに無反省ではない。メンバーの一人である羽田正氏が提起した問題は、本プログラムにも多少関係する内容を含むと思われるので、本節の最後に触れておきたい。(9)

羽田氏の主張を一言でまとめると、現代世界を分析する際に用いられる日本語の「イスラーム世界」という用語は用いるべきではなく、同時に「イスラーム世界」史という考え方・表現は「イスラーム世界」を枠組みとするからやはり適当ではないということになる。その理由は大きく分けると二つあり、「イスラーム世界」の定義をこれまでの使用例から検討すると、分析概念としては多義的で曖昧に過ぎること、もう一つは「イスラーム世界」が十九世紀ヨーロッパ知識人の創造した概念であり、近代社会を生み出した進歩する「ヨーロッパ世界」に対置させられる、遅れて停滞するマイナス評価の「イスラーム世界」という「近代」に特有の言説であるからである。その出自は近代ヨーロッパのオリエンタリズムにある、との指摘であろう。最初の理由をもう少し詳しく述べれば、羽田氏が使用例から帰納した「イスラーム世界」の定義は、①理念としてのムスリム共同体 ②イスラーム諸国会議 ③ムスリムが多数を占める地域 ④ムスリム支配者が統治し、イスラーム法が施行されている地域 であり、これら異なる定義が、多くの研究者の議論では固有名詞の②を除き適宜組み合わされて使われるので、厳密さを欠くばかりか理念と実体が混同され読者は混乱する、という。

氏は、「イスラーム世界」「イスラーム世界」史の用法をアラビア語・ペルシア語文献を始めとし、近代以前・以後のヨーロッパの文献、特に近代ヨーロッパで形成された東洋学、さらには日本での使用の歴史を丹念に検討して上記の結論に達したわけである。氏の議論の枠内に入る限りは、その結論は妥当であり従うべきであろう。しかし、筆者は一読した限りの門外漢であり発言の資格はありそうもないのだが、その結論の一部分に多少の違和感を覚えた。その違和感がどこからくるのかを考えると、地域に関する共同研究の諸問題に関連するらしいと思われたので敢えて羽田氏の議論をとり上げたが、紙面の都合上、ここで論ずるのは最初に気になった一点にとどめる。

それは、「イスラーム世界」という語は①の理念としてのムスリム共同体の意味に限定して使うべきで、具体的な地理的空間を連想させる「世界」という言葉とつなげるべきではない、との氏の提言である。[10] ムスリム共同体の理念によって染め上げられ、その理念が文字通り実現した地理的空間は存在しないのであるから、実体をもたない理念的空間と現実の歴史的空間は峻別しなければならないとの主張はもっともであるが、理念と現実はそもそも二者択一として捉えられるのであろうか。確かに理念は理念でしかないが、理念の存在はそのまま現実である。また「イスラーム世界」の用語で問題にされるべきは、「イスラーム」とともに「世界」という言葉でもあるのではないか。「世界」は具体的な地理的空間を連想させるが、しかし地理的空間そのものではない。地理的空間を構成する地形や気候という自然条件、その条件に制約されつつ生存する多種多様な生物とそれらが形成する生態環境、そのなかでそれらと関係をもちながら生活を営む人間とその諸々の活動を中心に置いたとき「世界」という概念が有効になる。様々なほとんど無限に近い要素を含む多義的概念の「世界」の前に置かれる語彙は、その語彙によって「世界」から小「世界」を切り取り限定する。当然「イスラーム世界」は「イスラームではない（場合によっては複数の）世界」を前提に成立する。もっともこれらは羽田氏が該書で縷々説かれてきたことで、今更ここで述べるのも躊躇されるが、理念的空間と具体的な地理的空間という分類の仕方ないし両者の関係の規定の仕方への疑問、さらに多義で曖昧であるから不用なのではなく、多義と曖昧の度合いをもう一歩絞り込むからこそ有用な分析概念となることはありえないのであろうか、との疑問なのである。繰り返すが、現在使用される「イスラーム世界」概念には、十九世紀ヨーロッパのオリエンタリズムの言説が刻印されているとの氏の主張はその通りである。しかし厳密さへのこだわりが「角を矯めて牛を殺す」ことにならないであろうか。

これは研究の方法論の問題である。先に紹介した東南アジアを主に対象とする「総合的地域研究の手法」プロジェクトのなかに、「地域」は操作概念か実体（実態）概念かとの論議がある。地域の設定は地域研究の根幹に関わる問題であり、研究者によりさまざまな見解が出され一つにまとまることはなかったが、どちらか一方のみを是とする主張はみられなかった。それらの見解の最大公約数をとれば、地域の枠の明らかないわゆる文明圏から取り残された「地域」について、国境に代わるべき地域単位を見つけ、将来あるべき地域の秩序を考えるために、研究者がさまざまな概念により、例えば「フロンテイア空間」「小人口世界」「小型家産国家」「ネットワーク社会」「海域世界」「森の文明」などで切り取った地域の関係性から、言い換えれば現象から地域を構築する関係論の立場の地域観といえよう[11]。いうまでもなくこれは地域研究の話であり、羽田氏は歴史学の分野から発言である。しかし世界をどう切り取り認識するのか、その方法概念の議論それ自体はわれわれでも十分共有できるのではなかろうか。

三　アジア地域文化学――四川モデルとエンハンシング

南はラオスから北はモンゴル高原、西はシルクロードから東は日本まで、しかも時間は先秦から世界遺産を問題とする二十一世紀までを扱う本プログラムを、一つの研究分野として括ることはどのように考えても無理である。では既存のディシプリンを超えた新しい学問パラダイムを提示することで、これらの地域と時代を覆う研究の仕組みを提示できるであろうか。これも前節でみた総合的な共同地域研究を目指す試みが、いずれもそれを途半ばと総括しているように、そう簡単ではない[12]。本書の目的は、インターディシプリナリーというディシプリンを立ち上げるわけではないのであるから、結局、各チームがそれぞれディシプリンの最先端の研究成果を持ち寄り、相互討論をすることでアジア地域文化学の現在を確認し、次の段階の在り方を模索するという、いささか陳腐な言葉をもって当面は事業を始めざるを得ない。肝要なことは、それらの相互討論が各研究にどのように反映され、結果としてわれわれのインターデシプリナリーがアジア学の地平をどの程度拡げたかを確認することにある。

本プロジェクト八チームの構成が、①四川モデルの形成、②地域文化への応用、③理論モデルの検証の三分類からなるように、当初から本プログラムは、方法概念としての四川モデルを、そして研究手法としてのエンハンシングを計画の中心において遂行されてきた。エンハンシングについては最後にふれることにして、本節では本書の各論文がプログラムの中でどのような位置を占めるのか、四川モデルおよび先に提示したわれわれが共有するアジア史の構造図と関連させながら述べることで総論の役目を果たすことにしたい。

秦漢帝国の出現は、アジア史、とくに東アジア史のその後の流れを方向付ける上で、決定的ともいえる役割を果たした。栗原モデルに示される漢の構想した国際秩序は、歴代王朝に継承されて、程度の差はあるものの十九世紀末まで東アジア農耕世界を中心に松田基盤の歴史地域全体に影響を及ぼし続けたからである。その国際秩序の構想が成立するためには幾つかの歴史的要件を必須とした。戦国時代の諸王乱立状況を乗り越え天子が王より上位の絶対的権威を帯びること、すなわち秦における皇帝の出現、その上で秦の郡県制という中央集権制度に加え漢において郡国制が採用され諸王の存在が国制のなかに整合性をもって位置づけられること等などである。そのうちでも、秦が六国を併合して天下統一を実現するに際し巴蜀を併呑したことは、六国といういわば同質の世界を併合するのとは違う異質な世界を統治下に置くことになり、その統合の経験は次の漢の国際秩序形成に理念と制度の上に反映された。この秦による巴蜀支配を、本プログラムでは四川モデルと呼び、アジア地域文化学の方法概念として採用したのである。

本書の以下各論部冒頭の工藤元男「秦の巴蜀支配と法制・郡県制」は、秦の巴・蜀征服と統治の異なる過程を実証レベルで検討する。その上でこの過程は中華帝国が周辺諸地域を編入してゆくプロセスの原型となると考え、四川モデルの提案者として史実を踏まえたモデル化の提示をする。筆者なりにその提案を受けとめると、四川モデルには二つの側面があると考える。一つは、六国を中心とする中原文化が、秦の巴蜀支配を契機として中国文明に転化する過程、すなわち一個の広域文明が誕生する要件としての四川モデルである。本書では、まだこの意味での四川モデルは具体的な課題となっていないが、やがてモンゴル帝国の出現や「西洋の衝撃」など中国文明を地域文化に相対化してしまうよりスケールの大きな広域文明が中国に対峙する局面を、アジア地域文化学の枠組みで考察することがあればそのとき必要とされる概念となろう。もう一つは、個別性を特色とする文化と普遍性を特色とする文明の相互関係、すなわち地域文化と中国文明の相関関係からアジア史を理解しようというアジア地域文化学の基本的視点からのモデルである。秦の巴蜀支配は、新石器時代以来の固有の地域文化を中国文明が呑み込んでしまう過程となる。とすれば中国文明の拡大に対し、朝鮮や嶺南などこれとは異なる経過をたどる地域も存在するのであるから、工藤論文がいうように、これら諸地域の差異をどのように解釈するのかという課題が生じる。地域文化と広域文明の関係を考察する場合、四川モデルは比較のための指標として機能することになる。

本書最後の川原ゆかり「〈文化〉を問い直す―文化概念の再構築に向けて―」は、文化人類学の立場から文化概念の変遷を追い、解体された文化概念再構築のための議論の方向を示す。工藤論文とはいうまでもなく異なるディシプリンに立つ議論であり、両者の内容が直接かみあうことはない。それにもかかわらず実証史学が方法概念を語り、文化人類学が歴史へと文化分析の重点を移すことにより、アジア地域文化学という枠のなかに置けば、異なるディシプリンの両論文を関連付けながら読み込むことは十分可能である。そこには動態としての文化概念が共通要素として存在するからである。次の段階にはそれぞれの成果を取り入れ、内容を新展開させた論考の提示が期待されよう。

実態概念としての地域に対し、操作概念としての地域もアジア地域文化学には有効である。李成市「漢字受容と文字文化からみた楽浪地域文化―六世紀新羅の漢字文化を中心に」は、四川モデルに対置させ、作業仮説としての「楽浪地域」を設定して考察を進めるが、この作業仮説は操作概念と理解してよい。「楽浪地域」とは、中国東北部から朝鮮半島にかけてを指し、中国文明が土着文化と葛藤、融合して固有の地域文化が形成される過程を新羅の漢字文化を中心に検証する際に括りだされる地域である。漢字が、異なる言語・文法構造をもつ地域にもたらされることで引き起こされる言語学上の諸現象はそれだけでも興味深いが、李論文はそれを歴史学上の課題として碑刻や出土木簡を駆使し、中国→高句麗→新羅の漢字文化受容と変容、変容した漢字文化の受容とさらなる変容という過程を明らかにした。広域文明の伝播は地域文化の連鎖が担う、いうならば地域文化の「玉突き論」と、そこから引き起こされる地域文化形成のメカニズムの解明は、中国東北部、朝鮮、日本における古代国家形成の問題に直結することが論じられる。

新川登亀男「漢字受容にみる日本列島の地域文化」は、上記の問題を日本に即して考察している。新川論文では、日本列島において「漢」の「字」である漢字という観念が成立する時代は9世紀以降と新しく、それ以前は「文字」という語も見出せないとして、近年注目される二～四世紀の「文字資料」から5世紀の銘文史料までを対象に、日本の漢字文化出現にいたるまでの長い揺籃期を考察する。

工藤、李、新川三論考は相互に関連しながら、中国文明を契機に朝鮮、日本で固有の地域文化が形成されることで東アジア世界が出現してくる歴史のダイナミズムを描き出す。これらは三回の国際シンポジウムを通して報告された成果の一部であり、本プログラムの中核となる研究である。

四川モデルと地域文化を具体的な美術作品に即して検討した肥田路美「仏教摩崖造像からみた四川地域」は、日本の中国美術史学が中国内の地域の多様性を見ない傾向のあることを指摘しつつ、四川における摩崖造像の独自性と、四川内でさらに細分化される諸地域間の差異についても注目する。現地での悉皆調査をもとに地蔵・観音並列像の分布と伝播を主に分析、ローカルカルチャーとしての地域文化の多様性と意義についての考察といえよう。造像様式の分布と伝播の経路は、普遍文明である仏教美術が個別的地域文化として現れる条件と理由を暗に語っており、四川の境域としての特性や交通路との関連からの読解により地域文化と広域文明の関係の具体相に言及する。ここでは、文化表象を内側から規定する隠された価値基準の考察に四川モデルが有効であることが示される。

以上の四論考を「東アジアの形成―四川モデルの原点」として第一部に収録した。

第二部「広域文明と地域文化―地域文化としての日本」には、広域文明としてのインド仏教や中国文明と日本との関係を論ずる論考を収録した。中国の漢や魏晋南北朝が倭に賜与した官爵から倭の政治統合体の形態を推測し、首長国という概念によって日本における初期国家形成過程を論じた高橋龍三郎「弥生社会の発展と東アジア世界」は、日本からみた栗原モデルの意義を考えさせる。中国は異文化であるインド仏教をどう受容したかを仏教美術の側面から考察し、それがさらに朝鮮・日本に伝わる経緯を中国の南北朝、朝鮮半島の政治状況を背景に論ずる大橋一章「百済・日本への南朝仏教美術の伝播と受容」は、総合文明としての仏教の伝播を古代東アジア国際関係論のなかに位置づける。海老澤衷「村の水利からみたバリ・劇場国家と日本の前近代社会」は、バリ島と日本の対馬・九州豊後の水田稲作社会を水利システムの観点から地域間比較し、その上で水利社会としての中国を対置してそれぞれの特質を考える。地域間比較に加え広域文明とのかかわりをも視野に入れた論考である。土田健次郎「東アジアにおける朱子学の機能―普遍性と地域性―」は、朱子学が日本社会に受容される過程が単純な文化伝播ではなく、一方でそれまで意識されなかった日本の精神状況や習俗を自覚化させ、また一方では朱子学を徹底的に批判することで自己の学問体系を形成した日本儒学の諸相を明らかにした、と主張する。朱子学が果たした同様な機能は、中国や朝鮮にも認められるのであり、普遍思想と地域文化の多様な関係が具体的に論述される。

第三部は「理論モデルの検証―乾燥アジア史と文化人類学」として、日本・朝鮮以外の中国周辺の地域文化について考察した論考を収録した。岡内三眞「シルクロードの地域、境域、超域にみる思想と宗教の伝播」は、中国西北部を中心に主として思想、宗教の西から東、東から西への流れを考古学の発掘成果を入れながら大きな視野から概観している。吉田順一「近現代内モンゴル東部地域の変容とオボー」は、モンゴルの民俗祭祀であるオボー崇拝についてのフィールド調査の報告である。オボー崇拝の変容あるいは消滅は、中華人民共和国の対文化・習俗への方針などさまざまな要因によるが、基本的には漢族の内モンゴルへの新出にともなう遊牧社会の変化に起因すると理解できる。それは中国史上一貫してみられる漢地の拡大であり漢化が非漢地の集落形態や人間関係の在り方を変える一例ともいえる。本来遊牧民が重視しない豚がオボーの供物に供される事例などがその事態を象徴している。本プログラムの歴史基盤に即していえば、湿潤アジアの社会が乾燥アジアに進出したことで起った変容といえよう。西村正雄「遺産をめぐる様々な意見―チャンパサック世界遺産登録のプロセスと地元住民の周辺化―中心‐周辺の関係の再検討にむけて」は、本プログラムの研究手法としてのエンハンシングについてラオスのチャンパサック世界遺産を事例に検討する。世界遺産の登録をめぐる国際援助機関、中央政府、地方政府、地域住民各レベルでの世界遺産についての意識・思惑の違いと、それらに研究者はどのように対応したかを検証し、そのプロセスを学問的に整理すると中央と地方、中心と周辺、地域文化の問題が明らかになってくる。これもまた広域文明と地域文化の問題に深く係わる課題である。(13) 最後の川原論文については既に述べた。

以上、アジア地域文化学という枠組みのなかで三部に分けた、日本史学・東洋史学・中国哲学・東洋美術史・考古学・文化人類学を専攻とする事業担当者の各論を紹介した。これは総論担当者の目からみてのコメントであり、それぞれの論考はさらに豊富な内容をもち、また執筆者の強調したいことは別にあるかと思うが、読者には各ディシプリンの相互討論のための素材提供という観点から本書を読んでいただければ幸いである。

おわりに

本プログラム第3回国際シンポジウム（二〇〇六年十一月）の記念講演で、ニューヨーク州立大学J.W.Chaffee教授は、七世紀から十三世紀の東アジアの国際秩序をmulti - state systemという概念で把握すべきであるとの提案を行った。中国の周囲を高麗、遼・金、西夏、吐蕃、大理、ベトナム（越）そして日本および海域世界がとりまく状況をどのように総合的に理解するかの提言である。この段階ではアジア史の基盤に栗原モデルを乗せる構造図は成立しない。とすればアジア地域文化学には、Chaffee教授のいうシステムの内容の吟味とその共通理解が早急に必要とされよう。また十三、十四世紀のモンゴル帝国時代はアジア史の基盤にみえる東アジア農耕世界以外の地域がより重要となる。さらに十五世紀以降のアジアには政治構造のみならず別のモデルが考えられねばならない。アジア地域文化学を確立するために残された課題は多い。

本プログラムは、中間評価のプレゼンテーションなどの場においてたびたび各チームの特色の一つに現場主義があることを強調してきた。それはそれぞれのチームが研究分野を共有する海外学術機関と共同研究の正式な協定を結び、現地での共同調査の遂行を追求することを意味する。その成果の一端は本書にも現れているが、今後、新出土資料の分析や現地調査において協定が有効に作用し、豊かな成果のもたらされることを大いに期待したい。ともあれ本書は、本C

ＯＥプログラムのこれまでの成果報告であるとともに、それ以上に今後のアジア地域文化学展開のための第一歩である。

注

（1）『アジアの歴史　東西交渉からみた前近代の世界像』ＮＨＫ市民大学叢書21として日本放送協会から一九七一年刊行。ここでは『松田壽男著作集』5（六興出版一九八七）所収の「東洋史」（一九七七年玉川大学通信教育部原刊）の図も参照した。

（2）『秦漢史の研究』（吉川弘文館　一九六〇）の「文献にあらわれた秦漢璽印の研究」。この見解は後年、「漢帝国と周辺諸民族」（『上代日本対外関係の研究』吉川弘文館　一九七八所収。原載は『岩波講座世界歴史 古代4』一九七〇）において微修正され、漢帝国の国際秩序論に発展した。

（3）川勝平太「ヨーロッパを作った東洋のインパクト」一三八頁　高谷好一編著『〈地域間研究〉の試み（下）世界の中で地域をとらえる』（京都大学学術出版会一九九九）所載

（4）坪内良博編著『〈総合的地域研究〉を求めて 東南アジア像を手がかりに』8頁以降（京都大学出版会一九九九）

（5）李成市『東アジア文化圏の形成』（山川出版　二〇〇〇）

（6）立本成文『地域研究の問題と方法（増補改訂）社会文化生態力学の試み』一六頁（京都大学出版会　一九九九）なお前掲注（3）書の「はじめに」をも参照。

（7）佐藤次高編『イスラーム地域研究の可能性』「イスラーム地域研究は何をめざすか」イスラーム地域研究叢書1（東京大学出版会　二〇〇三）

（8）三浦徹・関本照夫・岸本美緒『比較史のアジア　所有・契約・市場・公正』イスラーム地域叢書4（東京大学出版会二〇〇四）

(9) 羽田正『イスラーム世界の創造』(東京大学出版会 二〇〇五)

(10) 前掲書三〇五頁。これは本書の各所で主張されている。

(11) 注(5)立本三〇八頁以下を参照。

(12) 京都大学東南アジア研究センターの「総合的地域研究の手法確立」プロジェクトは、その後、一九九八〜二〇〇二年度特別推進研究プログラム(前COE)「アジア・アフリカにおける地域編成」として助成を受け、今回のCOEでも「世界を先導する総合的地域研究拠点の形成」として採択されている。地域研究確立のための十三年間継続のプログラムであり成果が期待される。

(13) 地域文化のエンハンシングは、さまざまな局面で多様な形態をとる。例えばオハイオ州立大学Cynthia Brokaw教授は、福建南西部に位置する四堡でのフィールド調査のなかで、現在はまったく人々の記憶から失われていた、当地が十七世紀から十九世紀にかけて農民が従事する地方出版のセンターであったことを人々に思い起こさせ、先祖の偉大な文化伝統を再認識したかれらは出版博物館の建設まで考えるようになったという、ことなどはその典型である(Woodblock Printing and the Diffusion of Print in Qing China:特定領域研究報告書「東アジアの出版文化研究——にわたずみ」所載 二〇〇四)。

第一部

東アジアの形成——四川モデルの原点

秦の巴蜀支配と法制・郡県制

工藤元男

はじめに

秦は戦国中期に巴蜀を経略し、末期に鄭国渠を開鑿した。それらの事業によって秦は、楚・斉と共に三国鼎立する経済的基盤を確保し、六国統一に大きく貢献したとされている。しかし秦の巴蜀経略はそのような財政上の意義だけでなく、秦漢帝国の支配秩序形成の第一歩としても重要な意義を有すると思われる。いったい秦は占領したこの巴蜀の地をどのように統治したのであろうか。残念ながら、この問題を具体的に検討するための漢以前の文献史料は乏しく、比較的詳しい内容を伝える『華陽国志』も東晉時代に常璩によって編纂されたもので、しかもその記述内容に矛盾や混乱が少なくない。

こうした状況の中で、法制史に関する近年出土の簡牘資料に注目される。すなわち睡虎地秦簡・青川木牘・張家山漢簡等は文献史料の欠を補い、秦の巴蜀支配を法制の面から検証することを可能にしている。そこで小論では、これらの簡牘資料を手がかりとして、秦の巴蜀支配が秦漢帝国の成立にともなう中国文明との関係で如何なる歴史的意味をもっているかという問題を、郡県制の問題を中心に考えてみたいと思う。

一、巴蜀の置郡過程をめぐる諸問題

1、巴蜀経略にいたる経緯

戦国時代初め、魏の文侯に始まる一連の政治改革は趙・韓・楚・斉等にも波及し、西方辺境の秦もその波に洗われた。すでに秦は春秋初めの穆公のとき、渭水上流の西戎を伐って〝春秋五覇〟に数えられているが、その後は振るわず、ふたたび飛躍を迎えるのは戦国中期の孝公のときである。孝公は商鞅を登用して商鞅変法と呼ばれる二度の大改革（前三五九年・前三五〇年）を断行し、その改革は秦の律令制の基盤ともなった。また対外的には前三四〇年に魏を攻め、河西の地（黄河西岸・陝西省東部）を取った。そのため魏は安邑（山西省夏県）から大梁（河南省開封市）へ遷都をよぎなくされた。

商鞅変法の成功による秦の台頭に衝撃を受けた諸国は、秦と同盟してその攻撃をかわそうとし（連衡）、あるいは東方六国が連合して秦に対抗しようとする（合従）等、動きが急激に活発化する。このような国際政局を背景にして、前三三七年に孝公の子恵文王が即位すると、趙の粛侯が中心となって六国が合従して秦を攻めた。これを阻止するため秦は公孫衍を斉・魏につかわし、趙を攻めたので、最初の合従はあえなく潰える。その後、公孫衍は秦を出て魏将に任じて〝五国伐秦〟を提案する。しかし秦はこれに対抗して宗室の樗里疾をつかわし、連合軍を撃破した。秦が対外的にも大きく飛躍する時機はすでに熟していた。じっさい秦の宮廷ではちょうどそのころ、〝王業〟達成の路線をめぐって張儀と司馬錯が激しい論争を行い、その結果巴蜀の経略が決定され、実施された。それでは、かくして獲得された巴蜀の地を秦はどのように統治したのであろうか。

2、『戦国策』・『史記』・『華陽国志』等の史料批判

『華陽国志』巻三蜀志はその間の経緯を次のように記している。秦の恵文王は周愼王五年（前三一六）に巴蜀を経略した後、周赧王元年（前三一四）に子の通国を蜀侯に封じ、陳壮を相とした。また巴郡を置いて張若を蜀国守に任じた。同三年（前三一二）、巴・蜀からそれぞれ一部の地を分離して、新たに漢中郡を置いた。同四年（前三一一）、蜀相陳壮が反し、蜀侯通国を殺した。そこで秦は甘茂・張儀・司馬錯をつかわして蜀を伐ち、陳壮を誅殺した。七年（前三〇八）、子の惲《うん》を蜀侯に封じた。一四年（前三〇一）、司馬錯をつかわし、蜀侯惲を自裁させた。一五年（前三〇〇）、子の綰を蜀侯に封じた。三〇年（前二八五）、蜀侯綰の反を疑い、「復た之を誅し、但だ蜀守を置くのみ」。この後、周が滅びると秦の孝文王（昭王の誤り）は李冰を蜀守とした。

以上の『華陽国志』の記述を『史記』巻一五・六国年表、同巻五秦本紀、同巻七〇張儀列伝、および『戦国策』秦策一「司馬錯与張儀争論於秦恵王前章」等にみえる関連史料と対照させてみると、表1のようになるであろう。みられるように両者には内容のみならず、繫年にも少なからぬ齟齬が認められ(1)、両者のギャップを埋める作業は必ずしも容易でない。そこで以下においては、とりあえず先行文献である『史記』・『戦国策』を基本史料として、それを『華陽国志』と比較しつつ、秦の郡県支配という視点から巴蜀の置郡過程を再検証してみることにする。

秦の巴蜀支配の特徴に関して第一に留意すべきことは、『戦国策』秦策一に、

遂に蜀を定め、蜀主は號を更めて侯と爲し、陳莊をして蜀に相たらしむ。

とある文で、『史記』張儀列伝もほぼ同文である。秦が六国統一後もこれと同様の措置を採ったことは、『史記』巻一一四東越列伝に、

表１　秦の対巴蜀関係略年表

秦王	西暦	『史記』六国年表・秦本紀・張儀列伝、『戦国策』秦策一	『華陽国志』蜀志
恵文王	316	（表）蜀を撃ち、之を滅ぼす。 （紀）司馬錯、蜀を伐ち、之を滅ぼす。 （策）卒に兵を起こして蜀を伐ち、十月之を取り、遂に蜀を定め、蜀主は号を更めて侯と為し、陳荘をして蜀に相たらしむ。 （伝）卒に兵を起こして蜀を伐ち、十月之を取り、遂に蜀を定め、蜀王を貶し号を更め侯と為し、陳荘をして蜀に相たらしむ。	秦の大夫張儀・司馬錯・都尉墨等、石牛道より蜀を伐つ。……冬十月、蜀、平らぐ。司馬錯等、因って苴と巴とを取る。
	314	（紀）公士通、蜀に封ぜらる。	秦の恵王、子通国を封じて蜀侯と為し、陳壮を以て相と為す。巴郡を置き、張若を以て蜀国守となす。
	313	（表）公士繇通、蜀に封ぜらる。	
	312	（紀）又、楚の漢中を攻め、漢中郡を置く。	巴・蜀を分かち漢中郡を置く。
	311	（紀）丹・黎、臣たり。蜀相壮、蜀侯を殺して来り降る。	陳壮反し、蜀侯通国を殺す。秦、庶長甘茂・張儀・司馬錯を遣わし、また蜀を伐ち、陳壮を誅せしむ。
武王	310	（表）蜀相壮を誅す。 （紀）蜀相壮を誅す。	
	309	（武王2年）青川木牘為田律	
	308		子惲を封じて蜀侯と為す。司馬錯、巴蜀の衆十万を率い……楚を伐つ。商於の地を取り、黔中郡となす。
昭襄王	301	（表）蜀反し、司馬錯往きて蜀守(注)煇を誅し、蜀を定む。 （紀）蜀侯　反し、司馬錯、蜀を定む。	蜀侯惲、山川を祭り、饋を秦の孝文王に献ず。……文王大いに怒り、司馬錯を遣わし、惲に剣を賜い、自ら裁せしむ。
	300		王、其の子綰を封じて蜀侯と為す。
	285		蜀侯綰の反を疑い、復た之を誅し、但だ蜀守を置くのみ。張若、因って笮及び其の江南の地を取るなり。
	277	（紀）蜀守若、楚を伐って巫郡及び江南を取り、黔中郡と為す。	

表中の（表）は『史記』六国年表、（紀）は同秦本紀、（伝）は同張儀列伝、（策）は『戦国策』秦策一を指す。
（注）六国年表の原文に「蜀守」とあるが、『史記』巻七一甘茂列伝に「蜀侯惲・相壯反、秦使甘茂定蜀」とあり、「蜀侯」に作る。

秦、已に天下を并せ、皆な廢して君長と爲し、其の地を以て閩中《びんちゅう》郡と爲す。

とある閩越王騶《すう》無《む》諸《しょ》と東海王閩搖《すうよう》の例からも窺える。巴の例としては、『後漢書』南蛮西南夷列伝第七六に、

秦の恵王の巴中を并すに及び、巴氏を以て蠻夷の君長と爲し、世〻秦女を尚《めあわ》せ、其の民の爵を不更に比し、罪有らば爵を以て除かるることを得しむ。

とあるように、秦の恵文王は巴を経略すると、王を降格して〝君長〟としたという。すると巴蜀経略の二年後、秦が早々と巴郡を置いたとする『華陽国志』の記事は疑ってかかる必要があろう。

また、六国年表・秦表の恵文王初更一二年（前三一三）条に「公士繇通、蜀に封ぜらる」とある文に対して、唐・司馬貞『史記索隠』は繇通を「秦の公子」と注し、瀧川龜太郎『史記会注考証』はこの文が秦本紀の前年条に繫年されている「公子通、蜀に封ぜらる」とある文と同じ内容を示すと指摘した上で、中井履軒『史記雕題』(2)に、

通の封は蓋し采を蜀地に受くるのみ。蜀侯と爲るに非ざるなり。『華陽國志』は蓋し謬まれり。

とする解釈を紹介している。つまり中井は『華陽国志』で秦の恵文王が子の通国（秦本紀では公子通、六国年表では公子繇通）を蜀侯に封じたとするのは誤りで、蜀地に食邑を与えたに過ぎない、と解釈するわけである。瀧川はさらに二年後の秦本紀恵文王初更一四年（前三一一）条に「蜀相壯、蜀侯を殺して來り降る」とある文に対しても、

愚按ずるに、張儀傳及び秦策に云う、「司馬錯、蜀を定め、蜀王、號を更めて侯と爲し、而して陳莊をして相たらしむ」と。此に據れば則ち、是の紀に云う所は蜀相莊、即ち陳莊なり。其の殺す所は蜀侯にして、蜀王に非ず、則ち蜀王の子なり。秦の封ずる所の公子通に非ざるなり。

とするように、張儀列伝と秦策一を論拠として、本文中の蜀侯はもともと秦が封じた蜀王の子弟で、秦王の子弟ではないとしている。さらにまた『華陽国志』蜀志は周の愼王七年（前三〇八）に「子惲を封じて蜀侯と爲す」とするが、『史記』六国年表および秦本紀によれば当該年は秦武王三年にあたり、秦本紀の武王四年条に、

武王、魏の女を取《めと》りて后と爲す。子無し。異母弟を立つ。是を昭襄王と爲す。

とあるように、武王には子がなかったのであるから、蒙文通氏(3)や楊寛氏(4)が指摘するように、蜀侯惲は秦王の子ではありえず、蜀侯の子とすべきである。

3、巴蜀の置郡問題に関する再検討

このような諸問題を考慮に入れると、蜀郡建置の大筋はおよそ次のようであったであろう。前三一六年に秦に敗れた蜀王が蜀侯に降格されたさい、秦から蜀相として送り込まれた陳荘が、前三一一年、何らかの事情で初代蜀侯を殺して秦に投降した。翌年、陳荘はその責任を問われて誅殺された。『華陽国志』によれば、前三〇八年に初代蜀侯の子の惲（『史記』では「煇」に作る）(5)がその後を継いだ。しかしその後も秦の蜀侯殺害による当地の反秦感情はおさまらず、前三〇一年に再び蜀侯煇による反乱が起こったが、司馬錯によって平定された。『華陽国志』は翌年「王、其の子綰を封じて蜀侯と爲す」としているが、これも秦が蜀侯煇の子綰を三代目の蜀侯としたという意味に解される。しかしその後も不穏な状態は続き、『華陽国志』によれば、前二八五年、秦は蜀侯綰の反乱の動きを疑ってこれを誅殺し、これ以後は蜀郡守を置くだけとした。するとこの間、蜀郡の建置まで三一年を要していることになる。そして秦本紀によると、前二七七年の条に蜀郡守として初めて「蜀守（張）若」の名がみえるのである。

この蜀郡建置の年代に関して、馬非百氏は次のように述べている。『漢書』巻二八地理志上に「蜀郡、秦置く」とあるが、置郡の年月は記されていない。しかし『漢書』巻六二司馬遷伝にその祖先について述べる中で、

秦に在りし者は錯、張儀と争論す。是に於いて恵王、錯をして兵を将いて蜀を伐たしめ、遂に抜き、因って之を守らしむ。

とあり、原文「因而守之」に対する三国魏・蘇林注に「郡守と爲る」とある。すなわち司馬錯が蜀を滅ぼしたのは恵文

王の初更九年（前三一六）で、このとき司馬錯がその郡守に任じたのであるから、蜀郡の設置もこの年のことである。また『華陽国志』に前二八五「復た之を誅し、但〃蜀守を置くのみ」とあるのは、それまで〝郡国并行〟であったのが、蜀侯綰の誅殺後は郡守を置くだけとなり、侯を立てることを廃止したことを意味する、と。(6)これに対して羅開玉氏は、秦が蜀を経略した後に司馬錯を蜀郡守に任じたのは、あくまで非常時における臨時の〝軍事管制〟であり、常制としての蜀郡が建置されたのは蜀侯綰を誅殺した前二八五年である、とする。(7)このように馬非百氏・羅開玉氏が共に蜀郡の建置年代を前三一六年としているのは、前引の司馬遷伝の元になっている『史記』巻一三〇太史公自序に、

於是惠王使錯將伐蜀、遂拔、因而守之。

とある文に拠ったものである。両氏はこの「守之」を蘇林注に従って「之に守たり」（蜀において郡守となった）と読んでいるわけであるが、しかし、たとえば『史記』巻七三白起列伝に、

（秦昭王四七年）七月、趙軍、壘壁を築きて之を守る。

とあるように、史漢においては「守之」を「守備する」の意で使用する場合が多いので、必ずしも司馬錯が蜀郡守に任じられたとする根拠にはならないであろう。まして司馬錯が非常時における臨時の蜀郡守となったとするのは、羅開玉氏の解釈に過ぎず、それを示す史料があるわけではない。(8)いうまでもなく、司馬錯は司馬遷自身の近祖であるから、彼がもし蜀郡守に任じられていたのであれば、その家伝は『史記』秦本紀の中に正確に反映されていたはずである。これらのことから、司馬錯が蜀を経略した前三一六年を蜀郡の建置年代とすることはできず、この年に司馬錯が臨時の蜀郡守についたとする説も証拠がなく、結局、秦が蜀侯綰を誅殺した前二八五年をもって蜀郡の建置年代とするのが、もっとも妥当と思われるのである。

次に巴郡の場合はどうであろうか。前引の『華陽国志』蜀志では巴蜀経略の二年後の前三一四年に巴郡を置いたとするが、同書巻一巴志では、

巴・蜀及び漢中郡を置き、其の地を分ちて一〔三十一〕縣と爲す。[9]

とあるように、秦が巴蜀を経略した前三一六年に巴郡・蜀郡・漢中郡の三郡を建置したとしている。しかし前引の蜀志では前三一二年に漢中郡を建置したと記しているように、三郡の建置年代は『華陽国志』の中で混乱している。それにもかかわらず巴志では巴郡の建置年代を前三一四年としているが、しかし『漢書』地理志にもその建置年代はみえず、また一人の郡守名すら伝えられておらず、その建置年代には依然として曖昧なままである。

二、秦の郡県制と道

さて、表1に示したように、『史記』・『戦国策』から窺える秦の蜀支配は、武力討伐と占領↓蜀王を蜀侯に降格↓相の派遣↓蜀侯の叛乱↓蜀の再征服↓蜀郡の建置という過程で推進された。そして巴の場合も、武力討伐と占領↓巴王を君長に降格↓巴郡の建置という過程で推進されたと思われる。そしてその郡県化の過程において共通するのが〝王を侯・君長に降格〟するという措置である。それは六国統一の過程で秦が巴蜀の地で試行した特殊な民族政策である。すなわち王を侯や君長に降格させ、その上で旧族民の統治を許し、それを秦の中央政府から派遣した官吏（相）に監督させる、というものである。しかし郡県制に移行後も依然として残存する郡内の民族問題に対して、秦はいったいどのように対処したのであろうか。

1、蜀郡と道

蜀郡における諸民族（以下、非秦人もしくは先住民とする）の生業は、農耕・遊牧・半農半牧等々で[10]、それ故にその居住形態も多様であったと想定される。いったい西夷と総称される巴蜀の非秦人は、秦の郡県制施行後、どこで、どのよ

うに、居住していたのであろうか。たとえば『華陽国志』蜀志に、

蜀郡。州治なり。……州治は太城、郡治は少城なり。西南、兩江に七橋有り。西門の郫江に直《あた》るは沖治橋と曰う。西南の石牛門は市橋と曰う。下、石犀の淵中に潛める所なり。城南は江橋と曰う。南して流れを渡れば萬里橋と曰う。西に上れば夷里橋と曰い、亦た笮橋と曰う。(11)……

とあり、この夷里橋の名前の由来をなす成都城の〝夷里〟は主に夷人の集住区とされ(12)、また夷里橋は笮橋とも称したとあるので、この夷人とは雅安地区を中心に分布していた筰(笮)都夷であったかも知れない。しかしそれは特殊な例であったであろう。

『漢書』巻一九・百官公卿表上に「蠻夷有るを道と曰う」とあるように、秦漢時代ではいわゆる蛮夷の居住する地方行政区を「道」と称した。この道を統治する官府を道官という。秦については、睡虎地秦簡「秦律十八種」属邦律二〇一簡に(13)、

道官の隷臣妾・收人を相輸るには、必ず其の已に稟せる年日月、衣を受けしか未だ受けざるか、妻有りや有る毋(無)きやを署せ。受くる者は律を以て續けて之に食衣せしめよ。　屬邦

とある。これは道官が隷臣妾(刑徒名)・收人(没官された者)を他機関へ移送するさい、これらの者に対する衣食支給の規定であり、ここに地方行政機関としての道官の性格が端的に示されている。道官は前漢呂后二年の律令とされる張家山漢簡「二年律令」の中にも確認することができる(14)。置吏律二一三簡～二一五簡に、

郡守、二千石官、縣・道官の邊に蠻事の急あるを言う者、及び吏の遷徙するもの、新たに官と爲るもの、屬尉・佐以上の乘馬毋き者は、皆な駕傳を爲すを得。縣・道官の計は、各〻屬所の二千石官に關《もう》せ。其の恆秩の氣稟を受くるもの、及び財用の委輸を求むるものは、郡は其の守に關し、中は内史に關せ。爵を受(授)くるもの及び人を除するものは尉に關せ。都官の尉・内史自り以下は治獄すること毋く、獄は輕重と無く正に關し、郡は其の守に關せ。

とあり、文中に「縣・道官」とあるように、「二年律令」では道は常に県と併記され、両者が同級の地方行政機関であったことを如実に示している。

『漢書』地理志上には前漢蜀郡の属県として成都・郫・繁・広都・臨邛・青衣・江原・厳道・緜虒・旄牛・徙・湔氐道・汶江・広柔・蚕陵の十五県を挙げているが、その中に厳道・湔氐道の二つの道名がみえることに注目される。また青衣はもと青衣羌国の故地で、(15)『後漢書』孝安帝紀第五(16)や同書南蛮西南夷列伝第七六(17)では〝青衣道〟となっている。また広柔県の石紐邑について『華陽国志』佚文は、その地が禹を神とする〝夷人〟たちのアジールだったことを伝えている。(18)さらに『続漢書』郡国志五の蜀郡の条では、汶江・緜虒の両県はそれぞれ汶江道・緜虒道となっている。羅開玉氏によると、厳道には主に西戎系統の夷系・羌系が集居し、湔氐道には主に西戎系統の氐系が集居し、青衣道には主に西戎系統の夷系・羌系が集居し、僰道には主に濮僚系の僰人が集居していたとする。(19)これより古代四川における県には実質的に道に近いものが少なからず存在したことが推測される。こうした道において非秦人がどのように統治されていたかを具体的に検証することは必ずしも容易でないが、張家山漢簡「奏讞書」案例一（一簡〜七簡）にその一端が示されている。(20)

この案例は尉（官名）によって屯卒として徴発された蛮夷の毋憂（人名）が、その集合地に到着する前に逃亡した事件について、前漢高祖一一年（前一九六）、南郡治下の夷道（道名）の𡗝（人名）と丞が中央政府の廷尉に決事の判断を求めた案例である。(21)

十一年八月甲申朔己丑、夷道𡗝・丞嘉、敢えて之を瀫（讞）す。

六月戊子、發弩九、男子毋憂を詣《いた》して告す、「都尉の屯と爲り、已に致書を受くるも、行きて未だ到らずして、去亡す」と。●毋憂曰く、「蠻〈蠻〉夷の大男子、歳ごとに五十六銭を出し以て繇（徭）賦に當つ、屯と爲るに當たらず。尉窯、毋憂を遣わして屯と爲さしむ。行きて未だ到らずして、去亡す」と。它は九の如し。●窯曰く、「南郡尉、屯を發し、令有り、變〈蠻〉夷律に、屯と爲さしむ勿れとは曰わず。即ち之を遣わす。亡ぐる故《ゆえ》を智（知）らず」と。它は毋憂の如し。●毋憂を詰す、「律に、變〈蠻〉夷の男子は歳ごとに賨銭を出し、以て繇（傜）賦に當つ。屯を爲さしむ勿れと曰うに非ざるなり。及《も》し屯と爲るに當たらずと雖も、窯は已に遣わす。毋憂は即ち屯卒なり。已に去亡するは、何れの解あらんか」と。毋憂曰く、「君長有り、歳ごとに賨銭を出し、以て繇（傜）賦に當つ。即ち復せらるるなり。吏より存《み》るに、解毋し」と。●問するに、辤（辭）の如し。●之を鞫す。「毋憂、變〈蠻〉夷の大男子なり。歳ごとに賨銭を出し、以て繇（傜）賦に當つ。窯、遣わして屯と爲さしむ。去亡し、得えらる。皆な審なり」と。●疑うらくは、毋憂、罪あらん。它は縣の論あり。(22) 敢えて之を瀻（讞）す。報をう。署獄史曹發。●吏の當、「毋憂は要（腰）斬に當る」と。或るひと曰く、「論に當らず」と。
●廷報、「要（腰）斬に當る」と。

大意は次の如くである。発弩（官名）の九（人名）が、蛮夷の男子毋憂（人名）を連行して夷道に告発した。都尉の下に屯卒として任務につくべく命令を受けているにもかかわらず、途中で逃亡した、と。毋憂は次のように弁明した。自分は〝蛮夷律〟の規定に従い、傜役の代わりに毎年五六銭の賨銭を君長を通じて納入しているので、屯卒に徴発される義務はないはずだ。それにもかかわらず尉の窯（人名）は自分を屯卒につかわした。だから途中で逃亡した、と。これに対して尉の窯は次のように反論した。屯卒の徴発は南郡都尉の命令によるもので、蛮夷律には〝蛮夷の男子を屯卒に徴発してはならない〟と規定しているわけではない。そこで夷道の長官汧（人名）と丞は中央政府の廷尉に判断を求めたが、毋憂の主張は認められず、腰斬の刑に当たると判断された。

この案例の中で毋憂は自らを〝蛮夷〟と称し、その主張の根拠を〝蛮夷律〟に求め、その決獄の判断を夷道の汧・丞が廷尉に求めていることから、この裁判が夷道で行われたことは疑いない。したがって毋憂を連行した発弩（発弩嗇夫か?）、毋憂の弁論に反論する尉（県尉相当の道の尉か?）、そしてこの案例を廷尉に移送する獄史は、夷道に所属する諸吏とみなされる。また弁論の中で毋憂が毎年君長を通じて漢に賨銭を納入しているると主張しているのは、道内に居住する蛮夷が依然としてその君長の統治下にあったことを示している。しかしその反面、夷道所在の毋憂が南郡都尉の命令で屯卒の徴発を受けているのは、蛮夷の戸籍がすでに漢に掌握されていたことを示すもので(23)、それは漢に服属した蛮夷が郡県制の中に編入されてゆく過渡的な段階を示している。戦国秦の蜀郡の道もこれと同様の状況であったと想定して大過ないであろう。

2、巴郡と君長秩序

それでは巴郡の場合はどうであろうか。『漢書』地理志上は巴郡の属県として江州・臨江・枳・閬中・墊江・朐忍・安漢・宕渠・魚腹・充国・涪陵の一一県を挙げるが、なぜかそこには道が一つもみえない。そこで巴郡内の民族問題について検討してみよう(24)。『左伝』にみえる春秋時代の巴人の分布地について、大川裕子氏は諸説を整理して「漢中、或いは江漢地区の両者の可能性を含む漢水中流域」と想定している(25)。また『後漢書』南蛮西南夷列伝に巴人の始祖伝説がみえ、それによると巴郡南郡蛮には巴氏・樊氏・瞫氏・相氏・鄭氏の五姓があり、巴氏の子務相が君長に推されて廩君になったという。童恩正氏によれば、もともと鄂西で活動していた巴人が、後に廩君に率いられて川東地区に移動し、そこで巴国を築いたとする(26)。『華陽国志』巴志によると、川東を中心とするこの巴国内には、

其の屬に濮・賨・苴・共・奴・獽・夷蜑の蠻有り。

とあるように、さらに種々の種族が存在した。このような状況にもかかわらず、秦が巴の経略後にこの地に道を置かなかったのは、何故なのであろうか。

種部いく子氏は、秦の徙民政策との関連で、蜀地には徙民が実施されたが、巴地には実施されず、両者に対する秦の統治に相違のあったことを指摘している(27)。さらに金秉駿氏は、四川西部平原を中心とする蜀国、東部丘陵地帯の巴国、

そして西部高原地域の三者に対する秦の統治方式にそれぞれ相違があったことを指摘し、その背景をとくに西部高原地域と道制の関係に関連させ、詳細に分析している。それによると、以下の如くである。巴は殷周革命に参加した後に西周の領土に編入され、そこへ周の宗室が封建されて姫姓諸侯となった。その所在地は漢水か湖北北部と推定され、『左伝』等にみえる巴子之国がそれにあたる。しかしその構成種族の中には、周初に強制的に併合された殷代以来の巴人も含まれていた。巫山と清江一帯に居住していた彼らは、巴子之国の解体にともない、春秋末に川東へ移動して巴国を形成した。『後漢書』南蛮西南夷列伝に巴国を構成する種族として廩君蛮・板楯蛮が記されているが、廩君蛮は巴国の代表的種族である。廩君蛮に五姓あり、板楯蛮に七姓以上あり、濮・賨・苴・共・奴獽・夷蜑の蛮も巴国に属していたように、戦国時代の巴国では姓氏を単位とする君長秩序が維持されていた[28]。秦は巴・蜀を経略すると、蜀に対しては秦の内地と同様の郡県支配を推進したが、巴に対しては郡を建置し、しかしその君長秩序はそのまま容認した。一方、大渡河以東の川西高原における筰都・徙・冉駹・白馬等の文化には蜀文化の強い影響が認められ、戦国時代の蜀国がこの地域に政治的影響力を及ぼしていたことを示している。漢志や続漢志によると、これらの地域に〝道〟が置かれている。しかし蛮の居住地にすべて道が置かれたわけではない。道が置かれる理由としては、以下のことが考えられる。川西高原の諸種族は小規模の君長秩序をもっていたが、それは統合されず、分散的だった。それはこの地域の地理的条件（峻険な山間地帯）による。また経済生活が半農半牧であるため移動性が強く、恒常的な統治は困難だった。秦は移動性に強いこれらの種族に対して軍事的脅威を感じ、軍事的威嚇の予想される地域に道を設置した。川西高原の道の位置は蜀文化の西側の境界と一致する。それは秦が蜀国の政治的影響力が及んでいる地域に進出し、それを引き受ける形で支配を継承し、道を設置したことを意味する。秦は蜀・巴・川西高原各地域の文化的性格と政治秩序の相違を考慮した差別的統治方式をおこない、郡県支配を対象ごとに、伸縮的に、運用した、と[29]。

3、郡と道

このように、金秉駿氏は秦の巴蜀支配と郡県制に関して明快な議論を展開しているが、まだ以下のような問題点を残している。すなわち、かりに秦の道制が川西高原の固有の地域的事情で開始されたものであるとしても、道は地方行政機構として単独に機能するものではなく、郡の下位機構として県と共に地方行政を担うものであることは言を俟たない。一例を挙げよう。前二七八年、秦は楚都郢を攻略してその地に南郡を置いたが、楚の習俗の壁に阻まれ、秦法は容易に浸透しなかった。そこで南郡守騰は秦王政二〇年（前二二七）に秦法の徹底化を命じた。それが睡虎地秦簡の「語書」と呼ばれる文書である。その冒頭五四簡に、

廿年四月丙戌朔丁亥、南郡守騰、縣・道嗇夫に謂う、……

とあるように、県・道は併記され、同一内容が両者に命じられている。これより戦国末の秦において県・道が共に郡の下位機構として機能していたことは明らかで、それは上文でみた前漢初の「二年律令」置吏律でも同様であった。したがって、道の問題は郡県制全体の機構の中で検討しなければならないのである。

また道制が秦に起源することは確かであるとしても、両漢志にみえる道には左馮翊の翟道、南郡の夷道、隴西郡の狄道・氐道・予道・羌道、天水郡の戎邑道・緜諸道・略陽道・豲道、安定郡の月氏道、北地郡の除道・略畔道・義渠道、上郡の雕陰道、長沙国の連道等があり(30)、蜀地以外の辺地にも道が置かれており、とくに畿内の北辺にも翟道等が置かれていることから、道制が蜀地固有の事情によって開始されたかどうかは、まだ検討の余地があろう。

三、秦人の徙民と法—青川木牘「為田律」を中心に—

1、秦の徙民と秦人墓

図1　四川省と移民墓

秦の巴蜀経略後に郡が建置され、とくに蜀地に対しては積極的に徙民政策が実施された。たとえば久村因氏は秦の入蜀の時期を三期に区分している。第一期：上代より秦恵文王更元九年の巴蜀征服まで（～前三一六）。第二期：巴蜀征服から始皇帝の死まで（前三一六～前二一〇）。第三期：始皇帝の死後から前漢劉邦による統一まで（前二一〇～前二〇二）。氏はこれらの各時期を通じて秦が蜀地に徙民したその対象者を、一般庶人、罪人、捕虜の三種に区分し、その状況を文献史料に基づいて検討した。その結果、彼らは蜀地に土着し、中原の先進文化・技術によって農業を促進し、鉱・手工業を開発し、商業を営み、秦漢帝国の支配を背景としてそれぞれの地域の支配者・実力者となり、蜀地の経済・文化の原動力となっていったことを指摘している[31]。そこで私は別稿で、久村氏分類中の罪人の例を出土文字資料の睡虎地秦簡に拠って検討し、人々がどのような法的根拠によって流放されたのかを、遷刑に関する規定を中心に分析した[32]。それによると秦簡では「謫」が一例あるのを除いて、徙遷刑はすべて「遷」と称され、その対象は主に中下級の官吏・軍人、および庶人、そして癘病罹患者である。遷刑に関する規定は十条程あるが、それらの中で流放地を指定したり特定する例はない。にもかかわらず文献史料に蜀へ流放される罪人がたびたびみられるのは、本来遷刑が必ずしも蜀地への流放を目的に制定されたわけではなく、政策的に運用されて罪人が蜀地へ送り込まれたことを示すと共に、しかし同時に秦が罪人を蜀

地に流放するときの法的根拠であったことを示している。

また久村氏の分類する一般庶人のケースに関しては、文献史料以外にもとくに秦人墓に関する近年の考古発見に注目される。すなわち川西地区、および川西地区に入るために必要な途中の交通沿線地区や城邑において、これまで青川県郝家坪(33)、滎経県古城坪(34)、成都市竜泉駅(35)等で秦人墓が発見されている(図1)。これらの墓葬の中でもとくに秦の法制との関連で重視されるのが、青川県郝家坪の秦人墓である。

2、青川木牘為田律と張家山漢簡「二年律令」田律

すなわち、一九七九年~八〇年、四川・甘粛・陝西三省が相接する青川県郝家坪で七二基の戦国時代の秦人墓葬が発見され、その中の五十号墓で二枚の木牘が出土した。そのうちのM五〇:一六は、その正面に司馬錯が蜀を再平定する八年前、つまり秦武王二年(前三〇九)に為田律を改定した旨の詔、およびその為田律の正文が記され(36)、その背面に「四年十二月の除道しない天数」の日付が記されている(37)。それは「日書」の土忌篇のような動土の禁忌日を記した内容と思われる(38)。渡辺信一郎氏の釈文・書き下し文を参考にすると、その全文は以下のようになる(39)。

二年十一月己酉朔日、王、丞相戊(茂)・内史匽・□□に命じ、爲田律を更脩せしむ。田廣さ一歩、袤八則ごとに畛を爲《おさ》む。畝ごとに二畛あり。一百(畝)ごとに道あり。百畝を頃と爲す。一千(畝)ごとに道あり。道の廣さ三歩なり。封は高さ四尺、大いさ其の高さに稱う。捋は高尺、下の厚み二尺なり。秋八月を以て、封捋を脩め、彊畔を正し、及び千百の大草を發す。九月、大いに道を除し及び□を除す。十月、橋を爲り、波(陂)隄を脩め、津梁を利し、草離(萊)を鮮《か》る。除道の時に非ずとも、而《も》(如)し陥敗して行く可からざるところ有れば、輒ち之を爲《おさ》めよ。

(以上、正面)

四年十二月不除道者：
□一日、□一日、辛一日、
壬一日、亥一日、辰一日、
戊一日、□一日。

（以上、背面）

この青川木牘「為田律」と密接にかかわる前漢の田律が張家山漢簡「二年律令」二四六簡～二四八簡にみえる。渡辺氏や藤田勝久氏(40)の読み方を参考にして書き下すと、以下のようになるであろう。

田の廣さ一歩、袤二百卌歩ごとに畛を爲む。畝ごとに二畛あり。一佰ごとに道あり。百畝を頃と爲す、十頃一千ごとに道あり、道の廣さ二丈なり。恆（故法）は秋七月を以て千（阡）佰（陌）の大草を除く。九月、大いに道を除し阪険を□す。十月、橋を爲り、波（陂）堤を脩め、津梁を利す。除道の時に非ずと雖も、而《も》し陥敗して行く可からざるところ有らば、輒ち之を爲めよ。郷部は邑中の道を主り、田は田の道を主る。道に陥敗して行く可からざる者有れば、其の嗇夫・吏主者を罰すること黄金各二兩とす。□□□□□及□土、罰金二兩とす。

まず両者の律名の相違に関してであるが、李学勤氏は青川簡の「為田律」について、為の義は作・制、為田の意は制田であり、為田は農地計画に関する法律である、と解している(41)。高大倫氏はこの説を承けて、青川木牘「為田律」はもとの商鞅制定の「為田律」を武王二年に更脩（改訂）したもので、後に漢の田律の中に合併されたものとする(42)。次に両簡の内容の異同をみてみると、青川簡に「袤八則爲畛」とある箇所は「二年律令」で「袤二百卌歩爲畛」となっている。八則の「則」については、阜陽漢簡の残簡に「卅歩爲則」とあることから、八則は二四〇歩の意で、両者は同じ内容であることが分かる(43)。また青川簡の「道廣三歩」は「二年律令」で「道廣二丈」となっている。秦制では一歩＝六尺、一〇尺＝一丈、故に三歩は一丈八尺なので、「二年律令」より二尺足りない。さらに月々の道路普請等に関する事柄をみてみると、九月・十月については両者ほぼ共通するが、阡陌之大草を除す作業が青川簡では秋八月、「二年律令」では秋七月となっており、両者は一ヶ月食い違っている。このように若干の相違点はあるが、両簡はほぼ同一内容を示すものとみてよい。したがって、青川木牘の律文名をどう読むかは別として、もとの律文の内容が秦武王二年に一定の改訂を加えられ、それが後に漢律に継承される過程でさらに一定の改訂が加えられたことを、この両簡は示している。

3、青川県郝家坪での現地調査

二〇〇五年八月十九日、四川大学芸術学院の盧丁副教授の案内で青川県郝家坪の現場を調査した[44]。以下はその調査記の一部である。我々一行は車で成都市から三台県までゆき、そこで一泊し、翌日に三台から綿陽市へ行き、成都市文物考古研究院で用意してくれた四輪駆動車に乗り換えた。青川県はひどく道が悪いと聞いていたからである。綿陽で高速道路に入って北東へ向かい、青川県の南端の金子山郷で高速道路を降り、そこから青川県へと向かった。青川県は四川盆地北部の秦巴山地の中にあり、摩天嶺と竜門山が相接する地帯に位置する。山道は予想以上に悪く、海抜も高いようで、途中、はるか下方に一筋の河流の蔭をみるような峠を越えた。山崩れで塞がれた山道をブルドーザーが片付けているまっ最中の隙間をやっと通り、あるいは泥濘で立往生する車のためずいぶん待たされたりもしたが、何とか無事に県城の喬荘鎮へたどり着くことができた。喬荘鎮は白竜江の支流の喬荘河沿いにある小さな町である。青川県文化旅游局の王玉春局長と敬遠清課長に郝家坪の秦人墓葬群に案内された。喬荘鎮を南北に走る公路を南に進むと、すぐ町はずれとなり、郝家坪に着く。公路から脇にそれ

青川県郝坡坪秦人墓遺址の入り口

右側の溜池の左上隅が青川木牘の出土場所

秦人墓側からみた青川県喬荘河。墓葬は手前の丘陵地にある

た細い坂道を南西方向に上ってゆくと、「郝家坪戦国墓葬群」と刻された石碑が建っている。この石碑の右側に墓群に入る階段があり、それを上ると入り口の門がある。ただしそれは裏門で、正門は左側の奥にあった。県当局はこの墓葬群を保存するため、約二平方キロメートルを煉瓦の塀で囲んでいる。墓葬群は埋め戻されていた。木牘が出土した五〇号墓は、左右二つ並んだ溜池の右側の池の左上隅で発見されたという。ここはもともと畑であったが、後に付近の農家がこの溜池を造ったとのこと。そのため発掘当時の状況を想像することは困難になっている。なお、当地を訪れた日本人研究者は初めてであるとのこと。

現在、青川木牘は四川省文物考古研究院に保管されている。青川県の調査に先だって、その二日前の八月十七日、同研究院の李昭和副院長の御高配で　川木牘の実物、および同じく第五十号墓出土の七枚の半両銭を見せていただいた。李副院長は郝家坪墓葬群の発掘に参加し、発掘簡報執筆者の一人で、木牘の釈文にあたった方である。木牘は一枚ずつ二枚の板ガラスに挟んで保管されていた。「為田律」を記すM五〇：一六の字は発掘簡報の図版では不鮮明であったが、実物は意外にも鮮明であった。李副院長によると、釈文した当時よりも現在の方が鮮明になっているという。またもう一枚のM五〇：一七は、発掘簡報によると字が不鮮明で読めないとされていたが、このたびの実見でもようやく墨痕を確認できる程度に過ぎなかった。

青川木牘が出土した場所は、前漢時代に広漢郡剛氏道の置かれた地域に含まれるが、郡が置かれる以前の秦の占領地で秦律が出土することを、私たちはどう理解すればよいのであろうか。

藤田勝久氏は近年出土の里耶秦牘の用途に着目し、それを青川木牘の用途に関連させ、次のような解釈を提示している。すなわち通常、里耶秦牘は一枚の木牘に一事の案例を記し、文書の内容はそれで完結している。またその正面の文章と同じものがさらに複数枚存在するが、その背面には当該案例に関する控えやチェック等に関する内容が記されている。このような木牘の実用的形態は青川木牘の場合でも同様である、と。(45) これをやや敷衍していうと、青川木牘の正面の記事により、その命令は秦の中央政府から直接当地に伝達されたことが知られ、背面の記事には当地の官吏がその命令に従った行為の一部が反映されている、ということである。これより蜀郡建置以前に、この一帯で一定の律令制支配が行われていたことが推定される。むろん「為田律」は当地の先住民である氐系・羌系の種族に適用されたものではなく、移住してきた秦人を対象とするものであったろう。

4、郡と属邦

ひるがえって現在の青川県の地望をみると、地勢は西北高・東南低で、高山の地望を呈し、低山と低中山は全県の総面積の九四・四パーセントを占め、農業では主に水稲・玉蜀黍・小麦等を産する。(46) このような狭小な地で関中盆地と同じような阡陌制が実施されたことは、容易に想像できないのであるが、しかし青川木牘によるかぎり、律文に基づいて一定の土地区画が実施されたことは疑いなく、何よりも動土の禁忌日を記した背面の記事がそれを証明している。そこで、蜀郡建置以前に秦が当地に対してそのような文書を下達した背景を考えてみたい。

すでに指摘したように、当地は氐系・羌系の先住民の居住地であった。現在でも青川県の東の平武県には、白馬チベ

厳道県の牦牛道古跡

ット族の居住地がある(47)。したがってそのような地に秦の律令を及ぼすための初歩的な統治組織が属邦であったと考えられる。それは郡よりも緩やかなもので、青川木牘の例でいえば、中央から下達された「為田律」を受理する側の組織ということになろう。一方、戦国後期の法制とされる睡虎地秦簡には道の規定が属邦律に一例みえるだけで、それは前漢初期の「二年律令」において県と道が常に併記されているのと好対照をなす。ちなみに秦簡では、県は都宮と一対で記されている。そして「為田律」の出土した地が漢代の剛氐道に含まれる地域であることから、秦の道制は県制よりも後れて開始されたもので、したがってその機構も本来県よりも一段と劣るものであったであろう。当初このような道を統括していたのが属邦で、後に道の機構が充実するに及んで郡に移管され、属邦はその役割を終えていったものと推定される(48)。しかしこの属邦は前漢になって属国として復活する。

ここでふたたび秦人墓のことに戻ると、現在の青川県に徙民された秦人は、まさにこのような属邦の中にいたことになる。秦が秦人を先住民の居住地に徙民していることは、さらに『華陽国志』蜀志に、

臨邛県・（蜀）郡の西南二百里、本と邛民有り、秦始皇、上郡より徙して之に實《み》たす。

とある如くで、臨邛県はもと邛人の居住地で、秦は上郡の民をこの地に徙民している。

また『太平御覧』巻一六六引の『蜀記』に、

秦、楚を滅ぼし、楚の嚴（莊）王の族を此に徙し、故に之を嚴道と謂う。

とある。[49] 厳王とは春秋時代の楚の荘王のことで、厳王というのは後漢明帝の諱を避けたものである。[50] それによると秦は、六国統一の二年前（前二二三）に楚を経略すると、荘王の後裔を厳道（荘道）に徙したとあり、それは久村氏分類の「捕虜」の例に該当する。厳道は現在の滎経県で、西南シルクロードの西線である牦牛道の重要な地点に位置し、これより南下すれば雲南に通じ、西進すればチベットへ通ずる交通の要所である。一九八一年、県城の厳道鎮西方の曽家溝で一一基の戦国墓が発見され、その結構は楚文化の特徴を備えていた。[51] 秦がこうした先住民居住地に秦人や旧六国民を徙民するのは、その徙民政策が当時の交通路に沿って行われたことを示している。

また『後漢書』南蛮西南夷列伝の交趾の条に、

凡そ交趾の統ぶる所、郡縣を置くと雖も、言語各〻異なり、重譯して乃ち通ず。人、禽獣の如し。……（略）……。後、頗る中國の罪人を徙し、其の間に雜居せしめ、乃ち稍く言語を知り、漸く禮化せらる。

とあり、前漢平帝の元始二年（前二）に日南の南の黄支国より犀牛が貢献されたことを記す文中で、ハノイ地方の風俗について言及している。それによると、当地には流放された〝中国の罪人〟が多数おり、漢では彼らを先住民と雑居させたので、先住民も中国語を解せるようになり、しだいに〝礼化〟されたという。したがって秦の蜀地への徙民も、先住民に対するこのような〝礼化〟（秦化）を視野に入れたものであったことは疑いない。

むすび――いわゆる〝四川モデル〟に関連して――

冒頭に述べたように、秦の巴蜀経略はその王業達成の路線をめぐる論争をへて決定され、実施に移されたものである。かくて巴蜀は武力的に征服されたが、しかし巴・蜀にはそれぞれ固有の地域的背景があって、旧六国の故地と同じようにはいかず、そこで巴地には君長的秩序を保存し、蜀地には属邦の段階をへて郡県制を推進した。このような過程で形

図２　“プレ秦帝国”の支配体制

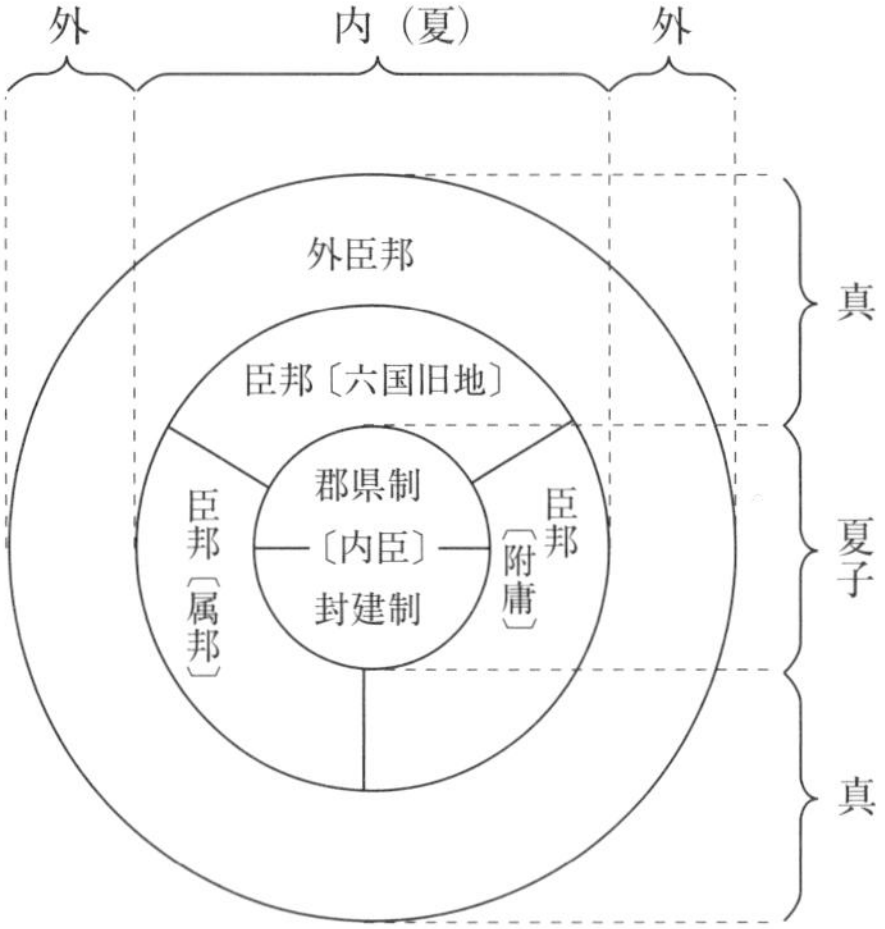

成された統一以前の〝プレ秦帝国〟の支配体制を、私は図２のように想定している(52)。しかし秦は六国を統一すると、封建制を廃して、全土を一元的な郡県制によって統治した。秦を倒した前漢が成立すると、漢ではふたたび封建制を復活し、郡県制と併用する郡国制を採用した。こうして前漢ではかつて栗原朋信氏が明らかにしたように(53)、中国本土に郡県制を布き、その周囲を封建制で取り囲み、さらに郡国内や帝国の外延に存在する諸民族や諸国家を〝内臣〟・〝外臣〟・〝外客臣〟・〝朝貢国〟等として編入する重層的な世界秩序を構築し、それは歴代の中華帝国に踏襲されていった。したがって、中華帝国の支配秩序には秦が六国統一の過程で最初に直面した巴蜀支配の経験が反映されていると考えられる。

前漢中後期になると、交通が便利で、農業経済が発達し、移民の多い地域では先住民の漢化が進み、四川盆地内の多くの地域でも移民・先住民間の物質文化面における差異はほとんど消えてゆく(54)。つまり地域文化としての先秦の巴蜀文化も、秦漢帝国の成立によって消失していった。このように、中華帝国内部の周縁、および帝国周縁に位置する諸民族・諸国家に対して、軍事的あるいは政治的支配が及び、帝国的支配秩序の中に編入されてゆくと、それまでの固有の地域文化は消失していった。このように〝中国文明〟とは中華帝国の支配秩序そのものであり、東アジア世界を中華帝国一色に染め上げてゆこうとする巨大なエネルギーといえよう。さまざまな諸民族・諸国家が秦漢帝国の支配秩序に編入され、新石器時代以来の固有の地域文化を喪失していった。その意味で秦漢時代とは、東アジア史上、まさに時代を画する時代なのである。小論では周縁地区の諸民族・諸国家が中華帝国に編入されてゆく過程を、秦と巴蜀を地域モデルとして郡県制と法の視点から検討し、これを〝四川モデル〟として提示するものである。

ところで、巴蜀の地ではその後ふたたび先住民による国家が再建されることはなかったが、目を華南に転ずると、前漢武帝は前一一一年に南越を経略し、その故地に九郡を建置した。その直後の前一〇八年には、東北の朝鮮半島を経略し、その故地に四郡を建置した。しかし後にこれらの地域からは共に民族国家が擡頭してくる。むろんそれらの国家の構成民族と経略当時の民族を安易に同一視し、その間の複雑な歴史的経緯を無視するわけではないけれども、それにしてもこのような相違が生じてくるのは何故か。この問いをヴェトナム史研究者や朝鮮史研究者にバトンタッチしたい。

注

(1) 戦国紀年の問題点については、平勢隆郎『新編史記東周年表―中国古代紀年の研究序章―』(東京大学東洋文化研究所、一九九五年三月)を参照されたい。

(2) 大阪大学懐徳堂文庫復刻刊行会監修『史記雕題(上)』(懐徳堂・友の会、一九九一年三月)七二頁。

(3) 蒙文通「巴蜀史的問題」(同氏著『巴蜀古史論述』所収、五六〜六三頁、四川人民出版社、一九八一年八月)。なお、『四川大学学報―社会科学版―』(一九五九年第五期)に蒙文通氏の同名の論文があり、それが初出と考えられるが、未見。

(4) 楊寛『戦国史―一九九七年増訂版―』(台湾商務印書館、一九九七年十月)四〇八頁注一八。

(5) 『史記』巻七一甘茂列伝に「蜀侯煇・相壯反、秦使甘茂定蜀」とあり、『索隠』に「煇音暉、又音胡昆反。秦之公子、封蜀也。『華陽國志』作暉」とある。本文に内容の混乱がみられ、さらに『索隠』は『華陽国志』を引いて「暉」とするが、国学基本叢書本等の『華陽国志』では「惲」に作る。

（6）馬非百前掲書『秦集史』下册（中華書局、一九八二年八月）六一〇頁。
（7）羅開玉『四川通史』第二冊（四川大学出版社、一九九三年十月）九頁。
（8）羅二虎氏も「秦代歴任蜀侯、蜀相・蜀郡守」の表において司馬錯が前三一六年に蜀郡守を兼任したとして、その根拠として太史公自序と『漢書』巻八九循吏伝を挙げるが（同氏著『秦漢時代的中国西南』、天地出版社、二〇〇〇年六月、三二頁）、循吏伝には該当する文がみえない。
（9）船木勝馬編「華陽国志訳注稿（1）」（『東洋大学アジア・アフリカ文化研究所研究年報―一九七四年度―』一九七五年三月）の校勘による。
（10）羅二虎氏は『史記』巻一一六西南夷列伝の記載に基づき、西南夷地区の諸種族を三種に分類する。第一類は夜郎・滇・邛都等の南夷で、定住して邑聚をなし、農耕に従事している。第二類は南夷の西面の巂・昆明等で、遊牧に従事している。第三類は徙・筰・冉駹・白馬等の西夷で、農耕に従事するものと遊牧に従事するものが雑居し、あるいは半農半牧である、と。蜀は地域的にこの第三類に含まれる（前掲書一四・一五頁）。
（11）引用文は船木勝馬編「華陽国志訳注稿（3）」（『東洋大学アジア・アフリカ文化研究所研究年報―一九七六年度―』一九七七年三月）の校勘による。
（12）羅開玉前掲書一五頁、羅二虎前掲書八〇頁。
（13）テクストは睡虎地秦墓竹簡整理小組『睡虎地秦墓竹簡』（文物出版社、一九九〇年九月）により、簡番号は通し番号を採用する《雲夢睡虎地秦墓》編写組『雲夢睡虎地秦墓』（文物出版社、一九八一年九月）による。
（14）テクストは張家山二四七号漢墓竹簡整理小組編『張家山漢墓竹簡〔二四七号墓〕』（文物出版社、二〇〇一年十一月）による。
（15）『水経注』巻三六青衣水条に「（青衣）縣、故有青衣羌國也。『竹書紀年』梁惠成王十年、瑕陽人自秦道岷山青衣水來歸」

とある。
(16)『後漢書』孝安帝紀第五元初二年条に「蜀郡青衣道夷奉獻内屬」とあり、李賢注引『東観記』に「青衣蠻夷堂律等歸義」とある。
(17)『後漢書』南蛮西南夷列伝第七六・莋都夷条に「青衣道夷邑長令田、與徼外三種夷三十一萬口、齎黄金・旄牛毦、擧土内屬」とある。
(18)工藤元男『睡虎地秦簡よりみた秦代の国家と社会』(創文社、一九九八年二月)二八八〜二九九頁。
(19)羅開玉前掲書『四川通史』第二冊、一二三頁。
(20)テクストは前掲書『張家山漢墓竹簡〔二四七号墓〕』による。
(21)案例一の訳注に関しては、飯尾秀幸「張家山『奏讞書』をめぐって」(『専修大学人文論集』五六号、一九九五年)、学習院大学漢簡研究会「秦漢交替期にはざまで—江陵張家山漢簡『奏讞書』を読む—」(『中国出土資料研究』第五号、二〇〇一年)、池田雄一編『奏讞書—中国古代の裁判記録—』(刀水書房、二〇〇二年十一月)を参照。
(22)この裁判は夷道で行われたのに「它は縣の論あり」とあるのは不可解である。道に関わりのない他の案例でも同じ語句がみられるので、あるいは単なる常套句であるかも知れない(池田雄一編前掲書、三七頁)。
(23)中村威也「中国古代西南地域の異民族—特に後漢巴郡における「民」と「夷」について—」(『中国史学』第十号、二〇〇〇年)。
(24)中国における巴史研究の動向を総合的に紹介したものとして、岡田宏二「古代巴史研究序説」(『東洋研究』第一五〇号、二〇〇三年)が有益である。
(25)大川裕子「古代巴の歴史—巴人の分布に関する一考察」(『史艸』三九号、一九九八年)。
(26)童恩正前掲書『古代的巴蜀』(四川人民出版社、一九七九年四月)一一〜一五頁。

(27) 種部いく子「古代の巴と蜀—秦による巴・蜀統治を中心として—」(『学習院史学』第三号、一九六六年)。
(28) 金秉駿『中国古代地域文化와 郡県支配—四川地域와巴蜀文化 中心—』(一潮閣、一九九七年三月)一七二～一八七頁。なお本書の翻訳については、東京都立大学大学院生呉吉煥氏のご協力を頂いた。厚くお礼を申し上げる次第である。
(29) 金秉駿前掲書『中国古代地域文化와郡県支配』二七九～三〇〇頁。
(30) 久村因「秦の「道」について」(中国古代史研究会編『中国古代史研究』第一所収、吉川弘文館、一九六〇年十一月)。
(31) 久村因「古代四川に土着せる漢民族の来歴について」(『歴史学研究』第二〇四号、一九五七年)。
(32) 工藤元男「秦の遷刑覚書」(『日本秦漢史学会会報』第六号、二〇〇五年十一月)。
(33) 四川省博物館・青川県文化館「青川県出土秦更修田律木牘—四川青川県戦国墓発掘簡報」(『文物』一九八二年第一期)一一頁。
(34) 滎経古墓発掘小組「四川滎経古城坪秦漢墓葬」(『文物参考資料』第四輯、文物出版社、一九八一年)。
(35) 周爾太「成都秦人墓群又有新発現」(『成都文物』一九九二年第三期)。
(36) 四川省博物館・青川県文化館前掲論文「青川県出土秦更修田律木牘」。
(37) 李昭和氏は、背面の紀日法が天干・地支でバラバラに記され、それが『易』等にみられることから、四年十二月に〃除道〃しない日がこの八日で、残りの日はみな除道する日であることを示したものと推測している(「青川出土木牘文字簡考」(『文物』一九八二年第一期)。なお、于豪亮氏は背面の紀年を「四年」ではなく「九年」に釈文している(「釈青川秦墓木牘」同上)。
(38) 高大倫「張家山漢簡《田律》与青川秦木牘《為田律》比較研究」(張顕成主編『簡帛語言文字研究』第一輯、巴蜀書社、二〇〇二年十一月)。
(39) 渡辺信一郎「阡陌制論」(同氏著『中国古代社会論』所収、六九～七〇頁、青木書店、一九八六年九月)。ただし渡辺

氏は冒頭の「更脩爲田律」を「更に田律を脩爲せしむ」と読んでいる。
(40) 藤田勝久「中国古代史における秦、巴蜀、楚―長江流域の出土資料と地域文化―」(『長江流域文化研究所年報』第二号、早稲田大学長江流域文化研究所、二〇〇三年十月)。
(41) 李学勤「青川郝家坪木牘研究」(『李学勤集』所収、黒竜江教育出版社、一九八九年)二七四～二八三頁。
(42) 高大倫前掲論文「張家山漢簡《田律》与青川秦木牘《為田律》比較研究」三七九頁。
(43) 胡平生「青川秦墓木牘〝為田律〟所反映的田畝制度」(『文史』第一九輯、一九八三年)。
(44) 工藤元男・水間大輔・森和「早稲田大学長江流域文化研究所二〇〇五年度夏期海外調査報告―蜀地における秦人墓の調査を中心に―」(『長江流域文化研究所年報』第四号、二〇〇五年)。
(45) 藤田勝久前掲論文「中国古代史における秦、巴蜀、楚」。
(46) 四川省測絵局編成『四川省地図集』(成都地図出版社、二〇〇一年四月)一四五頁。
(47) 白馬チベット族の日中共同調査に関しては、盧丁・工藤元男主編『中国四川西部人文歴史文化綜合研究』第一篇「田野調査報告」(四川大学出版社、二〇〇三年一月)を参照されたい。
(48) 先に私は属邦の実態について「秦は異民族の領地を経略すると、その地に郡を開置して統治したが、しかしそれをいわゆる内郡とは区別し、法制的には臣邦(属邦)として位置づけたと思われる」としたが(工藤元男「「秦の領土拡大と国際秩序の形成」再論―いわゆる〝秦化〟をめぐって―」、『長江流域文化研究所年報』第二号、早稲田大学長江流域文化研究所、二〇〇三年十月)、如上の議論をへて、このようにその内容をやや改める。
(49) 『古今図書集成』巻六三八『雅州古迹考』引の『州志』にも同様の文がみえる。
(50) 陳新会『史諱挙例』(文史哲出版社、一九八七年一月)一三一頁。
(51) 四川省文物管会・雅安地区文化館・滎経県文化館「四川滎経曽家溝戦国墓群第一、二次発掘」(『考古』一九八四年第二二期）、四川省文物管理委員会・滎経県文化館「四川滎経曽家溝二一号墓清理簡報」（『文物』一九八九年第五期）。

(52) 工藤元男前掲論文「「秦の領土拡大と国際秩序の形成」再論」図二。

(53) 栗原朋信「文献にあらわれたる秦漢璽印の研究」（同氏著『秦漢史の研究』所収、吉川弘文館、一九六〇年五月）。

(54) 羅二虎前掲書、一六八頁。

〔附記〕写真は二〇〇五年度八月の日中共同調査によるものである。調査にあたってお世話になった四川大学芸術学院副教授・盧丁先生に厚くお礼を申し上げる次第である。

漢字受容と文字文化からみた楽浪地域文化
——六世紀新羅の漢字文化を中心に

李成市

はじめに

朝鮮半島に漢字文化が本格的に流入したのは、紀元前一〇八年に楽浪郡ほか四郡が設置され、中国王朝との通交が緊密になってからである。郡県との交渉を通して、朝鮮半島各地域の首長層は、漢字文化に接していったと推定されるが、このことがそのまま漢字文化の定着をもたらしたわけではなかった。

むしろ楽浪・帯方郡が滅亡（三一三年）の後、朝鮮半島において、高句麗、百済、新羅、加耶といった古代国家が形成される過程で、漢字文化は急速に受容され定着し、特色ある漢字文化を創出したとみられる。本稿では、それらの漢字文化のなかでも、六世紀における新羅の漢字文化を中心に検討することによって、朝鮮半島における漢字受容の地域的特色について考察してみたい。

新羅は朝鮮半島東南の慶州地域において興起するが、四世紀中ごろより対外的な活動が顕著になる。やがて六世紀初頭には諸制度が整備され、その後の急激な膨張過程は、高句麗・百済の脅威となっていく。あたかも、この頃の新羅における漢字文化については、ここ三〇年間にわたって、碑石や木簡など出土文字資料の発見と、それらに基づく研究によって飛躍的な進展がみられる(1)。

新羅が興起した地域は、朝鮮半島の東南隅に位置しており、中国大陸から最も離れたいわば辺境であり、朝鮮半島における漢字文化の受容について、とりわけ、その地域的特色（地域文化）を把握するうえでも、よい事例になりうるであろう。また日本列島に最も近い地域であることから、日本列島における同様の問題を検討するときに、新羅の事例は、おおいに参照すべき視角を提示できるものと考える。

ところで、新羅をはじめ高句麗、百済といった古代国家が展開した地域は、中国の正史では「東夷」と称され、その後の歴史的過程で、中国に起源をもつ漢字・儒教・漢訳仏教・律令を、どの中国周辺地域よりよりも深く受容した地域とされている(2)。本稿は、こうした中国東北地方から朝鮮半島にかけての地域文化圏を、作業仮説として「楽浪地域」と設定することによって、この地域に及んだ普遍文明としての中国文明がこの地域に伝播・受容されていく過程や、そのような中国文明にあらがいながら土着文化と融合して、独自の地域文化を形成する過程の解明を試みる作業の一環でもある。新羅の漢字文化の検討がこうした地域文化に対する解明の糸口になることをめざしたい。

一　六世紀における新羅石碑の文体と形態

1　南山新城碑（五九一年）

六世紀の新羅における金石文をみるとき、文字の果たした役割という観点から注目されるのは、新羅の王京から出土した南山新城碑である。新羅の国家発展は、現在の慶州盆地を中核的な基盤としたが、この慶州盆地の中心は、三日月型状の河岸段丘を利用して土石によって築造された半月城で、ここを五世紀末に王の居城として以来、その末期までの四百年以上にわたって新羅の政治の中心的な役割を果たした[3]。

しばしば外敵に悩まされた新羅は、その半月城の南方にあって、長く南北に連なる南山の中腹に山城を築造し、平時の居城（王城）に対して緊急時の逃げ城を築造した。『三国史記』には、真平王一三年（五九一）七月に、周囲二八五四歩の南山城を築造したことが記されている。まさに、この山城築造の際に刻された石碑が、現在までに一〇碑確認されている[4]。

これまでの研究によれば、新羅は王都に居住する六部人（六つの地縁的、血縁的な政治集団）と新羅がその当時統治していた領域内の地方民を力役動員して南山新城の築造に当たらせたことが明らかにされている。築城に際しては、作業距離を二百以上に分割し、集団ごとに一定の距離を分担させていた[5]。こうした築城の基本単位は、地方民の場合は、城・村であり、都に居住する六部人の場合は里であった。作業集団ごとに一つずつ石碑が造られ、そこには築城工事に際しての誓約と作業集団の監督に当たった地方官の名が明記され、これに続いて、この時の工事に携わった実質的な作業責任者として、外位をおびた村主をはじめとする在地首長たちの名が列挙されている。

全ての碑石の冒頭には、堅固に築造し三年以内に崩壊することがあれば罰せられるという誓約の言葉が刻されている。また現在まで確認されている一〇碑のうち担当距離が判明するものは、二一歩から六歩までであり、平均約一一歩であることから、南山新城碑は、二百以上の作業集団が担当したことが推定されている。これらの作業には、王都の居住民と新羅の統治下にあった地方民が一斉に動員されたものとみられている。

ここでまず留意すべきは、新羅が文字によって統一的に人民を掌握し、力役動員が実現されている事実である。また、とりわけ重要な点は、冒頭の誓約の文字であり、そこには、

南山新城作節如法以作、後三年崩破者罪教事、為聞教令誓事之。

とあって、これをあえて書き下し文にすれば次のようになる。

南山の新城を作りし節（とき）法の如く以て作り、後三年、崩破する者は罪せらるるを教事す。教令を聞き、誓いを為す事。

あらためて指摘するまでもなく、通常の漢文体（正格漢文）ではなく、いわゆる「変体漢文」に属する。さらに細部に注目すれば、王の命令を意味する「教」字が重ねて用いられている点が特徴的である。

また、その形態に注目すれば、石碑は自然の石材を利用したもので、一〇碑すべてが特別な切石を用いているわけではない。南山新城碑の文体と碑石の形態は、六世紀における新羅石碑の特徴をよくあらわしており、それらをさかのぼってみれば、以下のとおりである。

2　迎日冷水碑（五〇三年）

新羅において現存最古の石碑は、一九八九年に慶尚北道迎日郡冷水里（慶州より北へ約二〇キロの地）で発見された迎日冷水碑である。その形状は、特異な台形状をなした自然石であり、石の前面、後面、上面の順に、それらの三面にわたって文字が刻まれている。(6) その内容は、現在の冷水里付近にあった「珎而麻村」の人、節居利や彼の関係者による「財物」取得の紛争に対し、癸未年（五〇三）九月に、新羅の高官七人（七王）が「共論」し、以前に示された「二王」の「教」を拠り所にして、新たな「教」（別教）をもって、その次第について裁定したことを記している。次いで、この裁定の後に七人の典事人によって牛を犠牲として祓いの儀礼が挙行されたことを（天に）語り告げたことを記し、最後に、二人の当該地の首長（村主）がこの調停に立ち会ったことを刻している。(7)

当事者である「節居利」の死後には、弟の子供が相続することが規定され、さらに、紛争相手がこの問題を蒸し返すことを法的規制でもって強く禁止している。上述した裁定を長く告知するために碑石に記したと考えられる。

碑文中には、変体漢文とみられる箇所があり、それらを抜粋して示せば以下のとおりである。

此七王等共論教用前世二王教為証尓──此の七王等、共論して教を用て、前世の二王の教を証と為し

取財物盡令節居利得之教耳──財物を取るは盡く節居利をして之を得さしめよと教す。

節居利若先死後──節居利若し先に死して後は

其弟兒斯奴得此財教耳──其弟の兒・斯奴をして此財を得さしめよと教す。

跟跪所白了事煞牛祓誥──跟跪して所白するを了事し、牛を煞して、祓いて誥す。

みられるように、この冷水碑においても、そこに刻されている文体は「教」を重ねることによって、告知すべき裁定の内容に強制力が負荷されている。上に示したように、その一部を敢えて書き下し文にしたが、それらが、いわゆる変体漢文に属することは明らかである。

3　蔚珍鳳坪新羅碑（五二四年）

一九八八年に、慶州から北へ一四〇キロほど隔たった慶尚北道蔚珍郡鳳坪里の水田から二メートル余の石碑が発見された(8)。碑文は約四百字からなり、私見によれば、おおよそ四つの内容で構成されている。まず第一に甲辰年（五二四）正月一五日に、法興王と一三人の高官によって「教」が下され、第二に、「本奴人」（旧高句麗民）である「居伐牟羅・男弥只村」（現・栄州郡順興面）の民に、蔚珍付近の「法道」の整備と保全を、前の王命に従って遂行するよう重ねて王命が下され、王自らの視察があったことを記している。第三に、新羅の官人によって「殺牛祭天」の儀礼が挙行され、それに参与した者の歴名および、王命に違えたかどで、「杖六十」「杖百」の処罰を受けた四村の首長層の者四人の歴名とその刑量が記され、その後に立碑関係者の歴名を記す。第四に、「居伐牟羅」の二人の首長が、三九八人の民と共に、以後、王命に違えることがないよう、王の前で天に誓った盟誓の句を記している(9)。

碑石が建立された蔚珍は、新羅の北辺に位置し、新羅が高句麗のくびきから脱してここを奪取し、新羅の支配を強化した特殊軍事地帯であった。かつて高句麗に政治的に従属していた新羅は、今や高句麗領土を侵食し、その地の居住民に対して服属政策に関わる法（「奴人法」）を再確認させ、再び王命に違えることのないよう、

若此者誓罪於天（若し此のごときは罪せらるるを天に誓う）

と王命の遵守を天の前で宣誓させたのである。

このように蔚珍鳳坪碑もまた、自然石の平坦な部分を用いて文字を刻しており、その文体は、次に示すように、これまでと同様に「教」字を重ねることで、王や高官の施策が強制力をもって布告されている。

甲辰年正月十五日喙部牟即智寐錦王［歴名A］等所教事
別教令居伐牟羅男弥只本是奴人雖是奴人前時王大教法道俠阼隘尓所界城失兵遠城滅大軍起若有者一依為之人備土寧
王大奴村貧其値・一二其餘尹種種奴人法
新羅六部煞斑牛□□□事［歴史C］
于時教之若此者誓罪於天［歴名D］

また、末尾に誓約の文言が記され、碑石が向後のあるべき施策の永続を、誓約者たちに威嚇をともなって告知されたものであることがうかがえる。[10]文章全体の解読は、現在にいたるまで多様な解釈がだされており一致しないが、その要因は文字の判読が困難な点のみならず、漢文体では理解しがたいことに求められる。

4　丹陽赤城新羅碑（五四五＋α年）

一九七八年、忠清北道丹陽郡丹陽面の赤城山城跡から発見されたこの碑石は、その上端部が破砕されていたが、左に示すように、およそ二八〇字あまりが判読され、元来は四五〇字ほどと推定されている。[11]

その内容は、おおよそ法令の部分と、立碑関係者の部分とからなる。法令の部分は三つの内容からなり、第一に、法令を布告した九人の官人の歴名が記され、第二に、新羅による高句麗からの赤城の奪取や、その経営に功績があったと推定される「也尔次」という人物の家族に対する種々の恩典（佃舎法）が記されている。第三に、そのような赤城での事例を新羅全土で適用するという宣言とで構成されている。六世紀中葉に新羅による赤城奪取とその経営を記したこの碑によって、当時の新羅の領域拡大の実相をかいまみることができる。

その文体は、これまでと同様に、「教」字を重ねて記しており、全文は漢文で解することは殆ど困難である。また碑石の形態は、扁平で横長の自然石がもちいられている。

注目されるのは、「国法」や「佃舎法」など、法令に関わる文言と共に、新羅全土への新たな法を適用する契機をつくった人物「也尔次」の家族構成について、「妻」「妾」、「子」「女」、「小子」「小女」など、それぞれの名前と共に、血縁関係ないし年齢区分を分類して把握していることである。「也尔次」個人への恩典のための目的のみに、このような分節化がなされたとは考えがたく、当時の新羅の地方統治における人民の把握の仕方には、年齢区分に従う弁別がなされていた可能性を想定しておく必要があるだろう。

□□□□月中王教事大衆等喙部伊史夫智伊干
□□□□豆弥智佊弥干支喙部西夫叱智大阿干
□□□夫智大阿干支内礼夫智大阿干支高頭林
城在軍主等喙部比次夫智阿干支沙喙部武力智
阿干支鄒文村幢主沙喙部導設智及干支勿思伐
□□□喙部助黒夫智及干支節教事赤城也尔次

□□□□中作善〔广+通〕懷勲力使死人是以後其妻三
□□□□□□□□□□□許利之四年小女師文
□□□□□□□□□公兄鄒文村巴弥妻下干支
□□□□□□□□□者更赤城烟去使之後者公
□□□□□□□□□異?·耶國法中分与雖然伊
□□□□□□□□□子刀只小女烏礼兮撰干支
□□□□□□□□使法赤城佃舍法爲之別官賜
□□□□□弗兮女道豆只又悦利巴小子刀羅兮
□□□□□合五人之別教自此後國中如也尓次
□□□□□□懷勲力使人事若其生子女子年少
□□□□□□□兄弟耶如此白者大人耶小人耶
□□□□□□□□喙部奈弗耽郝失利大舍鄒文
□□□□□□□□□勿思伐城幢主使人那利村
□□□□□□□□□人勿支次阿尺書人喙部
□□□□□□□□□人石書立人非今皆里村
□□□□□□□□智大烏之

二　真興王巡狩管境碑にみる形状と文体

以上でみてきた六世紀の碑石と性格を全く異にするのが、真興王の巡狩管境碑（磨雲嶺碑、黄草嶺碑、北漢山碑）である[12]。磨雲嶺碑（咸鏡南道利原郡）、黄草嶺碑（咸鏡南道咸興郡）の二碑は、ともに碑身に四角柱の切石を用い、その上に笠石（蓋石）をのせている[13]。立碑年は、戊子年と銘記する磨雲嶺碑と、それとほぼ同文の黄草嶺碑は、五六八年と推定されていて異説はない。また、北漢山碑（ソウル市恩平区）は、現在は蓋石を失っているが、碑身上部の加工から元来、蓋石を乗せていたことは明らかである。その立碑年には所説あるが[14]、五六八年頃とみなして問題はない。

一方、いわゆる昌寧碑（五六一年）も、しばしば真興王の巡狩管境碑に加えられるが、この碑（慶尚南道昌寧郡昌寧里）は、その形態において、著しく前の三碑とは異なっている。扁平な花崗岩の巨石の表面を利用し、石面の周囲には、直線で刻字面を包囲するように画線が不規則に刻されている。その内容も、後に掲げる三碑とは異なっている。本文と歴名からなる全二七行中の前半部分が摩滅しているためにほとんど解読は不可能であるが、ただ、一部の文字をみる限り、三碑とは異なる文体である可能性が高い。それゆえ、本稿では磨雲嶺碑、黄草嶺碑、北漢山碑と、昌寧碑との差異に注目し、前者の三碑のみを巡狩碑とみなすことにしたい。

まず、これら巡狩碑の立碑時期に関わって留意したいのは、そこに至る新羅の外交活動である。新羅は、五五二年に高句麗、百済を破って漢山城一帯を占有し、翌年には新州を設置して中国への交通路である現在のソウル地方を確保する。これによって中国への海路をえた真興王は、五六四年に北周に朝貢し、その翌年に冊封されている。これが新羅が独力で行った最初の朝貢であり、授爵であった。さらに五六六年には、南朝の陳に朝貢をはたしている。これらの外交は、それ以前においては高句麗のみがなしえた南北両王朝への朝貢であった[15]。

真興王の巡狩管境はまさに、この南北両朝に朝貢を実現した直後の時期にあたっている。また、立碑された場所は、磨雲嶺碑と黄草嶺碑とが高句麗領域にまで踏み込んだ辺境の地であり、北漢山碑にしても新羅最北の地であり、高句麗と対峙していた地域であることで一致している。

すでに述べたように、これらの三碑は、ともに碑身に磨いた切石をもちいて、その上に蓋石をのせる形態であった。その内容は、三碑共にほぼ類似しており、冒頭に「真興太王巡狩管境」と銘記し、「帝王建号」した「朕」の自負をもって民心の慰撫に努めることが荘重な漢文体で刻されている。磨雲嶺碑の碑面を示し、本文を訳出すれば次のとおりである。

太昌元年、歳次戊子八月廿一日癸未、真興太王巡狩管境、刊石銘記也、

夫純風不扇、則世道乖真、玄化不敷、則邪為交競、是以帝王建号、莫不修己、以安百姓、然朕歴数、当躬仰紹、太祖之基、纂承王位、競身自慎、恐違乾道、又蒙天恩、開示運記、冥感神祇、応符合笇、因斯四方託境、広獲民土、隣国誓信、和使交通、府自惟忖、撫育新古黎庶、猶謂道化不周、恩施未有、於是歳次戊子秋八月、巡狩管境、訪採民心、以欲労賚、如有忠信精誠、才超察厲、勇敵強戦、為国尽節、有功之徒、可賞爵物以章勲効、

引駕日行至十月二日己亥、向渉是達非里□□□、因諭辺境矣、

夫れ純風は扇がざれば、則ち世道は真に乖り、玄化は敷かざれば、則ち邪は交競を為さん。是を以て、帝王建号し、己を修め、以て百姓を安ぜざるはなし。然るに朕の歴数、躬は太祖の基を仰紹し、王位を纂承するに当たり、身を競しめ、自ら慎しみ、乾道に違うことを恐る。又た天恩を蒙むり、運記を開示し、神祇に冥感し、符に応じて合笇

せんとす。因りて斯れ四方の託境、広く民土を獲て、隣国は信を誓い、和使は交ごも通ず。府は自と惟忖し、新古の黎庶を撫育するも、猶お道化は周らず、恩施は未だ有らずと謂う。是に於て歳は戊子に次りて秋八月、巡狩管境して、民心を訪採し、以て労賚せんと欲す。如し忠信にして精誠、才超えて厲うきを察し、勇敵と強戦し、国の為めに節を尽して、功有るの徒有らば、爵物を賞し、以て勲効を章らかにすべし。

問題は、六世紀における新羅の碑石の中でも突出している巡狩管境碑との比較で、すでにみた碑石をどのように評価するかについてである。まず両者の違いを生じさせた背景について、中国王朝へ単独で行った最初の朝貢と授爵という契機もあったであろうが、むしろ重視すべきは、書き手と読み手の関係である。巡狩管境碑で呼びかけられている対象（読み手）は、他の六世紀の碑石のように、新羅王や高官との濃密な関係を前提とはしていない。あくまでも関係の薄かった辺境にある不特定多数の民を対象としている。

また三つの巡狩管境碑は、正格漢文体であり、その他の六世紀新羅の碑石は、変体漢文という点に大きな相違がある。あえて、このような対比によって、露わになるのは、変体漢文で記された碑石の文章としての性格である。すでに指摘があるように、正格漢文と変体漢文とは、外見が似ていても、文章としての性格は全く異なる[16]。巡狩管境碑は、新羅式に読まれることがあっても、漢文として通用することが期待されたはずである。一方、変体漢文は、漢文として通用することは初めから問題になっていない。両者は、原理的に異なり、変体漢文とは、正確に言えば、漢文ではない。「外国語としての漢文への回路をもつことなく、自分たちの言葉の中で漢字を用いる[17]」のであり、全く異なる文字文化ということになる。

そもそも、変体漢文は、次第に「外国語としての漢文」に近づく過程に位置しているのではなく、それ自体が文字の内部化、成熟化、社会化として捉えるべき性格を備えている。そうしてみると、既述のとおり現在のところ新羅の石碑は冷水碑の五〇三年にまで遡るのであるが、そこにみられる変体漢文を参照するならば、漢字文化は、新羅社会に深く浸透していたとみなければならないであろう。

少なくとも新羅では、五世紀末には、正格漢文をいったん受けとめた上で、それを自らのシンタックスで捉え直し、漢文を自らの文字として馴致させようとしていたことになる。また、碑石の内容を見る限り書き手だけでなく、新羅の政治圏内における広範な読み手を想定しなければならないことにも注意を喚起したい。

ところで新羅における変体漢文の代表的な事例としてあげられるのがいわゆる「壬申誓記石」である[18]。その典型的な文体から韓国の学界において、変体漢文は一般には「誓記体」と呼称されている。ここに記された「壬申年」については、五五二年説や六一二年説などがあって、年代を特定するのは容易でない。今その内容と釈読の私見を示せば次のとおりである。

　壬申年六月十六日、二人并誓記、天前誓、今自
三年以後、忠道執持過失无誓、若此事失
天大罪得誓、若国不安大乱世、可容
行誓之、　又別先辛未年七月廿二日、大誓
詩尚書礼伝倫誓三年、

壬申年六月十六日に、二人并びて誓い記す。天の前に誓い、今自り三年以後、忠道を執持し、過失无きを誓う。若し此の事を失わば、天に大罪を得んことを誓う。若し国安からず大乱の世たるも、容さに行うべきを誓う。又別に先の辛未年七月廿二日に大いに誓う。詩・尚書・礼伝を倫いで得んことを誓うこと、三年。

五行にわたって刻まれた文章の中で、漢文の用法にしたがう箇所は、三行目の「不安」と「可」の二箇所にとどまり、

全文は朝鮮語のシンタックスに従って漢字を配列している。

すでに指摘したように、このような文体は、漢字文化が新羅社会へ深く浸透した結果の産物であると見なければならないが、これまで見てきた六世紀における新羅の碑石と対比して大きく隔たるものではない。私見によれば、七度くり返される「誓」字が蔚珍鳳坪碑の「誓」と酷似することから、「壬甲年」は六世紀の五五二年と推定している。

こうしてみると、眞興王の巡狩管境碑は、改めて六世紀の新羅の漢字文化の性格を問い直すべき対象として注目されるのである。

三　城山山城出土新羅木簡

一九九一年以来、加耶諸国の中の有力国であった安羅国の故地（慶尚南道咸安郡）から、既発表の二七点の木簡と共に、その後にも一〇〇点前後の新羅木簡が発見されている。[19]

木簡が出土した城山山城は、発掘調査の結果、新羅が築造した山城であることが確認されている。[20]排水溝付近から集中的に出土した木簡は、両面を整形しており、最大でも三〇センチ未満で、おおよそ二〇センチ前後の大きさのものが大半を占める。その形態上の特徴は、木簡の下端部に切り込みがあるか、あるいは下端部に穿孔がある点にある。文字が判読できる木簡は、下端部に切り込みのあるものが半数以上に達し、下端部に穿孔のあるものは二点である。それゆえ文字が判読できない木簡も、それらの切り込み、ないしは穿孔は、木簡の下端部にあったとみられる。

その記載内容は、おおよそ「出身地域名、人名、外位、物品名」で構成されている。[21]木簡に記された地名には、「甘文」（金泉市開寧面）、「下幾」（醴泉郡豊山）、「本波」（星州郡星山）、「及伐」（栄豊郡順興面）など、現在の慶尚北道地域と推定されるものがある。[22]四点の木簡に記された「仇利伐」については、「南山新城碑」第二碑にみえる「仇利城」とみられ、忠南道沃川郡周辺である可能性が高い。記者発表資料によれば、その後発見された木簡には、安東に比定される「古陁」、義城と推定される「鄒文」が確認され[23]、木簡に記された地名は全て、慶尚北道地域に集中して例外がない。

人名については、一つの木簡に、一人の人名を記すのが原則とみてよいが、二人を記したと見られるものも四点ある。これは木簡の用途と関わって軽視できない[24]。

注意を要するのは、人名を顛倒符（レ）によって修正したり、人名のみを異筆で記した木簡が実在していることである。木簡に記された官位については、外位第八等の「一伐」と外位第六等の「上干支」が確認でき、さらに「上干支」の表記から、これらの木簡が五五一年以後、五六一年以前のものであること特定できる[25]。

地名、人名、外位の他に、末尾には、雑穀の「ヒエ」が「稗」、「稗一」、「稗石」、「稗□」などと多様な表記をもって記されてる。いずれにしても、これらは、基本的な表記が「稗一石」であったものに対して、簡略化された表記とみてよい[26]。

これらの木簡は、形態の類似性を始めとして、記載内容を同じくしており、同一目的で使用された一括資料である可能性が高い。また、その形状と記載内容からみて、日本に多くの類例があるように、物品につけられた付け札、つまり荷札とみなしてまちがいない。

城山山城木簡に記された人名こそは、稗や麦、塩などの物資を貢進した者たちの名であり、彼らは在地の首長たちであったであろう[27]。すでに、蔚珍鳳坪碑や南山新城碑によって、在地の首長に対し、新羅の幹道の整備や王都の山城築造に際して、かれらを媒介にして地方民を力役動員していたことをみたが、やはり六世紀半ばにおいて、新羅の領域拡大にともなう支配政策にも動員され、軍糧などの貢進にも徴発されていたことが、城山山城木簡によって裏づけられることになった。

すでに南山新城碑においては、王都の力役に全国から人民を徴発動員したことをみたが、城山山城木簡によって、新羅は新たに確保した軍事拠点の確保・防衛のために、軍糧として稗などを、在地の首長に遠隔地から城山山城へ搬入させていたことが分かった。

ところで、文字によって人民を掌握し、収取が運営されるためには、その前提として新羅国家の人民に対するきめ細かな把握がなければならない。すでに指摘したように、木簡に現れる地名は、慶尚北道の地域に集中している。その地域性ゆえに、慶尚北道と城山山城を結ぶ内陸交通路として洛東江が注目されている。[28] その点に異存はないが、慶尚北道に集中している要因として注目すべきは、真興王一三年（五五二）にほぼ今日の慶尚南北道地域を、上州、下州という二つの広域行政区画として設定していることである。それ以前の州とは、軍事上の拠点となる邑洛の呼称であったが、この時より、狭義の州と、広義の州とが併存することになった。[29] つまり、広域を統括する地方統治体制が施行されたことを意味する。城山山城木簡は、このような州制成立にともなう動員体制に関わって用いられたものと推定したい。

また、城山山城出土木簡には、題籤軸の含まれていることが確認された。かつて百済宮南池の出土遺物中に題籤軸の一部が存する可能性について指摘されたことがあったが、[30] その実在は不明であった。城山山城出の土器類の中には題籤軸の形状をもつものが何点か出土し、そのうち一点の題籤の部分から「利豆村」の文字が確認され、題籤軸に間違いのないことが明らかにされた。一村名をインデックスとして使用している状況を勘案すれば、城山山城内で、巻子本状の文書がかなり集積され、六世紀中ごろの段階において、紙木併用の文書行政が行われたことになる。それはまた、これまでみてきた六世紀新羅の石碑を通してみた文字の内部化、成熟化に合致するものとみてよいであろう。

おわりにかえて――新羅の漢字文化を規定した高句麗

新羅独自の漢字文化が、遅くとも六世紀初頭の段階で、社会内部に浸透していたことを出土文字資料であとづけてきた。城山山城木簡は、南山新城碑にみられる文字による人民の掌握と収取の運営が、さらに遡って制度化されていたことを如実に物語るものである。それでは新羅のこうした早期における文字の習熟は、いかにして達成されたのだろうか。

すでに別稿で何度か指摘したことではあるが、高句麗との関係を無視することはできない[31]。六世紀新羅の「教」字を重ねる独自の文体は、あの広開土王碑に遡って確認することができる。また、中原高句麗碑[32]は、高句麗と新羅の権力関係を明確に述べたものであるが、それゆえ、碑石の読者は、新羅人でなければならない。広開土王碑[33]とは、全く異なるこの文章は、書き手である高句麗人と読み手である新羅人との間で成立する文体であった。新羅は、高句麗との政治的な関係によって、早期から正格漢文とは異なる高句麗の変体漢文に習熟していたとみられる。それは、文体だけでなく、文字文化の多方面に及んだはずである。

たとえば、新羅の南山新城碑に見られるような築造碑は、高句麗では五五二年より平壌における長安城の築造工事に際し、築造時期、責任者および分担距離を記した城壁石刻が五つ発見されている[34]。このような高句麗で早期に用いられていた築造碑が新羅に伝播し受容された可能性が高い。

さらに高句麗で頻りに用いられる「部」（卩）、「開」（开）、「岡」（罡）などの略字体は、百済や新羅にも伝播している。これらの略字体は、かならずしも高句麗ではじまったものではないが、高句麗によってある時代に選択的に受容されたものが、高句麗を媒介にして周辺地域伝播受容されたとみられる。造字についても、「椋」字を事例に述べたことがあるが、高句麗での造字が百済、新羅、倭へともたらされたことは確かである[35]。

近年、小林芳規氏の研究によって、韓国における角筆文献は、現在まで約五〇点が確認され、七世紀後半から一九世紀まで用いられていたことが明らかにされている[36]。また日本におけるオコト点、返読符、句切符、合符などの符合との共通性が指摘され、日本の古訓点への影響が本格的に検討され始めている。

具体的に、新羅からもたらされたと推定される巻子本『判比量論』[37]には、角筆（象牙などの先端で紙面を押し凹ませて文字・符合を書いた筆記具）による文字、省略字、節博士（行間の譜）、声調符、合符（一つの単語であることを示す線）などが確認され、それらが日本における光明皇后の朱印の押される以前のものであること、文字の墨が削られて角筆の凹みが入れられていることから、光明皇后の蔵品となる前に、新羅で書き入れられたことが明らかにされた[38]。新羅で漢字の省略字を用いていたり、オコト点に類する角筆が確認されたりしていることから、日本における訓点の発想が八世紀の新羅との交流に由来する可能性が高くなっている[39]。

上述のような新羅と日本で実証されつつある関係は、それに先行して、高句麗と新羅、あるいは高句麗と百済との間でも行われた可能性があるのではないかと推察される。今後、出土文字資料による確認作業がまたれる。

本稿では、六世紀新羅の漢字文化を検討し、それが高句麗の影響の下で展開したことを推測した。新羅の古代国家の形成は、六世紀後半期における脱高句麗化（高句麗政治圏からの離脱）の過程で進行するが、その過程は、新羅・王京支配共同体による周辺諸地域（外方邑落）への支配、統合の過程が始まる時期でもあった[40]。その際に、先駆的な国家形成をとげた高句麗において受容、変容した漢字文化が、朝鮮半島南部でやや遅れて国家形成をとげる新羅に影響を及ぼし、相互に独自の漢字文化を創出していった過程が想定される。

これを中国文明と隣接地域における文明受容の視点から見れば、中国東北地方から朝鮮半島にかけての地域（楽浪地域）の漢字文化とは、高句麗による先駆的な受容と変容が、朝鮮半島南部や日本列島地域への文明受容の道を切り開いた過程そのものと捉えることができるであろう。漢字文化のみならず、さらには仏教や道教などの宗教の伝播と受容、法秩序あるいは古代国家の形成過程などを追究することによって、高句麗以南に形成された地域文化（楽浪地域文化）のありようが明らかになると考えられるが、これらは次の課題である。

注

(1) おおよその研究状況については、以下のものを参照のこと。李成市「韓国出土の木簡について」(『木簡研究』一九、一九九七年一二月)、李成市「古代朝鮮の文字文化」(国立歴史民俗博物館編『古代日本　文字のある風景』二〇〇二年三月)、李成市「古代朝鮮の文字　文化と日本」(『国文学』四七―四、二〇〇二年三月)。藤本幸夫「古代朝鮮の言語と文字文化」(岸俊男編『日本の古代　一四　言葉と文字』中央公論社、一九八八年)、藤本幸夫「語学的観点から見た朝鮮金石文」(『書道研究』四―七、一九九〇年七月)、国立慶州博物館『文字から見た新羅―新羅人の記録と筆跡』(学芸文化社:ソウル、二〇〇二年)。なおこの地域を「楽浪地域」と設定する作業仮説については、早稲田大学地域文化エンハンシングセンター刊行の年次報告書(二〇〇三年度、二〇〇四年度)を参照のこと。

(2) 西嶋定生『古代東アジア世界と日本』(岩波書店、二〇〇一年)。

(3) 国立慶州文化財研究所『新羅王都慶州』(国立慶州文化財研究所、二〇〇三年)。

(4) 『三国史記』が記す真平王七月は工事完成時期を示し、南山新城碑が刻す二月二六日が着工の時期であると推定されている。なお南山新城碑については、秦弘燮「南山新城碑の綜合的考察」(『三国時代の美術文化』和同出版公社、ソウル、一九七六年)、李鍾旭「南山新城碑を通してみた新羅の地方統治体制」(『歴史学報』六四、ソウル一九七四年一二月)、田中俊明「新羅の金石文(1)~(9)」(『韓国文化』五―一~七―三、一九八三年一月~一九八四年五月)、朴方龍「南山新城碑第九碑に対する検討」(『美術資料』五三、ソウル、一九九四年六月)などを参照。

(5) 現在まで判明している工事分担距離は、一一歩三尺八寸(第一碑)、七歩四尺(第二碑)、二一歩一寸(第三碑)、六歩(第九碑)であり、四碑あわせて四五歩七尺九寸なって、一碑平均約一一歩となる。

(6) 迎日冷水碑については、韓国古代史研究会編『韓国古代史研究』(三、迎日冷水里新羅碑特集号、ソウル、一九九〇年)、深津行徳「迎日冷水里新羅碑について」(『韓』一一六、一九九〇年一一月)を参照。

（7）南豊鉉「迎日冷水里新羅碑の語学的考察」（『基谷姜信沆先生華甲記念　国語学論文集』太学社、ソウル、一九九〇年）。

（8）蔚珍鳳坪碑については、韓国古代史研究会編『韓国古代史研究』（二、蔚珍鳳坪新羅碑特集号、ソウル、一九八九年）、李成市「蔚珍鳳坪新羅碑の基礎的研究」（『史学雑誌』九八―六、一九八九年　［原載］、『古代東アジアの民族と国家』岩波書店、一九九八年［所収］）を参照。

（9）李成市「蔚珍鳳坪新羅碑の基礎的研究」（前掲書）。

（10）たとえば、最近の研究には、武田幸男「新羅・蔚珍鳳坪碑の『教事』主体と奴人法」（『朝鮮学報』一八七、二〇〇三年四月）がある。「教事」の主体については、すでに木村誠「朝鮮における古代国家の形成」（田村晃一・鈴木靖民編『新版古代の日本　2　アジアからみた古代日本』角川書店、一九九二年）に指摘があるように、この点については、蔚珍鳳坪碑の翌年に発見された迎日冷水碑によって拙稿の見解は改めなければならないと考えている。しかしながら、「居伐牟羅」を碑石の発見地（立碑地）とする見解には従えない。

（11）赤城碑については、檀国大学校史学会『史学志』（一二、丹陽新羅赤城碑特集号、ソウル、一九七八年）、武田幸男「真興王代における新羅の赤城経営」（『朝鮮学報』九三、一九七九年一〇月）、武田幸男「五～六世紀東アジア史の一視点―高句麗『中原碑』から新羅『赤城碑』へ―」（井上光貞他編『東アジア世界における日本古代史講座』四、学生社、一九八〇年）を参照。

（12）真興王巡狩管境碑については、葛城末治『朝鮮金石攷』（国書刊行会［復刻版］、一九七四年）、今西龍「新羅真興王巡狩管境碑考」（『新羅史研究』国書刊行会［復刻版］、一九六九年）、盧鏞弼『新羅真興王巡狩管境碑研究』（一潮閣、ソウル、一九九六年）を参照。

（13）今泉隆雄「銘文と碑文」（岸俊男編『日本の古代　14　言葉と文字』前掲）は、直方体の切石の碑身上に笠石（蓋石）をのせた那須国造碑は新羅の真興王巡狩碑の直接の導入とみている。つまり、こうした形態の碑は、真興王巡狩碑に固有のものとみなしている。
(14)その建立年次は、おおよそ五六八年以後説、五六八年説、五五五年説の三説がある。
(15)李成市「新羅の国家形成と加耶」(鈴木靖民編『日本の時代史』二、吉川弘文館、二〇〇二年)。
(16)神野志隆光「文字とことば『日本語』として書くこと」(『万葉集研究』二一、一九九七年)七六頁。
(17)神野志隆光「文字とことば『日本語』として書くこと」(前掲誌)七七頁。
(18)犬飼隆「壬申誓記石と森ノ内木簡の空格」(『萬葉』一八三、二〇〇三年二月)において、「壬申誓記石の性格は馴化の度の大きい変体漢文である」ことがすでに指摘されている。とりわけ、四行目第三字「之」と第四字「又」との間の空格のもつ意味を追究し、「中国語とは異なる文章構造の言語とは異なる文構造の言語を漢字で書きあらわそうとしたとき、適切な句読を得るために文字列上の視覚的な諸徴証として利用」したとの指摘は重要である。
(19)城山山城木簡については、国立昌原文化財研究所『城山山城』(国立昌原文化財研究所、昌原、一九九九年)、韓国古代史学会『韓国古代史研究』(一九、城山山城木簡特集号、二〇〇〇年、ソウル、韓国古代史学会)、李成市「城山山城新羅木簡から何がわかるのか」(『月刊しにか』一一―九、二〇〇〇年九月)、国立昌原文化財研究所「咸安城山山城'02年度学区津指導委員会議及び現場公開資料」(二〇〇二年一一月一五日、昌原)を参照。
(20)国立昌原文化財研究所『城山山城』(前掲書)、国立昌原文化財研究所『城山山城Ⅱ』(国立昌原文化財研究所、昌原、二〇〇五年)。
(21)李成市「韓国木簡研究の現況と咸安城山山城出土の木簡」(『韓国古代史研究』一九、ソウル、二〇〇〇年)、平川南「日本古代木簡研究の現状と新視点」(『韓国古代史研究』前掲〔原載〕、『古代地方木簡の研究』吉川弘文館、二〇〇三年〔所収〕)。
(22)地名比定については、尹善泰「咸安城山山城出土新羅木簡の用途」(『震檀学報』八八、ソウル、一九九九年一二月)

参照。

(23)「鄒文」は丹陽赤城碑に見えている。その地名比定は、武田幸男「真興王代における新羅の赤城経営」(前掲誌)に従う。

(24)当初、韓国においては城山山城木簡は、各個人が所持した身分証とする説が有力であった。複数の名を記しているとすれば、いうまでもなく身分証説は成り立ちえない。

(25)官位の表記法の変遷については、武田幸男「金石文資料からみた新羅官位制」(『江上波夫教授古稀記念論集』歴史篇、山川出版社、一九七七年)、武田幸男「新羅官位制の成立にかんする覚書」(武田幸男編『朝鮮社会の史的展開と東アジア』山川出版社、一九九七年)。

(26)平川南「日本古代木簡研究の現状と新視点」(前掲書、三六八~三七一頁)参照。

(27)李成市「韓国木簡研究の現況と咸安城山山城出土の木簡」(前掲誌)。

(28)尹善泰「咸安城山山城出土新羅木簡の用途」(前掲誌)二〇頁。

(29)李成市「新羅六停の再検討」(『朝鮮学報』九二、一九七九年〈原載〉、『古代東アジアの民族と国家』前掲書〈所収〉)。

(30)李鎔賢「扶余宮南池出土木簡の年代と性格」(国立扶余文化財研究所『宮南池』扶余、一九九九年)。

(31)李成市『東アジア文化圏の形成』(山川出版社、二〇〇〇年)。

(32)中原高句麗碑については、檀国大学校史学会『史学志』(一三、中原高句麗碑特集号、ソウル、一九七九年)、武田幸男「五~六世紀東アジア史の一視点―高句麗『中原碑』から新羅『赤城碑へ』」(前掲書)、木村誠「中原高句麗碑立碑年次の再検討」(武田幸男編『朝鮮社会の史的展開と東アジア』(前掲)参照。

(33)広開土王碑については、武田幸男『高句麗史と東アジア―「広開土王碑」研究序説』(岩波書店、一九八九年)、李成市「表象としての広開土王碑文」(『思想』八四二、一九九四年八月)を参照。

(34) 田中俊明「高句麗長安城城壁石刻の基礎的研究」(『史林』六八―四、一九八五年七月)。
(35) 稲葉岩吉『釈椋』(大阪屋書店、京城、一九三六年)、李成市「古代朝鮮の文字　文化と日本」(前掲誌)。
(36) 小林芳規・西村浩子「韓国遺存の角筆文献調査報告」『訓点語と訓点資料』一〇七、二〇〇一年)、小林芳規「韓国における角筆文献の発見とその意義」(『朝鮮学報』一八二、二〇〇二年)。
(37) 宮崎健司「大谷大学図書館蔵『判比量論』と大安寺審祥」(史聚会編『奈良平安時代史の諸相』高科書店、一九九七年)。
(38) 小林芳規「大谷大学蔵新出角筆文献について―特に、『判比量論』に書き入れられた新羅の文字と記号」(『書香』[大谷大学図書館報]一九、二〇〇二年六月)、小林芳規「新羅経典に書かれた角筆文字と符合」(『口訣学会第26回共同研究発表論文集』ソウル、二〇〇二年七月)、小林芳規「大谷大学蔵進出角筆文献について」(『大谷学報』八二―二、二〇〇三年三月)。
(39) 小林芳規「これからの角筆研究―東アジアを視野に」(『LIAISON』広島大学付属図書館館報、二八、二〇〇三年)。
(40) 李成市「新羅の国家形成と加耶」(鈴木靖民編『日本の時代史』二、二〇〇二年、吉川弘文館)。

漢字受容にみる日本列島の地域文化

新川登亀男

序章 「漢字」以前

いわゆる漢字は、中国大陸に端を発して、朝鮮半島やヴェトナム地域、そして日本列島において様々な形をとりながら継承され、再生産されていった。

ただし、「漢」の「字」である漢字という観念は、日本列島においては九世紀以降の平安時代になってはじめて明確に自覚されたものとみられる。これ以前に、実は、「漢字」という文字表現を見出すことは困難である。九世紀以前においては、かわって「字」と言われる場合が普通であり（たとえば『古事記』序文など）、「文字」という例も見出し難い。また、その「字」を綴ったいわゆる文章は「文」であり、それこそ『千字文』の「字文」がいわゆる文章に当たる。

このことについては、すでに拙著『漢字文化の成り立ちと展開』（山川出版社、二〇〇二年）において指摘したことがあるので、今は繰り返さない。ただ、私は、日本列島における、およそ九世紀以降の「漢字」の時代と、それ以前の

「字」の獲得や練成の時代とは区別して考えるのが適切であると考えている。もちろん、後者の「字」というものも、広くは漢字（形）の範疇に入るものであるが、その歴史的な位相には差異がある。

そこで、この「字」の時代を、私は古典文字の時代と仮称している。この古典文字の時代は、「漢字」の相対的かつ総体的な自覚に向かう永い準備期間にあたり、文字と言語を獲得していく、いわば混沌とした、しかし明確な段階を追ってすすんでいく「漢字」文化への胚胎期間と呼べるであろう。それは、また、「漢字」が様々な物品の価値から独立していく過程でもあった。

本論文は、この古典文字の時代のとくに早期に注目して、日本列島における「漢字」地域文化の裾野を掘り起こす試みの一助としたい。

第一章　古典文字の時代の始まり

そもそも、朝鮮半島では、韓国慶尚南道義昌郡の茶戸里遺跡一号墳から、紀元前一世紀後半とみられる木質の筆軸（漢の一尺、両端に筆毛など）と刀子（削刀か）が発見された[1]。高句麗では、四世紀以降、古墳壁画とともに墨書銘がみられるが（黄海道安岳三号墳など）、中国集安地域の舞踊塚天井壁画（四世紀半ば～五世紀半ば）には、貴人に対峙して坐している僧か学者らしき人物が左右の手に筆と紙のようなものを持っている場面が描かれている。また、北朝鮮（人民共和国）南浦市の徳興里古墳（四〇八年）では、やはり壁画と合わせて墨書銘がみられ、なかでも、「射戯注記人」と記された人物は、左右の手に筆と紙（冊子状）を持って射戯の成果を記録している。さらに、集安地域の五盔墳四号墳壁画（六世紀半ば）には、僧らしき人物が左手に長い棒状のものを持ち、輪形に特殊な記号風のものを記している場面が描かれているが、これは、易の八卦卜の場面であろうか[2]。また、新羅では、安羅故地の咸安城山山城跡から六世紀に遡る木簡が数多く出土しており、[3]古墳壁画に伴う墨書も存在する（順興邑内里古墳）。[4]さらに、四一四年の高句麗広開土王碑以降、とりわけ六世紀から、高句麗・新羅・百済地域で石碑（墓誌などもある）が間断なく建てられていくのは、言うまでもない。

以上によると、朝鮮半島では、紀元前にまで及ぶ可能性のある筆・墨の文字文化が一部で予想される。朝鮮三国のうちでは、高句麗が少なくとも四世紀以降、古墳壁画の製作と抱き合わせで文字を文章表現として使用している。それは、筆・紙・墨の活用を伴い、新羅などにも影響を及ぼした。筆・紙・墨の活用を前提として、石碑その他の金石文は作られ、木簡も登場してくるのであろう。

これに対して、たとえば、日本列島における硯（陶硯）の発見は、七世紀を遡る可能性のある朝鮮半島（百済系）の僅かな請来品を除くと、すべて七世紀前半以降にかかるもののようである。[5]奈良県生駒郡斑鳩町の竜田御坊山三号墳で発見された青年男子の人骨と琥珀製の枕、三彩の陶硯、ガラス製の筆筒（推定）も、七世紀終末期古墳の埋葬品であった。[6]この点、『日本書紀』推古一八年（六一〇）三月条にかけて紙・墨の製作技術が高句麗僧によって倭に伝えられたとするのも、単なる伝承以上の意味があろう。また、木簡が七世紀に入って、大量に使用されるのも、このような文房具の獲得と平行した現象であり、当然、紙の活用もみられたはずである。その意味では、木簡と紙は、筆や硯を媒介として同時的に出現したものと予想される。

ところが、近年、二世紀から四世紀にかけてのものとする文字の早期資料が注目されている。国立歴史民俗博物館編『古代日本　文字のある風景』（朝日新聞社　二〇〇二年）によって紹介されたものを例示してみると、①三重県安芸郡安濃町大城《だいしろ》遺跡出土の高杯刻書「奉?」（二世紀半ば）、②三重県一志郡嬉野町貝蔵《かいぞう》遺跡出土土器の文字らしき墨書（人面、線状の墨書もあるという）（三世紀前半）、③福岡県前原市三雲遺跡出土の甕刻書「竟?」（三世紀半ば）、④長野県下高井郡根塚遺跡出土の土器刻書「大」（左文字）（三世紀後半）、⑤三重県一志郡嬉野町片部遺跡出土土器の墨書「田?」

（四世紀前半）、⑥熊本県玉名市柳町遺跡出土の木製短甲留具《よろい》の染料によるらしき「田?・」ほかの四〜五文字（四世紀前半）などがある。

これ以後、⑦千葉県流山市の市野谷宮尻遺跡竪穴住居跡から出土した土師器（三世紀末ころ）にも、「九」の文字が墨書されているとする見解が、二〇〇四年に速報された。また、以前から論議されてきた⑧鹿児島県熊毛郡南種子町廣田遺跡出土貝札の刻書風（弥生後期〜六世紀末）などもある。

これらには、大別して墨書と刻書とがある。しかし、これらのうち、⑧については、有力な疑義説が出されている。(7) ⑦についても、実見したところ（千葉県文化財センター）、「九」の文字の第一画ないし第二画とされた墨痕の理解には誤認があり、到底、文字とは言えないであろう。したがって、このように、文字と認めることには困難なものが多い。とくに、墨書とされる場合には、その用具の存在を想定しなければならず、ある程度の文字の流布が前提になる。しかし、その前提は何ら保証されてはいない。かわって、刻書の場合は、墨書の場合よりも、文字である可能性があろうが、疑義のあるものも少なくない。

すると、二世紀から四世紀にかけての文字資料とされるものについては、いずれも確実なものはないことになる。ただし、ここで留意しておきたいのは、三世紀の日本列島の一面を伝えていると思われる『魏志』倭人伝の記事である。なぜなら、邪馬台国の女王・卑弥呼と帯方郡（ないし洛陽）との間における文書の交信について、「皆、臨津、捜露伝送文書、賜遺之物、詣女王、不得差錯」と記述しているからである。

この箇所の読み方については、必ずしも一様ではないが、とにかく、往来の文書と贈与物とを津（港湾）において確認し、その上で女王のもとに届けると解しておきたい。また、別のところでは、帯方郡の官人が遣わされて、「檄」をもって「告諭」することもあったとされている。「檄」とは、二尺（約五〇㎝）を基準とする多面体（觚）のいわば木簡であり、封をしない下行文書である。(8) このような「檄」を含めて、たしかに文書の伝送はあった可能性がある。帯方郡を介して送られてきたという魏の「詔書」も、ただちには否定できないであろう。

しかし、帯方郡の官人や津の一部の関係者を除いて、その文字や文書を多くの人々がどれほど理解し得ていたかは疑わしい。ついで、件の「詔書」の末尾にみえる「還到録受、悉可以示汝国中人、使知国家哀汝、故鄭重賜汝好物也」をも参照するなら、贈与物の意味と価値がいかに重く、大きいものであるかがよく分かる。文字や文書は、この贈与物に優先するものではなく、むしろ、従属する関係にあるであろう。このことは、早期の文字が、贈与物や新造物などの物品に付属して意味を持つ可能性を示唆している。

たとえば、当該の贈与物のなかには、「五尺刀二口」と「銅鏡百枚」が含まれていた。このような刀剣や鏡の類に文字が刻まれている例はよく知られているが、その場合の文字は、やはり刀剣や鏡である物品に従属する関係にあろう。つまり、文字ないし文章として、独立していないのである。しかも、刀剣よりも鏡の数量が圧倒的に多いのは、鏡に依存して成り立つ文字や文章の多さを物語るはずである。

第二章　福岡県三雲遺跡群出土の甕刻書

先に紹介した三世紀半ばの福岡県前原市三雲遺跡群出土の甕の口縁部には、たしかに、文字らしき刻線が認められる（図1）。この線刻については、「竟」（「鏡」の仮借字）と読む見解が出されているが(9)、ここにどのような問題があるであろうか。

この地は、伊都国とされる地域であり、たしかに鏡との関連性が予想できる。しかし、その字形はいかにも特異であり、文

図1　福岡県三雲遺跡群出土の甕刻書

字であること自体を危ぶませるところがある。かりに文字であるとしても、「口」のような字形と「身」ないし「貝」のような字形の部分がそれぞれ離れて刻まれており、二文字の可能性もある。そこで、まず、後述する「火竟」の文字と比較して、一応、それは「竟」の字の可能性があるとしておこう。そして、その可能性が妨げられる条件を検証してみることにする。

まず、下部の特異な記し方が不可解である。「竟」の字形はおよそ左右対称であるはずだが、これは、いかにも変則的である。しかし、この形は、三雲遺跡群に近接する平原弥生古墳出土の一八号鏡などにみられる「竟」の字形に似ており、それは一応、左文字と思われる[10]（図2）。同じ一八号鏡にみえる「大」の字も左文字であり、これは、先述の根塚遺跡出土の土器刻書「大」の字形に似ている。つまり、これらは鋳造製品である鏡の左文字の字形をそのまま繰り返しており、逆に、鏡の字形の広範な反復・模倣が三世紀の日本列島（現福岡県・長野県など）に展開していた可能性を予想させる。なお、このような「竟」の左文字は、魏の甘露五年（二六〇）獣首鏡などにもみられる[11]。

つぎに、上部の「口」のような字形と、下部の字形部分とが離れていることに問題がある。しかし、このような例は、たとえば後漢の永康元年（一六七）獣首鏡にみえる「黄」の字にみられる[12]。しかも、この「黄」の字の上部は「口」の字形に近い。ただし、下部は、三雲遺跡の甕の刻書の当該部の字形とは異なるものである。ところが、実は、「黄」の字が甕の刻書に酷似している例が認められるのである。ここに、「竟」の字形以外に「黄」の字形との関係が浮上してくる。

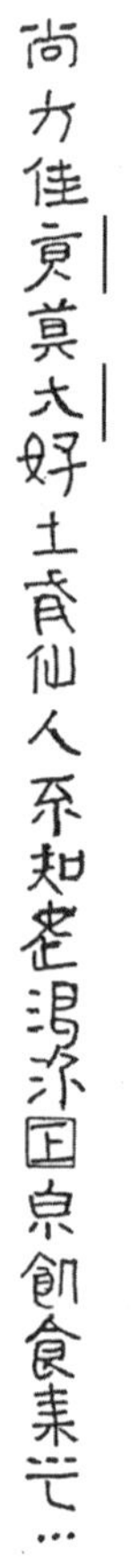

図2　福岡県平原遺跡出土の18号鏡銘

そこで、問題の「黄」

の字形との関係であるが、たとえば後漢の対置式神獣鏡にみえる「竟」の字形と、「黄帝」の「黄」の字形との酷似、後漢建安六年（二〇一）の重列神獣鏡にみえる「竟」の字形と、「黄帝」の「黄」の字形との酷似などがその好例である[13]（図3①②③）。そして、「口」の字形ということになると、「竟」よりも「黄」の字形のほうが近い。すると、三雲遺跡の甕の刻書を「竟」の字に限定して読むのは必ずしも適切でないことになろう。

さらに、さきの「竟」の字形と、「黄」の字形とは、円形に記された鏡銘文上で対角線近くに配置されることが多い。つまり、この二種の文字は、特定の鏡銘文上において重複的な文字として目立つ存在なのである。ただし、次第にこのような対角関係がみられなくなり、二種の文字も明確に区別して記されるようになると、「竟」や「黄」の重複的な字形への関心も消えていくであろう。

およそ以上の検証が成り立つとすれば、三雲遺跡の甕の刻書は、鏡の銘文のうち、とくに重複して対置され、目立つ存在の字形を選択抽出して、記した可能性が出てくる。その文字は、現在から言えば「竟」と「黄」の文字であるが、このような二種の文字の混在的な理解は、つまるところ、今日の私たちが認識するような文字としてのものではなかったことを逆に示唆していよう。それは、一部が左文字に原型を持つらしいことからしても、首肯できよう。すると、文字の可能性を予見することで始めた検証の結果、それは、現在のような意味での文字とは認められず、字形風としか言いようのないものであるという結論になる。しかし、当該の甕の刻書が、鏡に複数登場する顕著な銘字に注目して、それらを別の物品に字形風として記し直した（再創作した）ものであるということは、その文字としての字義というよりも、その文字形が本来記されている鏡という物品の価値や役割を評価して、あらたな別の物品に転化しようとしたことを示唆している。問題の字形風は、その物品の価値の転化を示す表現であったと考えたい。

このような仮説は、早期の文字らしき痕跡を現在の感覚で文字解読しようとすることに対して強い警鐘を鳴らすとともに、単なる記号とみる、いわば放棄的な対応にも再考を促すものである。

図 3 ①　後漢永康元年（167）獣首鏡銘

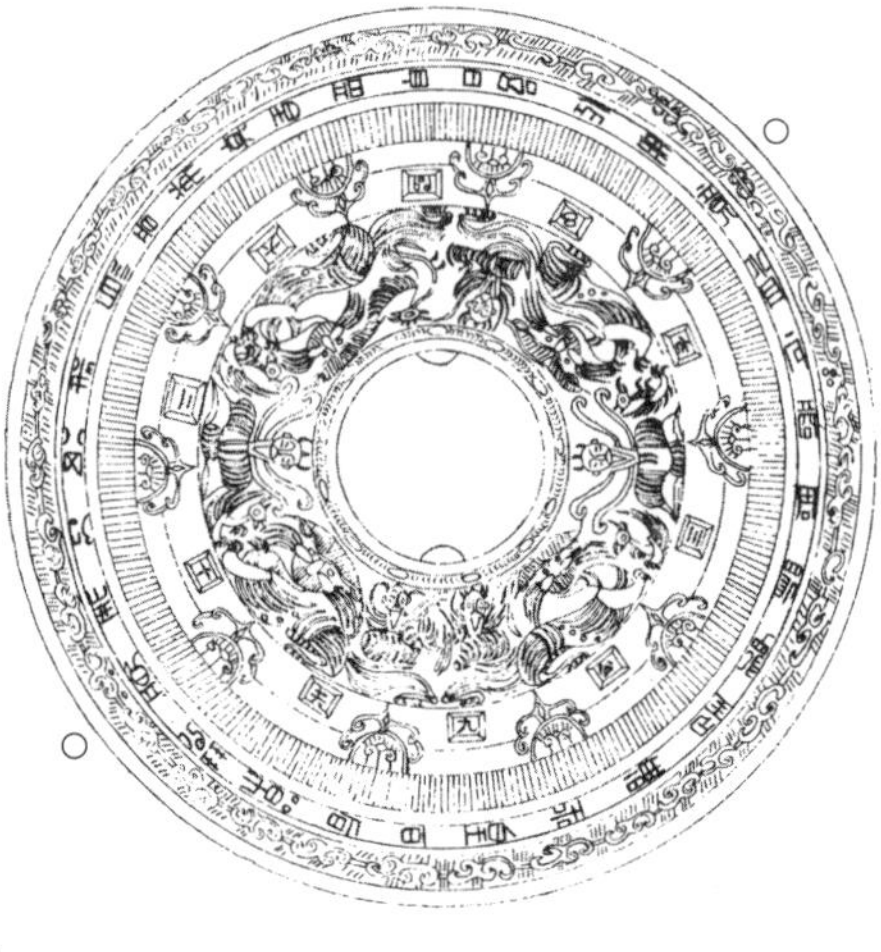

図 3 ②　後漢対置式神獣鏡

図 3 ③　後漢建安 6 年（201）重列式神獣鏡

第三章　「火竟」鏡

つぎに、五世紀後半とされる「火竟」ないし「失(?)火竟」の文字が読み取れそうな鏡（面径二〇cm前後）を問題にしたい。これは、複数確認されており、京都市左京区幡枝一号墳出土、宮崎県児湯郡高鍋町持田二五号墳出土、明治大学考古学博物館蔵の三枚である(14)（図4①②③）。これらは、先の文字形風の場合と違い、「失」の字に問題はあるものの、他は文字として明確である。この差異は、字（形）数の増加と合わせて、あたらしい時代への変化を如実に物語っており、その意味で比較の対象になり得るものであろう。

このあらたな段階の刻書も、鏡の影響下にあることを示しており、やはり左文字形であろう。ただし、「竟」とみられる字形の下部が、三雲遺跡の甕や、鏡銘字にみられる「日」形ではなく「目」ないし「見」「貝」形に変わっている。これはむしろ、旧来の鏡銘字（形）から離れたところが見て取れるが、六朝時代の画文帯神獣鏡にみられる「鏡」(15)や、『碑別字』に採られた北魏の慈香造像記銘字の「竟」、あるいは『書道大字典』に採られた北魏（五二〇年）の叔孫協墓誌銘字の「鏡」、同じく北魏（五〇九年）の元願平妻王氏墓誌の「鏡」(16)などの文字（あるいは旁）が「目」（「見」「貝」）形をとっていることにむしろ近

図4①　幡枝鏡銘文

図4②　持田鏡銘文

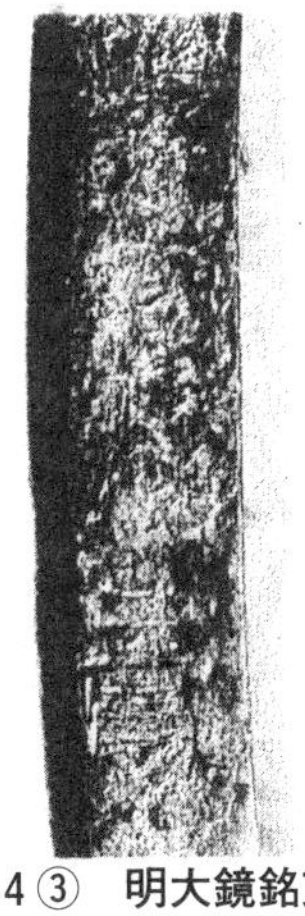

図4③　明大鏡銘文

い（図5①②③④）。つまり、三世紀よりも後に、「鏡」の意味ないし字義が理解されるようになった五世紀段階に、鏡銘字以外にも多く通用していた「鏡」ひいては「竟」のあらたな字形を文字と認識して参照したものであろう。

また、この「火竟」という文字表現は、管見の限り、鏡銘に見出すことは困難である。このことは、他の鏡銘のなかの文字を単に模倣して、転化したものではなく、独自の字義を認識した上で、当該の鏡の意味と価値を表現したものとみられる。

では、その「火竟」とは何かということになるが、ふつう、それは採火器・発火器として理解されている。たとえば、『太平御覧』七一七所引の「蜀王本紀」にみえる三国時代の魏の名臣高堂隆が述べたという「水火之鏡」がそれである。すなわち、これは銅鏡であり、火を日から取る「陽符」「陽燧」を「火」の「鏡」と称し、水を月から取る「陰符」「陰燧」を「水」の「鏡」と称したという。これに類した説明には、『南斉書』天文志賛の「陽精火鏡、陰霊水存」があり、また、『佩文韻府』所引の「古今注」は「燧火鏡、以銅為之、形如鏡、照物則影倒、向日則火生、以艾承之、則火出」と説いている（『漢魏叢書』などの通行本では、『古今注』下の雑注に「陽燧以銅為之、形如鏡、向日則火生、以艾承之、則得火也」とある）。

一方、王嘉撰の『拾遺記』（四世紀）（『初学記』二五、『太平御覧』七一七なども参照）では、「火斉鏡」のことがみえる。すなわち、周の霊王（穆王とも）の時、渠胥国ないし沮渠国（北涼、匈奴）が（韓房なる人物を介して）「火斉鏡」を献上した

図5①　画文帯神獣鏡

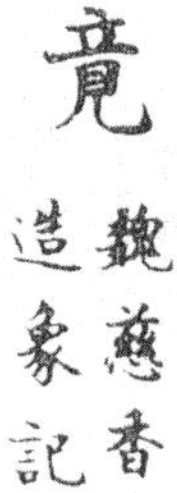

図5②

図5③

図5④

が、大きさは三尺（三尺六寸とも）あり、闇のなかで物が見え、語りかければ、その物影が応答したという。これは、いわゆる火鏡（燧火鏡）とは異なるもののようであるが、『周礼』天官の亭人が掌る「給水火之斉」とかかわるところがあるのかは不明である。この『周礼』の意味は、「斉」を「多少之量」と解し（鄭注）、料理の水加減・火加減を整えて供給するというような意味であろう。もし、この意味で「火斉鏡」を約せば、適切な火加減で鋳造した鏡というほどの意味なのであろうか。この点、『論衡』率性篇・乱龍篇が、陽燧をもって火を天から取るには五月丙午の日がよいとしていることや、『捜神記』一三が、五月丙午の日中に鋳造したものを陽燧（火を取るべきもの）と言い、一一月壬子の日に鋳造したものを陰燧（水を取るべきもの）と言う、とあることと関係しようか。

以上によると、「火鏡」とは、たしかに採火器・発火器の側面を持つが、五月丙午の日に鋳造した「火」加減の最適な鏡として、今度は火を天から取る陽燧となる、というような回路も考えられる。また、燧火鏡（いわゆる火鏡）は、鏡状のものではあるが、鏡そのものとは区別される側面もある。これが陽燧であるとすれば、採火器・発火器の属性を否定するものではないが、厳密には本来の、あるいは普通の鏡の用途と区別されることになろう。その別の用途のひとつとして、艾を盛って火を熾す作用があるとすれば、あたかも「のろし」としての燧火にもなる（『唐令拾遺補』軍防令、『令義解』軍防令）。

これらのことは、当該の鏡の科学的な分析を必要とする課題であるが、少なくとも、「火竟」の鏡が複数枚発見されているということは、かなり同様の鏡が存在し、使用されていたものと思われる。つまり、ある程度の日常性を帯びていた可能性があろう。そして、「火竟」の意味を知ることは、この鏡の鋳造過程ないし用途を明かすことに等しい。私見としては、火を取る祭祀そのものに使われたというよりも、実用性にかかわる「のろし」などの用途を想像してみたい。今のところ、「水鏡（竟）」の文字刻書が発見されていないのは、陰陽の理解に基づく「火竟」ではないことを示唆しており、単独での実利的な用途を示す可能性を補強するであろう。いずれにしても、その鋳造や用途を熟知した上で、字義を了解した文字が「火竟」であり、その段階に到達していたことを物語るはずである。

第四章　刀剣の文字

文字と物品との関係、あるいは物品に従属する古典文字のあり方に注目するなら、次は、刀剣の文字が問題になる。その前提として、第一に、奈良県東大寺山古墳（四世紀後半、全長約一四〇m、前方後円墳）出土の大刀を取り上げてみたい。これには、「中平□年、五月丙午、造作文刀、百練清剛、上応星宿、□□□□」（「文」を「支」と読む説もあるが、「文」が妥当であろう）との銘文がみえる。

この「中平」とは、後漢年号（一八四～八九）であるが、古墳に副葬されるまでには二〇〇年くらいの空白がある。その間、この大刀のあり方は不明であるが、全長一一〇cmであることと、卑弥呼に贈られたとされる「五尺刀」とを関連付けて、この中平大刀は、後漢から混乱する倭に下賜されたものであり、卑弥呼へ贈られた「五尺刀二口」の先蹤をなすものとみる説がある[17]。その当否は別にして、今、注意したいのは、鏡との関連が濃厚な点である。まず、銘の文言である「五月丙午造作」「百錬清剛」「上応星宿」などは鏡の銘とも共通するところがある。ただし、日本列島では、「上応星宿」という文言と観念は定着していない。

ついで、この大刀が製作されてから二〇〇年くらい後に副葬されたことは重要である。それは、文字を従属させた刀剣の価値と役割が、副葬時（四世紀後半）に認識されていたから実現したことであり、逆に、この認識の醸成に一～二世紀を必要とした可能性を示唆している。また、文字を従属させた物品（贈与物など）の比重が、鏡から刀剣へと移りつつあったことをも示唆していよう。

第二は、和歌山県橋本市隅田八幡宮神社蔵の人物画像鏡（面径二〇cm弱）である。これには、解読上、問題の多い銘文が施されているが、一応、以下のような釈文を施しておきたい。

癸未年八月日十大王年、男(?)弟王在意柴沙加宮時、斯麻念長奉遣(遺?)開(?)中費直穢人今州利二人等(尊?)、取白上同（「銅」の仮借字）二百旱、所（「作」の仮借字）此竟（「鏡」の仮借字）

この銘文は、左文字で作られているが、「癸未年」は四四三年説と五〇三年説とに分かれる。しかし、いずれにしても、このような銘文は、本来の鏡にはみられないものであり、後述の刀剣銘との共通性をうかがわせる。つまり、物品は鏡であっても、その役割と価値は刀剣へと著しく傾斜していることを物語っていよう。かくて、銘文を持つ刀剣は、四世紀後半から五世紀にかけてにわかに登場してくる。その概要は、以下のとおりである。

(A)　四世紀後半　奈良県天理市東大寺山古墳出土の「中平」大刀（既掲）
(B)　四世紀後半　奈良県天理市石上神宮蔵の「泰和四年」（三六九年説）七支刀
(C)　五世紀半ば　千葉県市原市稲荷台一号墳（約二八m円墳）出土の鉄剣
(D)　五世紀後半　埼玉県行田市稲荷山古墳（全長約一二〇m前方後円墳）出土の「辛亥年」（四七一）鉄剣
(E)　五世紀後半　熊本県菊水町江田船山古墳（全長約六二m前方後円墳）出土の大刀（馬・魚・鳥・星形の文様がある）
(F)　六世紀後半　島根県松江市岡田山一号墳（全長約二四m前方後円墳）出土の大刀
(G)　七世紀初め　兵庫県養父《やぶ》郡箕谷《みいだに》二号墳（約一四m円墳）出土の「戊辰年」（六〇八年説）鉄刀
(H)　不詳　東京国立博物館蔵（伝韓国出土）の大刀

以上の刀剣における文字上の特徴は、まず判明する限りで言えば、すべて「刀」とされている。ついで、製作月日については、五月丙午とするものが(A)と(B)のみであり、いずれも舶載品であるとともに、五世紀には降らないという共通性がある。ただ、(G)の「五月（中カ）」がこれに准じるかもしれないが、「丙午」としていないことは重要であり、五月

図6　「練」字の変遷

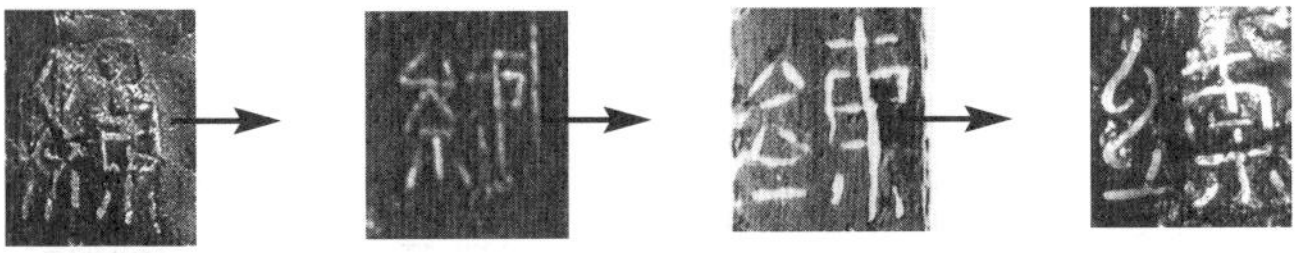

(A)　(B)　(E)　(D)

丙午の観念はやはり稀薄であると言えよう。かわって、(D)は「七月中」、(E)は「八月中」（月は隅田鏡と同じ）とある。(G)も、したがって(D)や(E)の例に加えることができよう。

また、「百練」は、(A)と(B)と(D)にみえ、「八十練」が(E)にみえる。「百練」は舶載品に集中する傾向にあるが、それに限定されるわけでもない。さらに、(H)は、日本列島内では極めて特異な文言を持つ（「刀主」「富貴」「高遷」「財物」など）。これらは鏡の銘文に含まれることが多い語彙であり、鏡と刀剣との通有性をここでも（朝鮮半島か）知ることができる。「富貴」や「高遷」は、三世紀の呉鏡銘に多いように思われるが[18]、この点は後考を俟ちたい。

しかし、ここで特に注目したいのは、(D)の埼玉県稲荷山鉄剣と(E)の熊本県江田船山大刀である。刀剣の表象である五世紀の文字は、ここに至って、長い字文を構成するようになった。これは画期的なことである。稲荷山鉄剣では、表面が五七字、裏面が五八字の計一一五字であり、江田船山大刀では、七五字ほどに及ぶ。この画期性は、いわゆる倭の五王の時代に中国南朝の宋と文書による交渉がおこなわれ、あわせて日本列島内における遠隔地間の交信が加速し、ひいては倭王権の統一化がすすんだことのあらわれとみるのが一般的であろう。しかし、その実態については、文字とそれぞれの物品である刀剣との関係性から、あらためて検討が必要である。

その検討の前提として、はじめに、文字の字体・書風の観点から見通しておきたいことがある。そもそも、両者に共通する「練」「獲」「大」「名」「鹵」「刀」「也」などの文字を比較すると、その相違は明瞭であろう。この点で、注目されるのは「練」の字である。この字は、(A)と(B)と(D)と(E)にみえ、幸い比較に恵まれているが、それぞれ異なる字体・書風である。しかし、とりわけ糸偏の形に注目すると、(A)→(B)→(E)→(D)の順に変化していることが見て取れる（図6）。すなわち、江田船山大刀の「練」は、四世紀（以前）の船載刀剣の字体・書風を継承しているが、そのうちでも百済系の七支刀のそれに近い。しかし、同時に、稲荷山鉄剣の字体・書風へ向かう過渡的な字体・書風でもある。したがって、この時系列の範囲で言えば、稲荷山鉄剣が最新の段階に位置づけられるが、同時代幅的には、江田船山大刀と稲荷山鉄剣との異文化性が予想できる。

第五章　熊本県江田船山古墳の大刀

熊本県江田船山古墳出土の大刀銘については、なお解読上の問題も残されているが、一応、その釈文を記すと、以下のようになる（図7）。

治(?)天下獲□□□鹵大王世、奉事典曹人名无利弖(?)、八月中、用大鐵釜、并四尺廷刀、八十練、□十振、三寸上好□刀、服此刀者、長寿、子孫洋々、得□恩也、不失其所統、作刀者名伊太和(?)、書者張安也

まず第一に注目したいのは、銘文末尾の「作刀者名伊太和(?)、書者張安也」である。これは、刀の製作者が「伊太和(?)」、銘文の撰者かつ刻者（図像も含む）が「張安」ということであろう[19]。この張安という姓名の人物は、名しか記されていない伊太和(?)という人物とは異なり、中国ないし朝鮮諸国に生活の基盤を置くか、直近まで置いていた人物であるに違いない[20]。これに対して、名しか記されていない伊太和(?)は、この大刀にみえる「典曹人」や、稲荷山鉄剣に数多く登場する名のみの人物群と共通して、ながく日本列島内に生活基盤を置いている者であろう。したがって、この差異は、それぞれの銘文に反映されているとみるべきである。

第二に、「作刀者」と「書者」の関係が、刀剣という物品とその銘文にどのようにあらわれているかということが問題になる。最近、これについて、この大刀は、日本列島内の八月という最適の時節を選んで（五月丙午ではない）、最新

図７　熊本県江田船山古墳出土の大刀銘

の技術である「卸し鉄（おろしがね）」（「製鋼」）を導入し、そびえるほどの長い直刀（四尺は一mを超えるが、現存の長さ約九二㎝）に仕上げたものであると指摘されている。(21) すると、「作刀者」は、日本列島の季節の変化を熟知した人物であるとともに、最新の技術を入手して列島産としては未曾有に近い巨大な刀を作ったことになる。

一方、「書者」も、この「作刀者」の技術と行為をよく知るものであり、その技術を見事に作文して表現している。その直接的な記述字数は、全体の四分の一強に及ぶ。また、「刀」という文字を四度も記しているのは、まさにこのような稀有な物品としての刀剣の役割と価値を繰り返し強調したことになるであろう。したがって、「作刀者」は技術をもって、「書者」は文字（図像も含む）をもって、協同で刀剣という物品の役割と価値を創造し、確認し合ったものとみられる。

第三に、銘文中のいくつかの文言が問題になる。まず、「治(?)天下獲□□□鹵大王世、奉事典曹人」の「奉事」と「典曹人」についてである。このうち、「典曹人」の方は、管見の限り、当該期前後の中国王朝に全く同じ官職を見出すことは困難である。しかし、某「曹」と称する官職は数多く存在しており、『後漢書』百官志本注によると、太尉のもとでの多くの令史の大半は「各典曹文書」とされている。これは、「典曹」と称する固有の官職を言うのではなかろうが、諸「曹」の文書の管理をもって「典曹」と称されるような語彙が「ねじれて」使用される可能性はあろう。いずれにせよ、この銘文の「書者」及びその社会は、中国王朝における「曹」の存在を知っているとともに、それを必ずしも正確には理解していないのか、故意に曲げて活用したのかということになる。

ついで、「奉事」も中国で使用される語彙であるが、実は、『日本書紀』にいくつかの用例がみられる。これは、『古事記』には使用されていないという特徴があるが、さらに、「仕奉」という語彙が、主として、いわゆる倭内での関係に使用されているのに対して、「奉事」（「事奉」が一例）は、いわば倭外との関係において使用されているという特徴がある。それは、百済や新羅等の朝鮮半島にかかわる関係（神功四六年三月乙亥条、雄略九年五月条、武烈七年四月条、欽明一六年二月条）と、隼人や蝦夷にかかわる関係（神代一〇段二書、敏達一〇年閏二月条）とに大別される。

その用法は、「奉事天朝」「奉事於朝」「奉事天皇」「事奉天闕」のほかに、神代紀での隼人の場合は「代吠狗而奉事者」とされ、神功摂政紀では「爾波移、奉事而還」とある。つまり、多くは「天皇」やその朝廷に「奉事」するという例であるが、これ以外に、いわば職務としての「事」を「奉」じる例がみられる。この場合も、「天皇」の宮がその場所であることもあるが、百済王との仲介関係の場合もあるので、とにかく、ある種の任務や用件である「事」を「奉」じることが優先している。

すると、銘文における「奉事」は、「大王世」との関係を物語るとしても、まずは、「典曹人」としての「事」を「奉」じる意味が優先しよう。その場合の「事」は、必ずしも「大王」のもとでの常侍を必要とはすまい。日常的な強圧と服属の関係とは異なる「事」を介した双務依存関係が、「大王世」のもとで想定されてよかろう。それは、「治天下」の外縁や境界での結び付きであったと考えたい。

第四に、これとのかかわりで問題になる銘文がさらにある。それは、この大刀を服する者の「長寿」と「子孫洋々」と、「□恩」を得ることを願うとともに、「不失其所統」と述べていることである。

最後の「不失其所統」は、『宋書』倭国伝にみえる倭の武王の上表文（四七八年）のなかの「駆率所統」や、『魏書』百済国伝にみえる百済の王餘慶の上表文（四七二年）のなかの「当率所統」によく似たところが認められる。また、「得□恩」とは、『宋書』百済国伝にみえる百済の王餘慶の上表文（四五八年）のなかの「偏受殊恩」や、『南斉書』百済国伝（前欠）にみえる百済の王牟大の上表文（四九〇年か）のなかの「伏願恩愍」が参照される。したがって、この銘文にみえる「不失其所統」や「得□恩」は、これら百済ひいては倭の王が中国南・北朝の皇帝に上表した文や、その作文過程を知る者（張安）によって撰文されたことが、あらためて想起される。[22]

ただし、上表文での用法は、南・北朝（皇帝）に対する、「臣」や「臣国」あるいは「封国」「藩」としての立場を表明したものである。つまり、「所統」とは、『魏書』百済国伝に掲載された北魏の顕祖の百済王への詔にみえる「君臨四海、統御群生」に呼応するかのように、中国王朝の「四海」の「統御」を請け負い、遂行する「臣」の論理に貫かれている。「恩」も、その反対給付の関係にある。

問題は、このような論理が銘文にも貫かれているのかということである。もし、その論理をここでも容認するなら、それは「治天下」の「大王」との関係に転化されたことになる。しかし、「長寿」も「子孫洋々」も「得□恩」も、直接的には、この巨大な刀の保有（服刀）にかかわることなのであり、逆に、先の上表文には、このような文脈はみられない。しかも、「不失其所統」というのは、「不敏」「下愚」であるにもかかわらず、「臣」として積極的に「所統」を率いて行く、また「恩」に応え、「恩」を請求するという、先の百済や倭の上表文に共通してみられる「臣」従の文脈とは異なり、極めて自己中心的ないし保全的である。たしかに、「奉事」のことが介在しているとしても、ここでは、巨大な刀を保有することで獲得される「恩」（服刀者からの「恩」）、あるいは、服刀者とその子孫が維持できる「所統」が優先的に希求されていると読み取れる。大刀に描かれた動物や果実などは、この「所統」の表象かもしれない。もちろん、この大刀が、「大王」からの下賜刀でないことは、千葉県稲荷台一号墳出土の鉄剣銘にある「王賜」のような文言がみられないことからしても明瞭である。

ここに、この巨大な刀がいかに重大な意味をもち、文字がそれを補うものであったかがよく分かる。そして、また、この銘文が、百済や倭の中国南・北朝への上表文作成の知識ないし情報と共有することは間違いないとしても、その知識と情報は部分的な採用であり、論理や文脈そのものに及ぶものではなく、この区別を忘れるべきではあるまい。それは、「書者」としての「張安」の中国的文化レベルが高くないということでは必ずしもなくて、「奉事」を介在ないし足場として獲得した「所統」を刀に託して宣言し、かつ子孫がその「所統」を維持し続けるようにありたいとする、あたらしい文脈と論理を「作刀者」とともに創造しようとしたものと考えたい。

第六章　埼玉県稲荷山古墳の鉄剣

つぎに、埼玉県稲荷山古墳出土の鉄剣銘を取り上げてみたい。その釈文は、以下の通りである（図8）。

（表）辛亥年七月中記、乎獲居臣上祖名意富比垝、其児多加利足尼、其児名弖已加利獲居、其児名多加披次獲居、其児名多沙鬼獲居、其児名半弖比

（裏）其児名加差披余、其児名乎獲居臣、世々為杖刀人首、奉事来至今、獲加多支鹵大王寺在斯鬼宮時、吾左治天下、令作此百練利刀、記吾奉事根原也

まず、埼玉県稲荷山古墳出土の鉄剣には、作刀者も記者も明記されていない。かわって主張されているのは、二度も登場する「吾」（ヲワケ臣）である。以下、先の江田船山大刀の場合を考慮しながら、問題点を指摘していきたい。

第一は、「典曹人」と比較される「杖刀人首」である。そもそも、「典曹人」の方は、中国王朝のおびただしい「曹」組織名の援用（造語）であるとしても、「杖刀人」は、そのような明瞭な組織（官職）大系を踏まえた用語とは考えられない。また、「奉事」の用語こそ共通するが、「所統」の用法もここには認められない。「恩」についても述べられてい

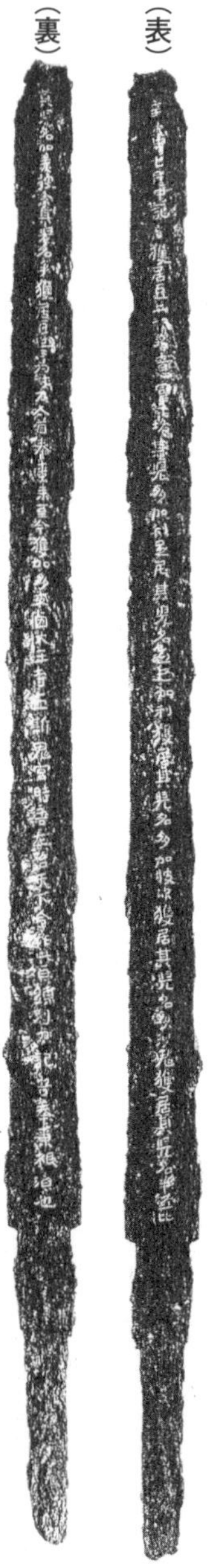

図8　埼玉県稲荷山古墳出土の鉄剣銘

ない。したがって、ここには、江田船山大刀の政治文化とはいささか異なるものが予想される。では、江田船山大刀の場合と違って、この銘文には、先の上表文などとの関係はみられないのであろうか。

そこで、第二は、検討に値すると思われる「世々」「至今」「左治天下」を取り上げてみよう。まず、「世々」は、たしかに当該期の該当する上表文にも詔にもみられない。しかし、『魏志』東沃沮伝の「世世邑落、各有長帥」、同弁辰伝の「世世相継」、『後漢書』倭伝の「国皆称王、世世伝統」、『晋書』辰韓伝の「世世相承」などに例がある。ただし、これらの「世世」は、上表文や詔ではなく、史書（東夷伝）のいわば解説部分にしかみられない。なお、このような「世世」は、王や首長のそれであり、原義的には、標準治世三十年の「一世」の積み重ねや交替のことである[23]。

ところが、この「世世」に関連して、江田船山大刀にもみられる「世」の例は少なくない。その主な例としては、『魏志』東夷伝の「父祖三世」、同濊伝の「其後四十余世、朝鮮侯準」、同倭人伝の「世有王、皆統属女王」、『後漢書』濊伝の「其後四十余世、至朝鮮侯準」、『宋書』高句麗国伝の「太祖世」、同伝の詔（四六三年）の「世事忠義」、同百済国伝の上表文（四五八年）の「世蒙朝爵」、同倭国伝の「世修貢職」「済死、世子興」、同伝の詔（四六二年）の「倭王世子興、奕世載忠」、『南斉書』百済国伝の詔（四九〇年か）の「世襲忠懃」、同伝の上表文（四九五年）の「世被朝栄」、『魏書』百済国伝の上表文（四七二年）の「世承霊化」「先世之時」、同伝の詔の「朕承万世之業」、『晋書』夫餘国伝の詔（二八五年）の「世守忠孝」などである。このほかでは、石上神宮蔵の七支刀銘の「先世以来」「百済王世子」を挙げておきたい。

これらの「世」は、「世世」よりも例がはるかに多く、上表文や詔にも多用された。しかし、実際には、この「世」は「一世」とは限らず、「世々」の意味の場合も多い。また、これらの「世」は、中国皇帝のみでなく、それ以外の王・首長を指すこともある。ただ、『宋書』百済国伝に掲載された百済王の上表文と宋皇帝の詔では、「累葉」としての百済王、「世」としての中国皇帝というような区別がみられるようであるが、だからと言って、「世」をすべて中国皇帝としたわけではない。

以上によると、江田船山大刀の「世」も、稲荷山鉄剣の「世々」も、ともに当該期前後の件の上表文や詔、あるいは史書などからの知識や情報に基づくことは確かであろう（「世々」は、「世」を読み直した表現かもしれない）。しかし、稲荷山鉄剣が「世々」になっているのは、数多くの人名を挙げて、その継承性を主張したことと緊密な関係にあることは間違いあるまい。逆に、「世」とした江田船山大刀には、このような系譜的な主張が具体的にはみられないのである。

この特徴は、「至今」とも関係してこよう。「今」については、件の中国史書（とりわけ『南斉書』百済国伝の上表文には多用されている）に散見するが、「至今」については、『宋書』倭国伝にみえる武王の上表文に「至今、欲練甲治兵、申父兄之志」の例がある。このような用例の類似性は、武王の上表文と稲荷山鉄剣とが共通の文化を分かち合う局面があったことを、やはり示唆していよう。

では、「世々」と「至今」の関係のもとで、「世々」とは、何を言うのだろうか。これについては、「大王」の「世々」か、「上祖」から「ヲワケ臣」に至る「世々」かということになる。もし後者とすれば、それは八代になり、「一世」を三十年と仮定すれば、二四〇年の長きにわたる。しかし、このようなことは、同時に八代に対応するはずの「大王」についても考えられないことであるから、この場合の「世々」が、中国古典で言われるような三十年一世の観念を持つものではないことを物語っているとともに、「ヲワケ臣」に至る八代が、単純な親子関係で継承された実数でないことも、ほぼ明らかであろう。

すると、この「世々」が、あらためて問題になる。まず、江田船山大刀の「世」に倣うなら、この「世々」も「大王」のそれである可能性が出てこよう。その際、「ヲワケ」が「臣」とされていることは留意される。なぜなら、先の上表文に顕著な「臣」の意識が、「大王」との関係で存在したかもしれないからである。しかし、「臣」が名の末尾に置かれているのは、中国の「臣」表現とは異なっており、たとえ、上表文の「臣」に影響を受けたとしても、それは、本来の

「臣」の意味をよく理解しないものである。このような「臣」の未成熟さ、ないし未然のあり方は、同時に「世々」の理解にも連動しよう。

ここは、「世々」を「上祖」から「ヲワケ臣」に至る歴史として読むのが、もっとも自然である。実数代ではないとしても、これほどの人名を羅列したことを、やはり重視すべきである。また、既掲の『宋書』倭国伝にみえる孝武帝の詔の「倭王世子興、奕世載忠」が、宋皇帝に対する倭王に「世子」を用い、その「世」が「奕世」の「世」であるとすれば、銘文の場合も、「大王」に対するヲワケの歴史を「世々」と記しても不思議ではない。そして、このような「世々」は、「至今」ところのヲワケの「吾左治天下」に帰結する。むしろ逆に、そこから出発したと言うべきであろう。

その「吾左治天下」については、『魏志』倭人伝にみえる卑弥呼の「男弟」の「佐治国」が先例になる。さらに、『毛詩』小雅六月の「王于出征、以佐天子」や、『周礼』春官・大宗伯や宗伯の「以佐王、建保邦国」「以佐王、和邦国」もよく知られている。したがって、この「左治天下」も、このような知識や情報を基盤として記されたものであろう。今の場合は、言うまでもなく、「世々」の「杖刀人首」としての「吾左治天下」である。

そこで、第三は、この「吾左治天下」の実態がどのようなものかということになる。この「吾」のあり方こそが、銘文の眼目であると予想されるからである。そこで、「記吾奉事根原也」ということを問題にしたい。

実は、これに似た論理を別に知ることが出来る。ひとつは、『日本書紀』垂仁二五年三月丙申条（一云）においてである。ここでは、神祇祭祀の「源根」（歴史的な由来と、その神々の役割分担）を知らず、その「枝葉」にのみ拘った崇神天皇が短命に終わったことを述べている。つまり、「探其源根」（そのもとをさぐる）ことの重要性を言うのである。

今ひとつは、やはり『日本書紀』の神代六段本文にみられる。ここでは、アマテラスの言として、生まれた神々の「原其物実」（そのものざねをたづねれば）、八尺瓊の五百箇の「御統」（みすまる）であったとする。つまり、生まれた子供たちの根源を大きな玉をもって輪状につないだ物品である、この「御統」に求め、これは「吾物」「吾児」であると主張したのである。

これらの伝承記事には、銘文の論理との共通性がよくうかがえよう。すなわち、「児」である「ヲワケ臣」の「奉事」（「杖刀人首」）の「根原」「源根」を「探」「原」（さぐる、たづねる）過程で「世々」が確認されるとともに、その「根原」「源根」は同時に、「物実」としての当該の鉄剣そのものであり、さらには「杖刀」でもあるということになる。その意味で、この鉄剣は極めて重大な価値を持つものとして製作されたが、それは、やはり、「杖刀人首」でなければ製作されようのないものでもあった。もちろん、下賜刀であるはずがない。

したがって、ここにみえるものは、歴史意識の創生であるとともに、極めて非歴史的な「物実」信仰の形成でもある。また、その「物実」を「御統」と記すのは、既述の「所統」や「統御」との関係を想起させるが、これらのことについては、次章で言及したい。

第七章　二種の刀剣からみた地域文化の差異

ここで、江田船山大刀と稲荷山鉄剣の銘文を比較しながら、五世紀の古典文字の課題と地域文化の差異について指摘しておきたい。

まず、このふたつの銘文には、共通する局面がある。それは、刀剣という物品の価値と意味の大きさを如実に示していることである。そして、文字は、これを補強し、これに従属する。刀剣という物品から離脱して、独立した文字としては存在し得ないのである。

ついで、中国南・北朝皇帝に出された百済王や倭王（雄略とされる武王も含む）の上表文（作成過程）や、逆に、その皇帝から受理した詔などの知識および情報に触れる環境にあったことも、両者共通したところである。このような政治文化を欠いたところに、これらの銘文は成り立ち得ないであろう。

また、某「人」の「奉事」や、「獲加多支鹵大王」の「治天下」というような共通の文言が使用されている。このことは、日本列島内外との交信によって構想されていく固有の秩序観が、ともに芽生えていたことを示唆している。にもかかわらず、銘文脈には大きな違いが認められる。それは、文字を通じて中国的な秩序論理を部分的に仮借しながらも(「天下」「臣」「恩」など)、それぞれが、実態と呼応した独自の構想をその文字によって練り直していくという共通点として理解することができる。さらに、両者が「大王」からの、いわゆる下賜刀ではないことも共通していよう。にもかかわらず、その差異も少なくない。まず、江田船山大刀は「大王世」と言い、稲荷山鉄剣は「大王寺在斯鬼宮時」と言う。つまり、同じ「大王」との関係でも、前者は「世」、後者は「寺」(政治施設)が某「宮」にある「時」とする違いがみられる。まず、「世」の場合、必ずしも中国の原義に則らない用法だとしても、後者の「宮」と比較するなら、やはり人を基準とした「マツリゴト」の有効・機能期間を指すであろう。これに対して、「宮」は、その「マツリゴト」を有効にし、機能させる具体的な場所・施設であり、この「宮」は、極めて具体的な関係を具現する。「時」とあるのは、さらに、そのことを補うであろう。

この点、留意されるのは、日本で現存最古の紀年銘をもつ墓誌、つまり船王後墓誌の文脈である。これによると、王後の誕生した時を某「天皇之世」とし、以後、「奉仕」関係が具体的に生じた時期を某「天皇之朝」と記している。このような区別は、これ以後の墓誌には特にみられないものであるが、これが早い段階での渡来人の文字文化の現れであることを尊重するなら、「世」には、具体的で緊密な「奉事」関係を想定しない、いわば抽象的な意味合いが濃い。これに比して、「宮」(墓誌では「朝」)は、当該施設・空間において展開される具体的で緊密な「奉事」職務関係が想定されよう。

この差異は、それぞれの刀剣が意味するところの違いを示唆していると思われる。すなわち、江田船山の大刀は、当該の「典曹人」としての「奉事」が、「大王」の「宮」で日常的に展開されるようなものではなかったことを、あらためて物語っていよう。逆に、稲荷山の鉄剣は、当該の「杖刀人首」としての「奉事」が、「大王」の「宮」や「大王」の身近において具体的に展開されたことを示唆して余りある。また逆に、その場合の「世々」が実数に合致しない、具体的でない概念であるとすれば、やはり抽象化ないし潤色化された「世」の観念に矛盾はしない。

すると、江田船山古墳の被葬者（刀剣保持者）及びその地域社会集団と、稲荷山古墳の被葬者（刀剣保持者）及びその地域社会集団とには、同じ「大王」との間でも、異なる「奉事」関係にあったことが考えられる。この大きな差異は、それぞれの銘文全体に現れていよう。

すなわち、被葬者の「所統」とその「維持」を自身のみならず、「子孫」に託すことを希求した江田船山大刀は、多様な生産物・捕獲物を内包した「所統」としての領域的な「マツリゴト」の経営（「典曹人」から類推して対朝鮮諸国・中国諸王朝との交渉権益も含むか）に多大な関心を寄せるものであり、その限りにおいて、「大王」との将来にわたる双務依存関係を頼んだ。これに対して、稲荷山鉄剣は、被葬者集団を率いる首長的な存在と、「宮」の主を「大王」とする経営施設空間との間で成り立つ人格的な場の「奉事」関係（中国の官職大系の呼称からは類推出来ない「杖刀」という行為）に多大の関心が寄せられたものであった。その意味で、「世々」の「児」が具体的に羅列されなければならなかったが、その基点は、「上祖」にあるのではなく、「今」の「吾」と「大王」の「宮」との現「時」的な具体的関係に求めるべきである。それは、のちの系譜史料を生み出すような「児」の歴史意識育成に寄与するであろうが、その「児」が実際の子供を必ずしも指さないことと呼応して、現在的で確実な「児」の「吾」の「根原」が、直ちに「物実」（刀剣）として具象されるという、極めて非歴史的な神話論理に貫かれている。その意味で、「世々」も「上祖」も、「吾」としての「児」の「物実」に取り込まれ、「根原」という価値に還元されて解消されてしまう。

しかし、これは、非現実的な行為ではなく、現「時」における「吾」集団と「大王」の「宮」での「奉事」関係とを維持し、展開していくあたらしい方法であったことを認めなければならない。このような「物実」が「御統」と表記されたのも、かの「所統」や「統御」の援用とすれば、「吾」「奉事」集団の人格的な紐帯からなる「所統」を、あらたに「物実」としての刀剣に表象させたと考えたい。言い換えれば、鉄剣の表裏に「児」の名（文字）を整然と刻み続けることで、あるいは、それを見せ、読み上げることで、「吾」の「奉事」の「根原」を「探」「原」（たづね、掘り下げる）ことに換えたのである。したがって、この文字群は、「奉事根原」の「物実」の一部を構成しよう。やはり、江田船山大刀のあり方とは、その内実や諸関係を異にするのである。

終章　課題と成果

最後に、本論文が掲げた課題と成果を確認しておきたい。そもそも、日本列島の文化を地域文化として捉える「まなざし」には二重の意味合いが込められている。ひとつは、東アジアのなかの地域文化という意味であり、いまひとつは、列島内におけるそれぞれの地域文化という意味である。そして、この重層的な意味における地域文化が、より広域的な、あるいは他者としての文化ないし文明とどのようなかかわり方をして、それぞれを成り立たせていくのか、さらには、この諸関係がどのように転回していくのか、ということが本論文の大きな課題であった。

この課題の解明にあたり、本論文では、早期の文字（「古典文字」と仮称）を獲得し、あらたに編制していくという意味での、文字をめぐる創造行為を手掛かりとして、列島における重層的な地域文化の成り立ち方を読み取ろうとした。その文字のあり方の大きな特徴は、贈与され、新造された物品に記され、それに従属するということであったと考えられる。つまり、九世紀以降に結実する文字としての独立をまだみないのである。

しかし、その物品を協同的に表象することにおいて、文字を獲得し、編制していくのであるから、その文字は、やはり、人々の価値観や結合形態を表現し、自覚し、さらには促すことに寄与した。けれども、その文字は、いわゆる「漢字」とは異なり、特定の字義や「漢字文」としての合意をまだ獲得していない、未然の流動性に富むものであった。合意があるのは、物品との間だけであり、その物品が個別に表象する意味大系との間だけであった。

したがって、これをもって、いわゆる「漢字」文化圏への参入とは言い難いであろう。また、朝鮮半島のとくに高句麗や新羅で展開された古墳壁画（絵画・図像表現）と墨書表現（文字）との抱き合わせによる文字の獲得や編制とも大いに異なるものであった。もっとも、これも列島の場合と同様に文字としての独立をみないが、固体としての物品に従属するのではなく、あくまで絵画図像の描写の一環として文字の獲得や編制が進んだことにおいて、列島の場合とは大きく異なるのであった。

そこで、本論文では、早期の文字が従属する割合の高い鏡と刀剣を中心にして考えてみた。時代幅としては、およそ三世紀から五世紀までであるが、この間、刀剣よりも鏡に従属する文字が先行している。

この場合の鏡に従属する文字とは、福岡県三雲遺跡群出土の甕刻書のように、単に所与の鏡銘文を指すのではない。製造が容易でない鏡の価値を他の物品（鏡よりも製造が易しい土器など）に転化させて、その物品の価値を特殊化させる場合、所与の鏡銘文のなかの特徴的な文字形を任意に抽出して、その物品に再現することを言うのである。そして、その再現ないし転換された文字形は、いわゆる文字でも「漢字」でもない形態をとっていた。しかし、鏡の価値を示すものとして所与の銘文を感受し（文字を読むのではない）、それを選抜して再び創造し、転化しようとした列島内の人々の行為は、記号を記す行為とも区別されてよい。これは、まさに、「漢字形」の文字を獲得しようとする原初的な行為であったとみられる。

また、一方で、銘文を含む所与の鏡は、東アジアという広域的な文化ないし文明のもとにあったが、列島内では他者性を帯びたものとして受け容れられた。そして、この広域的にして他者的な鏡の価値を、列島内の限られた地域の日常的な物品に転化させることに伴って、これまた、いわゆる広域的にして他者性に富む「漢字」が文字形のものとして列島内の地域で感受され、あらたに創造されようとしたことになるのである。

ところが、やがて、「火竟」鏡のように、これと逆コースの例がみられるようになる。つまり、所与の鏡の銘文以外のところに記された「漢字形」の文字を、今度は逆に、鏡にあらためて文字として記し直すか、再編制する行為があらわれたのである。また、そのことによって、その鏡の価値ないし用途を別途に表明しようとしたのであった。

ここでは、文字が文字形としてではなく、字義の解読を伴うものとして立ち現れてくる。最終的には、文字が物品に従属して成り立つものであることに変わりはないが、それは、文字形から文字への転回を内包していた。このような鏡が数多く存在することは、それだけ、文字としての理解が進んだことになるが、なお、限られた範囲の文字理解でもあった。

しかし、このような事態は、もはや、所与の鏡の銘文に大きく依存した文字の獲得と再創造の段階に留まるものではなかったことを物語っている。つまり、東アジアに展開する他者としての文字とその多様な書写素材に接する環境が育ちはじめ、その限りにおいて、多く鏡に従属依存する文字のあり方は稀薄になっていったことが推測できる。もっとも、「火竟」と記された文字は鏡に従属しているのであるから、鏡と文字との依存関係は、文字形から文字への転回にともない、さらに流布していたとみられるかもしれない。しかし、実は、「火竟」と記された物品は、形態は鏡であっても、その意味大系は旧来の鏡としての物品に等しいという保証はない。むしろ、鏡に類似した別種の器具とみた方が適切であろうか。

このように、鏡と文字との依存関係が大きく動揺する時代を迎えた。その指標は、和歌山県隅田八幡宮神社蔵の人物画像鏡にも見て取ることができる。ここに記された文字は、旧来のような鏡に従属する必然性を持たないものなのである。しかし、文字がそれとして独立していくわけではなく、鏡にかわって、刀剣に従属する文字の出現が著しくなるのである。五世紀後半のことであった。

ここでは、特に、熊本県江田船山古墳出土の大刀と埼玉県稲荷山古墳出土の鉄剣との対比が有益である。これまでは、この二種の刀剣とそこに記された銘文とを不用意に混同させながら、五世紀後半における倭王権の支配体制を単一的に説明することが通例であった。しかし、それでは、列島の歴史と文化の成り立ちを正しく理解することにはつながらないであろう。

この五世紀後半の二種の刀剣は、文字通り、二重の意味における列島の地域文化を、はじめて明示したものとして注目される。それは、また、鏡や刀剣以外に記された文字、つまり百済王や倭王（武王とされるワカタケルが中心）と中国南北朝皇帝（倭の場合は南朝に限られる）との間で取り交わされた東アジア間の「臣」従関係文書や、その他、中国や百済における文字媒体に接しながら、あらたに刀剣に長い文字群を創造していくという画期的な事態を迎えたことと深くかかわっている。すなわち、五世紀後半の列島は、東アジア間の「臣」従関係世界を文字や儀礼などによって、一部共有する時代に突入したのである。

しかし、そのことによって、列島にも直ちに、「治天下」の「大王」（倭王）との間で「臣」従関係の秩序が二次的かつ模擬的に形成されたわけではなかった。むしろ、逆に、東アジア間で通有するとみられた「臣」従関係世界と、それを自覚させる文字の獲得や編制とは異なる秩序構想と言説世界が形成されようとしていた。ここに、東アジアのなかにおける列島としての地域文化が、他者ないし広域文明との差異として顕在化してきたのである。

同時にまた、その秩序構想と言説世界は列島内でも一律なものではなく、少なくとも列島内の東西においては異なるものであった。たとえば、東では、のちにつながる日本神話的な論理を生み出し、「大王」の身体空間である「宮」との結び付きを強調する独自の秩序が構想された。これに対して、西では、広域的な他者としての文明との境界性を意識しながら、「大王」との関係には距離を置くところがあった。かくして、列島内におけるそれぞれの地域文化が、さらに差異を伴うものとして誘発されてきたのである。

五世紀後半の日本列島において、このような二重の意味における地域文化の自覚と顕在化を想定することは、その後の日本列島において、東アジア間に通有する秩序と国家・社会統一がにわかに進んだ形跡のないことからしても、納得できる理解であろう。逆に、列島内における東アジア通有の秩序と画一的な国家統一が、いつ生じたのか、あるいは、生じることがなかったのか、また、その関係はどうなのか、さらには、「治天下」意識のこととともかかわって、日本列島と朝鮮半島（とくに南部）とを区別する位相はどのようなところにあるのか、という大きな問題に行き着くことになる。その意味でも、五世紀後半に出現した刀剣とそれに従属した文字の理解には、前後の時代を視野に入れつつ慎重に取り組む必要があるとともに、それだけの重い意味があるものと考えている。

注

（1）李健茂・李栄勲・尹光鎮・申大坤原書『義昌茶戸里遺跡発掘進展報告（考古学誌第一輯収載）』日本語篇（しこうしゃ一九九〇年）。

（2）以上は、朝鮮民主主義人民共和国文化保存指導局写真帳編集室編『高句麗壁画』（朝鮮中央歴史博物館一九七九年）、朝鮮民主主義人民共和国社会科学院・朝鮮画報社編『徳興里高句麗壁画古墳』（日本語訳）（講談社一九八六年）等参照。

（3）近年、国立昌原文化財研究所編『韓国の古代木簡』（日本語訳）（ソウル二〇〇四年）が刊行されて、韓国出土木簡の全貌と研究状況を知ることが出来る。

（4）文化財管理局編『順興邑内里壁画古墳』（ソウル一九八六年）等参照。

（5）杉本宏「飛鳥時代初期の陶硯」（『考古学雑誌』七三の二一九八七年）。その後、奈良文化財研究所編『古代の陶硯をめぐる諸問題』（奈良　二〇〇三年）も出た。
（6）橿原考古学研究所編『竜田御坊山古墳』（奈良　一九七七年）。
（7）中園　聡「これは山の字ではない」（『人類学研究』八　一九九二年）。
（8）冨谷　至『木簡・竹簡の語る中国古代史』（岩波書店　二〇〇三年）。
（9）平川　南『墨書土器の研究』（吉川弘文館　二〇〇〇年）。
（10）原田大六『平原弥生古墳』（葦書房　一九九一年）。
（11）樋口隆康『古鏡』（新潮社　一九七九年）。
（12）湖北省博物館・鄂州市博物館編『鄂城漢三国六朝銅鏡』（日本語訳）（文物出版社・古代学研究会　一九八七年）。
（13）前掲注（12）。
（14）榧本杜人「仿製鏡の火鏡銘について」（『考古学雑誌』五六の三　一九七一年）、新井悟・大川麿希「新収蔵の倣製鏡」（『明治大学博物館研究報告』二　一九九七年）。
（15）前掲注（12）。
（16）伏見沖敬編『書道大辞典』（角川書店　一九七四年）。
（17）川口勝康「瑞刃刀と大王号の成立」（井上光貞博士還暦記念『古代史論叢』上　吉川弘文館　一九七八年）。
（18）三木太郎編『古鏡銘文集成』（新人物往来社　一九九八年）。
（19）東野治之『日本古代金石文の研究』（岩波書店　二〇〇四年）。
（20）田中史生「武の上表文」（平川南・沖森卓也・栄原永遠男・山中章編『文字と古代日本』二　文字による交流　吉川弘文館　二〇〇五年）は、張安を百済からの渡来人と推測する。
（21）鈴木勉・福井卓造「江田船山古墳出土大刀銀象嵌銘『三寸』と古墳時代中期の鉄の加工技術」（『考古学論攷』二五

二〇〇二年)。

(22) 百済王・倭王(武)の上表文の出典研究は、内田清「百済・倭の上表文の原典について」(『東アジアの古代文化』八六・八七　一九九六年)、前掲注(20)等にみられるが、当該の刀剣銘との比較はなされていないようである。

(23)『説文解字』、『論語』子路篇孔安国注・皇侃疏、『周礼』秋官・大行人鄭玄注など。なお、山田統「天下という観念と国家の形成」(同著作集一　明治書院　一九八一年)は、「世」と「人」の関係について論じている。

仏教摩崖造像からみた四川地域

肥田路美

はじめに

中国西南部の四川地域（本稿では重慶市を含む四川盆地の範囲を指すこととする）は、唐代から宋代にかけて開鑿された摩崖造像が各地に豊富に遺っていることで、稀有な土地である。古代中世の寺院遺構がほぼ湮滅した中国では、仏教美術研究は石窟や摩崖造像に負うところが大きい。しかし、過去一世紀の間、中国内地の仏教美術を論ずる際の材料とされたのは、ほとんどもっぱら中原、華北、甘陝など北中国の石窟遺跡であった。その理由は、北中国で展開した政治史を前提として造形美術の歴史を捉えようとしたためであり、また何よりも、実際の現存作品が北部に集中しているためである。この傾向は、日本の学界ではとりわけ強かったといってよい。日本における中国仏教美術史研究は、明治二六年（一八九三）の岡倉天心の龍門石窟踏査をもって事実上開始されたが、このときに喚起された、日本美術史の出発点たる飛鳥様式の源流を北魏様式にもとめる見方は、日本の研究者らの関心を長らく北中国に繋ぎ続けることとなった大きな一因である。こうした事情に加え、四川盆地に点在する摩崖造像の多くは、規模のうえで龍門石窟や雲岡石窟のような北中国の巨大石窟遺跡に及ぶべくもない。また、より古いものにより価値をおく風潮が、北部に比して造営年代の下る四川地域の研究をさらに後回しにしてきた。

しかしながら、今年（二〇〇五）の夏に重慶で開催された大足石刻国際学術研討会は、そうした大勢が確実に変化してきていることを印象づけるものであった。四川盆地東南部に位置する大足石刻で初めて科学的調査が行われてより六十年目を記念したこの大会では、北中国に対するもう一つの中心地としての四川の重要性が再確認されるとともに、「八世紀なかばをもって隆盛の幕を閉じた(1)」と概括されてきた石窟美術において、九世紀以降の中・晩唐、五代、宋代というもう一つの黄金期の意義が再確認され、今後に向けた多くの論点が示された。とはいうものの、それら個別の論点の舞台たるこの地域を総体として捉える試みは、いまだ緒についたばかりである。

四川地域は、他からなかば隔絶された地勢と安定した生産力を背景に蜀漢や前蜀の自立を可能にしたように、本来的に独立性を有する土地であった。美術の上でも漢代から近世に至るまで独自性の強い造形活動が観察できる。ことに仏教美術は、後漢墓に見出せる仏教初伝期の特色ある早期仏教図像、南北朝時代の単体石像―とりわけ南朝銘の作例―の豊富な出土、そして北中国で造像活動が下火になった中唐以降の摩崖造像遺跡の集中といった、他地域では見られない様相が特筆される。西蔵や西域、雲南や東南アジアに近接する立地が、図像や様式の受容と変容に少なからず作用したと推測されることもまた、この地域の研究を興味深くする点である。

巌崖や巨岩に尊像などを彫刻した摩崖造像は、単体の石像や金銅像とは違って原所在地を動かない。したがってその規模件数、主題内容、図像形式、表現様式、彫刻技法、保存状態などは、特定地域の仏教信仰や造形活動のありよう、また背景をなす社会的状況を映し出した資料として捉えることができる。本稿では、そうした摩崖造像を通して見たとき四川はどのような地域であるのかについて、いくつかの事例に基づきながら現時点での見解を述べたい。なお、本稿で用いる「地域」の語について一言しておきたい。三峡ダム建設に伴って巌崖から切り離し他所へ移して保存することになった忠県龍灘河仏龕のような特殊な例外はあるが、摩崖造像は—繰り返しになるが—制作された原所在地にあるというのが、これを資料とする際の所与の大前提となる。「地域」の語をいかように含意して用いるかは本書所収の各論稿でも一様ではないが、文字通り土地に密着した摩崖造像を資料とする場合、したがってまず地勢に制約された地理的区域を指す最も平明な意味で用いることになる。

一　摩崖造像の地理的分布

四川地域の摩崖造像遺跡を網羅的に踏査した胡文和氏の労作『四川道教佛教石窟芸術』によれば、遺跡の所在する県は五十六県あり、そのうち十箇以上の窟や仏龕のある遺跡は実に三百箇所近くに及ぶ(2)(図1)。胡氏はこれらの遺跡群を主要河川の流域別に七区分している。すなわち嘉陵江流域（広元・剣閣・旺蒼・合川など）、岷江・青衣江流域（蒲江・邛崍・丹棱・夾江・楽山など）、沱江流域（簡陽、楽至、資中など）、涪江流域（綿陽、梓潼など）、沱江と涪江の間（安岳、大足）、沱江と岷江の間（仁寿、榮県など）、そして南江・巴江・通江・宕水・渠江流域（通江、巴中など）という区分である。こうしたグルーピングのしかたは、胡氏自身明言するとおり、大多数の摩崖造像遺跡が漢代の崖墓の分布状況と重複するように主要河川沿いに位置することに基づいたものである。ともに紅砂岩の巌崖を掘削し内部に彫刻を施して成る両者が、同様の分布状況を見せるということは、開鑿に適する岩質や地形といった自然地理上の条件だけではなく、何らかの宗教的環境や一定の経済力を備える社会的環境などの人文地理上の条件が、時代をこえて共通していることを意味しよう。四川における—同時に中国内地における—最も早い仏像彫刻が、後漢代の崖墓の入口に施された石刻として遺存している楽山麻浩崖墓の事例は、最初期から両者が密接な関係をもっていたことを物語っている。

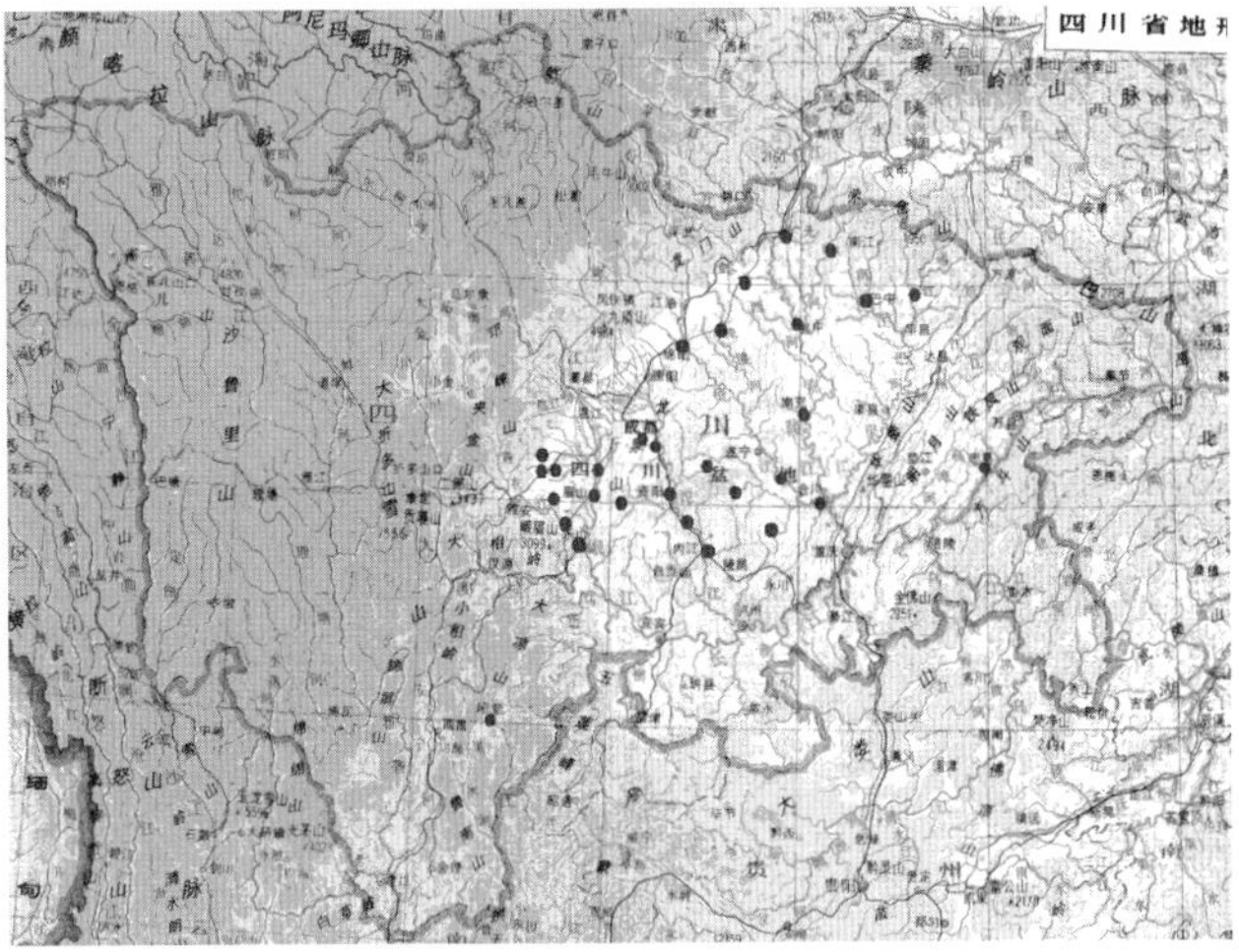

図１　四川地域摩崖造像遺跡分布図

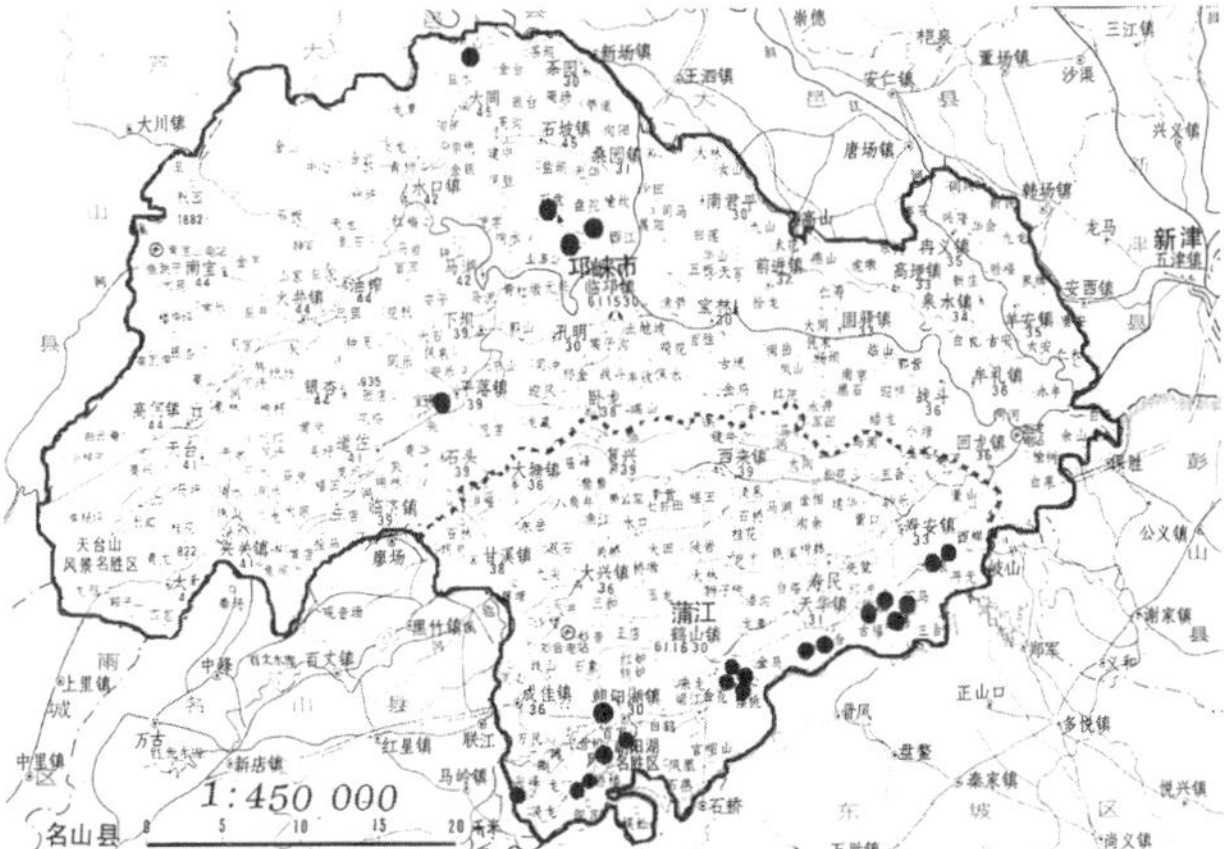

図２　蒲江県・邛崍市の摩崖造像遺跡分布図

河川に沿った分布の最大の要因は、河川が交通路だったことにある。陝西四川間を連絡するあらゆる街道の要衝である広元（利州）に造営された千仏崖が、水上の交通路だった嘉陵江に文字通り面しているのは、このことを端的に象徴していよう。また、現存最大の仏像である楽山凌雲寺の弥勒大仏の造立が、岷江と大渡河との合流点である水運の要地において成された大事業であったのは、周知のとおりである。

より局地的な摩崖遺跡の分布状況を観察すると、河川に限らず交通路との密接な関係が立地の重要な要件だったことが一層了解できる。図２は四川盆地西部に位置する蒲江県と邛崍市（両地区は唐代の邛州にあたる）における分布図であるが、東南部に連なる長秋山の北麓に沿うように十四箇所の小規模な摩崖造像遺跡が点在している。これはこの地で生産していた塩の輸送のための街道にほぼ沿っているのである。(3)また、邛崍市北部には、成都から西南行して蘆山・雅安を経て西蔵へ至る街道─いわゆる茶馬街道へ通じる道が通っており、この地の摩崖遺跡はその交通路と無関係ではないと推測される。こうした水陸の交通路と摩崖造像遺跡の分布との相関関係が、どのような石刻造営の事情によるのかについては、種々のケースが想定できる。行路の安全祈願というごく直截的な目的、多くの行人の目を意識した造像主の顕示的意図、人や物資のみならず諸種の災いも入境してくる境界の土地における防御意識などが、交通の要衝地への人口と経済の集中に自然に伴う活発な作善活動に、より本質的な動機として重なっている場合は少なくないだろう。

筆者はこれまでに広元（千仏崖、皇沢寺）、巴中（南龕、北龕、西龕仏爺湾、西龕流杯池、水寧寺）、梓潼（臥龍山、西龕寺）、綿陽（碧水寺）、邛崍（石笋山、花置寺、盤陀寺、鶴林寺、天宮寺）、蒲江（飛仙閣、仏尓湾、白岩寺、看灯山、太清観）、丹棱（鄭山、劉嘴）、夾江（千仏岩、牛仙寺）、楽山（凌雲寺）、資中（重龍山、西岩）、内江（東林寺、翔龍山、聖水寺）、安岳（臥仏院、千仏寨、円覚洞、毘盧洞、華厳洞、玄妙観）、大足（北山仏湾、南山、石門山、宝頂山）を調査してきた。(4)これらは、四川の石窟摩崖の総数からすれば一部に過ぎないものの、陝西省に近い四川盆地北部から、成都の近傍にあたる盆地西部、さらに東南部にかけてほぼ満遍なく網羅することを念頭においたものである。その結果、摩崖造像の造営年代、主題内容、図像形式において地域的な偏差があることを確認した。ここではまず、こうした地域的偏差を、ひとつの特徴的な形式をもつ図像──地蔵・観音並列像を素材として俯瞰してみよう。

二　地蔵・観音並列像に見る造像活動の地域的偏差

地蔵・観音並列像とは、同一龕内（または同一画幅上）に地蔵菩薩像と観音菩薩像を並置した図像を指すこととする。

図３　広元千仏崖第512号龕付龕35号
地蔵観音並列像

この図像は、四川地域に限らず唐宋時代の石窟摩崖造像や絵画作品のなかに散見されるが、単独でも絶大な信仰を集めた両尊を一対として並列させることについての経典上の根拠は希薄である。しかし、両尊がともに諸難救済、現世利益の性格をもつことが、一対化の主因であることは想像に易い。図像的にはバリエイションが多く、また摩崖造像では大概の場合風化や破損をおおいに蒙っているため、同定は容易ではないが、いくつかの特徴的な図像形式を指標として作例を検出することを、上記各遺跡においておこなった。

こうして管見に及んだ地蔵・観音並列像の実作例は五十五件（うち四十八件は実際に調査のなかで確認したものであるが、七件は報告書等に依拠し実見していない）あり、成都東北方の綿陽と梓潼を除いた前掲の各県で作例を見出すことができた(5)。同じ唐宋時代において局地的な流行しか認められない図像もあるなかで、これはかなり広域に流行した図像といってよい。但し、これらのうち造像銘を伴う作例は稀少で、とくに紀年銘は六件に過ぎない。それらは天寶十五年（七五六）、乾元二年（七五九）、廣明元年（八八〇）、乾寧三年（八九六）、天成四年（九二九年）、咸平四年（一〇〇一）と盛唐末期から晩唐、五代、北宋の年代を示しており、それぞれの時代の基準作例となるべきものである。

最も早い天寶十五年の紀年銘は、四川盆地の北端に位置する広元の千仏崖第五一二号龕（大雲古洞）北側左壁に付龕として開かれた付三五号龕に見られる（図３）。龕外右側に刻まれた銘文は「天寶十五載五月十五日……／□功徳…天…／比丘僧廣行奉…妣敬造□／□觀世音菩薩一軀地藏菩薩一軀」と読める。制作の年次のみならず両尊の尊名が明記されているのは貴重で、観世音の上の判読不能の二文字は「救苦」として誤りなかろう。両尊はともに蓮華座に立ち、浅い龕内に並列する。頭部は破損しているが、左像は円頂の痕跡のある比丘形で袈裟を着け胸元に頸飾を見せていることから、地蔵菩薩であり、右像は宝髻を結い天衣と瓔珞を飾った菩薩形の観音菩薩である。いずれも両手先は破損、風化しているものの、内側の手を体側に垂下し外側の手を屈臂して肩前に挙げる姿勢で、痕跡からすると観音菩薩は水瓶と楊柳を持つ形と見られ、地蔵菩薩もまた両手に持物を執ったものと考えられる。雷玉華・王剣平『広元石窟』[6]によれば、千仏崖には本例以外に六件の地蔵・観音並列像が遺るといい、そのうちの第五七六号龕については武周時代に遡る可能性があるが、他はいずれも盛唐期の作と推測でき、本例とは左右が入れ替わっただけでほぼ同様の図像形式という[7]。この六件のうち第二一三付龕一号、第五七六号龕、第八〇六付龕二八号の地蔵像は双手にそれぞれ宝珠を持つことが認められることから、広元では、両尊ともに立形で、地蔵は円頂で両手に宝珠を、観音は水瓶と楊柳を執るという図像形式が定型とみてよい。

二番目に早い紀年である乾元二年銘の作例は、広元に比較的近い盆地北部の巴中に造営された南龕第八〇号龕で、図像形式は広元の諸例と等しい。巴中は広元や東南部の安岳、大足と並んで摩崖造像が質量ともに抜きん出た地区として知られるが、地蔵・観音並列像に関しては管見の限りこの一点以外の作例を知らない。広元、巴中の地蔵・観音並列像が例外なく示す如上の図像形式は、蒲江、丹棱、夾江でも見られ、上掲の咸平四年の紀年もまた大足北山仏湾における同形式の作例（第二五三号龕）に付されたものである。しかし、これら蒲江以下の地区では、これとは別の図像的バリエイションもまたそれぞれの割合で見出せ、大足北山に至っては計十五件におよぶ地蔵・観音並列像のなかでむしろ咸平四年銘作例は唯一の例外的図像である。

そうしたバリエイションのうちでも作例数が多いものが、両尊を倚坐形または半跏倚坐形とし、地蔵は腹前で左手に宝珠を載せ、観音は同じく腹前で左手に鉢を持ち右手をその上にかざす形式である。上掲の晩唐期の廣明元年の題記を付した内江翔龍山摩崖の両尊並列龕がこの例で、周囲の無銘龕のいくつかもまた同様の形式を示している。おなじ内江の聖水寺摩崖、沱江を西にやや遡った資中西岩摩崖でも同形式の作例が散見されることに注意しておきたい。

ところで内江翔龍山摩崖には、倚坐形の両尊のうちの地蔵像を剃髪した円頂ではなく、頭巾様の布で頭を包んだいわゆる被帽形とするものがある。どちらにせよ『地蔵十輪経』序品に説かれる「作声聞像」「現声聞色相」にしたがって声聞の姿で造形される際の一変種にはちがいないが、被帽とする根拠は、敦煌莫高窟からスタインが将来した敦煌遺書S・三〇九二によって知られる。すなわち道明の還魂譚である。襄州開元寺の僧道明が、大暦十三年（七七八）二人の使者により冥府に連行された。幸いに人違いと知れて放還されたが、その折に獅子を連れた禅僧を目の当たりに見る。その僧は身に瓔珞を着け錫杖を持って坐し、宝蓮がその足を承けている。道明はその僧がすなわち地蔵菩薩であり、その姿が閻浮提における露頂の像とは異なるものであることを知って、帰還の後これらをつぶさに世に伝え、また図画したというものである。

「被帽」なる名称は、この説話に注目し敦煌画中から二十余件の同図像を検出して最初に論じた松本榮一氏の提唱になるものだが(9)、要するに娑婆世界での円頂の姿とは違えることで、冥府にいることを示した地蔵の図像なのである。宝蓮が足を承けるとは、蓮を踏んで倚坐する姿をいうもの。四川地域では地蔵を被帽形で造る場合は、体勢が倚坐形であれ立形であれほとんど必ず錫杖を持物とすることから、被帽形と執錫杖は不可分な定型表現であったらしい。もっとも、冥府の地蔵がなぜこうした姿を示すのかについては、さらに別のイメージソースや典拠の探索を要する。また、道明の説話の成立を受けて造形作品が生まれたのではなく、すでに一定の流行をみている作品群の存在を前提として成立した説話である可能性もあろう。仏教の造形に関わるさまざまな説話の場合、造形と説話とが相互に作用し合いながらそれぞれの型を形成していくというのが、もっともあり得べきプロセスだからである(10)。

ふつう摩崖像の頭部は最も破損を蒙る部位であるため、四川地域の地蔵・観音並列像の過半は当初の頭部の形状がわからないのであるが、判別できるものについていえば、地蔵菩薩像は円頂形と被帽形が相半ばしており、しかも地域的な偏りを見せている[11]。四川盆地北部の広元、巴中ではすでに見たとおり地蔵像は円頂に限るのに対し、東南部の大足では大部分が被帽形であり、錫杖を持物としていれば前述の通りまず必ず被帽形であったことから推せば、大半が頭部を欠失した中部の資中でも被帽形が支配的とみてよい。

一方観音菩薩像は、広元、巴中、蒲江、丹棱、夾江においては立形が基本で、垂下した手に水瓶を提げ肩前に挙げた手に楊柳枝を持つ、隋唐時代の独尊観音像の最も一般的な形式をそのまま採用した形を定型とする。しかし、資中、内江では地蔵と同様に倚坐形または半跏倚坐形であらわれ、左手で鉢を執り右手をその上にかざすような仕草を示すようになる。そして大足においてもこの形式が主流をなしている。風化や破損のためいまひとつ不分明な右手の仕草は、後の南宋の作品ではあるが京都の廬山寺所蔵張思恭筆阿弥陀三尊像や清浄華院所蔵普悦筆阿弥陀三尊像における脇侍観音立像を参考にするならば、右手に執った楊柳枝の先を左手の鉢中の香水に浸す仕草と推測できる。楊柳枝は竺難提訳『請観世音消伏毒害陀羅尼経』や不空訳『千手千眼観世音菩薩大悲心陀羅尼』によれば身上の種種病難を除くといい、宝鉢は腹中の諸病苦を除滅するという。とすれば、資中、内江、大足で主流をなす被帽形で錫杖・宝珠を執る地蔵と、楊柳枝・宝鉢を執る観音の並列像（図4）は、前者が地獄での抜苦救済、後者が現世での除病除災をいわば相互補完的に分担連携していることになる。両尊並列像に託された信仰がきわめて民衆的な性格であったことがう

図4　大足北山仏湾第191号龕地蔵観音並列像

かがえよう。

ところで、四川の地蔵・観音並列像をめぐっては、北宋の常謹が端拱二年（九八九）に撰述した『地蔵菩薩像靈験記』(12)に興味深い霊験説話が見える。冒頭に収録された「梁朝善寂寺畫地藏放光之記」は、梁代の画家張僧繇が漢州—成都の北六十キロにある現在の徳陽—の寺院に描いたという地蔵菩薩と観音菩薩の壁画にまつわる記事である。両菩薩像は、度々放光の奇瑞をあらわして「放光菩薩」と称され信仰を集めたという。その利益として具体的に挙げられているのが、まず水難の救済、そして安産の成就である。水難というのは、麟徳三年（六六六）に王記なる人物が資州刺史として赴任するに際し、模写して心をこめて供養したところ、船十艘で資州へ向う時に悪風に遭い九艘が没したが王記の船だけは恐怖を免れ、菩薩の広大な慈悲と威力を知ったという話。安産というのは、ある商人の妻が妊娠して二十八カ月経っても出産しなかったが、忽然として光明を見たので模写して一心に菩薩に願をかけたところ、その夜端厳な男子が生まれたという話。どちらもまことに素朴な、しかし現世的で切実な民衆的信仰である。

たわいない霊験説話ではあるが、地蔵・観音並列像の地域的な分布状況を概観してきた眼でみると、この水難救済の顛末はなかなかに示唆に富む。壁画があったという徳陽と王記が赴任する資州（現在の資中）はともに沱江沿いに位置するので、舞台は沱江を下る船旅であったのだろう。沱江の岸辺にほど近い資中西岩摩崖に地蔵・観音並列像が目立って集中的に残っている状況は、この霊験記の背景に実際の信仰と造像の流行があったことをうかがわせるが、それとともに、本図像の信仰と造像が四川の北部から東南部へと伝播流布したという実態を象徴するような物語でもある。

あらためて各摩崖遺跡のある県を示した図1を参照されたい。先に概観した地蔵・観音並列像の作例がみせる地域的偏向の様態から総括すれば、造像活動の中心地は四川盆地北部から南へ下って西部へ、そして東寄りの中部、さらに盆地東部へと推移している。すなわち、北部の広元、巴中地区では主に八世紀初頭前後より盛唐時代にかけて制作され、西部の邛崍、蒲江、丹棱、夾江では中唐から晩唐の時期、その東側の資中、内江では晩唐から五代にかけての時期が中心であり、さらに盆地東部に位置する大足においては晩唐末に開始されて五代から北宋時代にかけ相次いで造像された。流行の程度を見ると、北部および西部ではむしろ低調であるが、資中、内江から大足にかけては盛行している。これは換言すれば、晩唐以降北宋に至る十世紀が流行期の中心であったことを意味する。そうした地理的、時間的推移とともに図像もまた変化したことは、上述のとおりである(13)。

如上の地理的推移については、実は従来李巳生氏(14)、羅世平氏(15)らが示し、またソレンセン氏(16)らが前提としてきた四川地域摩崖造像の概括的傾向を具体的に跡付ける結果となったに過ぎない。予測通りのことで、こと新しく論ずるまでもないという感想が聞こえそうである。けれども、問題はそこにある。

このモデルからでは、四川地域の政治的文化的中心である成都が占めていた位置や役割は見えてこないのである。推移の起点をさらに遡るように延長すれば、秦嶺を北へ越えて唐朝の中心地たる関中、中原へ至る。つまり、四川地域における造像活動の「南下」の様態は、長安や洛陽を発信地としたものがまず北部から四川に入り、順次南へ波及して西部、中部に至り、さらに東部へと浸透、推移していったことを示しているように見えるのである。こうした見解は、地蔵・観音並列像によって見るとおり確かにおよその傾向性を言い当ててはいるが、これでは仏教信仰や造像活動における成都の位置付けが、ほとんど等閑視されることになろう。その瑕疵は小さくない。

三　触地印如来像からみた成都の位置

「揚一益二」と称される天下の重鎮として繁栄し、玄宗、僖宗の二帝が蒙塵した唐の益州成都には、長安の巨刹大慈恩寺のさらに八、九倍もの規模をもった大聖慈寺を筆頭に、聖寿寺、聖興寺、浄衆寺、昭覚寺、安福寺など数多くの寺院が林立した。そうした寺院における仏教美術の具体的なありさまは、宋代の撰述ではあるが黄休復の『益州名畫録』や

図5　邛崍石笋山摩崖第4号龕

李之純の『大聖慈寺畫記』(17)などを通してうかがうことができる。大聖慈寺だけでも「畫諸佛如來一千二百一十五、菩薩一萬四百八十八、帝釋梵王六十八、羅漢祖僧一千七百八十五、天王明王大神將二百六十二、佛會經驗變相一百五十八、諸夾紵雕塑者不與焉」（『大聖慈寺畫記』）という途方もない件数にのぼった仏画や仏像は、二帝に随行して入蜀した盧楞迦など中央画壇の作家の制作になるものも少なくなかった。それらが四川の各地に与えた影響を考えてみないわけにはいかない。たしかにそうした厖大な作品が伽藍もろとも湮滅した今日では、成都の役割を実証する手立てはほとんど残されていないように見える。現存しないものは顧慮にあたらずとする風が美術史研究にはあり、それが上記の見解にさしたる疑念がはさまれてこなかった一因でもあろう。しかし、作品が完成する前から「蜀城士女瞻仰儀容者側足、將燈香供養者如驅」というありさまだったという『益州名畫錄』辛澄伝に例を見るように、不特定多数の人々に公開され、評判をよび、模写されたそれらの壁画や像設が、周辺地域に一定の影響を及ぼさなかったはずはない。

たまたま例に引いた辛澄の場合、中唐前期の建中元年（七八〇）に大聖慈寺内に画いたのは、「諸變相」や「五如來同坐一蓮華」であったという。前者は西方浄土変や維摩経変などを指し、後者は一本の主茎から分岐連繫した蓮華上に各々仏坐像を配したいわゆる同根連枝の図像を指すと考えてよい。興味深いのは、このどちらの主題も、成都にほど近い盆地西部の摩崖造像に特徴的に見出せることである。広元や巴中に代表される北部の摩崖遺跡や、安岳や大足など東部の遺跡と比較して、西部の摩崖造像を特徴付けている点が、西方浄土変や維摩経変など変相図形式の龕の多さと立体を活かしたその構成の複雑さである。例えば、邛崍の石筍山第四号龕（図5）、同第六号龕、盤陀寺第三号龕や丹棱鄭山第四二号龕に見られる阿弥陀西方浄土変龕[18]の、多種多彩な景物を奥行きの深い龕に階段状の舞台を設けてジオラマ風に配置した構成は、巴中や大足にある僅かな例[19]や、形式化と簡略化が進んだ夾江や資中の作例とは明らかに一線を画している。これらの遺跡のある邛崍、丹棱は成都の西南七、八十キロに位置し、成都近傍といってよい。してみれば、精彩に富んだ摩崖仏龕に成都の仏教美術のなにがしかの反映を想定してよいのではなかろうか。

無論、都市寺院における像設と摩崖における石刻像とでは制作環境が異なる。しかし邛崍の場合、幸いにも唐代の都市寺院である邛州龍興寺址が確認されており、そこから九世紀の制作と考えられる石仏、金銅仏や石造仏頂尊勝陀羅尼経幢があわせて二百件余出土していることから[20]、両者の比較がある程度可能である。それによると、龍興寺出土石仏と邛崍盤陀寺摩崖や鶴林寺摩崖の像とでは、丸彫りと高肉彫の相違はあるが面貌表現、宝髻や宝冠の意匠などに共通の要素が多く、また龍興寺出土陀羅尼経幢には摩崖仏龕の西方浄土変に見られる極楽浄土の宝楼の形式と類似する意匠が好んで用いられている。両者の影響関係は否めない。

さらに注目すべき事例として、綿陽西山観摩崖の刻記を挙げることができる。西山観は道教の摩崖造像遺跡であるが、道教結社による咸通七年（八六六）の道像の造像銘が『金石苑』に採録されており、結縁者の姓名を列記した五番目に「張南本」の名が見える。胡文和氏や李巳生氏はこれを『益州名畫錄』巻上に評伝が載る妙格中品の画家張南本に同定しているのであるが、中和年（八八一～八八五）に蜀城（成都）に寓止したという経歴や、仏像や龍王神鬼を画くのを得意とし、特に水陸図が一世を風靡したという画業の内容からしても、同一人である蓋然性は高い。題記に該当する造像が現存しないのは遺憾であるが、成都の寺院における壁画制作が地方での摩崖造像となんらかの関係をもった可能性は、ここからも伺えよう。

そこで、成都近傍に位置する摩崖遺跡が示す様態から成都の位置付けを測るべく、左手を腹前に斂め右手は膝に伏せ

図６　蒲江飛仙閣摩崖第60号龕

五指を揃えて垂らし、偏袒右肩に衣をまとって結跏趺坐した特徴的な如来像（以下、触地印如来像）に注目したい。

この形式の如来像は中国では七世紀半過ぎから明確な流行を形成し、如来像の形式の一定型として定着した。最も早い作例のひとつである西安の大雁塔周辺一帯から出土した一群の塼仏には、背面に「印度佛像大唐蘇常侍等共作」という陽刻銘があり、インドより将来された図像であることが喧伝されている点でたいへん興味深い。その文言通り、これは中インドの釈迦成道の聖地ボードガヤの大精舎本尊像を本源とした図像と推定でき、七世紀前半以来相次いで入竺した玄奘、王玄策に代表される僧俗らによって、まず長安、洛陽の両京に知見や模像がもたらされたことは夙に指摘されている[21]。長安の遺例としては先の塼仏のほかに宝慶寺将来石龕像などがあり、洛陽では龍門石窟に武則天時代に開鑿された擂鼓台南洞主尊をはじめとする多数の石像が遺っている。そして四川地域では、管見の限りでも広元、巴中、蒲江、邛崍、丹棱、夾江、安岳、大足と広い範囲にわたって、時代的にも初唐から晩唐に至るまで、摩崖造像における作例が見出せるのである[22]。

これらのなかで特に重視すべき作例が、蒲江飛仙閣摩崖の第六〇号龕である（図６）。龕高一七〇センチ、龕幅一四六センチの規模の二重龕内に、触地印如来坐像と二比丘、二菩薩および二立像を高肉彫し、龕外にさらに俗人形二体を配した入念な作行きで、外龕正壁左側に二行にわたって「永昌元年五月為（五文字分空字）天皇天后敬／造瑞像壹龕王□□合家大小□通供養」とある。永昌元年とは六八九年。中原の作例を含めても、触地印如来像の遺例中もっとも早い紀年であることに注意しておきたい[23]。

飛仙閣摩崖にはもう一例、銘文は付さないものの六〇号龕よりも規模が大きく尊像の構成も大掛かりな第九号龕に同類の触地印如来像があり、研究者の関心を集めてきた。一番の問題点とされたのがこれら両作例の図像の伝播経路についてである。アンジェラ・ハワード氏は、当該像が示す中インド起源の尊像形式や付属的モティーフの非中国的な要素を強調し、東インドのビハールからベンガル、ミャンマー、雲南を経由して四川に至るいわゆる西南シルクロードによってもたらされたパーラ朝美術の影響になるものという解釈を提唱している[24]。しかしながら、初唐彫刻に通有の老若一対の比丘像や、八部衆を含む脇侍の構成、花頭形の格狭間のある台座などから見れば、インド伝来の尊像形式を中国で再構築したものであることは明白である。また、銘文に見える「為天皇天后」は、七世紀末から八世紀初ころの龍門石窟や響堂山石窟の造像銘、敦煌遺書中の写経跋文などに頻出する慣用的定型句といってよい。天皇天后号の制は高宗朝後期の咸亨五年（上元元年　六七八）に発布されたが、この第六〇号龕が開鑿された永昌元年の時点では、天皇たる高宗は崩御して六年も経っており、武則天も無論すでに天后ではなく神皇（聖母神皇）を号しているのである。おそらく飛仙閣第六〇号龕は、中央の長安や洛陽から伝播した触地印如来像の図像とともに、彼の地で行われていた造像銘の定型表現をそのままなぞったのであろう。

とはいうものの、当該図像が中央から四川北部へ伝わり、さらに徐々に南へと伝播して成都周辺に至ったとする見方にも、賛同はできない。ヘンリク・ソレンセン氏は、飛仙閣摩崖の触地印如来像龕を、北から四川へ入ってきた図像の「南下」の終着点を示すものと主張し、その根拠として、蒲江よりさらに南の夾江などにも飛仙閣とほぼ同時代の摩崖造像があるにもかかわらず、飛仙閣に見出せるものと同様な作例が存在していないという「事実」を挙げている[25]。しかし実際には、筆者の調査によれば丹棱の劉嘴摩崖や夾江の牛仙寺摩崖において類例が確認できることから、飛仙閣摩崖を南への伝播の終着点とするのはあたらない。それと同時に、四川北部の広元、巴中の作例を、唐朝の都周辺からい

図７　広元千仏崖第366号龕

ち早く流入した図像に依拠すると見做すことについてもまた、同氏と見解を異にする。

広元、巴中の作例とは、広元千仏崖第三六六号龕（図７）、巴中南龕第三七号龕、同第一〇三号龕、西龕第四四号龕、同第七三号龕、同第八七号龕を指す。特に巴中に作例が多いことは確かに特筆すべきであろう。[26]問題はそれらの造像年代であるが、広元千仏崖像には幸い長文の刻文「大唐利州刺史畢公柏堂寺菩提瑞像頌并序」が残っており、風化のために年紀を欠くもののいくつかの語句から年代を絞り込むことができる。すなわち、羅世平氏の周到な考察に従えば、睿宗の景雲・延和年間（七一〇〜一二）の造像と推定できるのである。[27]また巴中南龕第一〇三号龕は、造像銘から晩唐の乾符四年（八七七）の作と知られる。そのほかの紀年銘のない作例については、様式などから相対的な年代を推測するほかないが、巴中西龕の諸例について羅世平氏は盛唐の作とする。[28]妥当な年代観といえよう。さらに付記すれば、制作年の明らかな触地印如来像がもう一例邛崍石笋山摩崖にあり、第二六号龕と編号されている。これと一組を成す第二八号龕の直下に「菩提釋迦二像銘」と題し末尾に大暦三年（七六八）の年紀のある造像銘があり、作行きも中唐初めのこの年に制作されたとして矛盾ない。[29]

こうしてみると、飛仙閣第六〇号龕が突出して早い紀年銘―六八九年―を有することは、あらためて意味をもってこよう。ソレンセン氏が想定した長安・洛陽から四川北部を経て成都周辺に至るという伝播過程は、前章で提示した造像活動の地理的推移に合致するものの、遺例の制作年代が四川北部よりも成都に近い蒲江の先行を示しているのを無視しないかぎり、北から南へと漸次浸透するように伝播したとは考えにくい。実際には長安・洛陽からまず四川の中心地である成都に受容され、そこで翻案されながら周辺地域へと伝播したのではなかったか。

むしろ広元や巴中について注意すべきは、地方官として中央から成都に下向した高官らの関与である。巴中南龕には、玄宗とともに入蜀し、成都尹・剣南節度使を二度にわたって拝官した厳武が父挺之のために造立した観音像が残る（第八七号龕）。「蜀土頗る珍産饒かなれば、武、奢靡を窮極す」と『旧唐書』厳武伝に記されたように、在蜀中に富と権勢をほしいままにした彼が、巴中石窟の造営の推進者として果たした役割は大きかったはずである。また広元千仏崖の三六六号龕の下方に弥勒仏倚坐像龕を開いた蘇頲は、文章と清廉で著名な玄宗朝前期の高官であるが[30]、開元八、九年（七二〇、二一）に益州大都督府長史として成都に在った間にこれを造立している。これに先立つ開元三年に同じく益州大都督府長史に任官した韋抗[31]もまた、千仏崖に如来坐像と比丘・菩薩の五尊像からなる第五一三号龕を開いている。

彼らの造像活動が、資金だけ出して在地の工人に一切を任せたものなのか、図像や様式の選択や導入にまで関与したものなのか、実態はつかみにくい。しかし、広元千仏崖三六六号龕の触地印如来像の場合は、「□泥不満備珍飾而相好周圓。霊哉真顔今即遺制」とボードガヤ本尊像に関する玄奘や王玄策の所伝―弥勒の化身である工人が塑像の胸部に未完部分を残したまま去ったため、篤信の信者らが珍宝で補填、厳飾したという説話―を十分に踏まえた文言の頌文が付されており、発願主である利州刺史畢公[32]が、尊像の意味内容や形式についての明確な認識をもって当該図像を選択していることは明らかである。玄奘をはじめとする入竺者らによって長安や洛陽にもたらされたインド将来の新図像は、唐朝の中心地域で受容され流行する過程でさまざまな改変を生じたと想像されるが、鄭州・秦州の地方官を歴任してきた畢公重華が、そうしたひとつを四川北部地区へ導入した当事者であったとみてよいだろう。同様に、唐朝の最重要都市のひとつであった成都に着任する篤信の高官やその関係者らが、造仏を企図した場合、中央から図像や様式を直接もたらすことに一定の役割を担ったことは、まず疑いない。都と成都とは直結していたと見るべきなのである。

四　四川での信仰と造像の傾向性

さて、これらの触地印如来像の最も際立った特徴は、如来像であるにもかかわらず宝冠や胸飾、臂釧などの装身具をつける作例が少なからず見られることである。それがために尊格、尊名についてはこれまで釈迦仏、宝冠阿弥陀仏、盧舎那仏、毘盧遮那仏、大日如来、仏頂尊、香王菩薩などいくつもの説が提唱され、いまだ定説をみていない(33)。そうしたなかで、四川地域の作例に付された造像銘中に「菩提瑞像」「菩提像」という名称が明記されていることが注目される。前者は前出の広元千仏崖第三六六号龕題記に見え、後者はやはり前出の邛崍石笋山第二六号龕の大暦三年造像銘に見える。菩提とは無上の正覚のこと。釈迦の成道の境地を指す語に他ならない。

四川地域の作例にこのような名称が見出せることから、「菩提瑞像」を独立した一箇の尊種と理解する論調が少なくないが、筆者は見解を異にする。そもそも、仏陀の降魔成道に由来する触地印如来像は、本来的に二つの意味――「降魔」すなわち悪業障の消滅と、「成道」すなわち菩提の獲得――を併せもつ像である。とりわけ「成道」こそが如来の本質であってみれば、菩提樹下で成覚を得た釈尊をあらわすにとどまらず、法界の中心的尊格である普遍的な如来の出現をあらわすのが、この図像であるといってよい。そうであるならば、たとえば普遍的釈迦仏と見ることも、華厳の盧舎那仏と見ることも、あるいはまた仏頂尊と見ることも、ほぼ同じ階梯における尊格に対する理解であって、当時の造像関係者らにとってその峻別は必ずしも重大な問題ではなかったのではないか(34)。

むしろ信仰活動と造像において重大な意味をもったと理解すべきは、「降魔」に由来する性格と機能である。

中インド出身で高宗朝の六七〇年代後半に来朝し、武則天の厚遇を得た天竺三蔵地婆訶羅の訳経に、『最勝佛頂陀羅尼浄除業障呪経』と題する陀羅尼経典がある。この経文中に、「菩提像」の前で尊勝陀羅尼を誦するならば、諸罪業障はことごとく消滅し悪道に入るのを免れるという文言が繰り返し登場するのである。この経典は、除災や延寿に霊験ありとされた仏頂尊勝の功徳を説く『佛頂尊勝陀羅尼経』の第五訳にあたるのであるが、「菩提像」の功徳はこの地婆訶羅訳だけに特徴的に見られる。「菩提像」の像容については経文には述べられていないが、地婆訶羅がかつてまさにボードガヤに止住していたという経歴や、埋葬の地である龍門石窟東山に武則天時代の触地印如来像の雄作が集中していることなどからしても、経中の「菩提像」が降魔成道の釈迦に由来する触地印如来像であることは間違いなかろう。

成道の前提となる降魔の事蹟は、文字通り悪業障の消滅を意味するものであるから、滅罪滅業障祈願の対象としては、他にも況して最もふさわしい尊像に違いない。地婆訶羅によって経典上の根拠を与えられた「菩提像」が、こうした除災除難と招福の霊験仏としての雑密的性格を濃厚にまとって、民衆に迎え入れられたことは明らかである。これを傍証すると考えられる史料が、『宋高僧伝』巻十七の神悟伝に見える。

及冠忽嬰悪疾有不可救之状。咎心補行力將何施。開元中詣渓光律師、請耆域之方、執門人之禮。師示以遺業之教、一曰理懺、二曰事懺、此二者聖之所授、行必有徵。遂於菩提像前、秉不屈之心、爇難捐之指。于時有異光如月朦朧紺宮。

儒生であった神悟は成人する年頃に悪疾に罹り、救う手立てがない状態であった。しかし、開元年間中に渓光律師に師事するにおよんで理懺・事懺の二種の懺悔法を授かり、「菩提像の前において」焚指して懺悔し平癒を得たという記事である。悪疾平癒を祈念するための苛烈な礼懺の対象とされたのが、菩提像すなわち触地印如来像であったわけである。

とすれば、広元千仏崖の「菩提瑞像」や邛崍石笋山の「菩提像」、そして飛仙閣第六〇号龕の「瑞像（菩提瑞像の略であろう)」の造立には、除災や除病などの厄難滅除、それによってもたらされる延寿や賜福といった雑密的な現世利益的効験の祈願対象としての意味合いが期待されたに違いない。四川地域に「菩提像」の名称を伴った作例をはじめとするいくつもの触地印如来像が残っていることは、この地の信仰活動の性格を如実に物語るものといえよう。

四川地域における「菩提像」に関するもうひとつ興味深い事例が、会昌年間(八四一～四六)に撰述された『酉陽雑俎』前集巻六に見える。成都の宝相寺の「菩提像」にまつわる奇妙な記事である。

成都寶相寺偏院小殿中有菩提像。其塵不集如新。塑者相傳、此像初造時匠人依明堂先具五臓次四肢百節。將百余年纖塵不凝焉。

この像は、明堂つまり人体模型に則って内臓や骨格を具えた、解剖学的リアルさをもった塑像であったので、生きているのと同様に百年以上経っても塵も積もらなかったというのである。生けるが如き像というにとどまらず、内臓骨格を具備した生身の仏であってこそ、より強大な霊験が期待できたのであろう。

こうした四川地域に見られる除災除難のほとけへの信仰や造像の傾きは、触地印如来像の上だけに見られるものではない。それは、とりわけ除災の利益を期待する雑密的信仰のよりどころとなった毘沙門天像や千手千眼観音像が、他地域には類を見ないほどの数多い作例を残して四川地域を特徴づけていることからも、十分にうかがい知ることができる。こうした傾向性は、中央に対する地元意識ともよぶべき意識のなかで自覚されたようである。第二章で触れた『地蔵菩薩像霊験記』所収「梁朝善寂寺畫地藏放光之記」をもう一度例にとって見てみよう。

九世紀頃の四川で成立したと考えられるこの霊験譚では、徳陽の寺院に画かれた地蔵・観音並列像のあらたかな霊験が武則天や代宗からも関心を寄せられるところとなり、模写されて内道場で敬虔に供養されたという。皇帝を引き合いに出すこうした語り口による権威付けは中国の仏教霊験記の常套であるが、蜀地の仏像が中央でも尊崇されたという体裁—しかも都へもたらされたのはあくまでも模本だというのである—に、地元四川の自負と中原の王都への対抗意識が見え隠れしている印象を拭えない。

さらには、この画像を南朝梁代の画家張僧繇の筆になるという。これは当該主題の流行年代からしても付会の説と言わざるを得ない。しかし『南史』武陵王紀伝によれば、張僧繇は、武帝最晩年の太清初年（五四七）に勅命で蜀に至り、益州刺史であった第八皇子蕭紀の肖像を画いたといい、あながち当地と縁のない画家ではなかった。周知の通り彼は、顧愷之、陸探微、呉道玄と並び称される古代中国で最も高名な画家であるが、そうした評価は初唐以降に急激に高まったものであり、とりわけ名人伝説ともいうべき神秘的逸話が目立って語られるようになったのは、盛唐末乃至中唐以降のことである。筆者は嘗てその間の事情や背景について論じたことがあり、詳しくはその旧稿に譲るが[35]、張僧繇の評価の高まりと一連の伝説的逸話の成立は、唐王朝において「国朝第一」の「画聖」として絶対視された呉道玄の評価の確立と、表裏一体のものだったのである。この徳陽の霊験譚に張僧繇を登場させたについても、張僧繇の生まれ変わりと言われた呉道玄へ向けた意識を無視できない。すなわち、この図像の由緒を古く梁代まで遡らせて喧伝したかっただけでなく、唐朝の都―長安・洛陽―を活躍の場とした呉道玄とは異なり、あくまで江南と蜀地で活躍した張僧繇を引き合いに出して、長安・洛陽に勝るとも劣らないという地元四川のアイデンティティを喧伝したかったのではなかったか。

こうした中央に対する地元意識をのぞかせながら、この徳陽善寂寺の地蔵・観音像は、先に挙げた水難救済と安産成就の利益に加え、放光の霊験を現わす時は「国當安泰」であると護国的な除災除難の利益が説かれる。荒唐無稽な霊験説話ではあるが、四川地域における信仰と造像の特徴的傾向性を伝えるものである。

むすびに

以上、具体的な事例をもって縷々述べてきたところをまとめると、次のとおりである。

四川地域に広範に分布する摩崖造像は唐から五代、宋時代にかけて開鑿され、おおよそ北部から南下して西部へ、そして東寄りの中部、さらに盆地東部へと造像活動の中心地が推移した。しかしこれは中原からの影響が地理的に中原に近い北部から順次南へと浸透したことを、必ずしも意味しない。この図式ではあたかも伝播の一通過地にすぎない盆地西部から中部の間において、摩崖造像に採用された主題や図像の形式の変化が観察されるのである。その主因として、この地区が四川の中心地である成都に程近く、成都の都市寺院での信仰や造像の状況が反映していると推測できる。中原の長安や洛陽から成都へもたらされた図像が拡散的に伝播した一例として、触地印如来像が挙げられよう。しかし同時に特徴的に認められるのは、四川地域における—特に成都を中心とする盆地西部・中部における除災除難の利益への強い傾斜である。

ここであらためて唐代の四川地域とその周辺を眺めれば、この地が漢夷雑居する境界の立地であったことが思い起こされる。西には吐蕃がおり、南には南詔が境を接していた。南詔は、唐朝による収奪に不満を募らせた挙句、唐末の咸通十年（八六九）に軍を起こし雲南から北進して嘉州（現在の楽山）を陥落させ、翌年には勢いをかってさらに成都に迫り、二ヶ月間にわたって成都を包囲攻撃するという事態を引き起こしている(36)。地勢を見れば明らかなとおり、この四川盆地西部・中部は成都にとって—さらにいえば中国世界にとって、異民族世界からの防衛の文字通りの前線であったのである。

西南異民族世界との境界の土地なればこそ、接触し摩擦を生ずる雑多な民衆の慰撫や人心収攬と、入境する諸々の災いの防御除滅が、切実な要請であったはずである。本稿では触れ得なかったが、都から僧侶が当地へ下向して造像活動をおこなうのを朝廷が支援した事例が、西部地区の邛崍花置寺摩崖に見出せ(37)、王朝中央が如上の要請に直接間接に応えたという場合は少なくなかっただろう。しかし同時に、中央に対して地域のアイデンティティを自覚し誇る地元意識ともよぶべき意識も確かに認められ、威徳力の大を期待して除災賜福の願いを託した民衆的信仰の土壌となっていた。

通俗的なわかりやすさや一種娯楽的とも評せる要素を具えた西方浄土変などの変相図龕もまた、このマージナルな立地ならではの流行だったと言ってよい。

唐代四川における地域文化がどのような要因によって形成されたか、またそれがどのような性格のものであったかについて、以上から大略を把握し得たと思う。同じように漢夷の境界に立地して独自の地域文化を生んだ敦煌地域との比較や相互の影響関係の追究により、四川地域文化の相対的位置を考えることを今後の課題としたい。

注

（1）平凡社・文物出版社『中国石窟』シリーズの第一冊にあたる『中国石窟敦煌莫高窟一』（一九八〇年刊行）巻頭の長廣敏雄「中国の石窟寺院」（同書一六頁）より引用。「敦煌やベゼクリク、また南方の一部の石窟を例外として除くと」との断わりがつくが、こうした認識のもとに「南方」の四川石窟が等閑視される傾向が大勢であった。

（2）胡文和『四川道教佛教石窟芸術』（四川人民出版社、一九九四年）一頁。

（3）蒲江の鶴山鎮・朝陽湖鎮には塩井の遺構が多い。『華陽国志』蜀志に「孝宣帝地節三年…穿臨邛蒲江塩井二十所、増置塩鉄官」という。蒲江県の塩井遺構と街道については、龍騰・陳志勇・張懐忠「西南邛崍之路必経途径之一―蒲江河谷」（『蒲江文史資料選輯』第七輯　一九九三年）に詳しい。

（4）このうち蒲江県と邛崍市については、平成十三年度から十六年度の文部科学省科学研究費補助金（基盤研究A）を受けた四川大学芸術学院・成都市文物考古研究所との共同調査研究において、地区内のすべての摩崖造像の悉皆調査を実施した。

（5）個別の作例や摩崖造像遺跡についての詳細は、別稿に譲る。肥田路美「地蔵・観音並列像資料攷―四川地域の造像例と霊験説話」（『早稲田大学大学院文学研究科紀要』第五一輯第三分冊　二〇〇五年）。

（6）雷玉華・王剣平『広元石窟』（広元皇澤寺博物館・成都市文物考古研究所、巴蜀書社、二〇〇二年）。
（7）これら六件については筆者は未見である。
（8）題記の紀年は現在では風化して見えないが、内江市文物管理処の高暁賓所長の教示によれば二十年ほど前までは判読できたという。様式から見ても妥当な年代と判断できる。
（9）松本榮一『燉煌畫の研究　図像篇』（東方文化学院東京研究所、一九三七年）
（10）肥田路美「涼州番禾県瑞像の説話と造形」（『佛教藝術』第二一七号　毎日新聞社　一九九四年）。
（11）一方、観音菩薩像では宝髻を結い宝冠を戴いた形がほぼ固定しているが、風化のため不分明ながら、大足北山仏湾第二四一号龕のように宝髻・宝冠ではなく被帽形にあらわした例外的作品もある。
（12）『卍続蔵経』第一四九冊所収。また非濁『三宝感応要略録』巻下第三十にも収録される。
（13）付言すれば、四川地域の摩崖造像のうちで年代的に最後に位置する大足においては、こうした定型的形式を主流とするほか、それまでの各地各時期に行われたさまざまな図像形式がいわば集積したかたちで一堂に見られる。発願者や彫工が豊富な図像メニューのなかから自由に選択したことがうかがえる。
（14）李巳生『中国美術全集彫塑編一二　四川石窟彫塑』一九八八年。
（15）羅世平「四川唐代仏教造像与長安様式」『文物』二〇〇〇年第四期。
（16）Henrik Hjort Soφrensen, "The Buddhist Sculptures at Feixian Pavilion in Pujiang, Sichuan" *Artibus Asiae* vol.VIII. 1998.
（17）『全蜀藝文志』巻四一所収。
（18）邛峽、丹棱にはこの他に邛峽花置寺第十一号龕、同第十三号龕、邛峽鶴林寺三区第六号龕、丹棱劉嘴摩崖などに西方浄土変龕がある。

(19) 巴中西龕第五三号龕、大足北山仏湾第二四五号龕。
(20) 馮国定、周楽欽、胡伯祥『四川邛崍唐代龍興寺石刻』(中国古典芸術出版社　一九五八年)参照。なお、同寺院址では二〇〇五年から成都市文物考古研究所によって発掘調査が進められている。
(21) 肥田路美「唐代における仏陀伽耶金剛座真容像の流行について」(『論叢仏教美術』所収、吉川弘文館、一九八六年)参照。
(22) 広元、巴中、蒲江、邛崍の作例に関しては本文中で言及。丹棱劉嘴摩崖、夾江牛仙寺摩崖(編号不明)、安岳臥仏院(編号不明、第六三号龕左上方)、安岳玄妙観(但し道教像との並坐龕)、大足北山仏湾第一二号龕。
(23) 飛仙閣摩崖の触地印如来像については、肥田路美「四川省蒲江飛仙閣摩崖の初唐造像の性格について―二つの触地印宝冠如来像龕を中心に」(『早稲田大学大学院文学研究科紀要』第四九輯第三分冊、二〇〇四年)を参照されたい。
(24) Angela F. Howard, "Buddhist Sculptures of Pujiang, Sichuan: A Mirror of the Direct Link Between Southwest China and India in High Tang." *Archives of Asian Art* XLII, 1989.
また、『敦煌研究』一九八四年第四期に、同論文の李淞氏による中文訳「四川蒲江仏教彫刻―盛唐時中国西南与印度直接聯系的反映」が載る。
(25) ソレンセン前掲論文。
(26) 羅世平「巴中石窟三題」(『文物』一九九六年三期)。
(27) 羅世平「廣元千仏崖菩提瑞像考」(『故宮学術季刊』第九巻第二期、一九九一年)。
(28) 羅世平前掲論文(注26)。
(29) この年紀を追刻とみる向きもあるが、後代になぞるように再び刻した可能性はあるものの、当初の造像銘であることを疑う要素は認められない。

(30)『旧唐書』巻八八、蘇頲列伝参照。
(31)『旧唐書』巻九二、韋抗列伝参照。
(32)羅世平氏により畢重華と比定された。羅世平前掲論文(注27)参照。
(33)触地印如来像の尊名・尊格に関するこれまでの研究史については、肥田路美「四川省邛崍花置寺摩崖の千仏龕―触地印如来像の意味を中心に―」(『奈良美術研究』第三号、二〇〇五年、早稲田大学奈良美術研究所)参照。
(34)むしろこの図像は、釈迦仏、盧舎那仏、阿弥陀仏、仏頂尊など多様な如来に用いられつつ、それらに共通する性格を与えたり重ね合わせたりする機能を果たしていたと思われる。
(35)肥田路美「張僧繇の画業と伝説―特に唐時代における評述のあり方をめぐって」(『東洋美術史論叢』吉村怜博士古稀記念会、雄山閣出版、一九九九年)
(36)『資治通鑑』巻二五二。
(37)肥田前掲論文(注33)。

図版出典

図7は『中國石窟雕塑全集8四川重慶』(重慶出版社、二〇〇〇年)図版二二より転載。その他は筆者の作成ないしは撮影。

第二部

広域文明と地域文化
——地域文化としての日本

弥生社会の発展と東アジア世界

高橋龍三郎

はじめに

縄文時代の終末期近くに、朝鮮半島を経由して伝来した本格的な稲作技術と物質文化は、まず九州北部に根を下ろし、縄文文化・社会と融合して変容し、農耕に基づく新しい弥生文化・社会を生み出した。一旦確立した水稲農耕技術に基づき、各地で農耕社会が確立すると、それは発達して古墳時代を経て、やがて数世紀の内に古代国家を生み出した。古代オリエント社会が、農耕社会の確立から国家形成まで数千年を要したのに比較すると、あまりにも短期間の印象はぬぐえない（佐原一九八七）。国家形成の過程は自律的であったか、それとも他地域からの影響下で起ったのかを判断する事は難しい。大陸から遠く海を隔てた日本列島は、古代中国や朝鮮半島に展開した動乱の影響を直接被ることもなく、また政治的影響力が及ぶこともなく、大陸伝来の先進器物を享受しつつ自律的な発展を遂げたとの認識が一般的である。しかし、中国と朝鮮の古代史を紐解くと、日本が東アジア世界との関わりの中で展開したことは明らかである。やがて国家として日本が東アジアの歴史舞台に登場するまでに、弥生社会は首長国の形成を経て、更なる発展を前提にするから、この過程の検討を抜きに国家の形成過程を論じることはできない。問題は、東アジアの影響を一方的なものとして捉えず、それを必要とした弥生社会側の対応を首長国の論理として、どのように秩序付けるかである。

本稿では、弥生社会の地方的な発展過程を首長国の形成と発展として理解し、特に大陸との交渉を経て生成する社会的プロセスを検討する。

1 中国古代史に登場する倭人・倭国

倭人が古代中国の正史に初めて登場するのは、『三国志』魏志東夷伝倭人条（以後『魏志』倭人伝と略称）である。『魏志』倭人伝には「倭人は帯方東南の大海の中に在り、山島に依りて国邑をなす。旧百余国、漢時に朝見する者あり、今使訳の通ずる所は三十国なり」とある。また『漢書』地理志燕地条には、「楽浪の海中に倭人有り。分かれて百余国を為し、歳時を以て来たり献見すという」とある。その中の「分かれて百余国」の記述は、紀元前後の弥生社会（弥生中期末かあるいは後期初頭）の実情をある程度示していると思われる。「百余国」を文字通り受け取る必要はなく、国家的な規模の政治体制に到達してなかった表現だと見なす意見がある（木村一九九八）。確かにこの段階は、西日本を中心に各地で地域的政治体制が整備された時代で、それがさらに大きな政治構造体へと変革する途上であった。初期的な国家が成立するのは、それよりずっと後のことだから、それ以前に地方的な政治体制が確立したとすれば、それはよく「クニ」と片仮名で表現される首長国（Chiefdom）以外にない。ここで「百余国」と表現された「国」は真の国家ではなく、首長国に他ならない。

『漢書』地理志では倭人という表現を用い、倭国とか倭王という表記はない。倭国の表現が現れたのは、『後漢書』の建武中元二年の「倭の奴国、貢を奉じて朝賀す……倭国の極南界なり」である。また「倭国王」の表記は安帝永初元年（一〇七）の「倭の国王帥升」に初出する。また志賀島出土の金印ですら「漢委奴国王」と表記し、決して倭国王とは認めていない。この点を重視する仁藤敦史氏は、そのころはまだ「百余国」全体を統率する国王が誕生せず、紀元後一〇七年に倭国王という君主号を得た「倭国王帥升」こそが中国から承認された国王だと理解する（仁藤二〇〇一）。中国の正史に記載されるほどだから、倭国王と正式に認められた帥升は「倭国王」として冊封され、印綬を賜与された可能性がある。ただし印綬の仮受に関する記載はない。

『漢書』に「分かれて百余国」の内容は、国家に統一される以前に分立した首長国の数だと考えればよい。『魏志』倭人伝の「使訳の通ずる所は三十国」に比べて、甚だ多い数値だが、しかし、この二〇〇年間ほどの間に、分立する百余国が三十国になったと読める表現は、首長国間の統合が進展し、実際により大きな首長国に統合される過程を示していると考える。もしその数値が首長国間の統合過程を示すならば、単に多くの国があったという以上に実際的な意味を持つことになる。倭はこの時期、覇を競って首長国間の攻伐に明け暮れた時代なのである。首長達はこぞって中国の皇帝の冊封を願って朝貢し、仮受される漢鏡等を威信財として獲得したのである。

2　倭国王の冊封

秦の始皇帝は、封建制を廃止して郡県制を敷き、官僚を配置して中央集権的な直接統治を行った。やがて地方の反乱や多くの矛盾を抱えたために、前漢時代には郡県制の一部を廃止し、かつての封建制と並存させる郡国制に移行した。郡県制下では、制度的に郡県内で直接統治が完了するために、周縁部の蛮夷を取り込むことができなかったが、郡国制では、功臣や親族を列候や王侯として周辺部に国として位置づけることが可能なので、周辺部の夷族を冊封体制に組み込む道を開いた（西嶋一九九四、二〇〇〇）。それ以来、東夷の朝貢が盛んになる。この制度によって、倭の奴国は「漢委奴国王」に封ぜられ、また「親魏倭王」の卑弥呼は外臣として冊封されることになったわけである。

中国古代の世界観は、中華思想と王化思想を中心に据え、中華と東西南北の夷荻を区別することから始まる。中華とは室の「礼」秩序が通暁する世界であり、一方、夷荻とは「礼」の及ばぬ化外の夷族の意である。中華の君主である皇帝は、有徳の天子であり、その徳は遍く天下に及ぶことが望まれ、さらに帝国の外域に到達するほど有徳であるとされた。礼を知らぬ夷荻が天子の徳を慕い、朝貢奉献することが「慕化来朝」である（西島一九九四）。これは皇帝の徳の高きを示し、国家を治める天子として権威を高める意味がある。皇帝の徳を慕って遠方からはるばる朝来した大月氏と倭国が異例の「王」扱いで冊封されたのには、以上のような観念上の意味があった。

3　弥生中期における文化社会の昂揚

北九州の板付遺跡や有田遺跡では縄文終末期から環壕集落が造営された。韓半島の松菊里遺跡や検丹里遺跡で環壕集落が発見されており、韓半島を経て、稲作と共に日本に到来したと考えられている。水稲農耕に基盤をもつ社会は前期に西日本全体に拡大した。各地で区画された畦畔をもつ水田が営まれ、人々は防御機能をもつ環壕集落で生活をするようになる。

弥生中期には、環壕集落が拡大する傾向が顕著で、大阪市池上曽根遺跡や奈良県唐古・鍵遺跡のように数ヘクタールにわたって居住域が拡大した例もある。これらが居住人口の増加と関連するならば、住居数に比例した大幅な人口増加率を想定せねばならないが、出生率の異常な急上昇と死亡率の大幅な低下は考えられそうもない。他の村落の糾合・合併などを経て、集落が拡大したに違いない。それが首長国の拡大と階層化に関わる出来事なのか興味ある現象である。

祭儀用の銅鐸や銅剣・銅矛が各地で生産され、村単位、あるいは複数の村を取り込んで祭祀が行われた。地縁的な集団による祭祀と考えられる。これらは村が保有し、農業共同体全体の祭器・儀器と考えられているが、祭祀・祭宴などの指揮を執る首長が保有した可能性がある。春成秀爾氏は土器絵画に銅鐸が司祭者の姿と共に描かれた例から、農耕と関わる儀礼を想定している（春成一九九〇）。島根県荒神谷遺跡では、銅剣、銅矛、銅鐸が土坑中から大量に発見された。

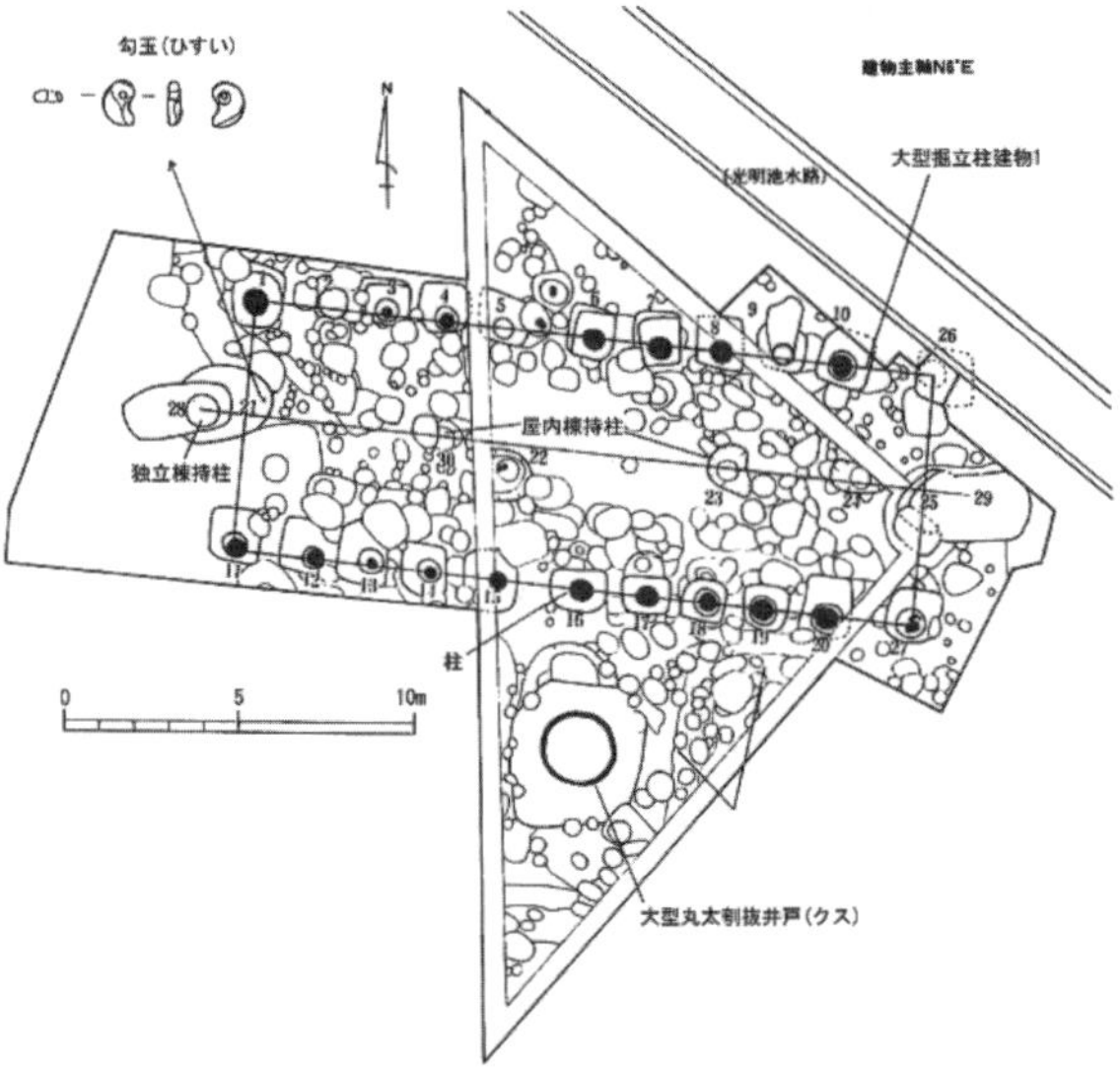

図１　大阪府池上曽根遺跡の大型建物跡

これをデポと見なす研究者もいる。

池上曽根遺跡では弥生中期後半期に大型の神殿様の建物址が発見された（図１）。東西二〇メートル、南北七メートルで、梁間一・八メートル一一本柱からなり、独立棟持ち柱をもつ。集落の中央付近に建設され、さらに建物の前面に木材を刳り抜いた大型井戸が発見され、両者の位置関係から、祭祀的な行為が行われたと考えられている。このような大型の建物が出現するのは弥生中期からで、首長を中心として、収穫物を用いた儀礼・祭祀が行われたと考えられる。滋賀県伊勢遺跡でも高床建物が検出され、しかも他の一般の建物とは隔離されて、柵列で囲まれた状態が明らかになった。これらは一般の住居とは異なり、首長などのエリート層が管理し、儀礼や祭祀で使われたと考えられる。大型建物にしろ、銅鐸にせよ、弥生時代の特質として宗教的、儀礼・祭祀的な側面が充実している点は見逃せない。

弥生中期を迎えると、人々の中に明確な身分階層に違いが明確になり墓制にも反映した。大阪府の加美遺跡では、一般の土坑墓や木棺墓とは墓域を違えて、ひときわ大きい方形墳丘墓が造られた。加美遺跡Ｙ１号墳丘墓は長さ二二メートル、幅一一メートル、高さ三メートルの台状の墳丘墓である。主体部は墳丘の頂部に掘られ、追葬的に後から埋葬した墓も含む。これらの埋葬格差は、首長等のエリート層が墳丘墓に埋葬され、一般の民衆は木棺墓か土坑墓に埋葬された事を示している。

4　社会の階層化とエリート層の威信財

北部九州では、この時期の後半に、合せ口甕棺の中に多くの副葬品が置かれる。青銅製の短剣や矛が副葬されるが、福岡県春日市の須玖岡本遺跡D地点では、大きな蓋石下に置かれた甕棺墓から、紀元前一世紀ごろの前漢鏡三〇面（草葉文鏡、星雲文鏡、銘帯鏡等）（図2）、ガラス璧、ガラス玉、青銅製武器等が出土して、埋葬された首長が中国から下賜された多数の威信財を保持した事が知られた。ほぼ同時期の、伊都国と目される糸島平野の三雲南小路遺跡では、文政年間に合せ口甕棺の中から多数の遺物が発見された。一九七四年の福岡県教育委員会の再調査では、文政年間に破壊された1号甕棺のすぐ近くに2号甕棺が発見され、中期後半期の遺物群が多数発見された。この甕棺墓は東西三二メート

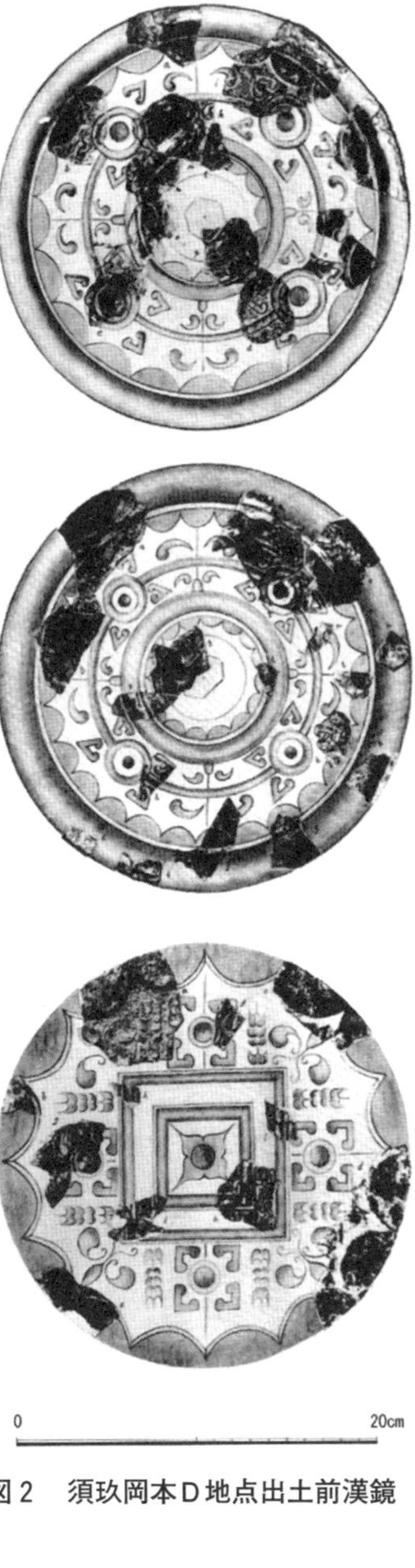

図2　須玖岡本D地点出土前漢鏡

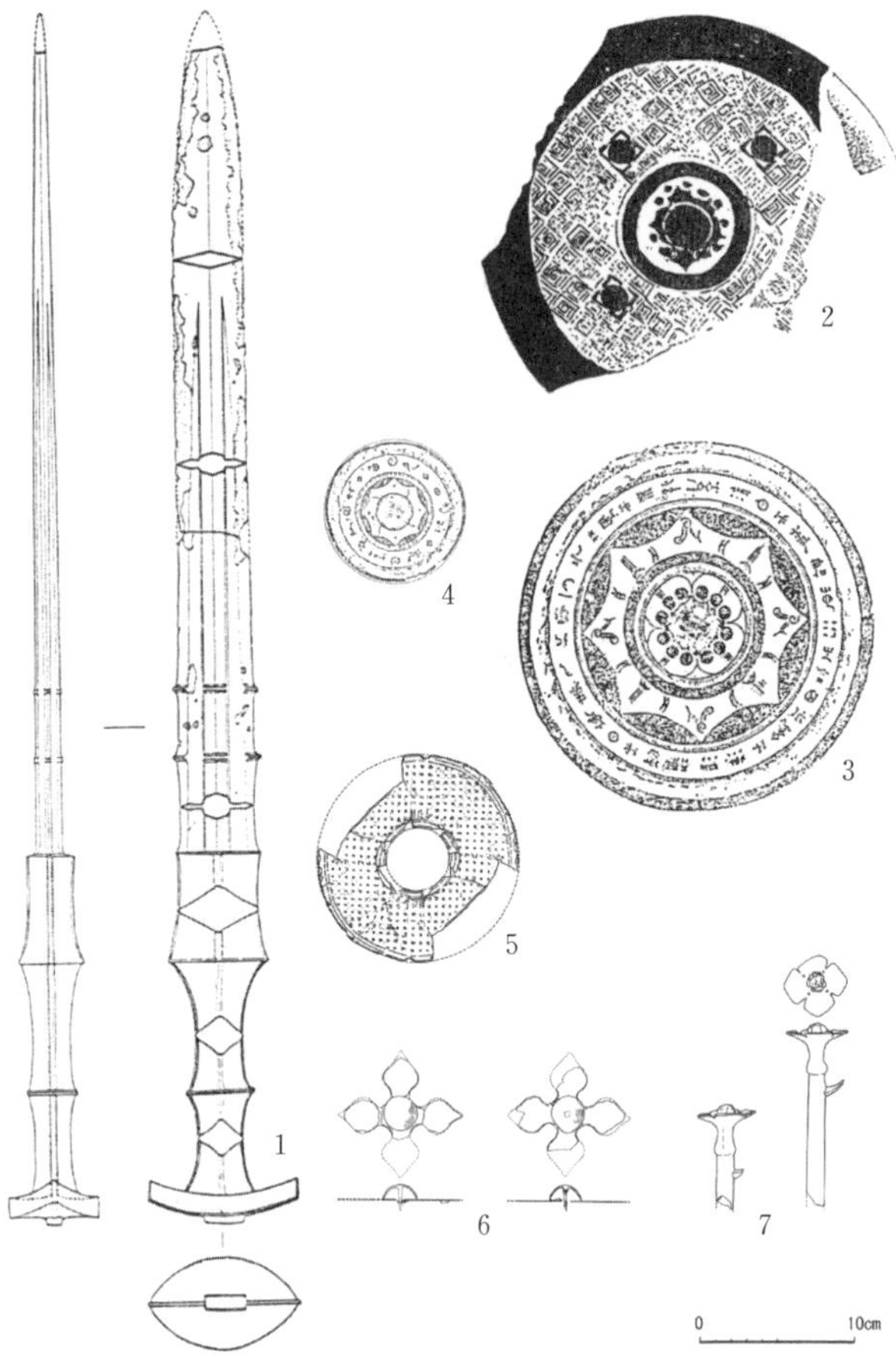

図3　弥生時代の威信財：三雲南小路（1～6）、稗田地蔵堂（7）

ル、南北二二メートルの区画された墓域をなすことが確認されている（柳田一九七四、二〇〇〇）。合計すると前漢鏡五三面（重圏彩画鏡、四乳羽状地文鏡等）、ガラス製璧、金銅四葉座金具など（図3）が検出された。町田洋氏によると、棺桶の飾り金具である金銅四葉座金具は、王侯の死に際して、漢の皇帝が喪儀の際の用具として下賜したものだという（町田一九八八）。ガラス璧は、玉璧の代用品であり、玉璧に比較すると格が低いとみなされ、中国では華南の中小墓から出土しているので、これを出した三雲南小路や須玖岡本D地点の墓は、それらと同じ扱いとみなせる（岡村二〇〇〇）。しかも金銅四葉座金具は威信財ではなく、郡県の中・下級官人の墓にも見られるので、扱いはその程度であったということになる。しかし、その規制がわからぬ倭の域内の人々には、これらが未知なる異国からやって来た貴重な威信財として十分に意義が認められたのであろう。

この時期の山口県の稗田地蔵堂遺跡では、前期末の箱式石棺から前漢鏡に加えて蓋弓帽と呼ばれる、馬車傘骨の先端部に付ける装飾用の飾り金具が二点発見されている（図3—7）。本来もっと多くの個数がないと機能しないのであるが、これを2点だけ副葬してあった。

これは本来の機能を離れて、威信財に化けた例であろう。あるいは残りの数点は、他人に分配してしまったかも知れないが、このような珍物が、本来の機能を離れて、威信財として機能する点が弥生時代の特徴を物語っている。これらの威信財を副葬した人物は、村落内、或はもっと広い範囲の中で社会的リーダーとして重要な職務を帯びていた。

5　儀礼・祭祀への投資

弥生時代後期終末を迎えると、近畿地方を中心に、環壕集落の環壕が埋め戻されて行く過程が観察される。それまで環壕の中に区画された首長の住居は、環壕が埋め戻されると同時に、環壕から外に飛び出し、独自に首長居館として独立する（武末一九九一）。これはやがて古墳時代の豪族居館につらなる。また滋賀県守口市伊勢遺跡などのように、独立棟持ち柱を両端に持つ構造の建物が増加する。一般の住居形態が竪穴住居であるのに対して、儀礼用、祭祀用には特別に高床建物が造られた。そこには、特別の霊性をおびた首長、あるいは坐俗や呪術的な行為を司る人物が居住した可能性がある。

この時期には、生産性の高揚に対応して、呪術的、儀礼的、祭祀的な設備に投資したと見えて、首長の様なエリート層は、盛んに威信財（銅鏡、銅剣等）の獲得を目指した。特に北部九州から畿内にかけての西日本に顕著である。踏み返しの技法を駆使して複製品を製作し、他者に配分したようである。一種の贈与であり、ポトラッチ的行為である。食料生産の高揚には、必然的に労働の強化が伴うが、それは基本的に威信財の獲得や儀礼・祭祀用の設備、墳丘墓など葬祭施設の造成に振り向けられたようである。首長居館の建設や環壕の掘削、農業施設の建設などにも労働力が振り向けられたが、ここにも首長国社会の特質が垣間見られる。捕虜や奴隷（生口）の獲得も重要な活動であったに違いない。三国時代の朝鮮半島は、魏志に書かれたように、国家としての体裁を整えるには至らず、未だに倭国と同様に首長国段階であった。

6　朝鮮半島から出土する弥生式土器

釜山近くの遺跡では、倭の土器（弥生中期初頭）が多量に出土し、伊都国との交易を中心に、多くの弥生系文物を受け入れた様相が浮かびあがった。片岡宏二氏によると、韓国南部を中心に、弥生式土器が多数の遺跡で出土している（申・河一九九一、片岡一九九九）。金海貝塚から北九州の甕棺が出土したことは戦前から知られたが、一九八〇年以後の調査では、勒島遺跡、温泉洞遺跡、金海内洞遺跡、固城東外洞遺跡、福泉洞莱城遺跡など釜山を中心に一〇遺跡ほどあるという。そのうち、福泉洞莱城遺跡では、全出土土器の九四%が弥生土器で占められるというから、まさに驚異的である。北九州の城ノ越式から須玖Ⅰ、Ⅱ式期（弥生中期前葉）に相当する土器が運ばれ、あるいは生産されたことを示している。他の遺跡では一〇%未満であるから、半数を超え、九割以上に達するという事実、韓国の無紋土器を完全に凌駕してしまう実態をどう解釈すればよいのか。韓国の研究者も従来の相互交流では解釈できないとして、弥生人が一時的、短期的に居住した村だと捉えている（申・河一九九一）。

福泉洞莱城遺跡については、伊都国との関連から読み解く見方が優勢で（片岡一九九九）、糸島、対馬、壱岐、釜山周辺を結ぶ航海ルートが開拓された可能性が高い。

このような弥生人村に近い村落が韓国南部に作られた理由は判明しないが、かなりの人口が渡来し、在地の人々とも交わったと考えると、相互に緊密に交流したことが窺われる。城ノ越式から須玖Ⅰ式は、韓国では勒島式に並行し、AMS年代では紀元前三〇〇年から二〇〇年頃に位置付けられる（藤尾二〇〇四）。これは中国では戦国から前漢時代に相当する。もし弥生人が韓国南部まで進出したならば、『漢書』地理志、『魏志』倭人伝の冒頭に記載されたように、漢代に朝見した可能性も出てくる。

7 倭国冊封の意義

弥生時代後期初頭の弥生社会について触れたのは『後漢書』東夷伝の「建武中元二年（五七）、倭の奴国、貢を奉り朝賀し、使人は自ら大夫と称し、倭国の極南界なり。光武は賜うに印綬を以てす」である。奴国を福岡平野周辺に措定し、那珂遺跡や須玖岡本遺跡を首長国の本貫地に擬定するのが今日の学会の定説である。この時に楽浪郡を通じて賜与されたのが江戸時代に志賀島で発見された「漢委奴国王」の金印である。遙か海上の彼方から天子の徳を慕って奉献した朝貢国に対する最大級で破格の扱いであった。漢の冊封体制では、内臣と外臣、さらにその外郭に位置付けられる夷種に対する朝貢国の区分を明確にし、それに応じた爵位と璽印綬を授けることになっていた。

図4 「漢委奴国王」金印

『漢委奴国王』の金印は、今日、真印として一般に認知されている。漢代の璽印制に基づいて、栗原朋信氏は、「印」や「章」の文字が見えないこと、「国王」という官爵は漢制に合致しないこと、亀紐でないことなどを理由に、これを公印ではなく、私印と考えた（栗原一九六〇）。それが製作された社会的背景として、栗原は「漢の外臣であり、漢の威光を背景とする意味で、自国内はもとより、近隣の国々に対しても、勢力を誇示できる効果を狙ったのであろう。」と述べている。この指摘は大変重要であり、多くの研究者が認めるところである。そもそも、弥生中期末から後期初頭にあたる、未発達な社会的統合にある奴国を、漢の皇帝が自らの意志で招撫する理由は見あたらない。未開社会にある東夷の倭国を恐れる必要もなかったし、また海を越えた山島に特別な魅力も感じなかったろう。したがって、この朝貢は、奴国王側から発意せられたものであろう。このことは「漢の印綬を受けて外臣の列に入ったのは、倭奴国王の発意であって、このことは、漢の威光を倭奴国が有利に利用しようとする政治外交上の野心があったからに相違ない」とする栗原説には、倭人側の大きな理由が読みとれる。それは列島の首長国の各首長たちが、漢帝の後ろ盾を背景に、自らの権威を高めようとする首長国社会の特質を映し出すからに他ならない。下賜される鏡等は威信財として最も有効に利用されたのである。ポリネシアなどの首長国社会の一般として、覇を競ってより高貴で価値のある威信財を求めて競争関係を作りだし、時には戦争に発展する事もあるのである。このような過程を踏まないと首長国の生成や発展は促進されず、したがって国家の成立を促すこともなかったのである。それは日本では弥生時代に特徴的であるが、世界の首長国に通有な過程である。

8　紀元一〇七年の朝貢と倭国王

『漢書』や『魏志』倭人伝以来、中国の正史には「倭国」という呼称が用いられたが、これを文字通り「国家」と見なすかは検討を要する。後漢皇帝が国王という官爵を与えたのは、先に述べたように郡県制から郡国制に統治形態が変革し、外縁部の君長を王侯や列候として外臣に冊封したからであるが、それ以外にも東夷の動向や相互の安全保障体制などに実態的な意味があったと思われる。

『魏志』倭人伝にいう二回目の朝貢が行われた安帝の永初元年（一〇七年）には、「奴国王」の表現は消え失せて「倭国王」に統一され、それを帥升等と王名をあげて明記している。この時代の漢の冊封を受けたと思われる考古学的内容として、福岡平野の奴国には相当する遺物はない。むしろ糸島平野の伊都国と目される平原遺跡一号方形周溝墓から一括して出土した後漢鏡や環頭の太刀を上げることができるよう。岡村秀典氏の研究によると、それらは漢鏡の第五期

（一世紀末）にあたり、まさに帥升等が朝貢したころの鏡であり、しかも陶氏作や尚方氏作銘のまとまった鏡群で、おそらく中国官営の鏡工房製だという（岡村二〇〇二）。これを冊封の際に皇帝から下賜されたと仮定すれば、平原遺跡一号方形周溝墓の被葬者こそ倭国王帥升の墓の可能性が出てくる。

『旧唐書』東夷伝には「倭国は、古の倭の奴国なり」と記載されている。この時点で編纂者は倭国を奴国と同一視した。しかし、一世紀初頭の朝貢時（五七年）の「倭の奴国」の状態と、帥升が統括し「倭国」と称された段階では、内容が異なっていたと考えられる。奴国の主権の座は揺るぎ、後期中葉の二世紀初めには、帥升が近隣の北部九州の首長国群を束ねたと考えられる。奴国が盟主であった頃の倭とは打って変わって、一世紀の終わりから二世紀の初めにかけての倭国は、より大きな政治的単位として収斂し登場して来た印象を抱かせる。それは首長国が統合と離別を繰り返して、やがて大きな統合体として出現してきたことを示すのであろう。首長国が、より下位の統合レベルから高位のレベルに統合が進展して、より複雑化した首長国が出現したことを示すのであろう。もっとも首長国の階層化のレベルは同じであって、政権の座を巡って首長が交替を繰り返したことの反映とも考えられる。そうだとすると奴国は次の段階で伊都国に政権の座を譲り渡したのかもしれない。周期的な政権の移動は、それを支える構造的な基盤が脆弱であること示し、首長国一般の姿として把握されている（Anderson1996）。

9　一世紀から三世紀の東アジア

紀元九年、平帝を補政した外戚の王莽が漢王朝から帝位を簒奪し、新を樹立すると、一時的に漢王朝は中断した。一五年後、漢王朝を再興した光武帝（二五～五七）は、朝鮮半島の楽浪郡に起きた王調の乱を鎮めて一時的な安定をもたらしたものの、王朝の東アジア支配における覇権は失墜し、濊族や東沃沮は直接支配から逃れた。光武帝と遼東郡太守の祭肜（サイユウ＝祭彤）が下句麗や鮮卑を慰撫し、王莽に毀損された名誉の回復を図るなど、漢帝国の回復を図った。

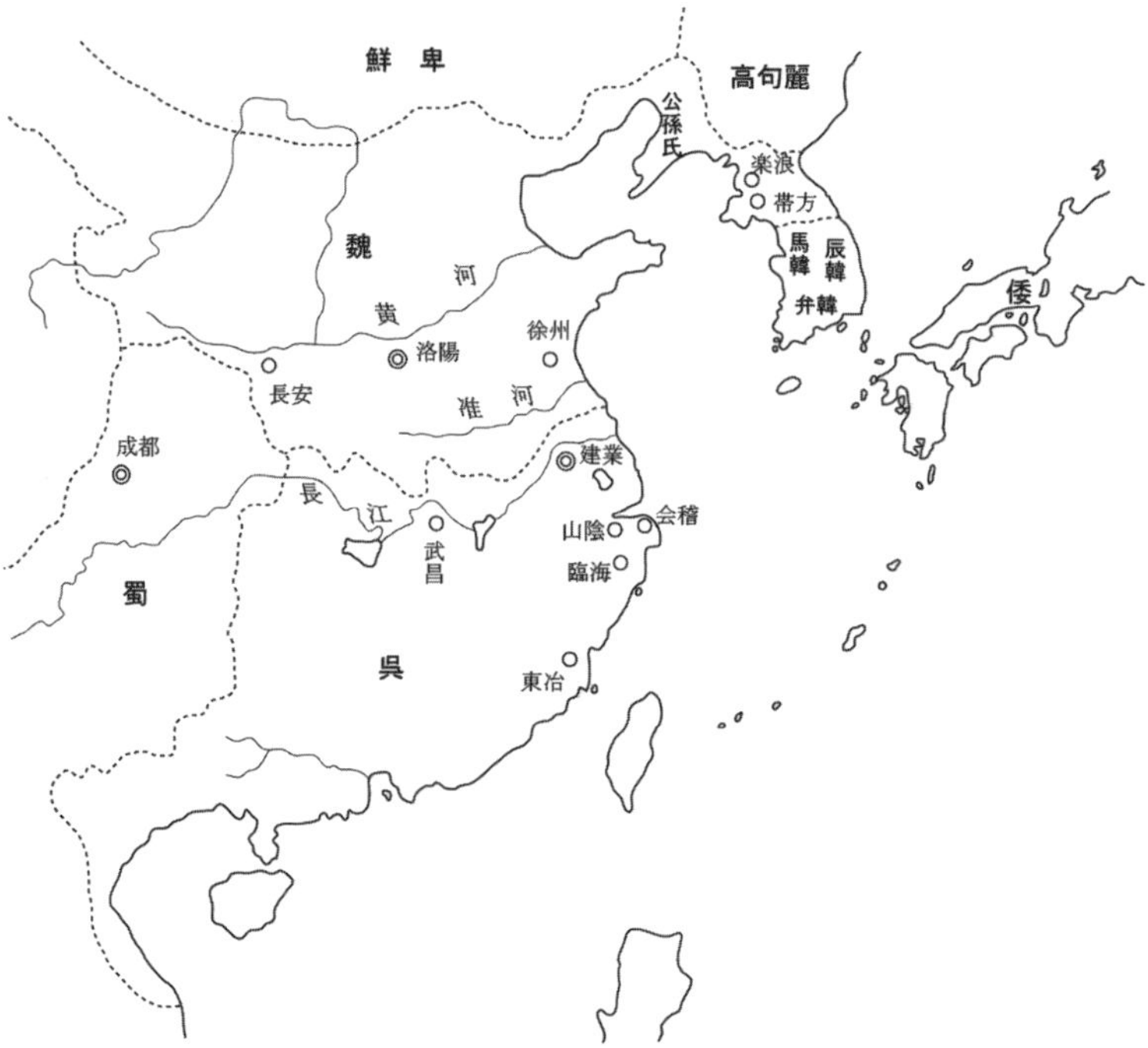

図５　３世紀前後の東アジア情勢

四四年には、韓の廉斯（レンシ）の蘇馬諟（ソバシ）は「漢廉斯邑君」に封じられたが、これは国王ではなく首長である。東夷の君長に対して、邑君という爵位を与えて正当に評価することに抜かりがなかったのは、基本的に璽印綬と爵位が冊封の原点であり、その基本に著しい偏向が有ることは、漢王朝の信頼にも関わることであったからであろう。後で述べるがそれだけに奴国王に対して「漢委奴国王」という評価は異例中の異例なのである。

朝鮮半島東北部を占めた濊や貊は魏志東夷伝には戸数二万戸と記載され、大君長を戴かず、国家レベルの統合体にはいたってなかったと考えられる。半島南部の韓族は辰韓、弁韓、馬韓に分かれていたが、数十の小国が併存する首長国に過ぎなかった。北東アジアには、当時、夫余や烏丸、鮮卑などの強力な種族がおり、それらが漢王朝との対外関係に大きな影響を与えたのとは異なり、朝鮮半島南部と以東の東夷は対外関係において大き

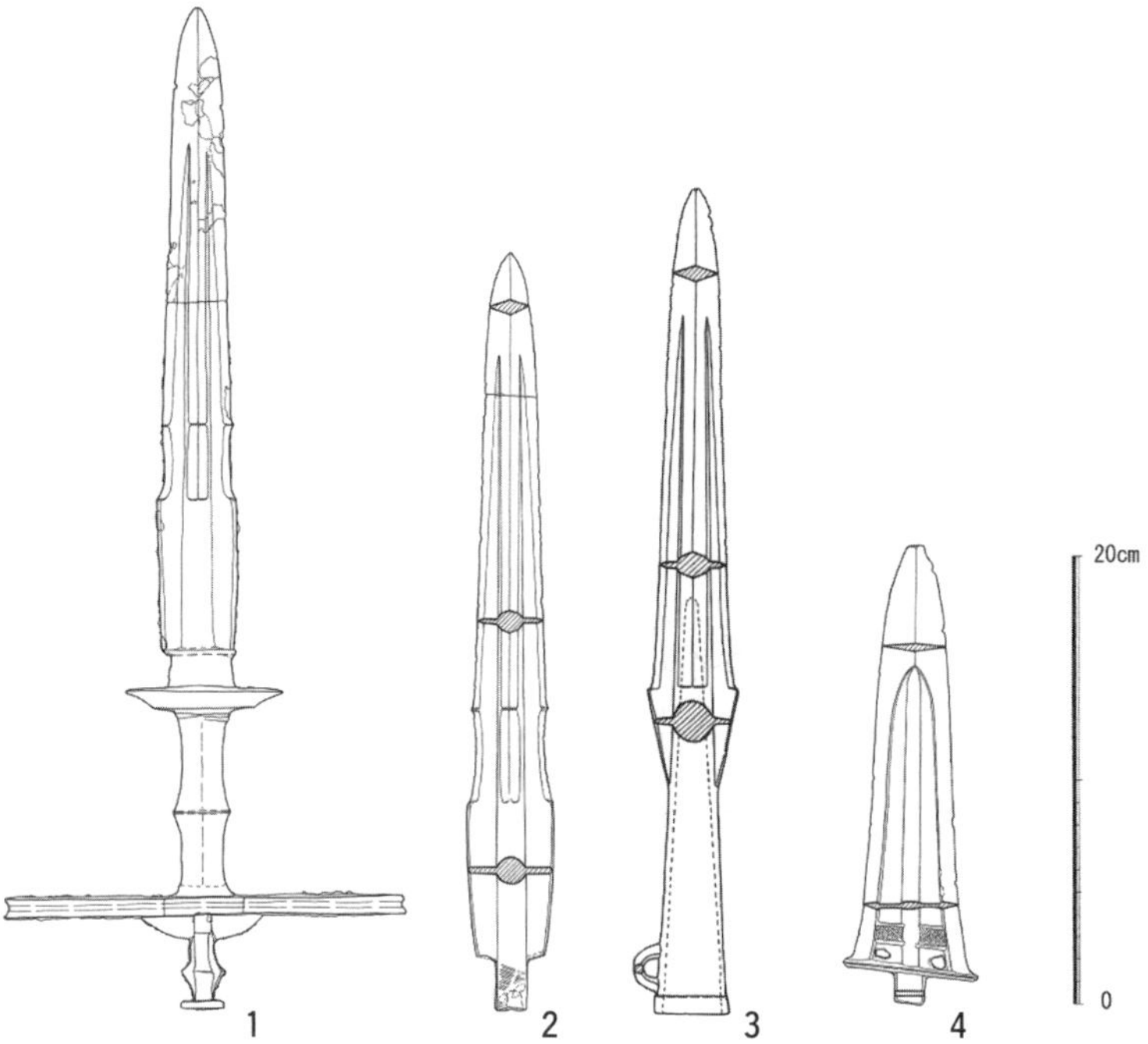

図6　弥生中期の青銅製武器（1：吉野ヶ里、2～4：桜の馬場）

な影響はなく、したがって正史に大きく扱われることはなかった。

夫余は建武二五年（四九）以来、後漢に朝貢し、順帝永和三年（一三六）には王自身が洛陽に朝貢した。やがて倭も朝貢奉献することになる。朝鮮半島の東夷は、大陸と地続きで、しかも遼東郡太守や楽浪郡との関係で、一旦ことが起これば帰順や服従を示さざるを得なかったが、しかし、倭がどうして朝貢し奉献しなくてはならなかったのか、大変興味がもたれる。海を隔てて隔絶されているからといっても、朝鮮半島南部の釜山周辺には弥生中期に弥生人村が存立しており、すでに国際的関係に加わっていた可能性もある。また、東夷と認められた段階で、朝貢国として、すでに漢帝国の冊封体制に加わったことにより、朝賀せざるを得なかったとも考えられる。『漢書』王莽伝には「東夷の王、大海を度りて、国珍を奉ず」とあるので、既に紀元前後の王莽の頃に、倭人は朝見奉献し、朝貢国として冊封を受けた可能性が強い。

沃濊や貊、辰韓、弁韓、馬韓など、二、三世紀の朝鮮半島の東夷は、押しなべて国家レベルには達しておらず、共通して首長国としての地位を脱却することはなかった。これらが後漢や魏との対外的関係を通じて、やがて国家にいたる体裁を整えたことからすると、やはり古代中国王朝とのかかわりにおいて、社会が進展した事実を見るべきである。一試案であるが、倭も同じ論理において後漢や魏との朝貢関係を開始したのではなかろうか。倭がまだ首長国段階にありながら、半島の福泉洞萊城遺跡に見るように、九州の弥生土器が大量に持ち運ばれた事実から、そこに社会的に強い関係を見ることは可能であろう。彼我の間に人々の交流を前提とした対外的関係がすでに発生していたのである（図6）。それが厳しい対外関係に晒されることが前提になって、倭も国際社会に進出せざるを得なかったことも考えるべきであろう。もう一つ重要なのは、倭が対外的な関係を結び、漢、魏に朝貢しなくては、東夷の中でのステータスを保ち得なかったのでないかということである。中国天子の意図とは無関係に、東夷の首長国群の政治社会の中で、ステータスをめぐる競覇的序列化が行われていたのではないか。

倭国はその後、『魏志』倭人伝に初めて詳しく登場する。それには倭人の地理や習俗、倭国内の各首長国の位置取りや里程と行程などが、今までにない詳しさで記されるとともに、倭国の政治状況も記録している。『魏志』倭人伝に見える「住まること七、八十年。倭国乱れ、攻伐すること歴年、ともに一人の女子を共立す。卑弥呼という」という記事は、初めて国際的な舞台に倭人が登場し、中国もそれに関心を持って記録した。遣使の朝貢を喜び、倭国の女王に「親魏倭王」の金印紫綬を授けたのは、中国としても、倭国の動向を無視できなくなったからであろう。

10　卑弥呼の朝貢の意義

卑弥呼が初めて魏に朝貢したのは二三九年である。帯方郡を通じて魏の明帝に大夫難升米、次使都市牛利を遣使としたのであるが、それに先立ち、東アジア史の中で、極めて重要な出来事は、二三八年に遼東太守の公孫氏が、魏に滅ぼされたことである。卑弥呼の朝貢はそれから間髪をいれずに行われたことが注目される。朝貢の結果ばかりが有名であるが、大きな戦争の直後に遣使を派遣する理由についても考える必要がある。倭は遼東太守に対して臣属の盟約を結んでいた可能性はなかったか。公孫氏は南方の山東半島を占める呉と通じ、魏に対する対抗を策定しつあった。これは三国鼎立時代にあっては、国運をかけた策略であり、魏にとっても看過できない由々しき事態であった。そこで、魏はこの機に兵を派遣し公孫氏を滅亡させた。この時、公孫氏と一時的に気脈を通じたとしたら、倭国としても魏に申し開きをする必要が生じたことであろう。しかし、当時の魏は、倭国が南海の大海中、会稽の東に有ると誤って信じており、当時一五万戸の勢力を有すると言われる倭国と組んで、呉を牽制する目的があったので、倭国を戦略的に利用しようとした可能性もある。まさに遠交近攻を地でいくようなやり方なのであろう。

魏は倭国からの遣使に対して、それを大歓迎し、朝貢に対する貴重財を給付しただけでなく、「汝の好物」として破格の贈り物をしたのである。さらに「王」の官爵を与え、「親魏倭王」の金印を賜与したのである。王に封じることは、魏の外交では、通常、親族や王侯と同じ外臣の扱いであり、列候以上の待遇である。したがって王に封じられたということは、魏帝と君臣関係を結んだ事を意味し、これは絶対服従の強い意味を持つ。

当時、遼東太守の公孫度でさえも、王に冊封されることなく「永寧郷候」という官爵であったし、孫の公孫淵でさえ「楽浪公」という官爵に甘んじたのである。魏の時代に外臣に封じられたのは倭国と大月氏国の二国だけである。他の有力な国といえども王侯を名乗ることは許されなかったから王という官爵は、極めて異例な配慮であった。それは、天子の徳が遠くまで行き届いた証拠であり、その徳を慕ってはるばる大海を渡って朝貢した倭国に対する特別の配慮でもあるが、一方で当時の東アジア全体にわたる国際情勢が反映していたのである。公孫氏の乱、西方においては涼州（甘粛省方面）の諸国王が蜀漢と気脈を通じる大きな動きがあったからである。西嶋定生氏によると、涼州の諸国王達が、月氏や康居などの異民族首長二十余人を蜀漢王朝の後主劉禅に派遣して、魏王朝と戦争する場合には、蜀漢王朝のために先駆となって奮戦する旨を申し入れたという事があったという（西嶋一九九四）。この情勢に鑑みて、魏は大月氏国王波調を「親魏大月氏王」として冊封し、それらが蜀漢王朝と盟約するのを牽制するために、背後の大国である大月氏と提携したと考える訳である。

これらの東アジア世界の情勢からすると、たとえ「礼」を知らぬ東夷であっても、魏に朝貢奉献して冊封された以上は、臣下としての服従を誓う外臣であり、制度上の役割は大きかった。また先に述べたように当時の漢も魏も、倭国を南方の大海中に位置すると誤解しており、会稽の東と述べているので、恐らく東シナ海あたりに想定していたと考えられる。この誤解を解くことなく、倭国はそれにうまく便乗して外臣の官爵を手に入れたのであるが、それは魏、倭国双方ともにそれを必要とする事態が生じていた点も見逃せない。

11　単純な首長国から複雑な首長国へ

弥生社会が国と区別して「クニ」と表現される所以は、国家まで発展はしていないけれども、部族社会を通り越して、政治的まとまりのある社会組織を統合し、前国家的な諸要素が出そろいつつあると考えるからである。日本列島の弥生時代は、九州から関西方面を中心として、弥生時代中期に既に「クニ」と呼ばれる政治的統合体が出現したと考えられている（白石二〇〇二）。これを指して、「地域的首長連合」、「首長連合」「部族連合国家」と称する研究者もおり、呼称法は必ずしも一定していない。そこで、筆者はこの社会の統合の程度、内部での意志決定機関のあり方、社会階層化の様態から、「首長国」（chiefdom）と呼ぶ。「クニ」や「首長連合」とは、意図する実態において差異はないが、社会進化史的な見方からすると、首長国の方が一般性があり、しかも世界的な用法といえる。

弥生時代になぜ社会が統合化され、首長国が誕生したのかについて明らかにし、要因を検証する必要がある。白石太一郎氏は、弥生時代中期に社会的統合が急速に進展し「クニ」が誕生する背景として、以下の三項目を挙げている（白石二〇〇二)。

1 (水稲耕作に基づき)余剰生産物が生み出され、共同体の諸機能を掌握する首長が支配者に転化したこと。

2 水稲耕作に必要な一元的な灌漑システムの形成と運営が首長の政治的成長を助長した。

3 朝鮮半島からの金属器をはじめ、海外の技術や資源の確保のために、広域な流通システムを維持し、拠点として機能する組織が必要。

これらを逐一検討する紙数はないが、1は経済的要因、2は政治的調停者という社会的機能、3は広域な流通システムの管理、統制に関わる機能的要因である。いずれも穏当な解釈だと考えられる。2については、すでに広瀬和雄氏がクニの出現する過程で最も重視した要因である(広瀬一九九三)。

この中で取り上げられていないのは、儀礼・祭祀および威信財に関わる要因説である。これらは欧米の学会では、近年、社会の複雑化と階層化の大きな社会的要因として取り上げられ、特に3の広域な流通システムの統制と関係して論じられる(Brian Hayden1995)。

我々は、農耕経済であれば、自然のうちに余剰が生み出されるのが常であるかのような錯覚に陥りがちである。しかし、これには根拠があるだろうか。欧米では、この自明の論理が疑われている。M・サーリンズが行った人類学的研究に拠れば、農耕民はそれほど豊かではなく、むしろ狩猟採集民よりも貧しく、慢性的な欠乏症に陥って場合すらある(M.Sahalins1972)。もし、サーリンズの説が正しいのならば、農耕生産には必ず余剰が生れるというのは、幻想に過ぎないといわざるを得ない。むしろ、余剰生産を上げるためには、当然生産の強化が必要になるのであるが、そこには生産の強化を必要とする根本的要因が介在したはずである。したがって、余剰生産説(生産の強化)を前提にする限り、根本にある必然性が問われることになる。

最近それに変わって登場した儀礼・祭祀モデルでは、共同体の儀礼・祭祀を執り行うのは、一人の社会的リーダーで、彼は自らの名声を高めるために祭宴や儀礼を大規模に挙行し、多くの評価を勝得て、民衆にアピールすることによって、リーダーとしての地位を獲得する、というものである。首長は親族に対して、生産を強化するために、多いに働くことを勧め、また自らも多くの妻を持ち多くの親族、姻族を獲得することによって、生産と貢納を強化するのである。このモデルは現在ポリネシアなど多くの首長国社会の民族誌で認められ、モデルの基盤をなしている。

弥生時代になぜ生産が強化され、多くの余剰が出現したかについては別途に説明を要するであろうが、畿内や瀬戸内、東海中部にまたがる銅鐸祭祀、そして主に九州や瀬戸内西部の銅剣・銅矛祭祀について考える必要があろう。またこぞって漢や魏の鏡を威信財として獲得して保持した首長たちの威信と権威について考える必要がある。

12　邪馬台国の年代

年輪年代に基づく暦年代が新たに発達し、弥生時代の年代に大きな影響を与えている。その際たるは、弥生時代中期の終末年代が、いままでよりも数十年ほど遡る事が確定したことである。それに従って後期初頭の年代も遡る事になり、紀元後一世紀初頭が後期の開始年代であり、その終末は三世紀中葉と考えざるを得なくなった。最近のＡＭＳによる年代測定で、それを支持するデータが得られている（春成二〇〇四）。『魏志』倭人伝に記載された二、三世紀の出来事のうち、卑弥呼が大夫難升米と都市牛利を魏に派遣し、明帝から金印紫綬を賜与され、親魏倭王に封じられた西暦二四〇年、そして狗奴国王との戦争を帯方郡を通じて魏の皇帝に奏上した二四三年は、弥生時代後期の終末に当たるのである。卑弥呼が没したのが二四八年であるから、それは正に弥生時代の終末年代とほぼ一致することになる。一方、これは古墳時代の開始年代と重なるから、卑弥呼の死後、宗女の台与が一三歳で女王に推挙され、再び西晋の皇帝に、遣使を送った二六六年は、もはや弥生時代ではなく、古墳時代の出来事ということになる。

その頃の考古学上のデータを見ると、玄界灘周辺部の首長国社会は、弥生中期に多いに発展して、首長のために方形墳丘墓を構築し、前漢や後漢に由来する威信財としての銅鏡や銅剣、ガラス璧を惜しげもなく埋納したが、弥生時代後期を迎えると一転して衰退に向かい、かわって奈良県大和地域に初期前方後円墳が造り出されるなど、明らかに倭国の中枢が交替するのである。奈良県櫻井市を中心とした地域では、纏向遺跡を中心に大規模な集落が新たに登場し、それに併せて巨大な前方後円墳が築かれ始める。やがてこの地域が俗にヤマト朝廷といわれる古墳時代政権の中枢地域に発達してゆくのである。畿内の初期古墳には、丁度この頃の中国や帯方郡との関わりを示す銅鏡（画文帯神獣鏡、三角縁神獣鏡）が多数発見され、後漢時代の終わりごろの鏡や、卑弥呼が魏帝から下賜されたといわれる景初三年鏡や、その直後の正始元年の三角縁神獣鏡が、多数発見されるのである。

これらの状況を踏まえると、倭国の中枢地域が急激に交替することには、なにかの政変が予想される。『魏志』倭人伝に、卑弥呼共立に先立つ「倭国大乱」と表現した争乱の時代は、『後漢書』の「恒・霊の間、倭国大いに乱れ」（恒帝一四六〜一六七、霊帝一六八〜一八九）というように、実は弥生時代後期の出来事であることが確定した（白石二〇〇〇、二〇〇二、佐原二〇〇三）。両帝が関わる数年間と読めば、一六〇年から一七〇年ごろの争乱ということになる。白崎昭一郎氏は『魏志』倭人伝にいう「住まるところ七、八十年」の基点を「倭国王」と最初に認められた一〇七年の帥升の朝貢であると措定し、それから逆算して紀元一八〇年頃が倭国大乱であると計算した（白崎二〇〇一）。この年代は『梁書』中に倭国大乱が「漢の霊帝の光和中」（一七八〜一八〇）とする年代とも一致し、説得力がある。倭国大乱が一八〇年頃に終結し、卑弥呼が「倭国王」に共立されたのは、ほぼそれと同時期であろう。

奈良県東大寺山古墳出土の「中平紀年銘鉄刀」は、霊帝の中平年間に作刀されたもので、漢からもたらされたものである。中平年間とは一八四〜一八九年の六年間を指し、倭国大乱が収まった頃にもたらされたと考えてよかろう。するとこの刀は卑弥呼が女王となった直後に送られた刀ということになる。西嶋定生氏は、「恒・霊の間、倭国大乱」の原因が後漢王朝の権威の失墜によるものの意味があるならば、当時の後漢王朝が権威の回復を願って、大乱の収束策として、共立されて王位についた卑弥呼に下賜されたものいう仮説を述べている（西嶋一九九四）。これが確かならば、卑弥呼の「都する所」の邪馬台国は奈良盆地周辺ということになる。しかしこれを証明する直接の証拠はない。二世紀後半の倭国の中枢は、すでに北部九州を離れ、畿内大和に移行していたと考えるべきであろう。卑弥呼が共立された原因となった倭国大乱は九州を舞台としたものではなく、卑弥呼の居住する畿内大和と北九州の勢力との戦いだと考えるのが近年の傾向である（佐原二〇〇一、白石一九九九、二〇〇二）。

急激な勢力の交替を、九州から畿内への邪馬台国東遷論で理解しようとする考えもあり（和辻一九五一、井上一九六五、寺沢一九九五、二〇〇三）、論争は決着したとは言えない状況にある。

13　倭国大乱の原因

弥生時代後期に起った倭国大乱の原因については、鉄などの海外の資源を押さえる必要性から説明する傾向が強い（春成一九七六、白石二〇〇二）。しかし、この時代は本格的な国家成立の時代ではなく、依然として首長国であることを考慮するなら、威信財を巡る戦いの可能性が高い。特に、中国の皇帝から賜与される官爵や印綬、宝物が、この時代の威信と名声を獲得する大きな手段であったことからすると、威信財経済が重要な意味を持っていたと考えられるからである。前期初めの前方後円墳に副葬された多数の中国鏡は、最も有力な首長から威信財として同盟関係にある各地の首長に配布されたものである。中国鏡は依然として重要な儀式や祭祀の呪具であり、首長の所持すべき威信財であったのであろう。

弥生時代中期には、北九州の玄界灘周辺の首長国群が、威信財を求めて、盛んに朝貢を繰り返し、漢鏡やガラス璧、金具などを楽浪郡を通じて入手したことは間違いない。したがって「漢書」に記録された「倭人…歳時を以て来たり献見す」の内容は紀元前一、二世紀の朝貢を示しており、下賜された宝物の内容は須玖岡本遺跡D地点、糸島の三雲南小路遺跡の甕棺墓などに見ることができよう。この時期の漢鏡は北部九州を除いて、列島の東方には殆ど伝えられない。後に漢代の外交関係で認める「倭国」の中枢が北部九州にあったことを物語る。

『後漢書』に記録された建武中元二年（五七年）の「漢委奴国王」の金印は、北部九州の奴国王に賜与された金印そのものである。また『漢書』にみる一〇七年の倭国王帥升の朝貢は、引き続き北九州の首長国の大首長が奉献した記録である。伊都国の首長で、平原遺跡1号方形周溝墓に埋葬された大首長こそ帥升ではなかったか。この時期には、まだ弥生社会発展の主軸は依然として北部九州にあり、しかもその大首長に対して後漢皇帝は「倭国王」と認証したと考える。しかし、これには問題があり、「倭国王」と承認された帥升の「倭国」は、北部九州の域を超えて、東方の各地を巻き込んでいた可能性がある。この時代の倭国がどの程度の版図を統率したのか明確でないが、かなりの広範囲を想定できるかもしれない。岡村秀典氏は、この時期の後漢鏡約二〇〇面が、北部九州だけでなく、東方に拡大し瀬戸内から近畿地方にまで、ほぼ同数が分布する点に注目する（岡村二〇〇二）。

紀元後一世紀には、中国との国際関係は確実に東方に拡大した。その後二世紀後半には、国内では「倭国大乱」と称される戦争の痕跡が多く認められた。中国では安帝の永初年間ころから国難に見舞われ、桓帝、霊帝のころには失政が続き、東夷の侵寇するところとなり、国威は衰退に向かった。漢帝国の支配原理である郡国制は破綻し、楽浪郡は高句麗や濊に侵寇され、『魏志』韓伝には多く民衆が韓に流入したと記されている。この大陸側の動乱で最も影響を受けたのは、北部九州の上位の首長たちであったろう。漢帝国の後ろ盾があったからこそ、かれらはその威信を民衆に開示し、また北部九州の下位の首長達に誇示しえたのであるから、その根拠が揺るぎ始めたことは、彼らの威信に大きな影を落としたに違いない。倭国大乱の原因はこの辺に関わるものであろう。

14　首長国の実態

弥生社会が首長国であるという前提で話を進めてきた。ここで、首長国の定義について触れ、弥生社会のどの要素が首長国の定義と重なるのかについて見る。

首長国という概念は、一九六〇年代に、社会進化論を構築する中で生み出された概念である。サービスは社会が統合される原理に基づいて、バンド組織・部族組織を経て、やがて国家に到る社会進化の中に首長国（chiefdom）を位置付けた（Service1962）。その大きな概念は、社会の複雑化と大規模な人口、経済的基盤の拡大、個人・集団間における不平等、親族組織基盤の行政組織、神聖な首長による富と食料資源の再分配、半専業者による生業の専門化などを包括する。

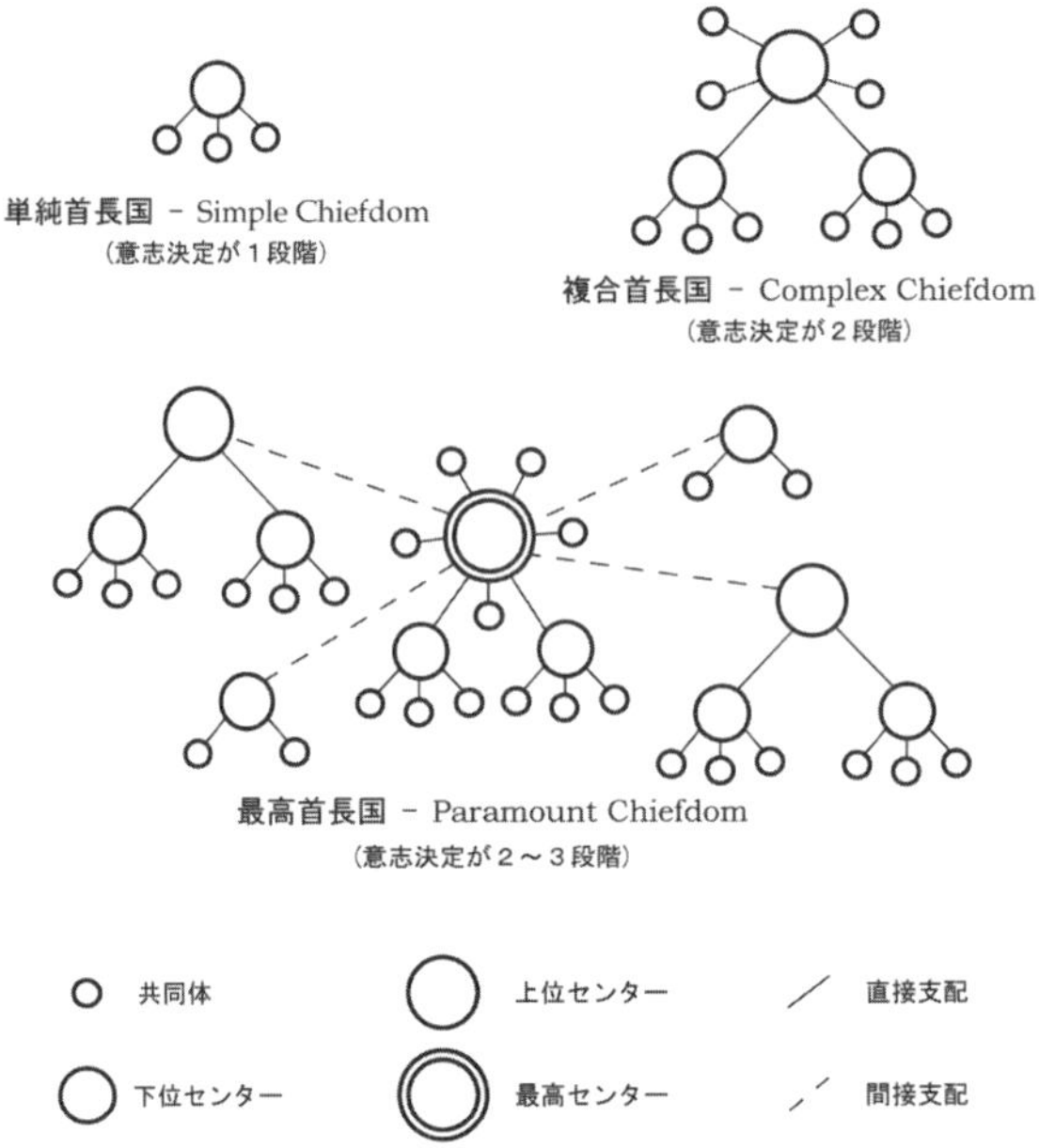

図７　首長国の階層性

首長は行政、経済、宗教的分野での統率を主職務とする。これらの概念は、サーリンズ（Sahlins1958）によるポリネシアなどで実施された、首長制社会に関する民族誌調査に基づくものであった。生態的な要因と経済的生産性、親族構造、親族構造と家系の系譜的関係、余剰と政治的経済の充実等が重要視された。考古学でもこれらの成果を導入して、レンフリューは首長国社会における再分配制度と労働力の大量動員によって、先史社会でも大規模な造成工事が可能であることを証明した（Renfrew1973）。

しかし、その後の研究により首長の再分配は首長国の原理と余り関係しないことが証明された。一九七〇年から八〇年代にかけての民族誌調査と理論的研究により首長国のあり方が研究され、多くの視点から分析が試みられた。ミシシッピ社会を研究するピーブルスとクスは、再分配が首長国の中心的な概念には成り得ないこと、またそれを生み出す原因でもないことを述べて、従来の概念に再検討を迫った（Peebles and Kus1977）。近年の首長国に関する議論は、ハワイの民族事例を分析したアールが説くように、首長国では再分配は大きな意味を持たないこと、むしろ威信財を巡る交易や、遠距離間交易、貢納経済、親族関係と家系、労働力や生産性の統制、婚姻、祭祀関係などが重要な特徴であるという（Earle1977）。最近では首長の性格論や統制の技術、神聖さやイデオロギー、権力が保持される集団の原理、首長が生み出される過程について研究が進められている。現在では首長による再分配は、経済的な特徴として重要な意味は無いとされるようになり、カール・ポランニ以来の理論は再考せざるをえなくなっている。

15　首長国社会としての弥生時代

ここでは、最近の理論をふまえて、首長国の社会の定義と特徴について梗概を簡単に箇条書きする。

①個人の能力や努力よりも、家系や生れなどの先天的な要因が優先される。
②特定の社会的地位に関して、個人間、集団間の社会的不平等が一般である。
③個人が位階に従って序列化される。
④首長は親族組織に基づいた血縁的関係に大きく依拠し、支援を受ける。
⑤首長は婚姻を操り、多くの妻を娶る傾向がある。
⑥威信財に基づく儀礼的交換が顕著である。
⑦首長は行政上の政所（office）をもち、それを補佐する初期的な官僚がいる。

⑧首長は大規模な労働力の動員や戦闘力の動員を可能とする指揮権をもつ。
⑨首長には特別の霊性が宿り、それゆえに神聖であるとのイデオロギーが付く。
⑩首長は宗教的祭祀や儀礼、祭宴の催主となる。
⑪首長は様々な資源や労働力を統制する立場で、自らは生業に従事しない。
⑫生業上、首長国では半専門家集団による生業の専門化がおこる。工芸品製作者などは首長の手許で保護される。
⑬首長国は地域的な統合から発して、地方的規模の統合である。
⑭首長国には意思決定に関して、簡単なレベルから数段階におよぶレベルの首長国までの幅がある。
⑮首長国は存立基盤が脆弱で、常に周期的な首長の座の交替が起る。そのために、しばしば戦争が引き起される。

以上、最も簡単に首長国の特徴について列記したが、もちろんこの基準はいつでもどこでも普遍的に使えるのではない。首長の性格によっては、強調される内容が異なると考えられる。ここでは、幾つかの基準について、『魏志』倭人伝の記載内容と照合する。

②、③について、『魏志』倭人伝に、「男子は大小と無く、皆黥面文身す。…諸国の文身各々異なり、或は左にし、或は右にし、或は大に、或は小に、尊卑差有り」とか、「男の生口四人・女の生口六人」というように個人間の身分と階層差が歴然として存在した。身分の格差を顔のイレズミで表現したのであるから、誰の目にも明らかな身分表示装置であり、一生変えるることができない装置である。生口とは一般に奴隷の身分を示すが、戦争捕虜なども含んでいるのであろう。「下戸、大人と道路に相逢えば、逡巡して草に入り、辞を伝へ事を説くには、或は蹲り或は跪き、両手は地に拠り、之が恭敬を為す」というように、身分格差が行動や立ち居振る舞いにまで影響し、細かく規定されていた。大人とは首長階層の人やその家族を指し、近親者はそのカテゴリーに属すると思われる。生れながらにして大人の家系に生

れれば、身分は世襲されると考えられる。これらの記載から、弥生時代の終わり頃には、あきらかな階層が出現しており、先に見たように墓制にも反映した。

④、⑤に関しては、首長階層、およびその家族では「国の大人は皆四、五婦、下戸も或は二、三婦」というように、一夫多妻の傾向があったが、これは首長の経済的生産性を高める上で、また親族や姻族を含めて広域な紐帯を創り出す上で大変重要な手法で、オセアニアの首長国ではしばしば見られる特徴である。「其の法を犯すや、軽き者はその妻子を没し、重き者はその門戸及び宗族を滅す。尊卑各々差序有り、相臣服するに足る」と記載された「門戸」や「宗族」と表現された内容は、基本的に親族組織に基づいた体系であり、出自原理に基づくリネージとクラン（氏族）をさすのであろう。恐らくは父系の単系出自集団が重要な意味を持ったと考えられる。「尊卑あり」というのは、首長出自に近い順序で尊卑が決定されたとみえ、円錐形クランに近い親族組織形態であったと考えられる。

⑥の威信財に関しては、弥生社会ではごく当たり前で、特に首長層では、威信財なくしては首長の力量が問われることになりかねない。いかにして、立派で価値のある威信財を手中に納めるかが重要で、そのためには有力首長との同盟関係を通じて、鏡や銅剣などを獲得したのであろう。特に有力な首長ほど、寛容さと富を見せつける必要から、生産を強化して多くの威信財を獲得し、忠誠と引きかえにそれを配分してポトラッチ行為に及ぶのである。

⑦に関しては、魏志が書かれた頃の弥生時代後期には、それぞれの首長国があり、そこには独自の首長を冠していた。首長国内部には「官を亦卑狗と日ひ、副を卑奴母離と日ふ」ように、二つの官職があった。どの国にも二つの役職は存在したようである。呼び方は異なるが、ほぼ同じ内容の要職につく補佐人がいたわけである。邪馬台国には「女王の都する所、…官に伊支馬有り、次を弥馬升と日ひ、次を弥馬獲支と日ひ、次を奴佳鞮と日ふ」と表現されたように、四名の官吏が記載されている。しかもこれらは序列化されており、重要度に応じた役割を担っていた可能性がある。これは明らかに女王に仕え、補佐する立場の役職であろう。国家組織では官僚が重要な任務を遂行するが、首長国段階では、

邪馬台国に見るようにたった四人が官僚的な役割を遂行するに過ぎない。この四名の官僚がどんな任務を補助したのかは不明である。行政的分野、軍事的分野、宗教的分野、民事的分野などが考えられる。

紙数の関係で詳述しないが、『魏志』倭人伝には上記①〜⑮に関わる記述が多々見られる。後日、補訂したい。

まとめにかえて

本稿では、弥生時代を首長国と捉え、首長の統制する威信財経済や儀礼・祭祀などの果たす社会的役割と、社会進化上の役割について考えた。弥生時代中期以後の首長たちは、古代東アジア世界の仲間として中国の皇帝から冊封を受け、多くの宝器や貴重財を入手した。冊封する中国側の理由があったが、一方で倭はそれをたくみに利用しつつ、自らの首長国の発展に結びつけた。彼らは鏡や銅剣などの威信財の交換を通じて倭国内の同盟関係を創出した。首長国は国家形成に先立つ一段階を占め、卑弥呼の時代は正にそのクライマックスであろう。しかし奴国王や卑弥呼が、魏の皇帝に朝貢し、その見返りに金印紫綬や鏡などの宝器を仮受され「国王」に冊封されても、その性格を考えるならば、弥生時代の王は依然として首長に過ぎない。又その社会を社会進化論的な立場で見る限り首長国といわざるを得ないのである。

参考文献

井上光貞　一九六五『日本の歴史1神話から歴史へ』中央公論社
岡村秀典　二〇〇一「古墳の出現神獣鏡」『東アジアの古代文化』一〇七号
岡村秀典　二〇〇二「考古学からみた漢と倭」『倭国誕生』白石太一郎編
佐原眞　一九八七「弥生文化の周辺」『大系日本の歴史 一　日本人の誕生』小学館
佐原眞　二〇〇三『魏志倭人伝の考古学』岩波現代文庫　岩波書店

片岡宏二二〇〇四『弥生時代渡来人と土器・青銅器』雄山閣
春日市教育委員会編一九九四『奴国の首都須玖岡本遺跡』吉川弘文館
唐津湾周辺遺跡調査委員会一九八二『末盧国』六興出版
木村誠一九九八「倭人登場と東アジア」『古代を考える　邪馬台国』平野邦雄編　吉川弘文館
栗原朋信一九六〇『秦漢史の研究』吉川弘文館
小林行雄一九五九『古墳の話』岩波書店
佐伯有清一九七六「邪馬台国論争の歴史」『邪馬台国のすべて』朝日新聞社
佐賀県教育委員会一九九二『吉野ヶ里（本文編）』佐賀県文化財調査報告書第一一三集
白石太一郎二〇〇〇「卑弥呼の墓と古墳」『古墳の語る古代史』岩波書店
白石太一郎二〇〇二「倭国誕生」『倭国誕生』吉川弘文館
白崎昭一郎二〇〇一「邪馬台国・古墳・三角縁神獣鏡」『東アジアの古代文化』一〇七号
申敬澈・河仁秀一九九一　「韓国出土の弥生土器系土器」『日韓交渉の考古学』小田富士雄、韓炳三　六興出版
高倉洋彰一九九五『金印国家群の時代』青木書店
高橋龍三郎二〇〇一「総論」『村落と社会の考古学』朝倉書店
武末純一一九九一「弥生時代の居館」『卑弥呼の世界』大阪府弥生文化博物館
寺沢薫二〇〇〇『王権誕生』講談社
寺沢薫一九九五「古墳出現の社会的背景」『季刊考古学』第五二号　雄山閣
西嶋定生二〇〇〇年「東アジア世界と日本史」『古代東アジア世界と日本』李成市編　岩波現代文庫　なお原著は『歴史公論』創刊号～第三巻一一号に掲載　一九七五年～一九七六年

西島定生　一九九四『邪馬台国と倭国』吉川弘文館
仁藤敦史　二〇〇一「鬼道を事とし、よく衆を惑わす—謎の女王卑弥呼」『三国志がみた倭人たち』設楽博巳編　山川出版社
春成秀爾　一九七五年「「倭国乱」の歴史的意義」『日本史を学ぶ１　原始・古代』吉田昌編　有斐閣選書
春成秀爾　一九九〇年『弥生時代の始まり』東京大学出版部
春成秀爾　二〇〇四年「弥生時代の開始年代」『季刊　考古学』第八八号
平野邦雄　一九九六「魏志倭人伝を読む」『倭國乱る』朝日新聞社
平野邦雄　一九九八年「邪馬台国とその時代」『古代を考える　邪馬台国』平野邦雄編　吉川弘文館
広瀬和雄　一九九三『縄文から弥生へ』角川書店
福岡県教育委員会　一九八五『三雲遺跡　南小路編』（福岡県文化財調査報告書六九）
町田章　一九八八「三雲遺跡の金銅四葉座金具について」『古文化談叢』二〇上
藤尾慎一郎　二〇〇四年「新弥生年代の試み」『季刊考古学』第八八号
柳田康雄一九八四「伊都国」『季刊考古学』第六号
柳田康雄　二〇〇〇『伊都国を掘る』大和書房
和辻哲郎　一九五一『新稿日本古代文化』岩波書店
Anderson, D.G. 1996 Fluctuations between Simple and Complex Chiefdoms:Cycling in the Late Prehistoric Southeast, in John F. Scarry(ed.) *Political Structure and Change in the Prehistoric Southeastern United States*,
Earle,T. 1977 "A Reappraisal of redistribution : Complex Hawaiian Chiefdom" in T.K.Earle and J.E.Ericson(eds.) *Exchange Systems in Prehistory*, New York

Fried,M .1967 *The Evolution of Polittical Society:An Essay in Political Anthropology* ,New York
Hayden,Brian 1995 "Pathways to Power:Principles for Creating Socioeconomic Inequalities," in T.Douglas Price and Gary Feinman (eds)., *Foundations of Social Inequality*, New York
Peebles and Kus1977 Some Archaeological Correlates of Ranked Societies, *American Antiquity* vol.42 No.3
Service,E.R.,1962 *Primitive Social Organization :An Evolutionary Social Perspective*, New York
Renfrew 1973 *Before Civilization,：The Radiocarbon Revolution and Prohistoric Europe*, New York.
Sahalins M.1972 *Stone Age Economics.* Aldine de Gruyter, New York

図版類の引用出典

図1：大阪府池上曽根遺跡の大型建物跡
乾哲也編『よみがえる弥生の都市と神殿－池上曽根遺跡～巨大建築の構造と分析』
摂河泉地域史研究会　批評社（一九九九年）による。
図2：須玖岡本D地点出土前漢鏡
春日市教育委員会編『奴国の首都須玖岡本遺跡』吉川弘文館（一九九四年）による。
図3：三雲南小路遺跡・地蔵堂遺跡出土の威信材
福岡県教育委員会編『三雲遺跡　南小路編』福岡県文化財調査報告六九
福岡県文化財調査報告書（一九八五年）、金関恕「稗田地蔵堂発見の蓋弓帽」『下関文化』による。
図4：「漢委奴国王」金印
朝日新聞社『倭国乱る』（一九九六年）による。

図５：３世紀前後の東アジア情勢
　高橋作図
図６：弥生中期の青銅製武器（１：吉野ヶ里、２〜４：桜の馬場）
　佐賀県教育委員会編『吉野ヶ里』佐賀県文化財調査報告書第１１３集（一九九二年）
　唐津湾周辺遺跡調査委員会『末盧国』六興出版（一九八二年）による。
図７：首長国の階層性
　Anderson,D.G. fluctuations between Simple and Complex Chiefdoms:
　John F. Scarry (ed.) *Politival Structure and Change ion the Prehistoric Southern United States* (1996) による。

百済・日本への南朝仏教美術の伝播と受容

大橋一章

はじめに

東アジアの東のはてに位置するわが日本の仏教は六世紀の前半に半島の百済によって伝えられ、その百済の仏教は四世紀の後半に中国南朝の東晋から伝来した。つまり、百済や日本に伝播した仏教は東アジアの中核国家の中国南朝の仏教であり、当然ながらその仏教美術も南朝の仏教美術が伝播したのである。

ところが、明治以来飛鳥時代の仏教美術の源流は中国北朝の北魏のものとする見解が支配的であった。そこでこのような見解を批判すべく、この小論ではわが国への仏教伝来の前夜ともいうべき四世紀後半から五世紀の半島の百済と高句麗との関係、さらに東アジアの中核国家たる中国南北両王朝の政治的・文化的な関係を説きながら、東アジアの中心から周辺地域の百済や日本へ、中国仏教および中国仏教美術がどのようにして伝播し、受容されていったかについて検証してみたい。

一、百済と高句麗の関係

わが国に仏教が伝来したのは『日本書紀』によると欽明天皇十三年（五五二）のことで、「冬十月、百濟聖明王〈更名聖王〉、遣二西部姫氏達率怒唎斯致契等一、獻二釋迦佛金銅像一軀、幡蓋若干・経論若干巻一。」と書かれている。百済の聖明王（在位五二三〜五五四）がわが国に使者を遣し、金銅の釈迦像一躯と荘厳具の幡や天蓋、さらに経典を献上したとあって、これが百済によるわが国への仏教公伝といわれてきたのである。

『日本書紀』がわが国への仏教伝来とする欽明十三年、つまり西暦五五二年説を採用したのには理由があった。それは隋の『周書異記』が釈迦の亡くなった年を周穆王五十三年（前九四九）としているからで、この年から起算すると欽明十三年（五五二）はちょうど一五〇一年になり、三時思想によると入末法一年目にあたるという[1]。欽明十三年（五五二）という年が仏教史的に由緒ある年と考えられたために、わが国への仏教伝来の年とされたのであろうから、欽明十三年仏教公伝というのは『日本書紀』編者の作為ということになる。

『日本書紀』編纂後の天平勝宝四年四月九日に、その時点でまだ未完成の盧舎那大仏が開眼供養されたのは、吉村怜氏によると天平勝宝四年（七五二）が『日本書紀』が主張する仏教伝来年（五五二）からちょうど二百年にあたっていたからだという[2]。

『日本書紀』の作為のある仏教公伝年よりも史実を伝えているといわれる『元興寺伽藍縁起幷流記資財帳』（以下『元興寺縁起』）には、「大和国仏法、創レ自下斯帰嶋宮治二天下一天国案春岐広庭天皇御世、蘇我大臣稲目宿禰仕奉時、治二天下一七年歳次戊午十二月度来上。百済国聖明王時、太子像幷灌仏之器一具及説二仏起一書巻一篋度而言」とある[3]。『元興寺縁起』は『日本書紀』とは異なる欽明天皇の年立を記していて、先学の研究によると欽明七年戊午は西暦五三八年にあたり[4]、現在では仏教公伝はこの五三八年、百済の聖明王の十六年と考えられている。

聖明王はわが国の筑紫で生れた武寧王（在位五〇一～五二三）の子として、父ゆかりの日本に仏教を伝えたのであるが、日本に仏教を伝えた五三八年の春に王都を錦江上流の熊津（公州）から、南方の錦江中流域にある泗沘（扶餘）に移し、国号を南扶餘と称した。南扶餘とは百済の本貫という北扶餘を意識したもので、わが国への仏教公伝も聖明王の泗沘への遷都と連繋するものであることはいうまでもない。

ところで、百済はもともと馬韓諸国の一つの伯済がその前身といわれ、三四〇年代の前半に新興国家として百済が登場する。『三国史記』によると、三六九年高句麗兵の南侵があり、三七一年近肖古王（在位三四六～三七五）と太子は逆に高句麗へ北進して平壌を攻め、高句麗王を戦死させた。この年百済王は王都を漢山に移し、翌三七二年に中国南朝の、つまり東晋に朝貢して冊封を受けた(5)。

ここに百済は東アジア世界に登場することになったが、以後百済はもっぱら宋・斉・梁・陳の南朝王朝に朝貢をつづけたのである。武田幸男氏はこのような百済の国際的な地位について、「百済はその興起を契機に南朝にのみ通じることによって、まずは北朝偏重の高句麗とは半島内で対立しあうとともに、大きく東アジア全体からみて、南・北朝に分立していた中国を主軸とする南北抗争の構図の中に組み込まれたのである。」と説明している(6)。このような百済は北の高句麗や新興の新羅、さらに加羅諸国の動向に神経を使わねばならず、やがて倭つまり日本との関係を重視することになった。先きの近肖古王は三六九年倭王のために七支刀を送って関係改善をはかり、また百済王子を日本に人質として送って両国の安定につとめた。

この百済に仏教が伝来するのは枕流王（在位三八四～三八五）の三八四年のことで、『三国史記』はこの年七月に百済が南朝の東晋に朝貢したあと、「九月、胡僧摩羅難陁自レ晋至、王迎レ之致二宮内一禮敬焉、佛法始二於此一。二年春二月、創二佛寺於漢山一、度二僧十人一。」と記している。おそらく百済は三八四七月の朝貢の際に、当時の東アジア世界における最先端の文化文明たる中国仏教の供与を東晋に願い出たのであろう。東晋の都建康に聳え立つ彩色鮮やかな巨大木造建築が軒を連ねる仏教伽藍、その一つの仏殿内には金色燦然と輝やく丈六や丈八の金銅仏の本尊が豪華な天蓋の下の台座に坐し、周囲には彩色華麗な菩薩像や天部像が安置されていた。講殿では多勢の僧侶が法会に参集して経典を読誦していた。仏殿や講殿の壁面を華麗な仏画・経変などで荘厳していたことはいうまでもない。百済の使人たちにとって南朝の都で栄える中国仏教の壮大華麗な伽藍はかつて誰も見たことのない眼を見張る、まさに東アジアにおける最先端の文化文明であった。

もっとも、最先端の文化文明といわれるものは見様見真似で現実化することは如何にしてもできない。しかしながらもしも可能というなら、そのようなものを最先端の文化文明と呼ぶことはできないのである。百済は東アジアにおける最先端文明たる中国仏教を導入し定着させるべく、モノよりもヒト、つまり教師の派遣を申し出たのであろう。すなわち、仏教僧や巨大木造建築を建立する造寺工や金銅仏を制作する造仏工の派遣を要請したにちがいない。

その結果、二ヶ月後に胡僧の摩羅難陁が百済に派遣され、翌年王都において百済初の仏寺を創設したのであろう。このとき百済の地に建康と同じ彩色鮮やかな巨大木造建築と金色燦然と輝やく丈六の金銅仏を擁した仏教寺院を造立したのであれば、『三国史記』には仏僧の派遣しか記されていないが、仏寺造立に可能な多くの造寺工と造仏工が東晋から百済に派遣されていたことになろう。こうしてみると、百済の仏教は中国の江南の王朝、つまり漢人王朝の仏教、さらにいえば南朝の仏教美術は中国伝統の漢文化で包まれたものであり、それが百済に受容されたのである。

一方の高句麗に仏教が伝来したのは百済より古く、小獣林王（在位三七一～三八四）の三七二年のことで、『三国史記』はこの年の六月に「秦王苻堅遣㆓使及浮屠順道㆒、送㆓佛像經文㆒。王遣㆑使廻謝、以貢㆓方物㆒。」と記し、翌三七三年に僧阿道が遣され、三七四年に肖門寺をはじめて創して僧順進を置き、また伊仏蘭寺を創して僧阿道を置いた。『三国史記』は「此海東仏法之始」と記している。

これだけの記述では肖門寺と伊仏蘭寺はどれほどの規模のものか、具体的なことは何もわからない。確実なことは仏像が将来されたことで、その仏像は前秦のものであった。つまり高句麗への仏教伝来は華北の胡族王朝の前秦の苻堅によるもので、朝鮮半島の北の高句麗と南の百済の仏教は、当時の中国の南北の二大勢力たる華北の胡族王朝の仏教と江南の漢族王朝の仏教を直接反映していて興味深い。なお、高句麗・百済と較べるとやや遅れていた新羅では仏教の伝来も遅く、訥祇王（在位四一七～四五八）の時代に高句麗から伝わったという。

さて、この間北の高句麗の南侵は依然としてつづく。三九二年高句麗の広開土王（在位三九二～四一三）が即位すると、百済の王都の漢山城のある漢江以北の地を奪取され、三九六年には高句麗に大敗した。その結果、『三国史記』によると三九七年五月に阿莘王（在位三九二～四〇五）は「倭国と好を結び、太子腆支を以て質と為」したという。阿莘王が四〇五年に薨ずると、王族の内乱がおこり、倭の人質となっていた太子腆支は倭兵百人とともに帰国して、四〇五年即位した。腆支王（在位四〇五～四二〇）は四〇六年使を東晋に遣わして朝貢し、四一六年東晋は使持節都督百済諸軍事鎮東将軍百済王と册命した。ついで四二〇年に腆支王の長子の久爾王（在位四二〇～四二七）が即位、さらに四二七年に久爾王の長子毗有王（在位四二七～四五五）が即位した。毗有王は四二九年使を宋に遣して朝貢、翌四三〇年宋の文皇帝は腆支王と同じ爵号を册授した。さらに四四〇年にも使を宋に遣して朝貢している。

もっとも、『宋書』百済伝の元嘉二年（四二五）条には、「其後毎歳、遣レ使奉二表献一方物一」とあって、百済は毎年南朝に使節を送っていたらしい。『三国史記』の記述はけっして充実しているとはいえず、どちらかというと簡明な書式であるため、現実には『宋書』のごとく毎年百済は使節を南朝に送っていたが、『三国史記』は省略したのかもしれない。

このように百済は近肖古王以来一貫して東晋・宋へ朝貢し、册封を受けてきたのである。それもこれも敵は北の高句麗で、新羅に対しても油断ができず、さらにわが国に対しても人質を送って友好安定をはかってきたのである。しかし広開土王に代って四一三年に長寿王（在位四一三～四九一）が即位しても、高句麗との形勢は変わらなかった。

毗有王のつぎに即位した蓋鹵王（在位四五五～四七五）は近肖古王以来の南朝一辺倒の外交政策をはじめて変更し、四七二年北朝の北魏に使者を送り、救援を求めた。『三国史記』によると、北魏は送使邵安を立て百済の使者とともに高句麗の長寿王に命じて護送させようとしたが、使者たちが高句麗に至るや、長寿王は昔から百済は讐（かたき）であると称して、東過させなかったため、北魏に引き返した。この使節はその後山東半島の東莱より出港するも、風のためまたも北魏へ帰った。その後も高句麗はしばしば百済の辺鄙を犯したため、北魏に軍を求めるも拒否された。以後、百済王は朝貢を絶ったという。

百済が従来の外交方針を変えてまで北魏に求めた救援策は成功しなかったばかりか、四七五年九月に高句麗の長寿王は三万の兵を率いて王都漢城を攻め、蓋鹵王を殺害した。この戦いで高句麗は漢江の南にまで領土を拡大し、逆に百済ははるか南へ撤退した。四七五年に蓋鹵王の子の文周王（在位四七五～四七七）が即位し、同年十月には錦江上流の熊津に王都を移した。

このように、四世紀から五世紀に至るおよそ百年間の百済の興隆と衰退は、つねに高句麗との対立によって生じたもので、百済にとって伯済以来の漢江下流域を取るか失うか、つまり漢山城の興亡でもあった。結果は高句麗に敗れ、南の熊津へ逃げ落ちたのである。熊津からさらに南の扶餘に王都を移した五三八年に、この年は百済に仏教が伝来して一五四年後になるが、聖明王はわが国へ仏教を伝えたのである。

二、中国仏教美術の登場

百済におけるもっとも早期の仏教寺院は先述のごとく三八五年に創設された漢山の仏寺である。もちろんその実態は皆目わからない。百済に南朝の東晋から仏教が伝わるのが前年の三八四年のことだから、この漢山の仏寺なるものが東晋の都の建康に建ち並んでいた壮麗な大伽藍と同じものであったなら、とうてい百済人だけではつくることができなかったはずである。仏僧摩羅難陁とともに造寺工や造仏工のような工人たちが南朝の東晋から派遣されていた可能性についてはすでに述べた。三八四年に百済の使人たちが東晋の建康で実見したであろう南朝の仏教と仏教美術は漢族たちの仏教であり、仏教美術であった。

東晋時代になると江南の地に根をおろした豪族・貴族は漢族伝統の教養をみがき、儒教よりも老荘思想が精神的な支えとなり、この清談玄学と結びついた仏教はやがて貴族社会に受け入れられ、王侯貴族から皇帝に至るまでいずれも熱心な仏教信奉者となった。富と権力を有するものが壮大華麗な仏教伽藍を造立したであろうことは論を俟つまでもあるまい。

仏教伽藍には五層、七層、九層といった高層の木造建築の仏塔や、巨大木造建築の仏殿・講殿等を中心に大小の殿宇が軒を連ね、天下の奇岩・銘石や嘉木・珍果を配した美事な園池(7)を築いて理想郷をつくり出していた。仏殿には眼を見張る金色燦然と輝やく丈六や丈八の金銅仏が安置され(8)、彩色華麗な菩薩像や天部像が配され、また仏像をより一層荘厳するために白い漆喰の壁面には豪華絢爛たる経変図や仏画が描かれていた。

仏教建築はもともと仏教のために考案された建築ではない。中国で宮殿建築や役所建築として春秋戦国時代から発達していた瓦葺の巨大木造建築が仏教建築に転用されたものである。小杉一雄氏によると、寺という文字はもともと役所を指すもので、外国使臣を扱う鴻臚寺という役所があって、後漢のはじめごろ仏僧を泊めていたため寺は仏教の専用語になった。このことは最初の寺も中国の役所風の建築だったということで、インド風の建築は建てられなかった。中国建築伝統の瓦当は役所建築では役所名、宮殿建築では「漢併天下」「長楽未央」等のめでたい文句や四神が装飾され、仏教寺院に転用されると瓦当文様に蓮華文が登場したという(9)。

敦煌の莫高窟第二五七窟（北魏）の南壁中央の壁面には、千仏の中に建造物が描かれている。これはどうやら瓦葺の

図１　敦煌莫高窟第257窟南壁中央仏三尊（北魏）

木造建築のようで、左右に長い大棟の両端に鴟尾を置き、大棟の中央部には中国伝統の建築にはけっして見ることができない、インドのスツゥーパと思える伏鉢状とその上に相輪らしきものを描き、左右に一枚ずつ幡をなびかす。建物内には中央に仏立像が皇帝の冕服に似せた大衣を着して蓮華座上に立ち、左右には脇侍菩薩が立つ。三尊の前には軒下から帳が掛けられている。瓦葺の木造建築はいうまでもなく漢族たちがつくり出した建築で、その大棟にインドの建造物たるスツゥーパを載せるとはまことに大胆な組合せで、私はここに異文化を自国の文化で包み込む漢族の旺盛な創作意欲を感じるのである。

この壁画の建築は大棟に注目するとスツゥーパを載せるための仏塔のようなものでもあるし、建築内を見ると仏像を安置しているから仏殿のようでもある。舎利安置の仏塔と仏像安置の仏殿が中国仏教建築の中でまだ未分化であったころの状況を伝える貴重な絵画資料と思われる。要するに漢族は彼らの知らないインドの仏教を受容するとき、中国に存在しないスツゥーパや仏像そのもののカタチは無視できないため変更しないが、スツゥーパは神聖・貴重性を求めて大棟の上に載せ、一方仏像の大衣はより権威を求めて中国皇帝の冕服風に変えた。そして漢族伝統の室内調度品の帳で仏・菩薩を荘厳したのであり、二枚の幡もスツゥーパを荘厳するものである。わが国の法隆寺や薬師寺では今も特別な法会のときには五色の幡を九輪に結んで五重塔や三重塔を荘厳している。

私はこの壁画から以上のことを読み取るのだが、北魏の洛陽に建てられた永寧寺の仏殿を実見した楊衒之は『洛陽伽藍記』の中で、仏殿は大極殿の如しと記している。大極殿は宮中の正殿、まさしく漢族が完成させた建築であった。永寧寺の仏殿や敦煌の壁画は先きの小杉氏が中国の仏教建築はインド風建物は建てられず、中国の宮殿風建築であったという見解を裏づけるものといえよう。同時に胡族政権の北朝でも漢族の宮殿建築を転用した仏殿を建てていたことがうかがえるのである。

大棟の上にインドのスツゥーパを載せる建築はわれわれ日本人の眼にはいささか異様ではあるが、スツゥーパは釈尊の舎利を安置するきわめて神聖なものであるが故に、仏教を受容した漢族たちはそのまま平地に置くことができず、敬意を込めてできるだけ高く、それも漢族伝統の瓦葺木造建築の大棟の上に載せたのであろう。神聖かつ貴重であればあるほど、より高い高さが求められ、建築は単層から多層へ上昇し、陽の数たる三・五・七・九の三層、五層、七層、九層の上に載せられたスツゥーパは変形し、スツゥーパ本体の半球形は今もわが国で見る仏塔の相輪の伏鉢となり、スツゥーパの傘蓋は九輪と化し(10)、舎利は地中深く埋納された。中国にはない仏教という異文化を貪欲に中国化させた漢族ならではの高層木造仏塔の登場である。

一方仏殿は仏塔とは異なり、宮殿建築の中でも皇帝の権威の象徴ともいうべき大極殿をそのまま転用して仏像の安置場所とした。もっとも仏像は仏殿の中にそのまま安置するのではなく、貴人たちが愛用してきた室内調度品の牀帳を用意してこの中に安置することにした。先きの莫高窟壁画（二五七窟）の帳は牀帳の帳だけを用いたものである。わが国では今も一般に使われている「ご開帳」の語は、もともとは牀帳の帳を開いて中の仏像を礼拝することであった。仏殿内の壁面には当代を代表する画家たちが絵筆を競い、華麗な仏画や経変図を描き、仏殿内を豪華に荘厳した。

張彦遠の『歴代名画記』は東晋の仏画を描いた画家として明帝司馬紹、張墨、衛協、王廙、顧愷之を記すが、顧愷之が建康の瓦官寺の小仏殿に描いた維摩詰図は三絶と称せられたという。女史箴図巻から推測するに顧愷之が描いた維摩詰は漢族伝統の士大夫の姿であろうと想像される。要するに、建康の仏教寺院の仏殿の壁面を荘厳した仏画や経変図は、漢族伝統の絵画そのものであった。

以上縷々述べてきた彩色鮮やかな巨大木造建築の仏塔や仏殿、荘大な園地、殿内の華麗な壁画、美術工芸品の牀帳、何度も繰り返すがいずれも漢族伝統の美術なのである。そしてその中に仏教美術の主役たる仏像が安置されたのである。つまり、仏像は漢族伝統の美術で何重にも飾り立てたそのど真ん中に置かれたといえよう。すでに述べたように、仏像は中国で受容されると皇帝の冕服風に見せた大衣を着した中国風仏像として登場したのである。たとえば四川省茂県出土の南斉永明元年（四八三）銘無量寿仏像は現存最古の例である。現存する中国の仏像としては圧倒的に石仏が多く、金銅仏は小さいものばかりであるため、仏殿の中に石仏を安置したかのごとく錯覚しやすいが、それはちがう。都市に建てられ善を尽くし美を尽くした仏殿の中には、金色目映い巨大な金銅仏の丈六像や丈八像が安置されたのである。

吉村怜氏によると東晋では丈六像や丈八像がさかんにつくられたため天下の銅が欠乏し、東晋末には厳罰を定めた銅禁令が出たほどで、瓦官寺の丈六仏の鋳造に際しては銅銭一千枚が使用されたという。(11) それほどに金銅仏がつくられていたのである。石窟ならいざ知らず、街中の彩色美しく荘厳された仏殿には、やはり金色燦然と輝やく金銅仏がもっとも相応しいというべきであろう。東晋の仏像作家、つまり造仏工として載安道の名はあまりに著名であるが、残念ながら彼の作品は何も伝わらない。したがって具体的な先品について論じることはできないが、載安道の作品を実見していた唐僧道世や同じく道宣、さらに張彦遠はいずれも激賞している。現在実見できないのは戴安道の仏像だけでなく、南朝の都の建康に建てられていた仏教寺院に置かれた仏像は何一つのこっていないのである。

もっとも都市につくられた仏教寺院の仏殿の中に安置されていた仏像ということになると、北朝の北魏も同じで、洛陽をはじめとする大都市の寺院の仏像は何一つのこっていない。中国では漢族の南朝側にも胡族が支配する北朝側にも、大都市の仏教美術に限定すると何も現存しないのである。大地震が都市を壊滅させるように、中国の乱世はいつも時代の文化を集積した都市を根刮ぎ破壊してきた。善美を尽して荘厳された仏教寺院は人のあつまる町中につくられていたから、乱世になると一溜りもなくこの地上から姿を消したのである。中国には文化財の大敵である乱世のほかに仏教美術だけを破壊する三武一宗の難と呼ばれる前後四度の仏教大弾圧、つまり大破仏があった。第一回の破仏は北魏太武帝の太平真君七年（四四六）、第二回は北周武帝の建徳三年（五七四）、第三回は唐武宗の会昌五年（八四五）、第四回は後周世宗の顕徳二年（九五五）にあった。国家の命で全国規模でおこなわれ、第一回の破仏では経典・仏像から寺院に至るまですべて焼き捨て、僧尼は穴埋めにさせるという凄まじいもので、これでは仏教美術にのこれというのが無理である。

こうした大破仏が四回もあれば町中の巨大木造建築の仏教寺院が残存するはずもなく、その中に納められていた仏像をはじめとする中国の仏教美術またしかりである。ところが、都市の近くにあっても破壊されなかった例外的な寺院、それが石窟寺院であった。石製品は押し並べて硬く、簡単には壊れないから長持ちする。中国の仏教美術で度重なる破壊から遁れたものが石製品であった。もっとも、三武一宗の難のころダイナマイトが発明されていたなら、石窟寺院も危なかった。北魏の都の洛陽の郊外に掘鑿された龍門石窟が破壊されなかったのは石灰岩という硬い岩質に負うところ大なのである。岩質がもろく仏像は塑像でつくられている敦煌莫高窟が今も健在なのは中原からあまりに遠い沙漠地帯につくられていたため、いくら乱世だ破仏だといっても、敦煌までやってくる破壊者はいなかったからである。

現在われわれが奈良の法隆寺で巨大木造建築の金堂や金銅釈迦三尊を見るごとく、中国南北朝時代の巨大木造建築の仏殿と金銅仏の本尊をセットとして見ることは残念ながらできない。南朝の都市でも北朝の都市でも豪勢に仏教伽藍をつくっていたからこそ、こうした仏教美術は海を越えて朝鮮半島の三国でもつくられ、さらに日本でもつくられたのである。最後に伝播した日本だけで木造建築と仏像という仏教美術は奇跡的にのこることができたのである。

たしかに南北朝時代の都市に建てられた仏教寺院の本尊クラスの金銅仏は現在何一つにこらない。大型の仏像で現存するものは石窟寺院の石仏ばかりである。その上石窟寺院はすべて北朝側のものとなれば、南朝の仏像はまったく不明ということになる。南朝の仏像が現存しないことから、明治以来多くの研究者は南朝仏が存在したことを無視してきた。しかしながら、南朝で多くの仏像がつくられたことや、中国仏教美術は漢族の伝統美術によって成立したことについてはすでに述べたとおりである。

ここで関野貞氏のきわめて明快な南北朝仏教美術論を紹介したい。関野氏は、南朝は東晋以来漢民族の固有の芸術が早く開き、北方では五胡乱離の間に文化逡巡し、北魏になってはじめて平和になったのと異なり、文学・絵画・彫刻の分野で大いに発展した。両晋時代に伝えられた仏教芸術は南朝になって中国化し、インドや西域のものともちがった固有の特色をあらわすに至り、それが中国全土、つまり南朝と北朝に広がったというのである[12]。関野氏はインドや西域のものとは異なる中国仏教美術は南朝の漢族が創出したもので、それが南朝に、さらに胡族の支配する北朝にも広がったという。中国の歴史を知るものからすれば、関野氏の見解は至極当り前の論理といえる。ついでにもう一つ。宮崎市定氏は北魏の漢化について、「文化の進んだ漢民族を、文化の遅れた鮮卑族に同化することは殆ど不可能事である。その逆に鮮卑族が漢民族に同化することは不可能どころではなく、既に現実に行われつつある。」と述べる[13]。高度な文化文明は低きところに流れる、これがセオリーなのである。武力に優る胡族が高度な文化文明をもつ漢族を支配する際には、支配者といえども漢族に同化せざるを得なかったのである。

その後小杉一雄氏は、一般に北朝側の仏教様式を北魏様式といい、それはインド様式の北魏化によって生れたとされていることについて、鮮卑族に漢族をしのぐ美術的伝統の存在が認められないかぎり、たとえ政治的な実施者が鮮卑族であっても漢族工人による漢族様式と呼ぶべきと提唱する。(14) 小杉説はまさしく中国美術の本質を衝いたものだが、先きの関野説とはややニュアンスがちがう。関野説は中国仏教美術は漢族が東晋で創出し、それが南北朝に広がったとするが、小杉氏は東晋では戴安道が活躍したころ、北魏治下の長安において漢族の工人たちが仏教美術制作に従事しており、両者の関係を明らかにすることはできないという。両氏とも南北朝時代の仏教美術はあくまで漢族が創出したもので、まちがっても胡族の鮮卑族が創出したとはいわないのである。宮崎氏の同化論とあわせ考えると、漢族の高度な文化文明が胡族の野蛮な武力を呑み込んでいたことが鮮やかに見えるのである。

私は、以上三氏の南北朝時代の文化論・美術論はまさしく中国文化・美術の急所を衝く洞察力あふれる見解であると評価している。逆に北魏の仏教美術は北魏人、つまり鮮卑族が創出したとする意見を聞くことはないし、三氏に対する批判反論も知らないのである。しかしながら、三氏の見解が中国仏教美術研究において無視されてきたことだけはまちがいない。北朝の仏教美術を論じるなら、三氏の見解を避けて通ることはできないのだが。

最近では吉村怜氏が精緻な南北朝仏教美術論を展開している。南北朝時代を北魏の洛陽遷都（四九三）によって前後二期に区分し、前期を南北両様式、つまり北涼の流れを汲む北魏仏像と漢魏の伝統をひく南朝仏像の対立時代、後期を北朝の龍門石窟において南朝様式を受容した結果、北朝仏像も南朝仏像も大差のない南北両様式の同化時代と規定する。すなわち、北朝の仏像は南朝の仏像の変遷をあたかも鏡の映像のごとく映しているとして、「南斉様式は龍門様式に、梁様式は龍門末期から東西魏様式に、陳様式は北斉北周様式にそれぞれ対応していることになる。そして瀟洒な体軀、幽暗な面貌、整正な着衣や裳懸座、それに光背装飾など龍門仏像の特色とされていたものはいずれも南朝様式の忠実な模倣として理解すべき」という。(15)

どうやらわれわれが実見してきた北魏時代の龍門石窟の仏像は南朝仏、つまり漢族の創出した仏像のコピーで、龍門で仏像制作を担当した工人もまた漢族ということになる。要するに南北朝時代の北朝では、鮮卑族は華北に進駐した占領軍であり、その施政下であっても文化美術活動は被占領地の漢族が担っていたのである。鮮卑族は漢族がインド仏教を中国化して登場させたハイカルチャーの中国仏教を受容し、仏教美術の制作には漢族の工人を従事させたのである。これが華北に侵略した胡族王朝が漢族の創出した南朝仏教美術を受容した実態なのである。だからこそ『洛陽伽藍記』の仏殿は大極殿のごとくという記述も、鮮卑族の胡族王朝は漢族たちが伝統の宮殿建築を転用して仏教建築を建てていたのをそのままに受容していたことを示すものといえよう。

三、南朝仏教の百済への伝播

百済に南朝の東晋から仏教が伝わるのは枕流王の三八四年のことであった。すでに第一章で述べたように、百済は高句麗が北朝偏重であったため南朝に朝貢することとなり、東アジア世界の南北抗争の構図の中に組み込まれたが、南朝の漢族の王朝から直接に東アジアの最先端の文化文明であった中国仏教を受容することになったのである。

南朝から百済へ流入した中国文化についてはじめて論じたのは関野貞氏であった[16]。百済の公州（熊津）より出土した百済塼が中国南京（建康）出土の梁塼の形式・手法とほとんど同じであることから、百済の文化は主として南朝梁の文化の影響に負うところが大であったと解し、その上で文献からも実証する。すなわち、都城が漢城にあったとき百済が東晋・宋に朝貢したのは文献によると十五回、悪風のために達しえなかったことが一回で、東晋・宋より百済王を冊封もしくは宣慰したことが六回に及び、百済が北朝の北魏に遣使したのは唯一度、それも蓋鹵王の末年に援を乞うたことがあっただけと指摘する。さらに都が公州に移ってからの百済と南朝との交通関係を文献によって列挙し、百済が如何に南朝と親密であったか、換言すれば百済の中国文化は南朝より伝来したことを主張したのであった。百済と南朝国家との関係を塼という具体的な出土遺物と文献から明らかにした研究はかつてなく、南朝から百済への文化の伝播がはじめて実証されたのである。

さらに百済は北魏とはきわめて疎遠であったにもかかわらず、南朝とは西南海を距てて蘇抗方面と相対しているから東晋・宋・斉・梁との往来は頻繁で、とくに聖明王は都を扶餘に移し、宮闕・仏寺の建築に従事せしめんために工匠画師を梁より招聘したほどであるから、百済芸術の主流はまったく南朝の系統に属するという。

たしかに『三国史記』によると、百済の聖明王はその十九年（五四一）に「王遣レ使入レ梁朝貢。兼表二請毛詩博士涅槃等經義竝工匠畫師一、從レ之。」とあって、南朝の梁から毛詩博士と工匠・画師を招いている。したがって、百済では梁の工匠や画師の手に成る漢族伝統の建築や美術品が確実につくられていたのである。関野氏が百済の聖明王は都を扶餘に移し、宮闕・仏寺の建立に従事せんがために梁より工匠・画師を招聘したほどというのも、扶餘への遷都が五三八年、工匠・画師の招聘が五四一年であることからすると、新都における宮闕・仏寺建立のために梁の工匠・画師を招聘したとする関野説は認められよう。おそらく聖明王は六世紀前半の東アジアにおける最先端の技術者であった梁の工匠・画師の招聘を願い出たのであろう。ところで、百済が親密だったのはこの梁だけではない。三七三年に近肖古王が東晋に朝貢して以来、宋・斉・梁と一貫して南朝王朝に朝貢をつづけていたのである。百済が南朝に通じる切っ掛けは相対する北の高句麗が北朝偏重だったことによる。しかしながら、この間百済は漢族が創出した四・五世紀の東アジアにおけるもっとも優越しかつ先端的な文化文明であった中国仏教を知ることができたのである。

高遠な思想と独特な宇宙観を体系化したインド仏教は中国という新天地で受容されるためには中国文化と融合する時間が必要であった。というのも、中国にはすでに高度な文化文明が確立していたからである。黄河文明をつくり上げた漢族たちは紀元前五・四世紀になると、多くの思想家を輩出した諸子百家の時代を迎える。ちょうど同じころインダス文明のインドでも多くの出家者たちが山中で修行を実践し、真理を探求していたが、その中の一人が釈尊で、彼の思想はやがて体系化され、古代インド語で記録された。中国でもインドでもそれぞれ体系化された思想や学問的成果が文字によって記されていたのである。つまり古代中国にはインドと同じハイカルチャーの思想が存在していたから、あえて仏教なる新来の思想を必要としかなったのである。そのような中国で仏教が受容されるためには、何よりも中国文化と融合しなければならない。そのために二百年以上の時間が費やされたが、この間仏教は中国固有の漢文化と融合し、インド仏教とは装いを新たにした中国仏教が登場したのである。

この期間に多くの経典が中国語に翻訳され、漢訳経典がつくられた。経典を自国語に翻訳するということは、そのとき中国には文字があり、文字を使う人が大勢いたからで、これこそ中国文化が如何に高度であったかの証明ともいえる。いうまでもなく、多くの仏教思想は道教的観念や中国伝統の思想と結合・融合しながら漢訳されたのである。

一方西域から多くの僧侶が中原を訪れるようになると、各地に中国伝統の木造の宮殿建築を利用した仏教寺院が建てられるようになった。これについてはすでに述べているので、釈尊の舎利を安置する仏塔に関する小杉一雄氏の研究を紹介したい(17)。すなわち、六朝時代の木造塔建立はまず心柱（刹柱）が建つ位置に地下三メートルの穴を掘り、その底に種々に荘厳した舎利石函を安置する。荘厳の順序ははじめに舎利を瑠璃瓶に入れ、ついで金函、銀函、青銅函と、最後に石函に納めるが、その際仏塔建立に関する願文や発願者の名などを方形の石に刻んで（舎利塔銘）、舎利石函の上に置いて地中に埋蔵する。この石函と舎利塔銘の上に心柱をうける心礎を据えて、掘立柱の心柱を建て、高層建築を建てるのだという。舎利塔銘は漢族たちがつくってきた墓誌銘そのもので、釈尊の遺骨の埋納を自分たちの喪葬の方法によったものであって、小杉氏は「ここにも仏教の中国的な受け入れ態度を見ることができる」と述べている(18)。

インド生れの仏教がハイカルチャーの中国で受容されるためには、中国文化で包み込まれる必要があった。こうして東アジアの先進国たる中国文明で飾り立てられた中国仏教は、まさに東アジアの先端文明そのものであった。中国仏教の象徴たる仏教寺院が東晋の都の建康に建っていたのである。そこではじめて中国仏教と遭遇した百済の使人たちの驚きは如何ばかりであったのか。

百済がはじめて南朝国家の東晋に使を遣して朝貢したのは、すでに述べたように近肖古王の二十七年（三七二）正月のことで、翌二十八年（三七三）二月にも近肖古王は使を東晋に遣して朝貢している。つぎの近仇首五年（三七九）の三月にも使を東晋に遣したが、このときは悪風に遇い、東晋に達することができなかった。さらにつぎの枕流王元年（三八四）七月に使を東晋に遣し朝貢したが、二ヶ月後の九月に胡僧の摩羅難陁が東晋より百済に来朝し、枕流王は宮殿内にこれを迎えて礼拝した。百済の仏教はここに始まったという。翌枕流王二年（三八五）二月に、百済の最初の仏寺を漢山に創設し、僧十人を出家させたという。

こうしてみると、百済は東アジアの先進国たる東晋に使を遣すようになってから、わずか十二年後には東アジアの先端的な文明であった中国仏教を導入したことになるのである。

つまり、この間三七二年三七三年と二年つづいて東晋に朝貢したことで、東晋が東アジアの先進国であり、同時にそこで広まっている中国仏教が東アジアを代表する文明であることを理解したのであろう。高遠な思想と独特な宇宙観を体系化した仏教を理解するには、それ相応の知的水準が必要となる。何よりも中国仏教は中国語に翻訳された漢訳経典をテキストとしていたから、漢字を習得していて中国語を理解できることが、中国仏教理解の第一条件となる。繰り返すが、かなりの知的水準が要求されるのである。三七二年の東晋への遣使のときにはじめて文字をともなう中国文明を知ったのであれば、十二年後の中国仏教の導入は不可能であった。

おそらく百済人は三七二年の東晋への遣使以前に、すでに文字をはじめとする中国文明に触れ、自分たちのものにして知的水準を相当に引き上げていたのであろう。

ところで、朝鮮半島に巨大な中華帝国漢が郡県を設置するのは衛氏朝鮮の滅亡後であった。漢の郡県設置は衛氏朝鮮の滅亡以前から始まっていたが、本格的な進出は前一〇八年に楽浪郡・真番郡・臨屯郡が置かれ、翌前一〇七年に玄菟郡が置かれたことで始まった。四郡のうち楽浪郡は前漢末から後漢初めまでのおよそ百年間、漢の郡県支配の中心地で、

図2　平壌市楽浪区域楽浪土城西部分
（2005年12月3日・李成市氏撮影）

楽浪郡の郡治の置かれた朝鮮県は現在の平壌にあったと推定され、今も大同江南岸に楽浪土城址がのこる。ここで漢の皇帝から任命派遣された楽浪郡の太守（大尹）が政務をとり、その下に同じく地方官として任命されてきた県令がいた。このような漢の直接支配が始まれば、いうなれば植民地であった半島には知的階級の官僚たちだけでなく、さまざまな階層の漢人たちが移入していたであろうことは容易に想像できる。[19]

楽浪太守のいた楽浪土城には竹簡や木簡に書かれた行政文書が本国漢より届き、人間の知的水準のバロメーターともいうべき文字（漢字）が漢の郡県支配とともに半島の地まで運ばれることになった。楽浪土城址からは官衙遺構や「千秋萬歳」「富貴」「楽浪礼官」などの文字瓦（瓦当）や「楽浪太守章」「誧邯長印」の封泥をはじめ、漢魏西晋時代に属す銅鏃等の遺物多数が検出されたという。[20] 文字瓦や封泥の出土例から、漢の楽浪郡時代に朝鮮半島には中国文明が伝えられ、そして文字も確実に到達していたのである。

漢の四郡はその後衰退しながらも、遼東の公孫康は二世紀末から三世紀初めごろ、楽浪郡の屯有県の南の地に帯方郡を新設したが、二三八年に公孫氏が魏に滅ぼされると、半島の郡県は魏に所属し、さらに西晋が魏に代ると西晋の所属となる。その後貊族の中から台頭してきた高句麗は三一三年に楽浪・帯方の二軍を攻め落し、ついに四百年もつづいた半島の郡県支配を終らせた。四百年の植民地時代、半島は漢族の支配をうけたことも事実だが、東アジア最高の中国文明を知ったこともまた事実で、この中国文明が半島人の知的水準を相当程度上げることになったのである。

郡県支配を排除した高句麗は王権を強化して大国として成長する。小獣林王の三七二年、『三国史記』は前秦の符堅が使と僧順道を遣して仏像と経文を伝えたと記す。またこの年に大学を立てて子弟を教育したとも記すから、この三七二年の時点で高句麗人の文字の習得は相当なレベルにあったようで、経文も充分に理解できたのであろう。さらに三七三年には律令がつくられたという。つぎの故国壌王（在位三八四～三九二）の九年（三九二）には仏宝を崇信し、福を求めしめ、有司に命じ国社を立て宗廟を修せしめている。さらにつぎの広開土王は高句麗繁栄の象徴的な存在で、今も現存するおよそ六メートルもある広開土王碑（四一四年建立）には千八百字もの文字が陰刻されている。以上は急成長して郡県支配を終らせた高句麗ならではの高水準の文化であり、漢字文明もたしかに会得していたのである。

すでに記したように、百済は高句麗にやや遅れて三四〇年代の前半に新興国家として登場し、漢山城に王都を置いていたが、その百済初期の漢山城時代の詳細はわからない。『三国史記』近肖古王三十年（三七五）に、「古記云、百濟開國以来、未下レ有以二文字一記上レ事。至レ是得二博士高興一、始有二書記一。」と書かれている。古記に云うとして、百済は開国以来、未だ文字をもって事を記することがなかった。ここに至り博士高興を得て始めて書記ありと。どうやら百済では近肖古王の時代に国家的な記録が書き始められたようである。

しかしながら、これはあくまで百済では近肖古王のときまで国家的な記録がなかったということで、百済人が文字を知らなかったわけではなるまい。四百年の郡県支配を考えれば、建国後の百済に文字を知り、中国語を理解する知識層がいたであろうことは容易に推測できる。百済はこの三年前の三七二年にはじめて東晋に朝貢し、翌三七三年にも朝貢している。この二度にわたる朝貢で、百済は東アジアの先進国たる東晋の文字文明の実例を数多く見聞して刺激され、三七五年に至り自国の国家的記録を始めることにしたのであろう。もちろん朝貢時に建康の都の仏教寺院で、彩色鮮やかな巨大木造建築と金色燦然と輝やく丈六・丈八の金銅仏や豪華な仏画や経変図、さらに僧侶たちの読誦する漢訳経典を実見した。その結果、百済の使人たちは中国仏教が東アジアのもっとも先端的な文化文明であることを理解できた。文字を知っていればこそである。

私は百済が最初の朝貢から十二年後の三八四年の三回目の朝貢の際に、東晋政府に正式に中国仏教を導入したい旨、願い出たのであろうと考えている。そこで東晋は僧摩羅難陁を派遣してきたのである。『三国史記』は翌三八五年に「創佛寺於漢山、度僧十人」と記している。この仏寺が東晋の建康に建っていた仏教寺院と同じものなら、『三国史記』には仏僧の派遣しか記されていないが、造寺工と造仏工も派遣されていた可能性があることはすでに述べたところである。

四、百済から日本への仏教供与

わが国への仏教は百済の聖明王が伝えたが、ここで注目したいものがある。『晋書』によると、義熙九年（四一三）わが国は高句麗とともに東晋に方物を献じている。邪馬台国の女王壱与が二六六年に遣使して以来、一世紀半にわたって途絶えていた中国との通交を再開したもので、以後およそ六・七十年のあいだに計十回[21]、これはいささか頻繁ともいうべき回数であるが、中国南朝に朝貢しているのである。これがいわゆる倭の五王による南朝国家への遣使である。百済の最初の朝貢が三七二年であるから、わが国は百済に遅れること四十一年にして、当時の東アジアの先進国たる東晋の実景を見ることができたのである。

ところがである。わが国の場合、百済が第一回の朝貢から十二年目に決断した仏教導入という中国文明の移植はついに起らなかったのである。六・七十年の間に十回も南朝の地を踏みながら、わが国の遣使たちは東晋や宋の都で、漢文化で飾り立てられた、換言すれば中国文明の粋たる仏教寺院に気付かなかったのであろうか。いや、おそらく彼らは南朝の仏教寺院を実見していたと思われる。巨大かつ華麗な仏教寺院を初めて見て、吃驚しないものはおそらくいまい。しかしいくら驚いたとしても、その偉大さ、つまり中国文明の先端性に感服するものはいなかった。中には漢字を知っているものもいたと思われるが(22)、難解な仏教思想を説いた漢訳経典を読解できるものはいなかった。

私にいわせれば、五世紀ころの日本人の知的水準はきわめて低かったのである。仮りに文字を知っていても、就学前の幼児に高等教育機関の大学の講義は理解できない。しかし高校生であれば大学の講義に追随できよう。おそらく四世紀後半の百済人の知的水準は後者で、残念ながら日本人のそれは前者であった。倭の五王時代の日本人が五世紀の東アジアの先端文明であった中国仏教を導入しなかった、正確にいうと導入できなかったのは、当時の日本人の知的水準があまりにも低かったことによるのである。五王たちの関心は朝貢、冊封という中国王朝の秩序体制に参加することによって、朝鮮半島への軍事行動を有利に展開させることが目的で、南朝への遣使はいわば喧嘩の次元であり、文化文明を求める遣隋使や遣唐使とは異なっていたのである。

私は文字文明を習得していなければ、東アジアの先端文明であった中国仏教文明の受容は不可能であったと考えているが、倭の五王の五世紀にはたしかにわが日本国は中国仏教を理解可能なレベルにはなかった。ところが、六世紀になるといささか興味を引く記事が『日本書紀』に書かれている。すなわち継体七年(五一三)条には、

> 夏六月、百濟遣二姐彌文貴將軍・州利卽爾將軍一、副二穗積臣押山一、百濟本記云、委意斯移麻岐彌貢二五經博士段楊爾一。別奏云、伴跛國略二奪臣國己汶之地一。伏願、天恩判還二本屬一。

継体十年(五一六)条には、

秋九月、百濟遣二州利卽次將軍一、副二物部連一來、謝レ賜二己汶之地一。別貢二五經博士漢高安茂一、請レ代二博士段楊爾一。依レ請代之。

と書かれている。前者は五経博士段楊爾の貢上を記しており、後者はこの段楊爾が五一六年に来日した高安茂と交替して帰国したことを記しているのである。つまり百済は中国の古典や漢学の専門教師である五経博士をわが国に派遣、それも上番（交替）制で派遣しているのである。五経博士の派遣は百済の領土拡張と引き換えの意味があるとはいえ、長期的戦略といえる上番制を採用していることは、明らかにわが国に文字文明を教示して知的水準のレベルアップを目指していたのである。中国文明を理解するための五経博士の派遣はわが日本が欲したのか、それとも百済の発議なのかなかなかに微妙であるが、百済がわが国の知的水準のレベルアップに貢献したことはまちがいない。

『日本書紀』は欽明十三年条に有名な仏教公伝記事を載せるが、翌欽明十四年（五五三）条には、

六月、遣二内臣一、闕レ名使二於百濟一。仍賜二良馬二匹・同船二隻・弓五十張・箭五十具一。勅云、所レ請軍者、隨二王所須一。別勅、醫博士・易博士・曆博士等、宜依レ番上下。今上件色人、正當二相代年月一。宜下付二還使一相代上。又卜書・曆本・種種藥物、可付送。

と記されている。このときわが国は内臣を百済に遣わし、良馬・同船《もろきふね》・弓箭を賜い出兵を約束するが、これとは別に医博士・易博士・暦博士等が上番制の時期に当るので交替するように、また卜書・暦本・種々の薬物の貢上を要請している。「正當二相代年月一」とはこの上番制が継体七年から継続していることを示すもので、前述のごとく上番制は長期的戦略であった。この時期、百済は五経博士だけでなく医博士や易博士・暦博士等各種専門教師を上番制でわが国に派

遣していたのである。さらに欽明十五年（五五四）条には、

二月、百濟遣㆓下部杆率將軍三貴・上部奈率物部烏等㆒、乞㆓救兵㆒。仍貢㆓徳率東城子莫古㆒、代㆓前番奈率東城子言㆒。五經博士王柳貴、代㆓固徳馬丁安㆒。僧曇慧等九人、代㆓僧道深等七人㆒。別奉㆑勅、貢㆓易博士施徳王道良・曆博士固徳王保孫・醫博士奈率王有悛陀・採藥師施徳潘量豐・固徳丁有陀・樂人施徳三斤・季徳己麻次・季徳進奴・對徳進陀㆒。皆依㆑請代之。

とある。この記事には前年（五五三）の日本側の要請に応じて、翌五五四年の二月に百済から将軍三貴と日系百済人の物部烏の使節が五経博士等の専門教師や仏僧・採薬師・楽人を引率して来日したことが書かれている。

平野邦雄氏は「これまで、ややもすれば、〝仏教伝来〟のみを抽出し、これを特殊かつ画期的な事件として『書紀』が記載しているかのようにのべたのは誤りであって、仏教は儒教とともに、また諸種の技術とともに、交替上番の制度によって伝えられたのである。」と述べているが、[23] 私は平野氏とは異なる認識をしている。

『日本書紀』は継体七年条で百済が五経博士の段楊爾を貢上したことを述べ、三年後に段楊爾は漢高安茂と交替して帰国したことを記す。以後、五経博士の交替記事は見えないが、欽明十五年条で五経博士の交替を記すので、継体七年に始まった五経博士の上番制による派遣は継続していたのである。私は、この五経博士の上番制はひたすらに百済が日本に対して、東アジアの先端文明である中国仏教を受容できるように、知的水準のレベルアップを目指したものと理解している。継体七年（五一三）から仏教公伝の五三八年まで二十五年、三年の上番制であれば八人の五経博士が交替していたことになり、この間、日本人の知識層は確実に登場し、かつ増えていた。それを確認しながら、百済の聖明王は自ら熊津から扶餘に遷都した五三八年にわが国へ仏教を伝えたのである。また平野氏は仏教は儒教とともにといわれるが、

儒教の伝来を否定するつもりはないが、以後のわが国の実情を見れば仏教が圧倒していることは今さら論じるまでもない。また欽明十五年条では仏僧曇慧等九人が上番で仏僧道深等七人と交替しており、これは百済があくまで仏教を重視しているのであって、仏教と儒教を同列に置くことはできないのである。

私が再三述べてきた中国仏教は、儒教や中国思想を呑み込み、中国伝統の種々の漢文化、たとえば文字・絵画・彫刻・美術工芸・建築・土木・鋳造技法などで包み込んだ一大総合文明であった。したがって、中国仏教を受容することは当時の東アジアの種々の先端文明をも同時に受容することを意味していたのである。だから半島の高句麗も百済も、そして新羅も積極的に導入したのであり、百済はそのためにわが国の知的水準のレベルアップに協力したのである。日本の知的水準が上昇したころ、仏教以外のハイカルチャーであった医・占・暦の専門教師や採薬師・楽人等の技能者を派遣したのであって、これらと仏教を同列に置くことができないことはいうまでもない。

百済は五経博士を派遣することでわが国の知的水準を上昇させ、五三八年に仏教を伝えた。さらにわが国の知的水準の上昇を確かめながら、敏達六年（五七七）には僧尼とともに造仏工と造寺工を貢進した。これは丈六の金銅仏と巨大木造建築をつくる工人の派遣で、わが国の造仏工と造寺工の養成を目的としたものであった(24)。

いうまでもなく、高度な技法を会得する工人には相当の知的水準が要求される。仏教受容からおよそ四十年、日本の知的水準が上昇したと百済が判断すればこそ、造仏工と造寺工の派遣が実現したのであろう。二人の工人のもとおよそ十年を費してわが国の工人が一人前に養成されると、用明二年（五八七）にわが国初の中国風の仏教寺院の建立を目指すべく飛鳥寺が発願された。建築関係の工人はまだまだ足りず、百済からまたも工人を招聘した。飛鳥寺は百済の工人の指導によって、漢族が創出した巨大木造建築と丈六の金銅仏を日本で最初に実現した寺院となったのである。こうしてわが国にも東アジアの最先端の文化文明であった中国仏教、さらにいえば中国仏教美術が伝播し、受容されていくのである。

むすび

中国仏教はインドの思想宗教たる仏教を中国伝統の漢文化漢文明で包み込んだ一大総合文明であり、まさしく東アジアのハイカルチャーであった。この中国仏教が東アジアの周辺地域に伝播するには、ハイカルチャーゆえに高い知的水準を要求した。つまり漢字文明を体得している地域にのみ伝播し、受容されたのである。

東アジアの周辺にあった朝鮮地域は漢の郡県支配のもとにあったため、中国仏教は四世紀の後半に高句麗と百済へ、五世紀の前半に新羅へ伝わった。ところがわが国は五世紀に中国南朝国家と通交していながら、ついに中国仏教を南朝から直に導入することはできなかった。つまり、五世紀の段階でわが国は未だ漢字文明を体得していなかったからである。

しかしながら、わが国に対しては百済が漢字文明の習得のために五経博士を上番制で送り込み、わが国の仏教受容のための知的基盤の整備、今風にいうとわが国のインフラの整備を実施したのである。その結果、東アジアのもっとも周辺地域たるわが国にも漢字文明が定着し、中国仏教が受容されたのである。中国仏教とともに中国仏教美術が東アジアの各地域に伝播し、そこで受容されるとき、いうまでもなく当初はどの地域でも丸呑みの状態で受容された(25)。残念ではあるが、創意工夫の出る余地などいずれの地域においてもなかったのである。中国仏教美術が東アジアにおける最先端の文化文明であった所以である。しかしながら、中国仏教美術が東アジアの各地域で進展していくにはそこに住む民族の特性に負うところ大である。中国仏教美術がわが日本民族の中でどのように受容されて進展されていくのかについては稿をあらためて述べてみたい。

注

（1）田村圓澄「末法思想の形成」（『史潮』六三・一九五四年）、同「欽明十三年仏教渡来説と末法思想」（『日本歴史』一七八・一九六三年）、益田宗「欽明天皇十三年仏教渡来説の成立」（『日本古代史論集』上巻・吉川弘文館・一九六二年）。

（2）吉村怜「東大寺大仏開眼会と仏教伝来二百年」（『美術史研究』九・一九七二年）。

（3）『上宮聖徳法王帝説』には「志癸嶋天皇御世戊午年十月十二日、百齊國主明王始奉レ度二佛像經敎幷僧等一。勅授二蘇我稲目宿禰大臣一令二興隆一也」とあって、仏教伝来を欽明戊午年として『元興寺縁起』と一致する。

（4）平子鐸嶺「仏教渡来の年代に就いて」（『國華』一七九、一八〇・一九〇五年）「継体天皇以下三皇紀の錯簡を弁ず」（『史学雑誌』第十六編 五、六・一九〇五年）。

（5）『三国史記』巻二十四・近肖古王。

（6）武田幸男「三国の成立と新羅の統一」（武田幸男編『朝鮮史』山川出版社・一九八五年）。

（7）岡大路氏によると、古く殷代のころより漢族の王は垣をめぐらし禽獣を飼い、魚を捕る池もある苑をつくっており、これが漢代以降は皇帝の宮殿に付属する豪華な園（苑）池になったという（『支那宮苑園林史攷』・満州建築学会・一九三八年）。

（8）小杉一雄氏は秦・漢の宮殿を飾った由緒ある大型の銅像として、始皇帝の十二金人（翁仲）や承露仙人掌・銅駝・飛廉などがあったことを『水経注』等によって挙げている。つまり大型の銅像は漢族の伝統文化である故に、南朝国家でも丈六・丈八といった大型の金銅像がつくられたのである。同『中国の美術』（社会思想社・一九七四年）。

（9）小杉一雄前掲著書（註8参照）。

（10）インドのスツゥーパの上部にある傘蓋を実見した中国人はその形状が中国の露盤と同じであったことから、ただし形状は同じでも「かさ」と「さら」の用途は上下を逆にするが、中国では木造仏塔の傘蓋を露盤と呼ぶようになった。『洛陽伽藍記』は永寧寺の九重塔について、「承露金盤三十重」と記しているから、傘蓋が三十も重なってつくられていたのである。ところが、わが国の木造仏塔の上に傘蓋はなく、宝輪が九箇、つまり九輪がつけられている。傘蓋は九輪になった可能性が強いが、両者の関係ははっきりしない。なお、法隆寺金堂のクスノキ製の四天王像の多聞天は右手に宝塔を捧げており、上部には五箇の傘蓋を重ねた柱が四本立っている。

(11) 吉村怜「止利式仏像と南朝様式の関係—岡田健氏の批判に答えて」(『佛教藝術』二二九・一九九五年)。
(12) 関野貞「朝鮮三国時代の彫刻」(『宝雲』七・一九三三年)。
(13) 宮崎市定「孝文帝の改革」(『九品官人法の研究』同朋舎・一九五六年)。
(14) 小杉一雄「南朝仏像様式試論」(『美術史研究』一・一九六二年)。
(15) 吉村怜「南北朝仏像様式論」(『國華』一〇六六・一九八三年)。
(16) 関野貞「塼より見たる百済と支那南北朝 特に梁との関係」(『宝雲』一〇・一九三四年)。
(17) 小杉一雄「六朝時代仏塔に於ける仏舎利の安置について」(『東洋学報』二二・一九三四年)。
(18) 小杉前掲書(註8参照)。
(19) 李丙壽氏は「とくに楽浪は四郡の中枢であるだけに、ここを中心にして漢の移民はもとより、政治・経済および文化の移植が行なわれた。漢の官吏・商人・富豪その他インテリ階級と農民群の移住によって、郡県内の朝鮮人はいうにおよばず、周囲の土着社会にも多くの刺激と影響をおよぼした」と述べている。同『韓国古代史 上』(六興出版・一九七九年)。
(20) 関野貞「楽浪郡の遺址」(『建築雑誌』四三五・一九二二年)。
(21) 四二一年(永初二)・四二五年(元嘉二)・四三〇年〈元嘉七〉には倭王讃が、四三八年(元嘉十五)には倭王珍が、四四三年(元嘉二十)・四五一年(元嘉二十八)には倭王済が、四六二年(大明六)には倭王興が、四七八年(昇明二)には倭王武が、また四六〇年(大明四)・四七七年(昇明元)には倭国が使いを遣わしている。

(22) 稲荷山古墳出土の鉄剣には金象嵌の銘文があることが判明し、辛亥年(四七一)に乎獲居臣がワカタケル大王(雄略)のもとで天下を佐治したことを人名・地名を漢字音で表記していて、中国語に通じた記録者がいたことを示している。また船山古墳出土の鉄刀にも銀象嵌の銘文があって、前掲鉄剣銘の解読過程で冒頭の「治天下□□□□大王」は獲加多支鹵と読めることがわかった。これには銘文作者の張安なる人名がみえ、また『宋書』倭国伝によると、元嘉二年〈四二五〉に倭王讃が司馬曹達を遣わして上表していることからして、記録に従事していた人、すなわち渡来系の人の存在が想定できる。

(23) 平野邦雄『大化前代政治過程の研究』(吉川弘文館・一九八五年)。

(24) 拙稿「鞍作鳥の造仏技法の習得について」(『高嶌正人先生古稀祝賀論文集　日本古代史叢考』高嶌正人先生古稀祝賀論文集刊行会・一九九四年)。

(25) 拙稿「クスノキ像の制作と南朝仏教美術の伝播」(笠井昌昭編『文化史学の挑戦』思文閣出版・二〇〇五年)。

村の水利からみたバリ・劇場国家と日本の前近代社会

海老澤　衷

はじめに

二一世紀ＣＯＥプログラムの一環として、水稲文化研究所（所長　海老澤）では、対馬とバリ島の比較研究を行ってきた。そもそも水稲文化研究所は、東アジアにおける水田形成と水稲文化の探究を目指して二〇〇〇年一二月に設立されたもので、当初農業あるいは水稲栽培について実践的な活動を行っている早稲田大学の教員の学際的な結集を図ったものである。二〇〇二年には、科学研究費基盤Ｂ「東アジアにおける水田形成および水稲文化の研究（日本を中心として）」により、当初の目的としていた活動が可能となり、さらに二一世紀ＣＯＥプログラムが、この年の一〇月から実施され、主に日本史分野の教員の新たな参加を得てさらに充実した研究活動を行うことができるようになった。また、二〇〇四年度からは科学研究費基盤Ａ「東アジア村落における水稲文化の儀礼と景観」により研究活動の枠を拡大することが可能となり、島嶼部中心のそれまでの調査地から大陸にまで足を伸ばすことも可能となった。

まず当初、研究フィールドとして対馬とバリ島を選んだことについて述べておきたい。東アジアと西太平洋上の島々では、水田および水稲文化が多様な形で形成され、これが歴史上重要な位置を占めてきた。広いアジアの中で、活発な交流を行いつつ独自な文化を育んできた島嶼部に着目し、サンプル地を設定した。朝鮮半島と九州との間に位置する対馬、ジャワと海峡を隔てたバリ島である。両者の共通性は、第一点として海峡を挟んで、より大きな文化圏に近接することである。第二点としては、伝統的な農法による水田があること。第三点として、独特の宗教民俗を今に伝えていることがあげられる。このような点において、両者の文化的な比較が可能となる。この対馬―バリ島の研究がいわば南北軸の研究となるが、COEプログラムにより設置されたアジア地域文化エンハンシング研究センターから水稲文化研究所に課せられた使命である四川モデルの究明(地域文化の固有性・共通性および中国文明との関係の検証)を進めていくため、中国と日本全体を視野に入れたいわば東西軸の研究も同時に進めていくこととなった。

以上の研究成果を確認するため、水稲文化研究所では、二〇〇五年度までに五回のシンポジウムを行っている。二〇〇二年一一月には「対馬の歴史と民俗」(1)をテーマとし、二〇〇三年一〇月には二一世紀COEプログラム関連シンポジウムとして「東アジア村落における水稲文化の儀礼と景観」(2)を開催した。さらに二〇〇四年度には「古代・中世仏教寺院の水田開発と水稲文化」(3)、二〇〇五年夏には「バリ島の水稲文化と女性」(4)、秋には「ジャポニカの起源と伝播」(5)の各シンポジウムを行った。これらは、水稲文化研究所および早稲田大学海老澤衷ゼミの教員と学生が、対馬については一四回の調査と研究会、バリ島については九回の調査・研究会を行い、さらに琉球列島などの調査を行ってまとめたものである。本稿はこれらの成果に依拠したものであり、対馬に関しては既にCOE国際シンポジウムにて報告しているので、ここではバリ島の問題を取り上げてみたい。調査・研究の視座については、現地の大学の協力を得て（ウダヤナ大学(6)、対馬の場合は九州大学）、歴史学・地理学・考古学・文化人類学・などの視点から調査分析を進め、アジアにおける農村の役割を積極的に評価し、農業経済学などの立場も踏まえ、その直面する危機的課題（日本の場合は過疎対策と農村文化の活性化、バリ島農村の場合はインフラ整備など）に対しても、積極的に解決に向けての分析を進めている。こうして地域文化全般の問題に迫りたい。全体的な課題の解決については二〇〇六年三月に刊行予定の『講座水稲文化研究Ⅱ　バリ島の水稲文化と儀礼―カランガスム県バサンアラス村を中心として』に譲ることにして、ここでは村落における水田灌漑の視点からバリ島と日本の前近代社会を考察したい。

一　水利に関わるバリ島の研究

「本研究の経緯とねらい」で述べたように、東アジア村落の研究フィールドとしてバリ島を取り上げることとなった。バリ島の研究史については、片倉悠輔氏によってその全体がまとめられ、報告がなされた(7)。植民地時代においてオランダの研究者とともに、一九三〇年代にはアメリカの文化人類学者のフィールドとして既に高い位置を占めており、戦後クリフォード・ギアツの研究によって、一つの頂点に達したといえよう。ここでは現在に至るその後の研究を日本との関わりのなかで見ておきたい。

まず最初にあげられることは、インドネシア人自身によってバリ島の灌漑システムであるスバックの研究が行われるようになったことである。スバックはインドネシア人にとって誇るべきものであることが自覚され、バリ島のタバナンにはスバック博物館が建てられている。一九七〇年代まではオランダ人あるいはハーバード大学を中心とするアメリカの文化人類学者が研究していたものが、現在ではインドネシアの研究者達がリードする段階に至っていると考えられよう。バリ島には古代の王朝名に由来するウダヤナ大学という国立大学があり、水稲文化研究所と研究交流を進めているが、この大学でかつて教鞭を執られていたスタワン氏、ピタナ氏によって地域に即したスバック研究が進められた。二〇〇二年に行われた棚田学会とウダヤナ大学との共催シンポジウムでは、スタワン氏がコーディネーターを務めるとともに報告「バリ島のスバック・システム―課題と挑戦―」を行い、ピタナ氏が報告「地域資源管理のための伝統智―バリのスバック・システムにおける用水管理の場合―」を行った。単にスバックシステムの利点をあげるだけでなく、バリ島が現在抱えている都市化・観光地化の波のなかで伝統を保つことが難しくなっているなど問題点も率直に語られていた。なお、「はじめに」で述べたようにその後ピタナ氏には来日してご報告をいただいた。今後は後継者によってさらに研究が進むものと期待される。

日本人で、スバックシステムを最も体系的に研究されたのは、宇都宮大学農学部の水谷正一氏であろう。氏は「資源制約下の水利用システム―インドネシア「スバック」の経験―」[8]において、一九七九年に開始されたアジア開発銀行の融資による「バリ灌漑プロジェクト」を評価し、それまで農業水利の根幹を支えてきたスバックが、国家的な政策の対象となったことを明らかにしている。この水谷氏の指摘を十分に受け止め、地域文化研究を進める必要があろう。同時に、水谷氏はクリフォード・ギアツによる一九世紀のスバック復原を下敷きにしてタバナン県マルガ郡ツア村のスバック・ケドカンを詳しく調査し、灌漑面積約七〇ヘクタールのこのスバックの組織・規約・宗教行事、作付け体系の変化を明らかにした上で、タイの農村（運河の水を揚水機によって競争的に自由使用する）との比較を行い、灌漑パフォーマンスを次の四つの類型に分けている。

（1）協同性、公平性、個別性の併存するタイプ。
（2）協同性、公平性はあるが、個別性を欠くタイプ。
（3）国家灌漑の水利組合で、協同性はあるが、公平性は統制的に保たれているタイプ。
（4）協同性、公平性を欠くが、個別性が成立しているタイプ。

歴史的な研究を重視するわれわれから見ても、この類型分けはきわめて示唆的である。バリ島のスバックは（1）に該当する。日本に当てはめれば、圃場整備事業が完了した地域がこれにあたると水谷氏はいう。この点については、日本の二〇世紀後半における農業政策に対する過大評価があるのではないだろうか。スバックをここに位置づけるならば、日本においては中世から近世にかけて（1）を達成しつつあったと考えるべきではないのか。それにしても、（3）で指摘された現代の国家灌漑が公平性・共同性を目標にしつつも、その多くは失敗に帰しているという指摘は、本研究にとっても大きな意味があると言えよう。前近代においても、近現代においても水稲文化が持続的に花開くのは（1）をおいてほかにないように思える。

水利システムに基盤を置き、芸術的な展開に視野を広げた研究として大橋力氏と河合徳枝氏の場合があげられる。大橋氏と河合氏は共同でバリ島音楽の実践を行い、日本との文化交流の架け橋となるとともに、村落共同体における水の統御とヒンドゥー信仰の関係を解明している[9]。河合徳枝氏には、二一世紀COEプログラムにも客員助教授として参加していただいた。また、余語琢磨氏は、土器生産とその流通範囲についての研究を深化させている[10]。現地に即したこれらの研究がわれわれの進む道を直接的に導いてくれているといえよう。

二　バリ島の水利社会

アメリカの文化人類学者クリフォード・ギアツは、『ヌガラ―一九世紀バリの劇場国家』においてバリ島のスバックについて次のような評価を下している。

灌漑技術面においては、タバナンのスバックは完全に自己完結的であった。それが自ら直接統御できないような設備に依存することはなかった。国家所有や国家経営の水利施設は一切存在せず、スバックより上位の自律的団体の財産であったり、責任であったりする水利施設も、一切存在しなかった。個々の土地所有者が水の供給を得るために存在し全施設―堰堤、水路、堤防、分水門、暗渠、高架水路、貯水池―を、時に他を排し時に提携して、建設し管理し補修したのは、その土地所有者自身も正式成員であり、少なくとも法的には他成員と同等資格を持つような、独立社会団体であった。バリについてマルクス主義的見地からどのようなことが言われようとも、基本的生産手段の疎外は存在しなかった。そこに現れる制度を原始共産制と呼ぶのは先ず無理である。が、一方それは原始国家資本主義―「全面恐怖＝全面服従＝全面孤独」―でもなかった[11]。

水利団体スバックの社会的地位を高く評価したギアツの見解は、アジア地域文化エンハンシング研究センターによるバリ島研究の原点となったといえよう。われわれは、対馬で調査を進めた結果、豆酘のテーンハイ井堰管理の姿に当てはめることができることがわかった[12]。日本とバリ島の水利社会を中国文明の届かない非文明社会のことと考えるのは誤りで、一方は近代テクノロジーの受容に成功し、他方は近代に入って芸術面で開花させたその潜在能力に注目すべきなのであり、これこそが共同体による水利管理が優先する社会の特質であったといえよう。

われわれがバリ島でフィールドとしたのは、東部のカランガスム県である。この地には富士山のようにみえるアグン山、バリヒンドゥー教の聖地があり、水稲耕作の適地ではあるが天日干しの塩田も存在する。バサンアラスという村に一つの調査地点を定めた。スバックの研究については、すでにオランダ統治時代からの伝統があるが、大体タバナンを中心として調査されてきた。既述のように水谷正一氏がこの地域の水田の調査・研究をされている。これに比して東部は研究蓄積があまりない。これがこの地を選んだ理由の一つである。さらに都市化あるいは観光地化されず、伝統的な農業が行われている地域であることがより大きな理由であるといえよう。さて、デサ・アダット、日本語に訳せば慣習村ということになるが、その村長のお世話になり、スバックの水路の踏査を行う事ができた。このスバック・バサンアラスについては、かつてインドネシア政府がスバックの報告書を刊行している[13]。簡単な実測図面が載っており、従来の研究を前進させるには貴重な資料である。その地を踏査し、調査を行った。

図1にスバック・バサンアラスの概要を示した。このスバックの灌漑面積は、三二・四五ヘクタールで、さらに天水

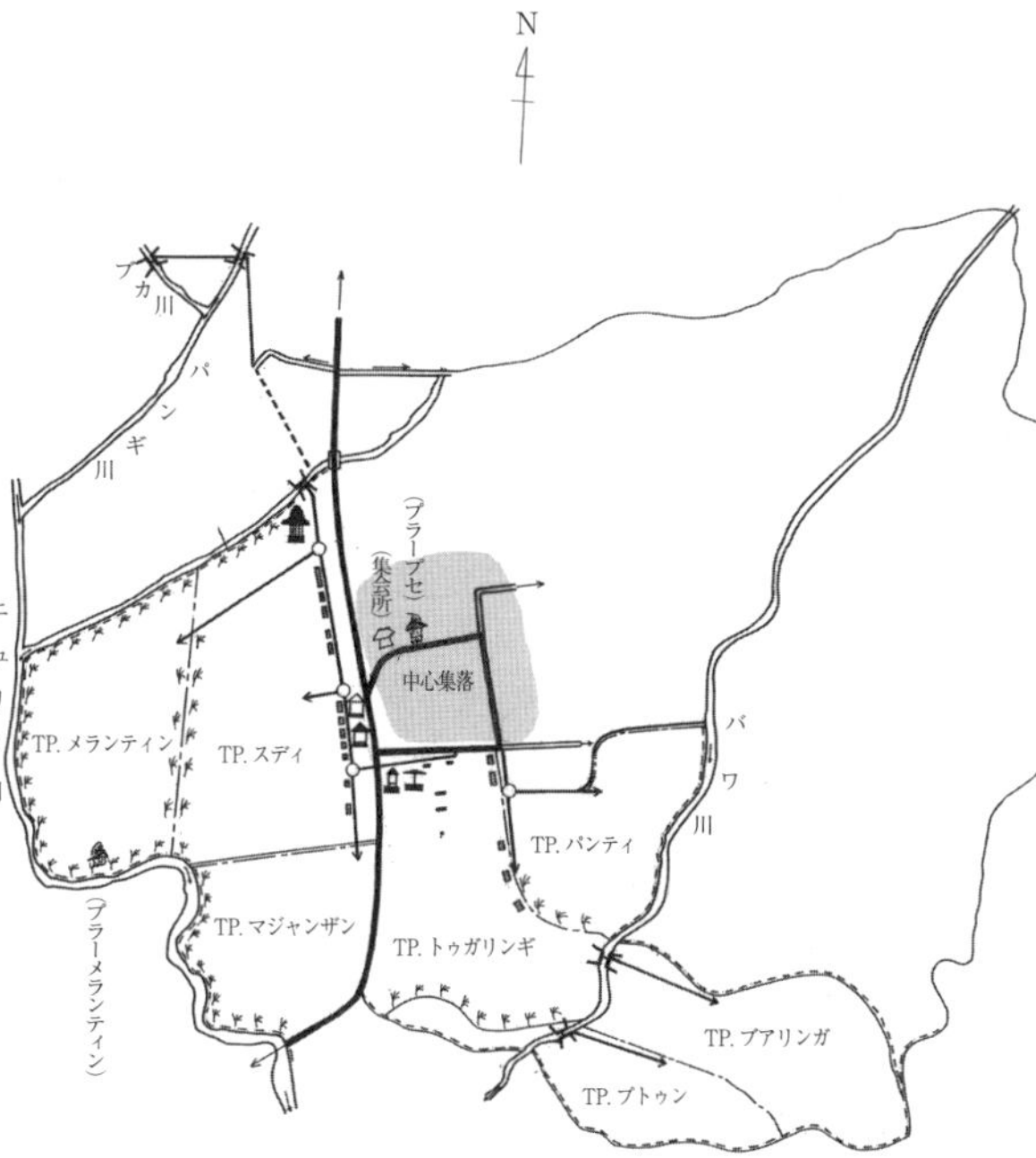

図１　スバック・バサンアラス

の水田が一五ヘクタールほど存在する。一九八三年の調査時点で、スバックの構成員は一一九名であり、二三名が草分け的な権利保持者であり、あとは小作農的な位置にある。草分け的な二三家は村落寺院の祭礼に際しても帯刀し、またルジャンという少女による奉納舞踊が行われる時には、一名宛参加の義務がある。このスバック・バサンアラスはデサ・アダット（慣習村）のバサンアラスと一致し、外国人の調査者にとっても明確なイメージを描きやすいところである。明確な歴史は明らかにし得ないが、慣習村とスバックの成立は同時期であろうと考えられている。このスバックの用水は村の東のレンプヤン丘陵の渓谷にその水源があり、隣のティスタ村の領内を通るブカ川とパンギ川から引かれている。すなわち主要な水源は村落外に存在するのである。レンプヤン寺の祭礼に際して供物を捧げるほか、ティスタ村プラ・プセに対しても祭礼の際に、米・蒸し米・ココナツなどを供える。後述のように、日本では水源の村に「神酒」を贈る慣習があったが、バリ島では神と酒は切り離された存在となっており、神前への供物の献納が義務づけられているのである。スバックには、この地方でテンペックと呼ばれる枝水路の灌漑範囲が設定されている。七つのテンペック（図1ではTPと略す）に分けられそれぞれに管理人が配置されている。スバック構成員の共同作業としては、乾期の間には輪番制で用水が盗まれたり、水分配の規則が破られることのないように、釣り人が水利システムにダメージを与えないように見張りをする。雨季には洪水で運ばれてきた土砂が幹線水路を塞いでしまうことがあり、共同で取り除き作業をしなければならない。用水の流れが止まったときには、スバック長は担当者にクルクル(14)をたたくように命じる。これを聞いてスバックの成員は直ちに集合して作業に取りかかるのである。

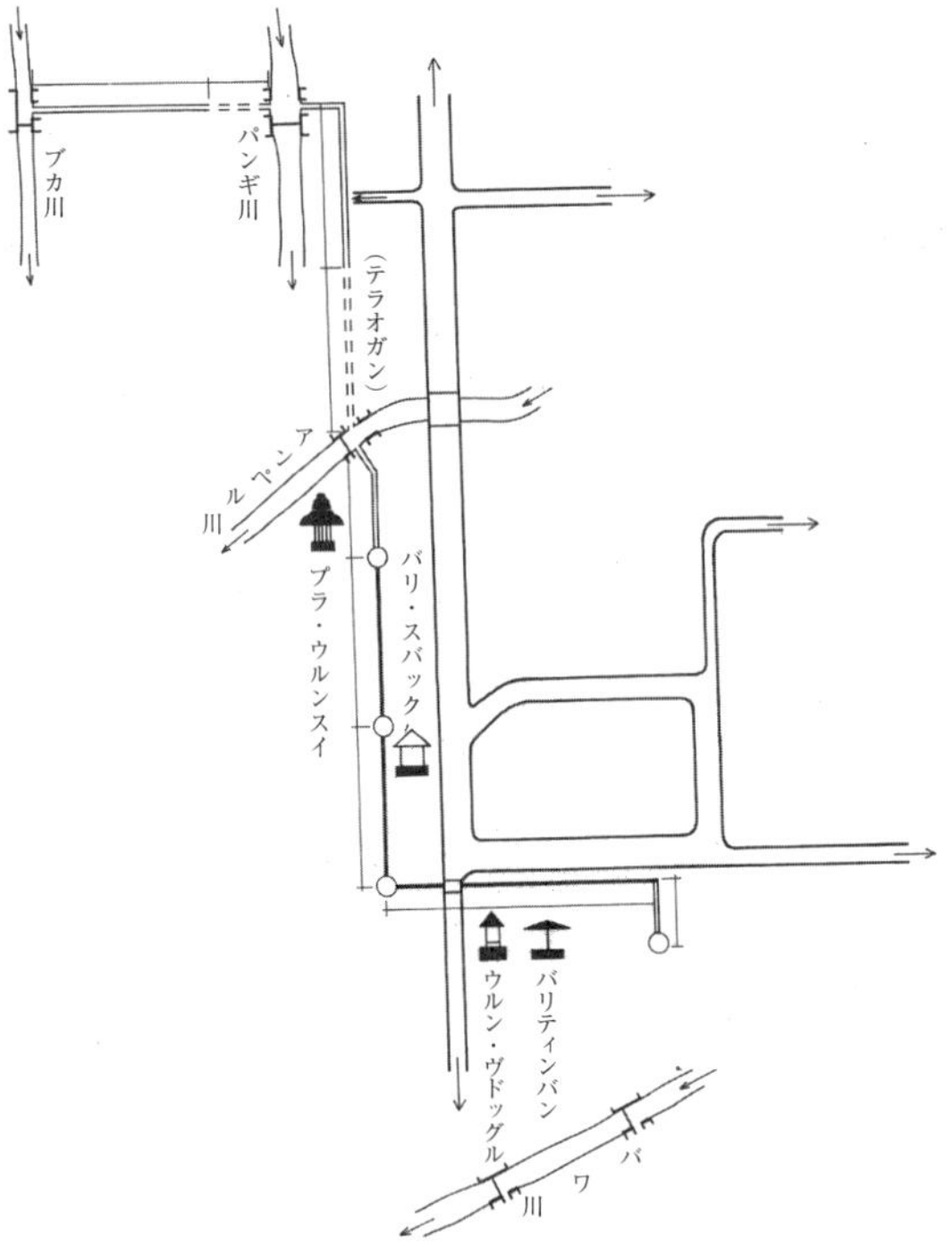

図2　スバックバサンアラスの主要施設

　スバックには、その所有する建造物がある。まず、プラ・ウルンスイと呼ばれるスバックの寺院である。アンペル川の取水堰の近くでテンペック・スジの一角にある。また、マジャンガンとテゥガリンギの分水の近くには、ウルン・ブドゥグルがある。これは神の降臨する場で石造物であり、日本の石塔にも形態的に類似するものである。さらにバリ・スバックと呼ばれる集会所的な建物、ルバン・スバックと呼ばれる倉庫、バリ・ティンバンという小休憩所がある。これらがスバックの共有財産である。

水路についてはブカ川に第一井堰が、パンギ川に第二の取水堰があり、他のスバックの水田の下を通過する約五百メートルのテラオガン、つまりトンネル式の水路がある。このトンネルの中頃では上部の水田に大きな穴が空いている。ここで空気を抜くのだという説明を受けたが、ある時に陥没した場所という印象もある。アンペル川の井堰はダム状の大きな施設でここから六七五メートルの主水路であり、取水口の近くは水浴場ともなっている。以上、村落景観の諸要素をスバックの視点から明らかにした。その特徴を一言でいえば、井堰と水路による灌漑がキメ細く行われていることにあると言えよう。次には前近代における社会構造の特質を概観しておきたい。

三　劇場国家の社会構造

「劇場国家」とは、クリフォード・ギアツが著書『ヌガラ―一九世紀バリの劇場国家』(15)で提示した国家モデルである。この著書は一九八〇年に刊行されたもので、ここで規定された「劇場国家」とは「儀礼によってある秩序が形成され、そのことが非常に重要な意義を有する国家」とされている。もちろん、儀礼のない国など存在しないが、その比重が非常に高いということが重要であろう。ヌガラはマックスウェーバーが考えたような官僚国家とも違い、中国のような国家とも、中世のヨーロッパとも、日本のような封建主従関係にもとづく国家とも違うものがあるというように否定していき、最後にバリ島の問題をあげて、「一群の主催者の上に不完全ながらも儀礼的な優先順位が記されたものであった」としているのである。

このヌガラという言葉は、インドネシア語で「宮殿」「都」「国家」「王国」といった意味で、サンスクリット語の「町」に起因するという。ヌガラと対立する言葉としてデサという言葉がある。これはインドネシア語で「村落部」「領域」「村」「場所」そして「従属」「統治領域」などの意味がある。デサは行政村を意味し、現在も大変広く使われており、バリ島のどこに行っても、道路の端に「デサ○○」と書かれている標識を見つけることができる。また、デサアダットと呼ばれる慣習村があり、宗教などに関わる一つの村落形態と見なせるものである。

ギアツは、現在のタバナン県にあった王国であるヌガラ・タバナンを例としてその構造を次のように明らかにしている。まず、カウラと呼ばれる一般農民が存在し、人口の9割を占めるもので、土地所有者であり、特定の君主に限定された奉仕を行う。その内容は儀礼と軍事に関するものである。したがって、日本で古代から近世まで行われた租税（年貢）を国家または領主に納めるという基本的な制度は存在しなかったと考えられる。カウラを束ねるものとしてプルブクル（政治的組長）が存在し、相当数のカウラを直接的に従えるものであった。プルブクルを従えるのがプンガワ（君主）で、相当数のプルブクルと、それを通じて数百から数千のカウラを掌握するものであった。このプンガワと同列の立場でプリグデ（王家）が存在する。また、プンガワは、パルカンと呼ばれる集団を掌握していたが、これらは君主の屋敷内またはその近くに住み、食料は君主から宛行われ、土地を所有せず、君主の命令は絶対だが奴隷とはいえないものであった。ギアツは、かつてプルブクルであった者をインフォーマントとして、このようなプリグデ—プンガワ—プルブクル—カウラの縦支配の構造の実態を示している。それによれば、このプルブクルはタバナン王国の首都タバナンから半径二五キロメートル程度の領域のほとんどあらゆる方向に存在する八つのデサの合計八七軒のカウラを支配していたが、デサごとに二軒〜四〇軒の幅があり、一つのデサのカウラ全員を掌握するようなことはなかったのである。ここからヌガラの政治的核となるべきプルブクルの支配の特質をあげれば次の二点が指摘できるであろう。①散在支配であって、領域支配には至っていない。②人の支配は辛うじて出来ているが、土地の支配には及んでいない。プルブクルが一村を丸々支配するというような状況はなく、デサがヌガラの徴税を請け負うこともなかった。すなわち国家という枠組みからは村落が見えて来ないのがバリ島の特質であったと言えよう。一方で、下部構造であるデサは、バンジャル

（部落）を基盤としていたが、ここには「部落規則」とよばれる詳細な成文法があり、農業組織としてスバックと呼ばれる水利組合が強固に展開し、数個のバンジャルが集合してデサ・アダット（慣習村）と呼ばれる、ヒンドゥーの三大寺院を有する信仰領域を形成していた。このような生活と生産と信仰の強固な共同体を現出していたのである。これをオランダの研究者コルンは、ドルプスレプブリーク（村落共和国）と規定した。それ故、ギアツは「国家は権力の執行よりは、権力の演劇化に専念することになった」と述べている。この言葉が劇場国家の構造を最も象徴的に示したものとなっている。

ギアツの「劇場国家論」は日本ではどのように受け止められたのだろうか。一九八〇年にギアツの著書が刊行されるやいなや、ただちに多くの研究者が論評を行った。その中で山口昌男氏は優れた感覚で分析を行なっている。氏は論文[16]の章立てにみえるように「政治の初原形態と身体演技」「劇場としての国家―バリ島の場合」「政治宇宙の記号論的仕掛け」という枠組みでギアツの本をとらえている。山口氏は劇場国家論への批判として、「王権という政治組織の演劇論的環境を描いているが、ギアツには政治世界の宇宙論的全体を見通す理論的関心が欠けている。中村雄二郎氏が『魔女ランダ考』で、バリ島の文化的トポスの中に位置づけることに成功しているが、ギアツが必要としたのは、こうした負価を帯びた表象と求心的な王権の秩序を同時に組み込む理論的枠組を見出すことにあった[17]」としている。また、「劇場国家」を日本に紹介した仕事として、八〇年一二月頃の矢野暢氏の一連の業績が想起される[18]。「劇場国家」を日本の律令国家にストレートに投影して、そこから天皇制を論じ、中国を中心とする東アジア国家の中でいわば非文明社会のものであるというとらえ方をしている。だが、本稿の視点からすれば、以上のような八〇年代の議論によっては、劇場国家の本質的な側面は捉えられていないと考えられるのである。東アジアには水稲耕作を基盤とする二つの社会があり、その一方の国家モデルが劇場国家であった。

四　前近代の日本における村の水利

ここでは水稲耕作を基盤とする社会を水利社会と呼ぶ。まず、調査をしたスバック・バサンアラスの特徴をまとめておきたい。第一に水路が川の流れに直角に入っていることである。これは極めて高度な技術で、日本の場合、中世以前の灌漑水路では見いだすことが困難である。また、中継井堰を多用している点も見逃せない。さらに、トンネル式の水路であるが、バリ島では九世紀から存在すると言われている。日本ではマブと呼ばれる鉱山技術が導入される戦国時代以降のことである。次に、対馬豆酘に戻ると、赤米神田を灌漑する約八〇〇メートルの長さを有するテーンハイ井堰は、神田川とほとんど平行に流れている。この方が水路としての築造が簡単である。豆酘の水路はかなり原始的な水路であるということになる。しかし、それが先述のように江戸時代にならないと出てこないという状況である。豆酘の場合は水利組合も存在しない。テーンハイ井堰くらいのものがあれば、他の地域では大体水利組合が存在する。そのような点ではやはり、バリ島のスバックとは大きな違いがある。

以上、バリ島と対馬の復原調査から、村落レベルの灌漑水利を見た。両者の比較によって、特にバリ島の灌漑水利の特質が浮かび上がったかと思う。しかし、対馬は日本の灌漑水利の一特質を示しているものの、決して日本全体を象徴しているとはいえない。その場合に大きく抜け落ちているものがある。それが池灌漑である。ここではかつて復原調査が行われた豊後の国東半島に位置する田染（たしぶ）を検討する(19)。

北部に富貴寺という寺がある。これは院政期の文化が地方に伝播した例として平泉の中尊寺とともに挙げられる著名な寺であり、この富貴寺の周辺は平安時代以来の水田開発が確認できるところである。桂川という川が南から北に流れており、二つの大きな井堰が存在する。これらは律令期にできた井堰であり、さらにそれぞれの支流には多数の井堰が作られ、そこから長短さまざまな水路が引かれて水田へと用水を導いている。この状況だけを見れば、対馬・バリ島と

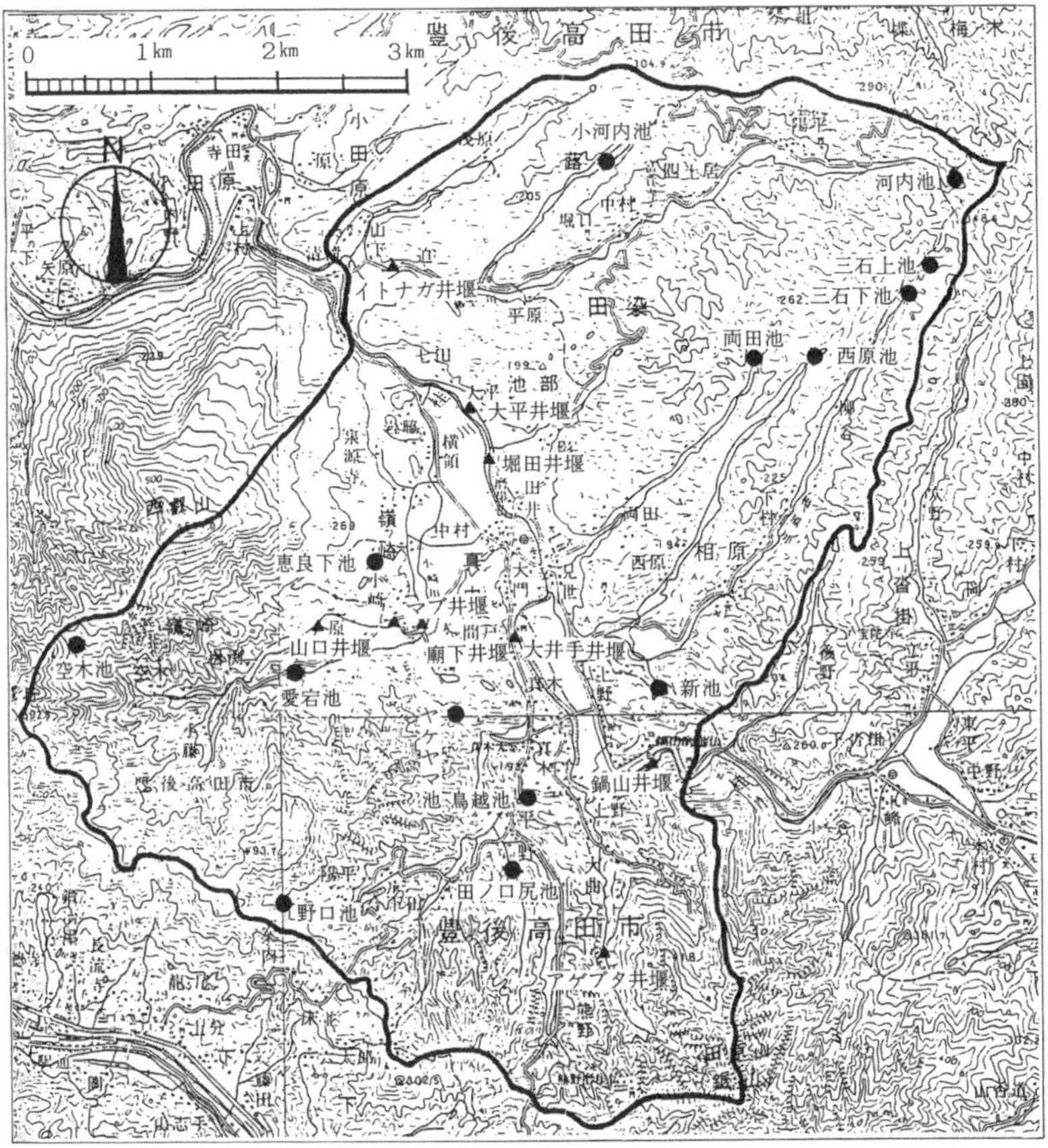

図3　豊後田染の水利

大きな相違はないように見えるが、大きく違う所は、溜池が近世村ごとに配置されていることである。先述のバリ島でも豆酘でも溜池は存在しない。しかし、溜池の存在は、日本の伝統的な村落の中ではきわめて一般的な景観であろう。田染荘の領域は、集落及び耕地において、豆酘の約二〇倍の面積があるが、その中に二六箇所の共同利用の用水池が存在する。[20] これらのうち、桂川の主な支流の水源近くに造築された溜池は、近世の村落がそれぞれ管理するところであった。したがって、このレベルでは、村落共同体と水利の共同体は一致するものであったといえよう。

しかし、近世前期に作成された元禄の村明細帳[21]によれば、灌漑は通常、①池、②井堰、③天水に分類されて記述され、それらの間に重複はないように制度化されている。しかし、①、②ともにその灌漑範囲が村と村にまたがるものもあれば、村のある範囲に限られるものもあり、近世の村落共同体とは別個の原理で動いていたといえよう。ここに、バリ島のスバックとの共通性を見いだすことができる。その代表的な例として、桂川本流にかかる井堰から引水し、その灌漑範囲が複数の村にまたがる大井手の場合を考えてみよう。この大井手は、スバック・バサンアラスの報告書が作成された一九八二年の時点を基準に考察すれば、「大井手水利組合」と呼称され、約三七ヘクタールの水田を灌漑するものであった。

この水利組合は、規約的性格を有する古文書を現代に伝えている。その最古のものは、一七六二年（宝暦一二）に作成された「覚え」で、次のような内容を有する。

覚

一　中村大堰□水□（朝五ツ之上刻中村江受取 同五ツ下刻横嶺村へ渡候）

右之通□□□□懸リ之儀、大庄屋様御指配被仰付候ニ付、両村田作り百姓しゅへ談仕、此次第之義ニ付、何之申合仕間敷候、爲後日之田作り、惣代我々立会印判仕所如件、

宝暦十二年
壬午ノ
五月廿三日

横嶺村頭百姓　市郎右衛門
同　孫平
同　源左衛門
同　磯平
同　須蔵
同　徳七
同村組頭　惣左衛門

同村庄屋
小兵衛

中村庄屋
爲右衛門殿
同村組頭
忠左衛門殿
同村田作り
御百姓衆中

大井手水路の下流にある横嶺村の庄屋および百姓から堰が存在する中村の庄屋・組頭・百姓に宛てられたもので、田染組大庄屋の裁断に従う旨が記されている。裁断の内容は一つ書きの一行に集約されるが、闕字のため「中村大堰□水□」の二字が判読不能であるが、敢えて推定すれば「中村大堰之水分」と読めるかと思う。要するに、この時代に中村大堰と呼ばれている大井手水路の用水の配分に関わる事である。下の割書によれば、「朝五ツ之上刻」すなわち現在の時刻にしてほぼ午前七時〜八時には中村が受取、「同五ツ下刻」すなわちほぼ八時〜九時には横嶺村へ渡すというものである。給水時間を規定したものであることは間違いないが、直接受け渡しするのは、その旨を記した札である可能性も否定できない[22]。いずれにしても、大堰が使用されるのは、一日のうち、朝の二時間ほどで、最初の一時間を中村が、次の一時間を横嶺村が使用するということであろう。この史料には見えないが、恐らく桂川の用水は広域的に使用が制限されていたのであろう。それを示す証左として鍋山井堰と上野新池との関係を考えてみたい。一八二四年（文政七）上野村が新池の築堤を願い出た際に、次のような理由を述べている[23]。

鍋山堰之義ハ、川上杵築御領ニテ数ヶ所堰留、僅之流ニ而養水乏敷流末ハ、年々共水届兼、旱損仕候、然ル処、川上杵築御領之義ハ是迄都而堰芝堰ニ仕来リ申候処、近年ニ相成候而ハ堰悉赤土堰ニ仕候ニ付、鍋山堰上リ方至而無甲斐年々共旱損仕候。

この鍋山井堰は、上野村の水田約三六ヘクタールを灌漑するもので、中村大堰とともに、田染地域における基幹的な井堰であるが、杵築藩領となる桂川上流に井堰が設けられているため、流水が乏しく、旱損に見舞われていた。さらにこの上流域で従来芝堰であったものを、効率を上げるため、赤土堰に代えたため、鍋山堰の用水不足は一層深刻となった。そこで新池を築堤することとなったのである。丘陵内の湧水地点に作られた上野新池は豊富な用水を供給することができ、上野村の水不足は大幅に緩和されることとなった。しかし、これも元はといえば、桂川の水量不足によってもたらされたものである（大井手水利組合文書）。

以上のような状況は、明治維新を迎えても変わることはなかった。一八七一年（明治四）には、次のような規定が作成されている。

中村大堰分水規定

一　分水刻限之儀者、従前定之通たるへし
　但植手水之儀者たとひ非番之時たり共両村水曳申合相尋可助合事

一　分水日限以来井手堰上之日より暦表初田植迄、日数中煎ニ相帰候日、横嶺村名主より中村名主元へ書面相添、神酒一樽差遣り、分方致し可申、尤麦田ニ差障り候儀茂有之候間、堰口ニ而水深浅分量相定置過分之水通間敷、初田植与二番田植中煎之半日より十分通水可致事

但、当日より両村水洩ニ申付小前猥ニ水取間敷候、尤右日限ニ致分水候上も年ニ寄麦作取揚不相済内者、互溝筋田地迷惑不相成候様、可相計事

右者大堰分水之儀ニ付申分ニ相成居候処、此度両村堰掛リ頭百姓立合熟談之上、取極候上者、末々至双方聊申分無御座候、然上者土場、芝場等至迄指支不相成候様指図ヲ受可申候、依而銘々連印証文取替置也

明治四年辛未四月

横嶺村頭百姓　小田原宝平（印）

（中略）

同村乙名　渡辺太郎（印）

中村堰掛中

名主　安東一雄

立入佐野村名主　安藤貞五郎

前書之通無相違者也、

この文書が作成された明治四年（一八七一）は未だ近代的な行政区画が成立せず、近世村落が余命を保っていた。しかし、大庄屋―小庄屋の村支配については前年に廃止され、大庄屋は惣名主、庄屋は名主、組頭は乙名と改められた(24)。「中村大堰分水規定」はこのような近世→近代の過度的な状況の中で成立したものであった。宝暦の覚書と同様、大井手水利組合に伝えられたものであり、横嶺村百姓が連署した点も共通するものがあるが、宛所は、「中村堰掛中」で、宝暦の時よりもだいぶ簡略化されている.また、横嶺村の農民も「頭百姓」と組頭の後身である「乙名」が名を連ねている点は共通するが、庄屋の後身である「名主」は保証人の立場を取っていることが注目される。宝暦の覚書が村から村への公的色彩の強い文書であったのに対して、明治の規定は、横嶺村の農民から中村の井堰関係者に出されるという形をとっており、水利の問題では近世村落が確実に解体しつつあることが読みとれるのである。ところで、「立入」として佐野村名主が連署していることに留意しておく必要があろう。この佐野村は桂川の中流域にあり、元和年間には「田染手永」に属したが、寛文年間以降島原藩領になってからは「高田組」の一村であった。行政的には、田染地域とあまり密接な関係はないようだが、近世における桂川の水利規制はこの辺まで及んでいたことを意味するのであろう。番水法的な慣行はこの地域まで含むものであった可能性がある。内容を見ると、まず第一条で「分水刻限の儀は、従前の定めの通りたるべし」とある。これは宝暦覚書以来の慣行を継承したものであろう。近世の水利慣行を引き継ぐことの「宣言」といってもよいのではないか。これに対して第二条が、今回の規定の骨子であると言える。分水の日限について、堰を上げ、通水した日から初田植えの日までの中間の日に横嶺村の名主から中村の名主へ書状をしたため、神酒一樽を付けて、分水を申し出るというのである。条件としては、対等に近いが、横嶺村が若干の謝礼を行うことになっている。また、麦作が普及し、細かな規定が付け加えられていることも特徴である。現在でも裏作の麦を栽培した場合には、刈り入れから田植えまで日数が限られ、通水の調整が難しいが、明治初年にも問題となっていたのである。規定の最後には、両村堰掛りの頭百姓が立ち会って熟談したものであるので、「土場・芝場」に至るまで支障がないように、指図に従うべきであるとしている。一九八〇年代の大井手では、イデ（主水路）よりヨコミゾ（枝水路）への水量を調節する際、コモゼキ（薦で水口をふさぐ）、シバゼキ（根がはっている草を四角に土ごと切って使う）、カラト（木の板でふさぐ）という三つの方法を用いていた。「土場・芝場」もこのような水口のあり方を示すものではなかろうか。大井手においては上流の中村側の給水が終わり、横嶺の水田を灌漑するに際しては、中村側のヨコミゾを総てふさがなければならない。その際、中村の農民たちによるきめ細かな配慮が必要であったものと思われる。明治四年の分水規定で、横嶺村が中村へ神酒一樽を贈ることにしているのは、大堰の管理を中村が行っていることに対する謝意と中村の農民の細やかな配慮を期待したためであろう。

大井手に関する全体的な規制は、次の一九〇四年（明治三七）の「申し合わせ規約」をもって頂点に達したといえる。内容を検討してみよう（大井手水利組合文書）。

大堰用水申合規約

第壱条　本規約ハ大堰掛地主・小作人一同集会協議之上、決議シ、投票ヲ以テ惣代人ヲ設ケ連署保存可致事

第弐条　該堰用水ハカンパツノ節、古田ノ養ニ乏シキヲ以テ、今後決シテ新田ヲ開始致間敷候事
但シ今後別ニ用水ノ出来致シタル時ハ更ニ議協ノ上開始スルヲ得

第参条　前条ニ違背シテ新田開始致シ候モ大堰用水ハ決シテ施与セザルモノナリ

明治参拾七年四月十九日　　田染村字中村

区長　渡辺勇次郎（印）

地主并小作人惣代

河野三郎（印）

（以下署名略）

大井手水利組合では、一九八〇年代に至っても用水の新たな配分について組合員の合議が必要であり、この文書は永く効力を発揮するものとなった。第壱条で、投票による惣代人の選出を定めており、事実上近代における大井手水利組合の成立を示す文書といってよいものである。ここで改めて強調されていることは、大井手用水による新たな水田開発の禁止である。これも、日本における水田農耕の自然条件がきわめて厳しいことを示したものであると言える。この申合規約では、前近代の文書に示されていた給水制限の規定は明らかにされていないが、一九八〇年代の聞き取り調査では、次のように定められていた。降水量の少ない年には、月ごとに奇数と偶数の日を振り分けて交互に両地区の田に配水する。このような行為を「わたす」・「ひきとる」という。中村地区が横嶺地区に用水をわたす時には、午前八時に水路の最上流にある大門地区の一番イカリ（主水路と分水路の間にある小堰）を閉める。以下次々に分水路を塞いでいくのである。逆に、中村地区が横嶺地区よりひきとる時は、午前五時にシリの水を止め、各横溝のイカリを開けていくのである。したがって、横嶺地区の方が給水時間は短いが、中村地区は水持ちが悪いため、これでバランスが取れるという(25)。以上のように二〇〇年以上の歴史を経て用水路をめぐる政治・行政は大きく変化したが、給水が時間的な原則によって規制されるという伝統は生き続けているのである。

バリ島棚田の灌漑の特徴と日本の場合とを簡単にまとめておきたい。一九世紀においてバリ島では、国家所有や国家経営の水利施設は一切存在せず、スバックと呼ばれる自律的団体が一切の責任を負っていたが、この頃の日本においても村落を単位とする水田灌漑が広く行われていた。二番目には、バリ島の棚田ではトンネル水路が発達し、天水に頼る度合いが大きかった日本よりも灌漑技術において優れていたことを指摘できる。バリ島では豊かな用水と肥えた土壌および台風の来襲がなく、三期作も可能である(26)。

おわりに―バリ島と日本における水利社会の共通性と異質性―

二一世紀COEプログラムがスタートして最初に行った二〇〇三年のシンポジウム「アジア地域文化学の構築」では「集落・儀礼・水田の復原研究―対馬とバリ島―」として報告を行った。このときには、東アジア国家における二つの水利社会として、カール・ウィットフォーゲルが明らかにした秦・漢帝国に見られる水利社会と、それと対置しうる日本とバリ島に共通する村落共同体が管理する水利社会の特質を述べた。巨視的に見れば、この指摘自体にさほど問題はないと考えているが、その後、バリ島における村落の調査が進むとともに、「一九世紀バリの劇場国家」を支えた村落と日本の前近代社会における村落の相違点が徐々に明らかになってきた。クリフォード・ギアツがそれまでのバリ島研究を継承する形で、堅固な下部構造と揺れ動く上部構造に「ヌガラ」の特質を見て「劇場国家」と命名したが、その中身については若干の修正を加える必要が生じているといえよう。

バリ島と日本の村落では灌漑水利の共同体に重点が置かれるという点では共通する。しかし、より端的に言えば、バリ島では「水路」に、日本では「池」にその中心がある。バリ島では、一般に水田と河床との高度差があるため、急傾斜面に長い水路を掘る必要があり（この点では自然条件が厳しく、維持管理に危険を伴う）、テラオガンと呼ばれる隧道を掘削する必要性も生まれてくる。従って共同体構成員の関心もここに集中する。一方、日本は短い雨期を巧みに捉えて水稲耕作をしなければならない。そのため、広い地域で用水池を築造し、それを如何にコントロールするかが、共同体構成員の最大の関心事となる。日本で村落調査を行うと、個人持ち、あるいは二・三軒の農家で管理する井堰・水路が非常に多いことに気づく。共同体としての関心は村持ちの池に集中することになるのである。本稿では、バリ島と日本の共通する問題を追究するため、日本の近世における井堰と用水路の問題を考えてみた。ここでも短い雨期の克服が大きな問題であり、時間による給水制限を設けるのであるが、それが村落間の交渉で行われ、さらに村落の上に立つ大庄屋の裁断を仰ぐこととなるのである。このような時には、単なる灌漑水利の問題を離れ、行政的な村落の問題として解決が図られている。さらに近世から近代への移行過程でもこのような状況は変わらず、隣接しない村落にまで用水問題としての立ち会いが求められる状況となっている。翻ってバリ島の場合を考えると、ギアツが述べているように、村落のレベルで三つの団体があり、日本のような統一的な村落は形成されなかった。このことは、上部構造の揺らぎと密接に関連することと思われ、村落レベルの政治も常に分裂する契機を孕んでいたといえよう。儀礼に重きをおいて統一を図るという点においては、上部構造も下部構造も同様な側面があり、その点においてバリ島では村落レベルにおいても日本と比較して「劇場国家」的であったといえる。このように考えれば、本稿で扱った近世の日本社会は「劇場国家」ではなかった。しかし、中世社会においては、「劇場国家」的状況もみられ、結局日本は、水田農耕に基盤をおきながら、秦漢帝国に起源を持つ「水力国家」と「劇場国家」との間を揺れ動いていたといえよう。

注

(1) このシンポジウムでは、海老澤衷「九学会連合調査から半世紀を経て」、関周一「中世対馬の所領表記について」、本田佳奈「中世対馬の耕地と山の開発」、本石正久「豆酘（つつ）の赤米神事について」の4報告が行われた。

(2) 報告として、海老澤衷「「劇場国家」の普遍性と限界」、河合徳枝「バリ島村落の劇場的性格」、黒田智「対馬豆酘における空間構成と天道信仰」、和田修「対馬における芸能と村落」、コメントとして西村正雄「劇場国家論とその後の文化人類学的研究」が行われた。
(3) 報告として 新川登亀男「古代仏教と水稲文化―牛をめぐって―」、田村憲美「平安時代の条里制と寺僧私領」、横内裕人「俊乗房重源の勧進と開発―結縁の構造―」、コメントとして平松良雄「寺院と水田を掘る」が行われた。
(4) 報告として、IGピタナ「バリ島の棚田と灌漑組織スバックの現状」、Putu G. ガヤトリ「曲がり角に立つバリの女性」が行われた。
(5) 報告として、岡内三眞「ヒトと技術と米消費文化が来た道」、深谷克己「近世農書の米認識」、紙屋敦之「琉球の石高制と稲作」、鶴見太郎「柳田国男『海上の道』の位置づけをめぐって」、高橋傑「伊予国弓削島荘における水田農耕の行方」が行われた。
(6) 二〇〇三年八月に包括的な交流の交渉を行った後、一二月に農学部と水稲文化研究所において調査協力の覚書を交換した。
(7) 二〇〇三年六月十六日水稲文化研究所研究報告会：片倉悠輔「バリ島の研究史」
(8) 『全集　世界の食料　世界の農村　10』（農山村文化協会　一九九六年）
(9) 大橋・河合「バリ島の水系制御とまつり」（『民族芸術』一七、二〇〇一年）
(10) 余語琢磨「バリ島の土器つくり―諸生産地にみる技法の多様性を読み解く―」（第七回「東アジアの歴史と文化」懇話会「世界の土器つくり―土器製作技術の民族考古学、実験考古学―」二〇〇三年一一月）
(11) 『ヌガラ』翻訳本（みすず書房、一九九〇年、小泉潤二訳）八一頁。
(12) 『アジア地域文化エンハンシング研究センター報告集Ⅱ』海老澤「集落・儀礼・水田の復原調査―対馬とバリ島―」参照。

(13) "MONOGRAFI SUBAK BASANGALAS" (1984)
(14) 木製の大型鳴具。集会所に下げられている。
(15) 翻訳本は、みすず書房から一九九〇年に刊行。小泉潤二訳。
(16) 「政治の象徴人類学へ向けて」(『叢書　文化の現在12　仕掛けとしての政治』岩波書店、一九八一年)。
(17) 前掲論文二一〇頁。山口氏によっても紹介されている中村雄二郎氏の「魔女ランダ考」はギアツに触発されて書いたバリ島の哲学的コスモロジーを明らかにした論文である。
(18) 『劇場国家日本』(TBSブリタニカ、一九八二年)にまとめられている。
(19) 『豊後国田染荘の調査Ⅰ・Ⅱ』(大分県立宇佐風土記の丘歴史民俗資料館、一九八七年、)、海老澤衷『荘園公領制と中世村落』(校倉書房、二〇〇〇年)
(20) 『豊後国田染荘の調査Ⅱ』「附図3　田染地域灌漑概況図」による。
(21) 田染地域においては一四ヵ村において一六八九年(元禄二)の状況を記した絵図付きの村明細帳が知られている。
(22) 宝月圭吾『中世灌漑史の研究』(一九四三年)復刻版一七五頁参照。大和国の中世荘園では、荘園領主の裁断により、(地域ごとの時間給水が定められていたが、その際、その旨を記した木札を順番に回すことが定められていた。
(23) 豊後高田市教育委員会『豊後高田地区遺跡群発掘調査概報Ⅲ』(一九八六年)の「文献資料の調査」参照。
(24) 田染大庄屋が書き継いだ「河野家年代記」(『豊後国田染荘Ⅲ』)による。
(25) 通常、水利権は上流側に有利であり、この地区においても伝統的に上流の中村側が有利であったと思われる。ここで水持ちの問題が語られるのは、現代における民主主義的な公平性を保つための説明であろう。
(26) 実際には二期作の後の一作は、ピーナッツやなど他の農作物を作っている。

東アジアにおける朱子学の機能
—普遍性と地域性—

土田健次郎

一　「自覚化された儒教」と「自覚化されない儒教」

一般に日本における儒教の歴史は長いとされている。しかしかつて津田左右吉博士は、儒教は日本に入らなかったことを繰り返し強調した(1)。津田博士の見解をそのまま継承する研究者は多くはないが、日本儒教が中国儒教と多くの点で異質性を持つことについては、現在ではむしろ通念に近いとすら言える(2)。しかしかかる異質性を認めるのであれば、かくも異なるものが同じ儒教と観念されたのはなぜかということに答える必要が出てくることになるが、これについては明確な議論は見あたらないようである。振り返れば同様の問題は仏教に関してもあった。原始仏教のみを仏教と規定するのであれば村上専精、前田慧雲らの「大乗非仏説」もそれなりの説得力を持ち、インド仏教をあくまで軸にすれば、中国仏教や日本仏教の如来蔵系、本覚系仏教も仏教ではないとする袴谷憲昭、松本史朗両氏のいわゆる「批判仏教」も出てきて当然なわけである。しかしこれは原始仏教と大乗仏教、また中国仏教や日本仏教とインド仏教が異質な面を持つということであって、今度原始仏教以後の展開の諸相も広く仏教と見なしていけば仏教と言えないこともないということになる。もっともその際に仏教の本質的部分が変容してしまったものも仏教と呼べるかという議論も成り立ちうるのであるが、ともかくもキリスト教であっても同様の現象は見られるのであって、このような時代や地域の多様な状況に即した変容を許容できたものが普遍宗教として展開しえたということでもあろう。

一方で加地伸行氏は儒教を「沈黙の宗教」と表現した。これは一般に仏教と思われているものが実は儒教であったという認識をうながすものであって、いわば「自覚化されない儒教」の指摘であろう。それに対し冒頭で問題にしたのは「自覚化された儒教」である。加地氏のこの見方は、従来の通念を一新したものとして、学界をこえた反響を呼んだ。(3)

加地氏は東北アジアで儒教こそが死の問題に対して説得力を持ち得た思想だとし、従来は仏教のもののように言われていた位牌が実は儒教のものであること、また三回忌が儒教の三年の喪に由来することなどのトピックを挙げた。(4)そこで問題になるのは、儒教に由来するかかる事柄が、なぜ仏教のものと見なされるようになったのかと言うことである。例えば位牌に関しては、普通このように言われている。日本に位牌が持ち込まれたのは、南北朝時代ころであって、一般に普及したのは、寺請制度の影響を受けた元禄時代以降である。また中国における位牌の登場は宋頃とされ、これは禅宗が儒教のものであった神主を取り込んだのであって、仏教が儒教へ接近していく傾向の一つのあらわれと見られる。つまり神主はもと儒教のものであるが、それが禅宗に取り込まれて位牌となり、その禅宗を通して日本にもたらされたがゆえに、日本では位牌が仏教のものと観念されたというわけである。かくて位牌は「自覚化されない儒教」を象徴することになるのである。(5)

しかしなぜ日本で位牌が普及していったのかを考える場合、儒教の神主の発想が日本の習俗を一変したのか、それとも神主という発想がそれまであった日本の習俗に結果的に適応したのかという問題を避けては通れない。儒教の「影響」というからには、それによって新たな状況が喚起されていなければならないのであって、儒教が単に習俗と矛盾しなかったことをもってその習俗を儒教であるとは言えない。例えば日本では埋め墓と参り墓とを作る両墓制があったが、これは墓と位牌の両者を作ることと平行しているとも見えなくはなく、ここにある死体を不浄とする感性は、位牌を受け入れやすくしたと言えなくもなかろう。

また習俗と一致点がありながら、同時にその習俗が儒教の容認枠を逸脱するのを規制するのも儒教であって、この規制を行う際に儒教が意識されることもある。例えば儒教の葬送儀礼は、習俗と一致する面、あるいは習俗を吸い上げている面もあろうが、その儀礼が儀礼の枠をこえて巫術的なものに流れる時、儒教はそれを規制するのであり、またその場でこそ儒教が意識されるのである。

ところで日本において［自覚化されない儒教］の存在を認めるにしても、その一方で［自覚化された儒教］があったことをもう一度確認しておく必要がある。あまりに当然のことであるが、日本には多くの儒者が存在し、社会的にも認知されていたのであって、ここで問題になるのは、いかなる場合に一つの思想が儒教として自覚されるかということである。

ここで考えておくべきは、江戸時代初期に儒教が自己主張する時は、仏教批判をともなうことが多いことであって、儒教の差別化が対仏教という形でなされること、そのための儒教が本来所有してきた多様な要素のうち、仏教と対抗関係を取り出しやすいものがクローズアップされることである。

日本における儒者の仏教批判の王道は三綱五常を持ち出すことであるが(6)、これなどは［自覚化された儒教］の最たるものであり、中国での儒仏論争の常套的議論の踏襲である。ただ三綱五常といっても、仏教や道教も日常生活の場面では限定的ながらそれを認めるのが大勢であって、儒教がそれでも三綱五常を問題にするのは、三綱五常を超えた価値を持ち出して三綱五常を相対化することに対する厳しい拒否感のゆえであった。三綱五常は三綱五常であるがゆえに尊いのであって、その根拠として聖人や天を持ち出すことがあるが、この両者は三綱五常を背後で支える役割を持つにとどまり、三綱五常をゆるがす可能性は全く持たされていない。また筆者が以前指摘したことであるが、藤原惺窩らは明末の林兆恩の三教合一論の影響が強く、そのような場から改めて儒教の独自性を際だたせるには、三綱五常を強調することが有効であったのであって、空谷景隆の書（『尚直編』、『尚理編』であろう）に基づいて「三教一致の胡論」を著した山崎闇斎が朱子学に接してから「蓋し道は綱常のみ」と言い切るようになっていったのは（『闢異』）、その好例である。

ところでその三綱五常であるが、その具体的内容についても日中で差があることは日本儒教と中国儒教の違いとして常に言及されてきた。そこで問題になってくるのが、「類型の共有」と「内容の分岐」である。

二　「類型の共有」と「内容の分岐」

中国・朝鮮・日本は礼の強調を共有しつつも、その内容に地域差があるのは常識化されている[7]。奈良時代の養老令に「凡服紀者、為君、父母、及夫、本主、一年」（巻第九　喪葬令第二十六）とあり、江戸時代の服忌令に父母に対して「忌五十日、服十三ヶ月」とあるように、日本において「三年の喪」を額面通りに実行することを古代から近世まで放棄していたことなどはその最たる例であろう。なおかかることを儒者も是認している例としては、貝原益軒や熊沢蕃山がよく知られている。

そもそも礼は時代とともにその細目を変える。というよりもむしろ変えることこそが礼の理念とされる。かの『論語』為政篇の夏、殷、周の礼は損益することがあるというのは、このことを問題にする時に必ず使われる根拠である。ただ同時に重要なのは、礼は時間的には変化すべきだが空間的には多様性を許容しないということである。やはり『論語』憲問篇に「管仲微かりせば、吾其れ被髪左衽せん」、つまり管仲がいなかったならば我々は夷狄の風俗をしていたであろうとあるように、礼は華夷を分ける徴表なのである。この礼に従わないということは、自己が夷狄であることを容認することになり、それに敏感である朝鮮が小中華を標榜するのと、それを意に介さない日本とでは根本的な差がある。

特にこの三年の喪は、「天下の通喪」、（『論語』陽貨篇）、「天下の達喪」（『礼記』三年問篇）で誰もが踏み行うべきものとされ、地域のみならず時代をも超えて施行されねばならない最重要の礼であった。それを一年程度でよいとする日本の儒者は、中国や朝鮮の基準から言えば、とても儒者とは言えないものである。

また忠孝の強調を共有しながら、各地域の君臣関係や親子関係のあり方の差から、その発揮の形態には分岐が出ていったことも種々の形で指摘がある(8)。

なぜそれでも日本に儒者が存在し、儒教が意識されたのであろうか。そこで考えるべきなのが、「類型の共有」である。つまり礼の具体的内容は異なっても、礼と言いうる日常生活を律する秩序を尊重するという姿勢によって儒者であると意識されるということである。言い換えれば「日常の行為を律する文化的秩序を神秘的な権威を用いずして最優先にする型」を持つことで、互いの秩序の内容は異なっても、ともに儒者という認知を得られるということである。（もちろんその場合、君臣、父子という人間関係を軸とし、部分的であれ経書の文言を適用できることが条件になろうが）。江戸時代の最大の儒教の担い手であったのは武士であり、その武士の威儀を重んじた山鹿素行は行住坐臥それに沿おうとしながらもその威儀の内容には中国儒教の礼の規定と齟齬するところがあったが、その態度を儒教的と呼んでも大方は問題を感じないであろう。

ところで、筆者はここから日本における儒教の影響と言い得るもう一つの重要な要素が見えてくることを注意したい。それは、儒教によってそれまで意識されなかった精神状況や習俗が自覚化されることである。

日本において同じく礼と称しながらその内容を異にすることは、中国の礼書を見れば歴然たるものがあるわけであって、それならなぜそれを礼としてよいのかという意味づけが要求されることになる。もともと日本の古代、中世にあって儒教の知識は、はれの儀礼空間や明経道などの学問空間、教養人でありつつ世間に順応していく心情（大和魂）から離れて自己の教養をもとに原理への回帰を目指す気構え（漢才）の根拠(9)、また説話集に見られる君主に対する諫言の推奨といった非日常的な形で発揮されることがむしろ認知されていたのであって、それゆえ日常とのずれが解決すべき問題として強く意識されることは、相対的にではあるが多くはなかった。しかし江戸時代になって儒教を自覚的に行為の準則とするようになると、日常との亀裂は埋めなければならないものとなった。種々の形で指摘されているように、江戸時代の思想界の大きな特色はその啓蒙性と日常性にある。儒教はそれらを充たす枠組として機能したが、それと同時に日常の心性に引きずられ、結果的には日本の地域の持っていた要素を顕在化させることになった。ここで起こるのが、中国儒教と対比した場合の「内容の分岐」と言うべき現象であり、しかもそれは自覚化されていった。日本ではなぜ礼の変容が行われなければならないのかという問題に対する熊沢蕃山の有名な時処位の論や水土論は、その代表例である。このような自覚化は、それ自体としては新たな思想的創造とは言い難くても、自覚化されることで新たな表現や理論を生み、それがまた状況を動かしていくことが往々にしてあった。かかる日本の内部における展開は、内容的には、中国儒教の本来の教説と齟齬を来すこともあるが、確かに儒教の影響と言えるのであって、以下に述べる朱子学の日本流入の問題もこれに深く関わるのである。

三　なぜ朱子学は地域を越えられたのか

朱子学は、東アジアに展開する前に、まず中国において地域を越えた超域性を持った。これは南宋以降の地域志向の増大によって、思想の持つ普遍的機能が逆に存在意義を強めたことと関係する。この問題について発表者は以前、このように述べたことがある。「近年日本でも、南宋から元を経て明清へと、士大夫の営為と思想の重心が中央から地方へと移行していったという認識が定着しつつある。これは明清の郷紳及びそれに類する存在の淵源を南宋まで遡及した結果とも言える。士大夫はそれぞれが足場を置く地域の中で、文化的社会的役割を果たすことを通して自己の存在を証明し、そして今度は中国社会の持つ濃厚な地域差が士大夫の営為と思想に反映してくる、と見るのである。このような地域志向の増大という現象は、道学の議論領域と使用言語の安定と矛盾しない。むしろ強調したいのは、南宋以降の士大夫の間における問題意識と用語の共有が、地域性に埋没していくのを心理的に防いだのではないかということである。ここの消息は微妙であって、おそらく地域性を持つゆえに逆に天下を意識する普遍性を志向するという要素もあったと考えられるのである。つまり地域性のみではそのリアリティーに埋没しかねない存在に全国的な普遍性をあたえるという機能も、あわせて思想に見出すべきなのである(10)」。

なお宋以後、特定の学派がある地域に隆盛し、それを全国に誇示することがあったのも事実であるが、そのような意味での地域性があることと、思想表現や議論領域が全国性を持ったこととは矛盾するものではない。この場合、全国性を発信できることがその地域の表彰につながるからである。

さらにこの朱子学は中国を越え東アジアで超域性を持った。朱子学はなぜかくも広範囲に展開しえたのか。その理由としては、各地域での宗教の独立的権威の後退と、官僚社会の熟成があり、それに応じて朱子学の「修己治人」が個人の内面の完全性への欲求と社会的分業の要求を充たすものとして広く受容されたということが考えられる。

そしてこれにはまた、朱子学を構成している概念や枠組み、具体的に言えば理気、体用、形而上・下といった概念の抽象性も有効であった。これらの概念はその内実に多様なものを包摂でき、各地域の思想的要請に柔軟に対応しえたからである。さらに朱子学が提示した、秩序と欲望、主観と客観、個人と社会といった問題の普遍的性格も朱子学の普及にあずかっていた。かくて東アジアの各地域は、かかる普遍的言語や思想の枠組みによって自己認識を促進させていくのである。

ただ日本では、朱子学は最初からその教説の詳細が体系的に理解されていたわけではない。南宋以後朱子学及びその源流である道学（宋学）の権威を背景にした書籍が大量に出版され、それが日本にも流入した。その中で類書類や学校の参考書類が日本中世では活用されている。つまり朱子学の周囲の雑多な書籍の利用が、一見朱子学の流入に見える現象を引き起こしているのである。(11)

室町時代に入ると、禅僧らをはじめとする朱子学理解はかなりの水準を見せる。(12)これだけを見れば江戸時代の朱子学受容と何らの差も無いかにすら見える。ここで注目すべきなのは、種々の形で指摘されているように江戸時代が「啓蒙の時代」であったことである。筆者は江戸時代に朱子学の修養論が受容されはじめたことに、それ以前の朱子学との差を見ようとしたことがあるが、(13)それもこのことと関係する。思想・宗教の秘伝的要素を公開、あるいは後退させていき、在俗の人間に道を開放していくという江戸時代の傾向に、朱子学の修養論・学問論が適合したという議論は成り立ちうるであろう。しかも科挙を採用しなかった日本ではとりわけ注目されたであろう。そしてかかる朱子学と在俗世界の接触が、朱子学の新たな展開と、反朱子学の興起を同時に呼び起こすことになるのであって、その代表が本論で取り上げる山崎闇斎学派と伊藤仁斎なのである。後述するように、この両者はそれぞれの形で日常との接点を追求しているのである。

ところで今朱子学の新たな展開と言ったが、朱子学の普及は、単純に朱子学の内容の伝播を意味しないということに注意したい。そもそも儒教の受容自体、「類型の共有」と「内容の分岐」があったのは前述した通りである。

筆者が再度ここで強調したいのは、各地域の持つ独自の精神的状況が、朱子学の普遍的思想表現を通ることで、逆にその姿を顕在化させていったということである。つまり朱子学の超域性は、逆に各地域の特殊性を自覚化させる結果をももたらしたのであって、日常における朱子学の説得力の獲得に腐心した山崎闇斎学派に、この傾向が端的に見えるのである。

そもそも地域性の問題は、思想の日常化を追求することに比例して浮上してくる。外来の思想がその地域に根付くには、日常の感性や習俗をいかに変容させるか、あるいはいかに折り合うかということが重要であって、この問題は特に儒教で顕著であった。

仏教は寺院という非日常空間で行法を展開し、その非日常性がまた仏教の価値でもあった。中国仏教が日本へ移入された際に、戒律などの変化が無かったわけではないが、基本的には寺院という異空間の中でそのまま保存することが可能であった。日本仏教の独自性はあったにしても、儒教に比べてその地域性が自覚化される程度は本来的に低かったのである。

言うまでもないことであるが、あくまでも世俗の中での実践思想である儒教は、仏教のような世俗からの超越を目指すものではない。それ以前とは異なり、近世になって本来の姿に立ち返り日常の行動原理としての地位の獲得を模索し始めた儒教は、同時に中国と異なる日本の地域性と今や本格的に向かい合わなければならなくなったのである。

四　精神状況の自覚化とその影響―伊藤仁斎と山崎闇斎学派

江戸時代前期の儒教の中で最も体系性を持つのは伊藤仁斎の古義学と、荻生徂徠の古文辞学であるとしてよかろう。この体系性とあたえた影響の深度と多様性のゆえ、両者は日本近世思想史を飾る華となっている。なぜこの両者が体系化に成功したのか。そこには朱子学の存在があった。

仁斎は朱子学を徹底的に批判し、そのカウンターとして自己の学問体系を表出した。仁斎学の体系化は朱子学の存在によって可能となったのである。彼の使用する思想言語はほとんどが朱子学のものであって、議論の枠組もそれにそっている。

体系性を持つ江戸時代前期の儒者としては、他に中江藤樹を挙げてもよいかもしれない。藤樹は因果応報的天人相関論を下敷きに、儒教倫理の実践の有無がそれに対応した禍福を将来するという議論を徹底させ、独自の倫理体系を構築しえている。そこには陽明学をはじめ明代の思想の摂取が見られるが、同時に神道や道教などへの言及や影響も見られ、儒にのみ特化した存在と言えないところがある。それに比しても、仁斎は江戸前期にあっては珍しいほどの純粋な儒者であった。仁斎は皇室に対する崇敬の念を持っていたが（「祝」、『古学先生詩集』）、そのわりには神道に対する言及が無い。これは当時の儒者では異例とすら言える。また仁斎は当時多かった医者との兼業を否定し、儒者一本で自立しようとしたのであって（「送片岡宗純還柳川序」、『古学先生文集』一、「儒医弁」、同三）、かかる儒者としての純化への強い意志が彼の特徴とすら言えるのである。そしてそれを可能にしたのが、朱子学という純粋儒学の体系であった。

なお朱子学と言えば仏教や道教の影響が云々される。確かに朱子学には仏教などに触発された問題意識や、仏教流の論法が顕著に見られるが、主観的には仏教が得意とした全領域にまで儒学を貫通させた思想なのであって、朱子学の中の仏教的要素を攻撃する仁斎の思想は、いわば純粋儒学を朱子学と取りあった結果なのである。仁斎において儒に徹した学問の体系化が可能であったのは、朱子学の体系をなぞりながらそこにある抽象的道理への固執を仏教からの影響として退けることによって、日常的実感を全面的に道の内容とし、その実感に当時の仁斎をとりまく生活感情を取り込めたからである。藤樹が陽明学及びその周囲の明儒の著作に多くを負うのと対比しても、仁斎が朱子学を対抗者に選んだのは、体系化という点ではまことに効果的であった。朱子学の体系性は、反朱子学を体系化するのにも多大に貢献したと言えよう。

一方徂徠は仁斎学を最大の批判対象にした。徂徠の攻撃対象にはもう一方で朱子学があるが[14]、特に仁斎に対する敵愾心は強烈である。丸山真男氏は朱子学→仁斎→徂徠という系譜に朱子学的思惟の解体を見、それに対して尾藤正英氏が江戸初期における朱子学の流布状況の低さを問題にして批判したが[15]、これは仁斎が朱子学をたたき台にしたという

［伊藤仁斎］	［朱熹］
意味·血脈の方法論を提示。	意味·血脈·左験の方法論を提示。
『論語』·『孟子』のみを絶対化。	『論語』·『孟子』·『大学』·『中庸』の四書を典拠化。
一元気の生生論を主張。朱熹の理を否定。	理気論を展開し、諸価値の源泉としての理を重視。
「性」＝「生」＝「気質之性」とする。 「本然之性」を否定。 （梅子、柿子、薬の比喩で、気質の性の個性を説明）。	「本然之性」と「気質之性」を峻別し、 「本然之性」を重視。 （薬の比喩で、物の性の一律性を説明）。
「学之綱領」として性·道·教を挙げ、その中の「道」を「人道」とし、天道と人道を峻別。	道＝天道＝人道＝理とする。
『詩経』における「美刺の旨」の否定。 （作詩者と読詩者の分断）。	『詩経』における「美刺の旨」の承認。 （作詩者と読詩者の相関関係の提起）。
『易経』における「筮家の易」の否定。 （行為の動機の純粋性を説く『孟子』の「義利の弁」と、結果によって行為を選択する卜筮の矛盾を指摘）。	『易経』を卜筮の書と見る。 （行為の動機の純粋性の保持と、行為の結果を問題にする卜筮の性格の微妙な関係を提起）。

ことと、当時における朱子学の流布の程度とを切り分けて見る必要があるということを意味している。つまり朱子学の流布と定着があってから仁斎の朱子学批判が始まったということではなく、仁斎は朱子学を批判することで自己の学問を表出し、今度は徂徠がその仁斎を攻撃しつつ自己の思想を形成したがゆえに、上記のような順序に見えるということなのである(16)。

上表に仁斎と朱熹の学問を対照してみたい(17)。

ところでこの仁斎に対しては、同じ京都で揉み合った山崎闇斎学派が反撥した。周知の通りこの学派は朱子学の純化を目指していた。実は闇斎自身の仁斎に対する具体的論評は残っていず、目立つのは闇斎門下の浅見絅斎の仁斎批判である。絅斎は一時仁斎の門下にいたと言われ、また仁斎の代表作『語孟字義』に対する『語孟字義弁批』、かの有名な『大学』批判の文章『大学非孔氏之遺書』に対する『弁大学非孔子書弁』、山崎泉が『弁大学非孔子書弁』を参考に著した『大学弁断』

［伊藤仁斎］	［浅見絅斎］
『論語』・『孟子』を絶対化し、意味･血脈の方法論を提示。	仁斎が批判した『大学』をも含めた血脈を重視。
一元気の生生を説く。（理の把握の不必要性）。	一元気論を儒者周知のものとし、生生に関しては、そこにある理の存在と、その把握の必要性を強調。
「学之綱領」として性･道･教を挙げ、その中の「道」を「人道」とし、天道と人道を峻別。 （これを絅斎は、「嫗噢（ウバカカ）ノ挨拶云様ニ柔和愛敬ヲホケホケトス」と批判）。	人道重視は朱熹が既に周到に議論しているとする。 （絅斎は「アノイトヲシウテヤマレヌ、身トトモニシミジミト生付テ、自然ト忍ビラレヌ真味ガ仁ゾ」と表現）。
道の日常性の強調に終始。	日常の基底にある本体を強調。 （絅斎は「愛ノ理ハ、イトヲシヒヤウニ、イトヲシヒトイハヌサキカラ、大根（オホネ）ノ生付テイルヲ理ト云」と説明）。
「十人が十人認めるもの」＝道。つまり道の理解の容易さを強調。	道の把握の可能性と共に困難さも強調。
『易経』における「筮家の易」の否定。	『易経』を卜筮の書と見る。
「詩」を活物とし、断章取義の肯定。	『詩経』本文における意味の一義性の強調。
『春秋』を史書へ連続させていく。	『春秋』と史書との間に一線を画す。

の誤りや不足を絅斎が糾した『批大学弁断』というように、具体的な仁斎批判の著書を作成している。絅斎が付した『朱子文集』の訓点や、『絅斎先生文集』などに収録されている朱子学の心性論や礼論や占法についての論考の精度から知られるように、彼の朱子学者としての力量はなみなみならぬものがあり、その批判内容も内と外から仁斎を知っていることとあいまって、最も体系的なものである。

上表にその内容を対照してみる。

絅斎は仁斎の批判する朱子学が明代のものであって、本来の朱子学とはずれていること、仁斎独自の論の中に朱熹が既に周到に論じているものがあることを言う。これはそれなりに正確な認識であるのだが、ここにも朱熹に立ち返るという一種の復古の志向があることを見逃してはならない。つまり両者とも復古を行うことで原理の洗い直しと、その原理の中に実感を持ちうる内容を盛り込む方途を模索していたのである。

朱子学者である絅斎の仁斎批判が上記の［朱熹］の項目内容と重なるのは当然であるが、同時に絅斎においては理と気の不即不離を言いながらも両者の相即性が強く前提とされていること、あわせて日常性の重視を仁斎と共有していることが目につく。この日常性とは当時の日本の価値観や心情と接点を持つということなのであって、単なる日常化ということだけではなく、外来思想の土着化とでもいうべき性格を合わせ持っていた。

仁斎は道を性から外在化させ、その道の内実に日本人の当時の価値観や情操を託した(18)。いわば絅斎が「嫗嚊（ウバカカ）ノ挨拶云様ニ柔和愛敬ヲホケホケトス」（『箚録』）と揶揄した心性の形象化であり、当時の日本人の思想的情操に明確な表現をあたえるものであったが、それとともに重要なのはこの表現が完結した体系、具体的に言えば性、道、教を「学の綱領」とする議論を背景にしていたことである。

一方絅斎らも純正朱子学への立ち返りを目指す過程で、理の内容に心情的現実感をあたえうるものを意識的無意識的に選択していた。ただ絅斎の場合、その日常性の具体的内容は、漢文文献よりも、仮名講義として残されているような日本語の啓蒙的講説において語られることが多いのであって(19)、これは朱子学の体系を温存しつつその全体を日常へと引き寄せようという試みでもあった。絅斎は、日常の道徳的情感を持ち出しつつ常にそこに「大根」（理）を見出すことを求めたが、これは「大根」を見出せないものは肯定しえないということを意味する。つまり日常の道徳的情感は、理を根拠としているのか否かの検証が常になされねばならなかった。理は日常的情感によってリアリティーを得ているのであるが、それとともにその日常的情感は常に理に相応しているのか否かが問われなければならないのである。

それに対して仁斎は、朱子学の体系を解体し、日常的なものが日常的なままで学の綱領の中に明確に組み込めるように再編した。仁斎が仁の説明などにおいて意外なほど絅斎のような日常的な具体例や比喩を使用しないのも、日常の中で感得できる道徳をその実感性の確かさによって道として確認すればよいからである。個人の性から切り離され日常社会の側に押し出された道は、道であるという認知さえ成り立てばそれでよく、それが原理的なものと対応するのか否か、また他の道と相互に体系的連関を持ちうるのか否かを改めて検証する必要が無くなったのである。それによって道にはいくらでも「柔和愛敬」の情感に基づく価値意識を託すことができるのである[20]。

しかしいずれにしても仁斎と絅斎の両者とも道に日常的情感の裏付けは求めたのであって、これは外来思想である儒教をいかに土着化させるかという試みでもあった。

そして皮肉なことに、朱子学の純粋化への志向は、日本の特殊性の認識を増幅させ、朱子学の学説と必しも一致しない結果を引き起こした。山崎闇斎は朱子学の純化を志したが、次第に神道に対してのめりこんでいく。その門流は、垂加神道から、神道と儒教の一致容認派、さらに神道拒否派まで、一つの学流とは思えないほどの学説の分岐を見せていく。このような現象は、朱子学の枠組がいかに多様なものを許容できるかということを示しているが、興味深いのは、朱子学に対して肯定と否定のいずれであっても、朱子学を強烈に意識した場合、各地域の特殊性が朱子学の枠組を借りて明確化されていく現象が目につくことである。

筆者は以前、『神皇正統記』の「正統」概念が宋学に由来するものではなく仏教の『仏祖統紀』の正統（伝灯）に由来するものであることを論じた[21]。朱子学の正統論を代表する『資治通鑑綱目凡例』の理論を北畠親房は経過していず、内容も異なっている。

それに対して江戸前期の儒者たちは修史の際にも強く『資治通鑑綱目』を意識し、また同時に同書の「凡例」と明の方孝孺の正統論との亀裂を認識していた。この件も既に発表したので繰り返さないが、この亀裂、つまり政権の正統性と道の伝授の分離が問題化され、それを乗り越えるものとして提示された一例が、『靖献遺言』の著者として著名な浅見絅斎の正統論であった[22]。

筆者が関心を持つのは、宋学を経過していない『神皇正統記』的正統論が、朱子学を経過することでどのような形を取るようになったのか、ここに日本における朱子学の機能の一端を見ることができるのではないかということである。

そもそも正統論とは正統の王朝を認定することで、忠誠の対象を一元化する議論である。山崎闇斎学派は朱子学における正統と道統の分離を強く自覚し、そのうえで両者が一体である日本の皇統の優秀性を説き、同時に藩主、将軍、天皇と並び立つ中で最も権力に遠く、直接仕えてもいない天皇の意味を特化させた。そしてそこに正統と道統が未分の『神皇正統記』的な正統観が重ね合わされると、その存在意義が観念的にますます重みを増し、後に内憂外患、特に後者が重くのしかかっていくと、この観念世界が水戸学など種々の展開の中で現実感を持ち始め、幕末の尊皇攘夷思想に流れこむのである。

六　普遍思想としての朱子学の機能

朱子学の普遍思想としての効果は、その教説を中国国内さらに東アジア各地に散り敷いたということ以外に、少なくとも次の二点が挙げられる。

まず一つは、中国国内にあって、地域にありながらも朱子学的な議論を展開することで全国に自己主張できる場を開拓したことである。これは朱子学が宋以降の地域的偏差の中で意味を持ち、さらに中国の枠を乗り越えていく原因となった。ここで「朱子学的な議論」と言ったが、確認しておくと、これは朱子学が普及したということを単に意味するのではない。朱子学と問題意識や思想表現を共有する場が広がっていったことなのであって、陽明学のように反朱子学の思想であっても、この場に足を据えるものであればこれに含まれている。

もう一つは、朱子学の東アジアへの拡大である。この場合も、朱子学の流布のみならず、「朱子学的議論の場」の広がりが重要である。またあわせて注意すべきは、本稿で強調してきたように、朱子学が東アジアの各地域独自の心性や思想的問題を議論の対象になりうるように形象化したことである。この形象化によって、それまで明確な表現があたえられていなかった各地域の心性や思想的問題が浮上し、その結果、各地域の思想的個性ともいうべきものが露わになっていった。本論ではその具体的事例として、日本に朱子学が本格的に受容されたことによって仁斎の古義学のような地域の日常性（当人は普遍的な日常性と観念していたが）に根ざそうとする反朱子学の思想が呼び起され、また朱子学に立ち帰り仁斎を批判した山崎闇斎学派にも仁斎と同じ志向が見られ、それが結果的に日本的特殊性を滲み出させていることを取りあげた。そしてこのように様々な形で自覚化され形象化されたものが土台となり、さらに新たな議論や表現が生み出されていくのである。

なお普遍志向を強烈に持つ朱子学が結果的に地域性を顕在化あるいは確認させる効果を引き起こしたのは、日本人の著作が中国に入ったり朝鮮朱子学のものが日本でも読まれたことなどの例外はあるが、基本的には朝鮮も日本も、それぞれの地域内が議論の届く範囲であって、その中で表現と運用概念が煮詰められていったことにも原因の一つがあろう。つまり朝鮮であれ日本であれ、建前上はともかく実際には思想書の著者も読者もそれぞれの国内が主であり、各々の地域内で用語のイメージが熟成されていったのである。中華思想そのものが朝鮮や日本やヴェトナムに屈折した形ながら分与され[23]、自国を軸にする中華意識が芽生えたが、そのような状況とこのような現象は、地域で煮詰められていくという点で相似形であったと言えるかもしれない。

注

（1）津田左右吉の所論のエッセンスとして、とりあえず『支那思想と日本』岩波書店、一九三八年、『津田左右吉全集』二〇所収、一九六五年をあげておく。

（2）近年の代表的なものとしては、渡辺浩『近世日本社会と宋学』東京大学出版会、一九八五年など。

（3）加地伸行『沈黙の宗教―儒教』筑摩書房、一九九四年。また『儒教とは何か』中央公論社、一九九〇年。

（4）三年の喪が儒教から来ていることについては、道端良秀『仏教と儒教倫理』平楽寺書店、一九六八年など。

（5）位牌については多くの論文があるが、例えば柴田実「位牌」『日本仏教民俗基礎資料集成第四巻　元興寺極楽坊Ⅳ』中央公論美術出版、一九七七年、三浦秀宥「仏壇と位牌」『講座・日本の民俗宗教二　仏教民俗学』弘文堂、一九八〇年、五来重『葬と供養』東方出版、一九九二年、孝本貢「仏壇と位牌祭祀」『講座日本の民俗学七　神と霊魂の民俗』雄山閣、一九九七年、吾妻重二「近世儒学の祭祀儀礼と木主・位牌―朱熹『文公家礼』の一展開」『国際シンポジウム　東アジア世界と儒教』東方書店、二〇〇五年、中込睦子『位牌祭祀と祖先観』吉川弘文館、二〇〇五年、など。

（6）筆者は、江戸時代のこの問題に関して、拙論「近世儒教と仏教―闇斎学派を中心に」『仏教と出会った日本・日本の仏教第Ⅱ期第一巻』法蔵館、一九九八年にその一部をまとめたことがある。また『比較思想事典』東京書籍、二〇〇〇年の「仏教と儒教」、「仏教と宋学」の項目では、儒仏論争についての筆者なりの素描を行っている。

（7）注（2）所引の前掲、渡辺浩『近世日本社会と宋学』にその具体例がまとめられている。

（8）中国の忠孝論の基本的性格については津田左右吉『儒教の実践道徳』岩波書店、一九三八年、『津田左右吉全集』一八所収、一九六五年、桑原隲蔵『支那の孝道　殊に法律上より観たる支那の孝道』三島海雲私家版、一九三五年、『桑原隲蔵全集』三所収、一九六八年など多数あるが、それと日本との比較は津田博士のものなどに繰り返し論じられている。

（9）「大和魂」と「漢才」については、大隅和雄「北畠親房」『歴史と人物』五三、中央公論社、一九七六年、『中世　歴史と文学のあいだ』所収、吉川弘文館、一九九三年。

（10）拙著『道学の形成』一一ページ、創文社、二〇〇二年。この箇所はもと拙論「社会と思想―宋元思想研究覚書」『宋元時代史の基本問題』汲古書院、一九九六年。なお、近年アメリカの研究の影響から日本でも宋以後における思想の地域性を言う議論が目につくが、そのような観点に批判的なものとして、陳来著・永冨青地訳「儒教の地域性と普遍性」

『アジア地域文化エンハンシング研究センター報告集Ⅲ　二〇〇四年度』、早稲田大学二十一世紀COEプログラム・アジア地域文化エンハンシング研究センター、二〇〇五年をあげておく。

(11) 筆者は、拙論「『神皇正統記』と宋学」『大倉山論集』四二、一九九八年、拙論「南北朝時代における『太極図説』の受容」『大倉山論集』四三、一九九九年、拙論「二つの太極図―「南北朝時代における『太極図説』の受容」補遺―」『大倉山論集』四五、二〇〇〇年などにおいて、日本中世に過大に宋学の影響を見る通念に反省を加えてきた。また日本中世においては、『六経図』、『博聞録』、『事文類聚』をはじめとする宋から元にかけての学校での参考書や類書の類が利用され、それらを通して道学関係の文言が断片的に受容されている現象にも注意を促した。

(12) 桃源瑞仙『百衲襖』、柏舟宗趙『周易抄』は注目すべき文献であるが、その思想的分析については後日を期したい。なお鎌倉時代に既に朱子学の経書の注釈が利用されているのは言うまでもないことであるが、それらの現象があるからといって、それが朱子学の思想的受容につながっていたと即断することはできない。また儒教的価値観を生のままで提示する現象が見られるようになることを宋学の影響のように言う向きもあるが、そこに示されている価値観は、日本では盛んに読みつがれたものの中国では宋以後佚するかあまり読まれなくなる『群書治要』、『貞観政要』、『帝範』、『臣軌』などにもふんだんに見られるものであって、宋学特有のものというわけではない。これについては、宋学を持ち出す前に、それまでの価値観のゆらぎに直面したことから出てくる原理への回帰の志向という日本内部の文脈でまず解釈されるべきもののように思われる。

(13) 拙論「鬼神と「かみ」―儒家神道初探」『斯文』一〇四、一九九六年。

(14) 丸山真男『日本政治思想史研究』東京大学出版会、一九五二年。

(15) 尾藤正英『日本封建思想史研究：幕藩体制の原理と朱子学的思惟』青木書店、一九六一年。

(16) 拙論「伊藤仁斎と朱子学」『早稲田大学大学院文学研究科紀要』四二、一九九七年。

(17) 仁斎の『詩経』、『易経』、『春秋』観については、拙論「伊藤仁斎の詩経観」『詩経研究』六、一九八一年、拙論「伊藤仁斎的易学」『中国伝統哲学新論―朱伯崑教授七十五寿辰紀念文集』、九洲図書出版社、一九九三年、『国際儒学研究』八に再録、一九九九年（誤植が多い）、拙論「伊藤仁斎の『春秋』観」『大倉山論集』四七、二〇〇一年。

(18) 注（2）所引の渡辺浩『近世日本社会と宋学』では、伊藤仁斎の営為を「宋学者と同じく儒教経典に自己の生に直接関わるべき教えの全てがあると信じながら、それらを体系的に読み替えることによって批判し、そうして京の町家への帰還者たる自己にとってしっくりとくるものに改鋳し、結果として儒学の一つの日本化を成し遂げたものといってよいのではなかろうか」（二四六ページ）と言う。

(19) 崎門における仮名講義の存在意義が他学派に比して大きかったこと、またその製作が念入りになされたことについては、武田勘治『近世日本学習方法の研究』講談社、一九六九年。

(20) 絅斎の仁斎批判については、拙論「浅見絅斎の伊藤仁斎批判―『語孟字義弁批』を中心に」『福井文雅博士古稀記念論集　アジア文化の思想と儀礼』春秋社、二〇〇五年。

(21) 注（11）所引の前掲、拙論「『神皇正統記』と宋学」。

(22) 拙論「朱子学の正統論・道統論と日本への展開」『国際シンポジウム　東アジア世界と儒教』（注（5）所引）。なおこの論文では触れなかった中国の元以後に登場する「治統」と「道統」を兼ねた「正統」の主張と、日本における「正統」と「道統」の重なりの論との異同については、拙論「「治統」覚書―正統論・道統論との関係から」『東洋の思想と宗教』二三、二〇〇六年を参照されたい。

(23) 東アジアにおける中華思想の分有に焦点をあてたものでは、古田博司『東アジアの思想風景』岩波書店、一九九八年、同氏『東アジア・イデオロギーを超えて』新書館、二〇〇三年。

第三部

理論モデルの検証

——乾燥アジア史と文化人類学

シルクロードの地域、境域、超域にみる思想と宗教の伝播

岡内三眞

はじめに

中国西北地区は、前漢時代いらい西域とよばれ、黄河流域や長江流域の中国中心部とは文化や民族の違う異域とみなされてきた。時代の経過にともなってより遠い地域の情報が知られるようになると、西域の範囲もさらに西へと拡大し、交流の範囲も東西南北に広がって、地域観念も変化していった。西域を含むアフロユーラシアの東西をつなぐルートを総称してシルクロードと呼んでいるが、時代や地域、ルートなどによって、往来する人々や思想、信仰、交易品などは多種多様に変化している。今回はシルクロード調査研究所の調査地域の一部である中国西北地区を中心にしながら、シルクロード上の思想や宗教、信仰、習俗などを考古学の側面から論じてみよう。

本論では、「地域」とは中国西北地区、主に新疆ウイグル自治区を指す。地域を中心としてより広い周辺の範囲が「境域」となる。中国西北地域を中核とし複数の境域を経て、東西南北に連なり広がるユーラシア大陸の周辺地域を

「超域」と考えておきたい。超域の範囲は、東は温帯の日本列島から西は地中海気候のギリシア、ローマまで、北は寒帯のタイガやツンドラから南は亜熱帯、熱帯の東南アジアやインドにまで及んでいる。

ところで中原からみれば、中国西北地区は地域ではなく境域になり、日本からみれば超域に属する。このように基点となる地域からの位置関係や視点あるいは時代などの時間軸によっても、地域や境域、超域の範囲や意味は異なってくる。そこで思想、宗教、信仰、習俗などを対象にして、地域、境域、超域でそれぞれどのように相違があるか、あるいは普遍性が存在するかを地域空間と時間軸とで検討してみよう。

中国西北地区では、新石器時代から青銅器時代にかけては、北方草原の牧畜民が思想や習俗に関する遺跡や遺構を数多く残している。南のオアシス農耕民は思想、信仰に関する目立った遺跡、遺構を残していない。移動可能な遺物では、土器や木器、金属器（金製品、青銅器）などに南北での相互交流が存在した事実が示されている。やがてオアシス地帯の農耕が定着して発展するにつれて、南北のほかに東西を貫く中継交易が盛んになる。そして東西に漢とローマの両古代帝国が並立すると、西北地区を中継点として交易民による東アジア、中央アジア、西アジアをつなぐ東西交易の路・シルクロードが貫通し、思想、信仰、習俗に関する資料も増大した。ここにユーラシア交流の大きな画期を設定できよう。たとえば早稲田大学シルクロード調査研究所が発掘調査した新疆トルファン・ヤールホトの車師前国墓は、東西南北の交易をよく物語っている(1)。

仏教は後漢時代から南北朝にかけて、インドに発し中央アジア、中国西北地域を経由して東アジア各地に伝播し定着していった。初期の仏教遺跡や仏像にはそれぞれの地域的な特色が現れている。そして隋・唐代以降には、貿易商人や宗教者などによって、ゾロアスター教、キリスト教の一派であるネストリウス派の景教など普遍的な宗教が西から東へと伝えられた。これらの思想、宗教、信仰は、東西に相互交流するほかに地域、境域、超域ごとに、時代の進行と共にそれぞれ重層的に積み重なって複雑な様相を示していく。

さらにユーラシア大陸にまたがる大帝国を築いたモンゴル帝国や元朝以降は、駅伝制などに支えられ広範囲にわたる世界貿易が成立した。思想や宗教も広い範囲で自由に伝播し、キリスト教、イスラム教が西から東へ、チベット仏教の一派・ラマ教が南から北へ東へと伝えられた。この時期には、ユーラシア交流が東西南北を陸と海とでつなぐ新たな段階に入り、地理的発見の時代、世界交流の時代へと転じた画期と捉えられよう。

これ以後の近世、近代の歩みについても触れたいところであるが、紙幅も限られているので別の機会に譲りたい。

以下、具体的に調査地の中国西北地区を中心にシルクロード上の思想、宗教、信仰、習俗を比較研究し、その時代的、空間的な特色を探ってみよう。

ところで考古学が対象とするのは、遺跡や遺構、遺物など地上、地下、水中（河川、湖沼、海など）に残された物質資料である。思想、信仰、宗教、習俗などの形而上学あるいは精神的なテーマなど形を残し難い対象は、資料も少なく考古学者には不得手な分野である。しかし地下や水中などの資料を発掘調査によって検出し、地上に残る資料を踏査によって明らかにするなど、他の研究方法では捉えられない特色ある研究法を備えている。これらの考古学的な方法を用いて、思想、宗教、信仰、習俗などに関連する考古学資料を扱い、併せて地域、境域、超域について考察を加えていく。

たとえば動かせない遺跡を例にすれば、岩画、神殿、寺院址（地上寺院、地下寺院、石窟寺院）、埋葬址（墓室、墓の外表部分）、集落址（住居、祭祀施設）、都市址などが挙げられる。

作り付けの遺構を考えれば、祭壇、記念碑、石槨、塼室、墓標、壁画（墓、寺院）、屏風などが想定できよう。

もともと動かすことを考えて作られた遺物は、材質によって石、木、金属、植物、動物などの加工品が挙げられる。俑、像、装飾品、織物、宗教用具、祭祀用品、埋葬用品などさまざまな品物がある。しかし神殿址や寺院址を発掘し遺構を復原できても、条件が整わない限りそこで信仰された宗教の教義そのものを明らかにするのは難しい。

以下に習俗、思想、宗教、信仰などの資料を挙げて、地域、境域、超域に関連した特色を述べてみよう。

シルクロードの思想、宗教、信仰、習俗（図1関連遺跡位置図）

最初に挙げるのは、新石器時代から始まる岩壁や大岩に図像を陰刻で彫りこんだ岩画である。二〇〇三年に調査した新疆天山北部ボスタンの人物牧畜紋岩画は、家畜の繁殖と人々の繁栄を願っている[2]。岩画は、天山一帯では天山北麓を東西にのびる草原地帯に沿って分布している（図2）。西北地区では天山北部からアルタイ山脈一帯の草原、丘陵地帯に分布し、新石器時代から突厥の時代まで長期間にわたって描き続けられている。新しい時代には鎧を着て馬に乗った騎馬人物や馬車などが描かれる。持ち運びのできる土器や石器、木製品ではなく、動かせない崖や大岩に思想や習俗を図像で表現している点に特

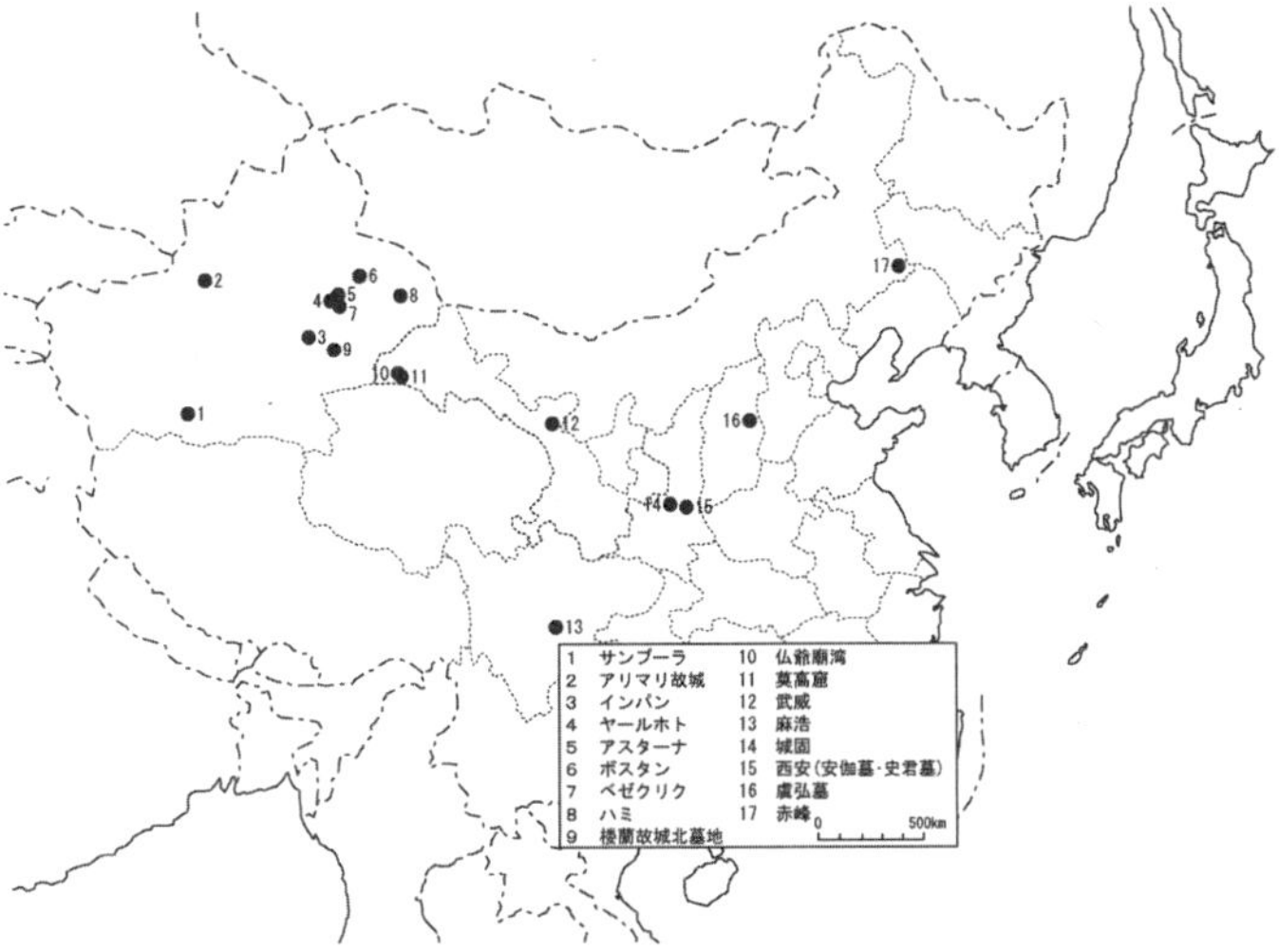

図1　関連遺跡位置図

図2　天山山脈北麓の岩画

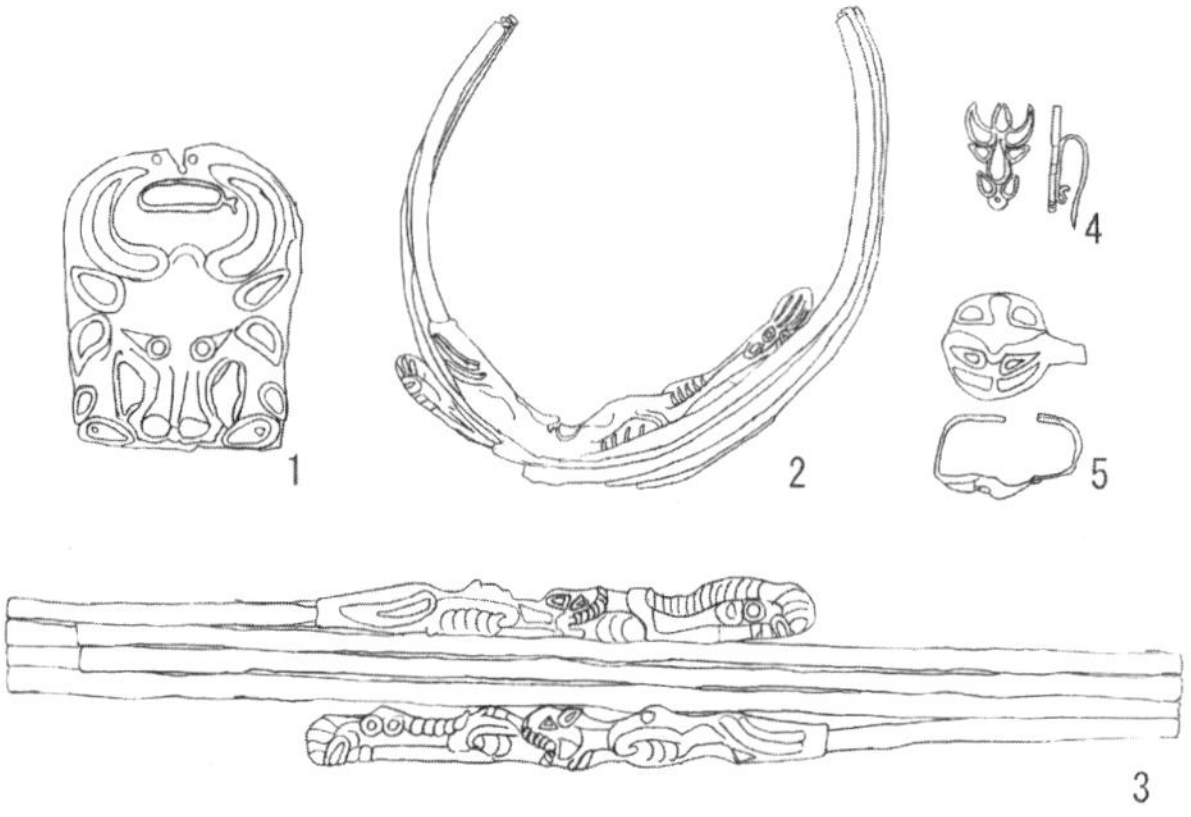

図3　ヤールホト1号墓出土の黄金製品
（1 バックル、2 頸輪、3 頸輪拡大、4 耳飾り、5 指輪）

色がある。しかし人間と動物の家畜に限られ、花や果樹、穀物などの植物はほとんど表現されていない。東西に連なるユーラシアの草原地帯にそって地域や境域を越えて岩画を伝えたのは、家畜の繁殖と人々の豊かな生活を願った牧畜民、遊牧民なのであろう。そう考えてよければ、農耕民の対象物である穀物や野菜、果物などの農産物が描かれないのは、むしろ当然なのかもしれない。

動物闘争紋は、木や石のほか金、青銅などの金属にも表現されている。われわれが一九九六年に発掘したトルファン・ヤールホト一号墓出土の金製動物闘争文チョーカーは、紀元前一世紀の製品で、虎が草食獣の玲羊を捕らえた瞬間の図像である。同じ墓から出土したトルコ石象嵌の金製耳飾りは、牛を表現しているようにみえる。同じ地区の一六号墓からは、猛々しい牡牛を表現した革帯止めのバックルと、想像上の猛禽・グリフィンを表わしたブーツの足首飾りとが出土した（図3）。猛禽が動物を襲う図像の金製飾りは、隣接するトルファン溝北台地一号墓からも検出されている。紀元前一世紀当時の西北地区は、緑豊かで牧草が茂り、羊や山羊、牛、馬などの牧畜が主要な生業であった。犠牲となって墓に埋められた多くの家畜から、当時の生業や自然環境を想定できるのである。

上記の動物闘争紋や捻体形動物意匠は、西は南ロシアのスキタイから東はモンゴル高原の匈奴まで、草原で生活する牧畜民、遊牧民に広く用いられた図像モチーフである。これらの図像を表現した遺物は、超域における人と家畜、野生動物と想像上の動物との関係を示す奢侈品や威信財である。中国西北地区はこれらの図像デザインを用いる拠点のひとつであり、動物を対象とした同じ思想、信仰をつなぐ中継地点でもあった(3)。

つぎに、インドに興った仏教が、地域や境域を越え、中央アジアの沙漠・オアシスルートを経由し、中国西北地域を経て超域の中国や日本にまで伝えられたことは確かである。しかし紀元前後から後漢時代に相当する仏教関係の文物を、中国西北地区で見出すのは難しい。中国の文献記載から後漢の初め頃には、仏教が中国内地に伝来したと考えられている。中国の初期仏教図像と認定できるのは、陝西省城固県から出土した後漢代の揺銭樹上の仏像である（図4）。ほかに四川楽県麻浩の墓室石彫、華北の夔鳳鏡、江南の魂瓶や仏獣鏡などに表現された後漢末から三国時代初の仏像がある(4)。中国初期の仏像は、神仙世界のひとつの神として他の神仙や瑞獣と共に配置されている。中国に仏教が受容される際に、一般の人々に理解され易いように、伝統的な伏羲・女媧や西王母・東王父など神仙思想に基づく神々と同じ神格として、説明されたのであろう。この現象は、在来の思想、宗教、信仰を利用して、普遍宗教が他地域に浸透し普及していく際の常套手段を示している。

図4　仏像をあしらった揺銭樹

西から東への思想や宗教の流れを説明してきたが、逆方向の東から西への流れについても説明しておこう。

中国の文物が西北地区で出土するのは、前漢時代後半の紀元前一世紀からである。前漢の武帝に始まる西域開発政策によって、中原や河西回廊周辺の人々が沙漠・オアシスルートを西にたどって西北地

図５　彩絵木棺

区に進出してきた。中国製の銅貨や青銅鏡、漆器などは、漢族系の人々が残した遺物である。鏡背には、中国思想による吉祥句や干支が漢字で記され、神仙思想に基づく四神四獣や神仙像などが図像表現されている。われわれの西北地区における発掘調査でも、トルファン・ヤールホト古墓で、墓内から前漢時代の半截された星雲文鏡や六道銭と想定できる五銖銭を検出した。半截された鏡は、あの世で夫婦が再会するための割符で、土俗信仰に基づいた埋葬習俗である。墓の中にまで中国中原の思想や信仰、それに基づく他界観や来世観が持ち込まれている有力な物的証拠である。

この時代以降は、中国中原の長安からみれば、西北地区は超域から境域へ、甘粛の河西回廊一帯は境域から地域へと認識されるようになったのではなかろうか。

新疆チェルクリク楼蘭故城北墓地から出土した後漢時代・三世紀の彩絵木棺には、円の中に月を表わす蛙、円の中に太陽を表わす三足烏が描かれている（図５）。この木棺を新疆文物考古研究所で二〇〇〇年に仔細に調査する機会があった。(5) 彩絵木棺の図像は、古代中国の日月や天体、神話やあの世観についての思想を表現している。このように木棺に描いた絵画や図像は、中原から甘粛を通じて西北地区にまでつらなる漢族の思想や信仰、習俗などの共通性をよく示している。

同じ三世紀ころの新疆ロブ県サンプーラ一号墓地の二号墓からは、矛を持ったコーカソイド系の武人と人首馬体の怪獣を織り出した一枚の布が出土している。怪獣は、ギリシア神話にでてくるケンタウロスで、沙漠・オアシスルートを経由して、ギリシア神話や思想がこの地に運ばれ、墓にまで持ち込まれた事実を示している。しかし西北地区は、ギリシアなど地中海世界にとっては、遙かに遠い超域と認識されていたのであろう。

また新疆ウイグル自治区尉犁県インパン一五号墓からは、DNA分析によってコーカソイド（地中海系人種）の男性と判定されたミイラを発掘した。このミイラは、絹のズボンと樹木人物双獣紋を織りこんだ上着を身につけていた。上着の図紋は、樹木と対人双獣紋で、人物像はコーカソイド系の男児またはキューピッドである。双獣は角のはえた山羊、樹木は生命の樹であろう。いずれにしてもギリシア風の図像や習俗が、墓の中にまで持ち込まれている。いっぽうで冥衣とよばれるあの世で生まれ代わったときに着る小さな幼児用上着を副葬しているのは、西北地区独特の地域的な習俗と言える。

図６　伏羲・女媧像　嘉峪関11号墓の木棺蓋内面

五世紀の甘粛省嘉峪関一号墓で出土した木棺の蓋には、伏羲・女媧の神像が左右に分かれて描かれている（図６）。また二〇〇三年に現地調査をおこなった敦煌仏爺廟の塼室墓では、墓門上の壁塼に伏羲・女媧の彩画像が東西に分かれて描かれていた[6]。言うまでもなく伏羲・女媧は、中国の戦国時代に出現して漢族に信仰された創造神であり、前漢から後漢時代には中原の墓や建築物に盛んに表現されている。山東の画像石墓や河南の画像塼墓、四川地区でも漢代の石棺小口に伏羲・女媧の神像が彫りだされている。その神像が河西回廊を通じて西北地区にまでもたらされ、墓室外と墓室内に描かれているのである。五世紀の河西回廊一帯は、在地の人々にとっても内地の人々にとっても、もはや超域でも境域でもなかったのであろう。

七世紀の麴氏高昌国のアスターナ古墳群からは、絹布や麻布に彩画された交尾型の伏羲・女媧像が出土した（図７）。ごく最近もトルファン・アスターナの古墳から絹

図7　アスターナ古墳出土の伏義・女媧像

画の伏義・女媧像が発掘によって出土している[7]。発掘調査報告によると、墓室の天井に張られたり木棺の上を覆ったりした状態で発見されている。ウルムチ博物館やトルファン博物館、旅順博物館、ソウルの韓国国立中央博物館、大英博物館などの現地調査で、木釘を打った痕のある例を見出し、墓の中で男女神としての役割を果たしていた事実を確かめた。トルファンの麹氏高昌国では、多少変容しながらも中国中原や河西回廊一帯と同じような思想、信仰で伏義・女媧像が使われていたのである。

ところが敦煌の莫高窟では、仏教石窟のなかに仏たちと共に伏義・女媧像が配置されている。二〇〇三年に調査した敦煌莫高窟二八九窟では、天井に近い壁面に風神や雷神など神仙とともに天空を飛翔する伏義・女媧が左右に分かれて描かれている。さらに唐末から五代にかけての敦煌莫高窟三六一窟、九九窟、六一窟、九窟などでは、阿修羅と共に伏義・女媧が表現されている[8]。第九窟を例に挙げれば、阿修羅が六本の手にそれぞれ曲尺、香炉、法輪、鐸、日輪と月輪をもち、阿修羅の頭上に香炉など仏具を両手で捧げ持つ交尾型の伏義・女媧像が表現されている（図8）。伏義の持ち物である曲尺を阿修羅が持ち、伏義と女媧とはそれぞれ香炉や楽器など仏教用具を捧げ持っている。唐から五代の石窟内に表現された伏義・女媧は、神ではなく仏に奉仕する像のひとつとして表わされている。殷　光明（敦煌研究院）氏によると『須弥四域経』などの仏教経典に、「伏義・女媧は菩薩の化身」と記されているという[9]。敦煌石窟では、伏義・女媧が仏教世界を護る仏や仏に奉仕する図像へといつの間にか変化しているのである。これは地域的に変容し仏教と習合した信仰、習俗の例、土俗信仰の変化事例と言えよう。

トルファン・アスターナM三〇三号墓からは、道教の護符が出土している。また開元四年・紀元七一六年のトルファン・アスターナM二七号墓からは、西北地区に住む賈　忠禮という学生が書写した『論語鄭氏注』の靴形が出土している。墓に護符を入れて死者を守り、儒教思想を記した論語を書写して学習し、やがてはそれを埋葬用の紙の靴に使うという習俗を示している。いずれも中原の思想、信仰が西北地区に直接もたらされた好例である。しかし中国の思想や信仰は、西域に拡散した漢族の間で使われるに留まっている。麹氏高昌国や西夏王国の例をみれば、漢字文化圏のなかでこそ有効な思想、信仰、習俗だったのであろう。これらの考古資料は、唐の時代には安西都護府がクチャに置かれ、西北地区でさえ境域から地域へと地理概念が交代していた変化を示すのであろう。

図８　阿修羅と伏羲・女媧

荒川正晴（大阪大学）氏によると、トルファンの麹氏高昌国では、「薩簿」

図9　ゾロアスター教の屏風絵と拝火壇

という官職が文献に見られるという[10]。薩簿、薩宝、薩甫、薩保はソグド語のサルトポウの漢字音写で、文献や墓誌に記載例がある。北周の大象元年・五七九年に長安で亡くなったソグド人・安伽の墓誌には薩保、同じく大象元年に亡くなった史君の墓では、涼州薩保と書かれている。安伽墓の石製棺床屏風には、ゾロアスター教の拝火壇や特異な司祭像が表現されており、安伽がゾロアスター教徒であった事実を知る。二〇〇二年に調査したMIHO　MUSEUMの棺床屏風もゾロアスター教とソグド人の生活が生き生きと描かれている[1]。このほか史君墓や太原にある隋の虞弘墓でも石槨にゾロアスター教の図像を表現している（図9）。都・長安でも西域からやって来た人々は、生きている間は出身地の宗教、信仰を守り、死んでもその習俗を守って墓に持ち込んだ事実を明示してくれている。また文書残巻によると、伊吾（現在のハミ）にはゾロアスターの祆神を祀る祆主が存在し、敦煌の集落内にはゾロアスター教の神祠が設置されていたという。トルファン、ハミ、敦煌へと砂漠・オアシスルートを経て、都の長安へ、さらに東では山西省太原にいたる地域にまでゾロアスター教が信仰されていた現象が明らかになった。

そのほかに景教やマニ教、イスラム教なども西北地区の砂漠・オアシスルートや草原・ステップルートを通じて、東方のモンゴルや中国へと伝えられている。

ソグド文字で記したマニ教経文が新疆トルファン・ベゼクリクの六五号石窟から出土している。さらにネストリウス派キリスト教の景教が中国に伝えられたのは、七世紀中葉である。唐の徳宗紀元七八一年に長安の大秦寺境内に建てられた大秦景教流行中国碑は、とくに有名である。中国西北地区では一三～一四世紀のアリマリ故城で、川原石を加工したシリア語の景教墓碑が出土している。この墓碑の調査を現地の文物管理処で実施できた。同じような墓碑はシルクロードのステップルート沿いに点在している（図10）。内蒙古赤峰市では元時代の磁器製景教墓碑が出土している。磁器の胎土分析によって赤峰の缶瓦窯で成形し焼成された生産地の明らかな磁器製墓碑であるが、シリア語とウイグル体モンゴル語とで記されている。コーランを理解してその一節を選んで墓碑に記すのはイスラム教徒であろうから、漢族の陶工には記述できなかったであろう。この資料は二〇〇五年に赤峰博物館で詳しく調査する機会に恵まれた(12)。

図10　アリマリ故城の景教墓碑

また同じ内蒙古赤峰市で元時代のイスラム教徒の墓石が出土している。石棺の小口に死者の姓名や年齢、棺頂に「アラーは唯一の神、ムハンマドはアラーの使者」とアラビア語で刻まれている。周囲を牡丹唐草紋で埋め尽くした文様と共に石棺の形態もイスラム石棺と共通する。同じスタイルの石棺は、沿海部の泉州や福州のイスラム墓地からも出土していて、共通点が多い。

これら景教、マニ教、イスラム教は、ゾロアスター教と同様に中国西北地区にまずもたらされ、そのご河西回廊を通じて東の世界に拡散していったのである。ゾロアスター教とソグド人との関係と同様に、ウイグル人、ペルシャ人、アラビア人などの交易商人とともにイスラムの思想や宗教が中国にもたらされている。都の一角に碧眼紅毛紫髭の人々が住む外国人町を形成すると共に、大秦寺、波斯寺、回教寺院などが建立されて、それぞれの宗教が信仰されたのである。いまだ発見されていないとしても、これらの宗教や信仰、思想、習俗は、中国西北地区で一旦定着し、そのご各地に伝えられたのであろう。将来、関連した遺跡や遺構、遺物が、中国西北地域で発見される可能性は、十分に残されている。

むすび

中国西北地区には、旧石器時代から新石器時代までの在地の思想、信仰がゆっくりとしかし確実に根をおろし、文化や社会の基盤を構成している。そこに青銅器時代から古代以降にかけて数々の思想や宗教、信仰、習俗が東西南北からもたらされた。伝来した代表的な例としては、インドからの仏教、中国からの神仙思想や儒教、道教、西アジアからのゾロアスター教、マニ教、景教、イスラム教などが挙げられる。このほかにも思想、宗教、信仰、習俗にかかわる零細な資料が多数存在するが、煩雑になるため今回はとりあげない。

中国西北地区では、古代国家誕生以来この地域独自の思想、習俗、信仰を基礎にしながら、周辺の境域から伝わった思想、宗教などを主体的な判断や基準で取り入れていった。その様相はカシュガルからクチャにかけての平地寺院や石窟寺院にみるインド風の顔立ちを残した塑像仏や、地域の特色である日干しレンガ製の仏塔、寺院の伽藍配置などに在地化の痕跡を認め得る(13)。仏像の素材や表情ひとつをとっても、ガンダーラ地方では石製の仏像でギリシア、ローマ風のほりの深い顔立ちである。中国西北地区では塑像に代わりインド風のひき目かぎ鼻の表現が混ざり、敦煌では漢族風の顔立ちになる。朝鮮や日本では、木製や乾漆の仏像になり、それぞれの地域にあった顔立ちや衣文表現などに変化していく。遠くの超域である西アジアやギリシアから伝来した思想や宗教は、ここ西北地区に一部は根をおろし、さらに東や北の境域、超域へと伝えられていったのである。

中世へと時代が下がるにつれて、国家間の政治的軍事的ネットワークが形成され、交易ネットワークはさらに国境を越えて遠くまで伝えられる状況になった。そして思想や宗教、信仰は、峻険な山や大海をものともせず、国境を越え、人種や民族を問わずに伝えられていった。仏教の伝播、浸透に比べれば、後発のイスラム教やラマ教はより速く伝播し普及したようにみえる。古い時代に比べれば、思想、宗教が本来のオリジナルな形で各地域にまで運ばれ、あまり変形することなく超域にまで到達するようになった。そこには歴史のなかでの時間サイクルの変化、伝播のスピードアップが関係している。中世以降は、ユーラシア全域にまたがる交流が世界規模で展開するようになった時代である。ユーラシア大陸に広がる世界帝国のモンゴル帝国や元朝の成立は、社会や文化の情報伝達テンポを加速化し、政治的軍事的行政財政システムの効率化を促した。さらに人々が広範囲かつ迅速に移動できる交通運輸の移動システム改変などを引き起こしたのである。そのなかで西北地域は、未だなお拠点、中継地としての力を失わないでいられたのである。

近世以降は境域や超域はしだいに狭くなり、世界的な宗教や普遍的な思想が中国西北地区を経由して、東西南北に交流し拡散していった様相が垣間見られる。またペルシャ湾からインド洋、東南アジアの海洋世界を経由して、海上からも仏教、ヒンドゥー教、キリスト教、イスラム教が伝播して、沿海部から内陸へと浸透していく。世界宗教や普遍思想は、人種や民族、地域や国境、世代や時間を超えてダイナミックに伝わって行った。そこには地域も境域も超域もあるいは地球さえも越える力が存在するかのようである。世界宗教、普遍思想は、その点で時間と地域を超越するのではなかろうか。

現代はその延長線上にある。交通手段の発達、情報機器の発明・工夫などによって社会生活や文化の変化は加速され、地理的にも時間的にも世界はますます狭くなっている。しかし今一度立ち止まって、考える時期に到達している。

現代の宗教対立を引き起こしたのは何が原因か。世界平和や人々の幸せとは何か、現在の進歩と発展とは何か。イスラム教圏とキリスト教圏との社会対立は防ぎようのない対立、抗争なのか。人類は永遠に共存できないのかを、思想、宗教、信仰の歴史に立ち返って問わねばならない。

注

（1）早稲田大学シルクロード調査研究所では、一九九二年から現在まで新疆ウイグル自治区で新疆文物考古研究所と共同で調査研究活動を続けている。一九九六年にはトルファン・ヤールホト古墓群で車師前国の古墓を発掘調査し、黄金製品や銅鏡、五銖銭などの検出に成功した。

（2）二〇〇三年度には、西北大学考古系の王　健新教授とともに岩画調査を実施した。岩画、集落、墳墓の組み合わせで遺跡を把握すべく、天山北麓一帯をくまなく調査した。時代決定について、陰刻部分の風化度合いの判定など新たな研究方法を追求している。

（3）トルファン周辺の動物図像については、黄金製品、青銅製品などについて簡単な論考を発表している。
岡内三眞一九九七「シルクロードに夢を掘る」『文化遺産』4並河萬里写真財団

（4）仏教導入初期の新疆例については、二〇〇五年九月にカシュガル周辺の調査をおこない、いくつかの有望な遺跡を踏査した。遺跡での塑像片や博物館の資料などから見て、ガンダーラ様式とインド風の二系統が存在する。中国内地の事例については、すでに論じた。岡内三眞一九九五「鏡背にみる仏教図像」『古代探叢Ⅳ』早稲田大学出版会

（5）二〇〇〇年八月に新疆文物考古研究所で実見した。木棺の全体は白で下地塗りを施し、その上に朱と緑、黒、褐色で瑞雲紋と襷掛けをした円紋を巡らしている。木棺の両小口には、日月の象徴である烏と蟾蜍が、それぞれ黄色の円圏の中に黒と灰色とで描かれている。

（6）二〇〇三年九月に、敦煌周辺の遺跡踏査を実施した。塼室墓の壁塼、木棺の彩絵図像に伏羲・女媧像を見出し、調査を実施した。画材や表現方法は異なるがいずれも中原の伏羲・女媧神話に題材をとっている。しかも少しずつ異なる表現が見られる事実を確認した。河西回廊の地域でどのように中原の神話が解釈され変質したかを探れる良い素材である。

（7）二〇〇五年三月にトルファン文物局とトルファン博物館で、アスターナ古墳で発掘したという伏羲・女媧の彩絵絹画図像を見せて戴いた。

（8）二〇〇三年九月に敦煌周辺の石窟調査を実施した。莫高窟や楡林窟、西千仏洞などの仏教壁画を調査した。そのときに伏羲・女媧像や阿修羅像を調査できた。

（9）COE研究会での殷　光明氏の興味深い研究発表である。まだ活字化されていないので、一部の引用に留めたい。

（10）荒川正晴二〇〇三『オアシス国家とキャラヴァン交易』山川出版社

（11）二〇〇二年にMIHO　MUSEUMで石製棺床屏風を調査できた。白大理石に浅い浮彫を施した上に彩絵し、ゾロアスター教やシルクロード交易の様子、ソグド人の生活を表現している。

（12）二〇〇五年九月に赤峰博物館で実見した。元の時代にはラマ教（チベット仏教）、キリスト教、イスラム教など様々な宗教、思想、信仰が中国東北地区にまでもたらされた事実を知る。普遍宗教には、国境も人種、民族の違いもないと解せる。しかし宗教起源地や中心地とは異なる内容で地域に受容されていた可能性がある。

図の出典

図1　関連遺跡位置図　（持田大輔　作図）
図2　天山山脈北麓の岩画　（文献1・頁四五、図六）
図3　ヤールホト一号墓出土の黄金製品　（岡内三眞　作図）
図4　仏像をあしらった揺銭樹　（陝西省城固県出土：文献2・頁六五、図三）

図5　彩絵木棺　（文献3・頁三三、図二八）
図6　伏羲・女媧像　（嘉峪関一一号墓の木棺蓋内面：文献4・頁一九二挿図七）
図7　アスターナ古墳出土の伏羲・女媧像　（文献5・頁一一二、図一一一二）
図8　阿修羅と伏羲・女媧　（文献6・頁二三八、図二三二）
図9　ゾロアスター教の屏風絵と拝火壇　（文献7・図一四五と図一八一から岡内作図）
図10　アリマリ故城の景教墓碑　（岡内作図）

文献

1　新疆社会科学院考古研究所一九八三『新疆考古三十年』新疆人民出版社
2　羅　二虎一九八八「陝西城固出土的銭樹仏像及其与四川地区的関係」『文物』一九九八年一二期
3　新疆ウイグル自治区文物事業管理局ほか一九九九『新疆文物古跡大観』新疆美術撮影出版社
4　段　文傑一九八〇「早期の莫高窟芸術」『中国石窟　敦煌莫高窟1』平凡社
5　岡内三眞二〇〇〇年「中央アジアトルファン出土の伏羲女媧」『シルクロード学研究』一〇、
6　賀　世哲編一九九九『敦煌石窟全集7』商務印書館
7　山西省考古隊ほか二〇〇五『太原隋虞弘墓』文物出版社
8　岡内三眞一九九七「シルクロードに夢を掘る」『文化遺産』4並河萬里写真財団
9　荒川正晴二〇〇三『オアシス国家とキャラヴァン交易』山川出版社

近現代内モンゴル東部地域の変容とオボー

吉田順一

はじめに

本稿は、近現代における内モンゴル東部地域の歴史的経緯が同地域のオボー崇拝にいかなる影響を与えたかを考察したものである。このような研究は、今までほとんどない。私は、二〇〇四年夏に通遼市(旧ジリム盟)とバヤンノール市(もと盟)、同年冬に赤峰市(旧ジョーオダ盟)と通遼市とフルンボイル市(もと盟)、二〇〇五年夏に興安盟とシリーンゴル盟について聞取り調査をして資料を集めた。それが本稿における重要な資料となっている。

私は二〇〇四年夏に通遼市フレー旗とバヤンノール市ウラド前中後の三旗のオボーを調査し、両地域のモンゴル人にオボーに対する意識の違いがあるのに気づき、その違いの生れた理由を、両地域の農耕化・漢化や社会の変容の差異に求める報告を同年一〇月に発表した。本稿はその後行った二回の調査に基づいて、その内容を大幅に書き改めたものである。

第一節　オボーについて

オボー（obuγ-a）とは、堆石の頂部に柳枝や木杆（神杆）[1]を挿したりヒーモリ（天馬を描いた布片や紙片）を飾ったりしたものである。そのような堆石を中心にしてその東西両方向に各六個の小オボーを並べた十三オボーなどもある。[2]オボーをドルジ=バンザロフは、周辺の保護者たる神霊の在住する場所であるとした。[3]ここに「周辺」とは、オボーの存在する地域にある自然界や人間社会を指すと考えてよい。多くのオボーは、各土地の守護霊たるナブダクサブダク（nibdaγ sibdaγ）やロス（luus）に関わる施設である。nibdaγ sibdaγはチベット語であり、[4]そこにオボーに対するチベット仏教の影響を見て取れる。注意すべきは、オボーの典型である山上のオボーの実際の崇拝対象は山だということである。山が崇拝すべき神霊の在所または神霊の降る場所なので、オボーが構築されているのである。オボーには境界表示の役割だけをもつものもあり、それらは祭祀対象とはならない。祭祀対象のオボーは夏に祭られ、祭りの長が祭祀参会者はオボーに叩頭し、オボーを三度周る。祭祀後の会食の後、競馬、角力、弓射（弓射は今は廃れた）を競う。内（takilγ-a）と宴会（nayir, naγadum）を準備し、祭祀にはオボーの祭壇に肉・乳製品・酒などが供えられ、ラマが読経し、モンゴル東部では会食に肉粥が出される。[5]オボー祭りは、オボーの主を喜ばせて、現世の幸福、自己と自家の安寧、家畜の繁殖、悪魔の退散、諸病の祓除などを期待した。[6]時節の雨も期待した。モンゴル人はオボーを祭るとすぐ雨が降ると言う。

オボーまたはそれに類するものは匈奴の昔からあり、[7]もとはシャーマニズムに関係し、シャーマンが祭儀を司っていた。[8]だが一六世紀後半に、流入してきたチベット仏教に圧迫され、シャーマンはオボー祭祀から排除された。[9]だがシャーマンが祭るオボーはホルチンの地やバルガなどに残り、ホルチンにはラマを近寄せないオボーもあった。ハルハ、ブリヤド、オイラドなどではチャガーン=テングリのオボーがシャーマニズムの決りによって祭られており、一九二四年にホーチド旗でbadarangγui čaγan tngriを祭った。[10] シャーマニズムのオボーの祭り方のうち仏教が最も忌む流血供犠を行ってきたオボーもある。

オボーは、オボーのある土地の守護霊の住む場所である。モンゴル人の土地とは、個人や家族の所有ではなく、地域の社会集団が共有するものであった。故に、ある土地のオボーは、そこに住む社会集団の守護霊の住まう場所であり、それらの集団が祭ってきた。清代盟旗制下の盟オボー、旗オボー、ソム＝オボーは、盟、旗、ソムが各々祭り、obuγ ayimaγや内モンゴル東部のアイル（集落）の祭るオボーも、それらの集団が祭った。ドルジ＝バンサロフは、モンゴル人は万物全体を神として崇拝するので、「山川その他、地の諸部分、あるいはそれらを掌る神霊は、かれらによって敬拝された」、これらの神聖なる場所のうち個々のものがオボーであり、「各部族によってその所領地に作る」と記した。[11]

後藤冨男は、田山茂説に拠ってヌトゥックnutuγを「ある経済的・社会的な集団のつねに利用収益する場所」とし、「土地の神は、このような土地と人間との結びつきから生れたもので」「ヌトゥックの神」である。故にそれは「抽象的な土地一般の神ではなく」「目にみえる某なる山岳の神、固有の名をもつ湖水の神、げんに自分の家畜を放牧している草原の神」であり、各「土地の『持ち主』として、その場所における豊饒を支配する」ものであり、各「ヌトゥックごとに存在しなければならない。ということは、ヌトゥックを占拠している集団ごとに相異なる個々の土地の神がある」ことになる。故に「その神はそれら大小の集団の守護神的な性格をおび」、「オボーは「ヌトゥック」を共通にする集団のものであったから、この共通の神に奉仕し、これを祭ることで同一の集団の成員たるの自覚を促し、その紐帯を一層鞏化した」と述べた。[12] つまり社会とオボーは密接に関わる。ここに近現代内モンゴル東部のオボー祭り不振の問題を考える重要な鍵がある。

第二節　近現代における内モンゴル東部の状況とオボー祭りの不振

一　一九世紀後半から満州事変まで

二〇世紀初期、内モンゴル東部ハラチン右旗のロブサンチョイダン（Lobsangčoidan）は、内モンゴル東部においてオボー祭りが不振であるとみなし、「このような習慣が衰退したのは、清国の咸豊年間からモンゴルの地に匪賊が掠奪する騒ぎが起こり、光緒一七年に紅帽匪が叛乱を起したので甚だ危険になり、民衆は貧しくなって来た。そのうちに、宣統三年に革命といって互いに蜂起し中華民国になってから、今のモンゴルの旗は各々戦乱の苦しみを大いに被った。このような理由で、モンゴルの各旗は貧しくなったのである。また、光緒三〇年に日露戦争が起ったときにも、ジリム盟の地の家畜をロシア〔人〕と盗賊および日本人がたくさん駆り立てて奪って行った。かくて、モンゴルが大いに欠乏しているうちにバボージャブという者が数千の兵を組織することができたけれども、軍糧がないため、モンゴルの旗を略奪して喰ったせいで、中華民国から熱河や奉天などの兵が、モンゴルの地に入って猛然と寺廟と富裕な戸を破壊した。度重なる何年にもわたる損壊のため、モンゴルは欠乏しないわけがない。中華民国の時代に、モンゴルの諸旗のノヤンたちは自らの運命を知り、できるだけ目の前の幸せを求めるので、他のいかなることもまったく気に留めないのであった。中華民国になってモンゴルのオボーを祭ることは、今では前ほど盛んでないのである」と記した(13)。

ここにロブサンチョイダンが、中華民国以来オボー祭りが不振だと述べたのは注目に値する。オボー祭り不振の理由を、次に整理したように具体的に述べたのも重要である。①咸豊年間からの匪賊の跳梁。一九世紀末の紅帽匪の反乱（金丹道の暴動）をも、匪賊の跳梁に含めているようである。②辛亥革命勃発以後の戦乱。③日露戦争時のロシア人、匪賊（盗賊）、日本人の略奪。④バボージャブ軍の略奪とそれに対して出撃して来た熱河・奉天の討伐軍の破壊行為。⑤辛亥革命に動揺したモンゴル王公の自暴自棄と無為無策。以下にこの五項目について詳述したい。

①はこの地域に混乱をもたらし、モンゴル人多数が財産を失い、避難のために移住した。金丹道暴動の引き起こした内モンゴル東部地域の南部のモンゴル人の破産と同地域の北方に位置するジリム盟、ジョーオダ盟への大規模な逃避行については、すでに研究がある[14]。この暴動以前からジョソト盟のモンゴル人が外旗人（ある旗に他旗から移住して来たモンゴル人）としてジリム盟、ジョーオダ盟の諸旗に流入していたが、その流れがこの暴動によって加速したのである。③は、清末以後、日本とロシアの勢力争いの戦乱が内モンゴル東部に接して起り、その余波が内モンゴル東部に及び、不安と動揺を引き起こしたことを指している。

②は、この革命（一九一一年）と清朝滅亡によって生じた混乱を指す。例えば一九一一年一二月一日に外モンゴルが独立を宣言しボグド＝ハーン政権が成立したことから、内モンゴルがその帰属をめぐってボグド＝ハーン政権と中国政権の係争の対象となり、両者の働きかけを受けてモンゴル王侯はいずれに与すべきか選択を迫られることになった。そして一九一二年オタイが東モンゴルの独立を目指して蜂起し、それに対する袁世凱政権派遣鎮圧軍の行動が起こされた[15]。一九一三年にボグド＝ハーン軍が内モンゴル統合を目指して南進し、その一環としてジャロード旗・開魯方面に進軍し、それに対する袁世凱政権軍の行動があった[16]。④は、主にバボージャブの一九一六年の行動を念頭にした記述であるはずだが、これも、「第二次満蒙独立運動」とも称されるように、辛亥革命後の混乱と関連するものである[17]。これらはみな内モンゴル東部における大事件であり、破壊と犠牲者を多く伴った。この時期、内モンゴルの少なからぬ旗の王侯は、将来自ら進むべき道の選択に迷い動揺し、旗内に確執が生じた。そして内モンゴル東部では、旗内に二ジャサグが並立するに至ったジャロード旗やヘシクテン旗さえ現れた[18]。

二　ステップの耕地化問題

モンゴル人に大きな混乱を引き起こしたにもかかわらずロブサンチョイダンが言及していないことがある。それは、内モンゴル東部地域への漢人農民の進入とステップの耕地化に伴う諸問題である。清代前期以来、漢人農民が内モンゴル東部地域の南部にあるジョソト盟のステップに入り開墾（私墾）を進め、やがてジリム盟東部、ジョーオダ盟南部にも入りこみ、そこのステップを耕地化していたが、清末一九〇一年の「新政」開始後には公式の「開放蒙地」が多数設定され、膨大な数の漢人農民が入植し、県も置かれ（対モンゴル人行政組織「旗」からの開放蒙地の分離を意味する）、ジリム盟、ジョーオダ盟の耕地化が急激に進み、内モンゴル全域の牧地が急速に狭隘化した。すでに新政開始前に、早くから耕地化が進み牧地を失ったジョソト盟やジョーオダ盟南部のモンゴル人もジョーオダ盟とジリム盟の諸旗に新天地を求めて外旗人として移住していたので、二盟の残された土地における漢人農民と外旗人の人口が旗本来のモンゴル人住民（本旗人という）の数に迫り、あるいは凌駕する状態になっていた。しかも開放蒙地内に住地のあったモンゴル人の多数も、住地（開放後、彼らの生活用に「生計地」として残された土地）を放棄して、開放されずに残されていた土地（「未開放蒙地」）に移住した。モンゴル人は、生計地周囲の耕地化や入植漢人との混住を嫌ったのである。このため非開放蒙地の人口はますます稠密となった。このようにして、内モンゴル東部の各旗のモンゴル人は急激な開墾の波と新住民である漢人と外旗モンゴル人多数の転入に直面していたのである。この事態は、自らの生活の場や生業・社会の変化を生み、不安や動揺を招いた。本旗モンゴル人にとって最も深刻なのは、突如生活舞台の牧地を自分たちの手から奪い、生活を不安に陥れる開放蒙地の設定であった。それは彼らにとって死活問題であったから、当然反開墾闘争が起こされた。ジリム盟ゴルロス前旗のトクトホ等が一九〇五年に起した大規模な武装蜂起は、その例である[19]。先に述べたジャロード旗やヘシクテン旗に出現した二ジャサグ制の背景にも、農耕化問題と漢人問題をめぐる旗内の対立があったとの見方がある[20]。このようなステップ開墾に伴う諸問題は、当時の内モンゴル東部において、看過できぬ重大事であったのである。

以上のように一九世紀後半〜二〇世紀初期は、清朝が衰退・滅亡し、中華民国とボグド＝ハーン政権が登場した混

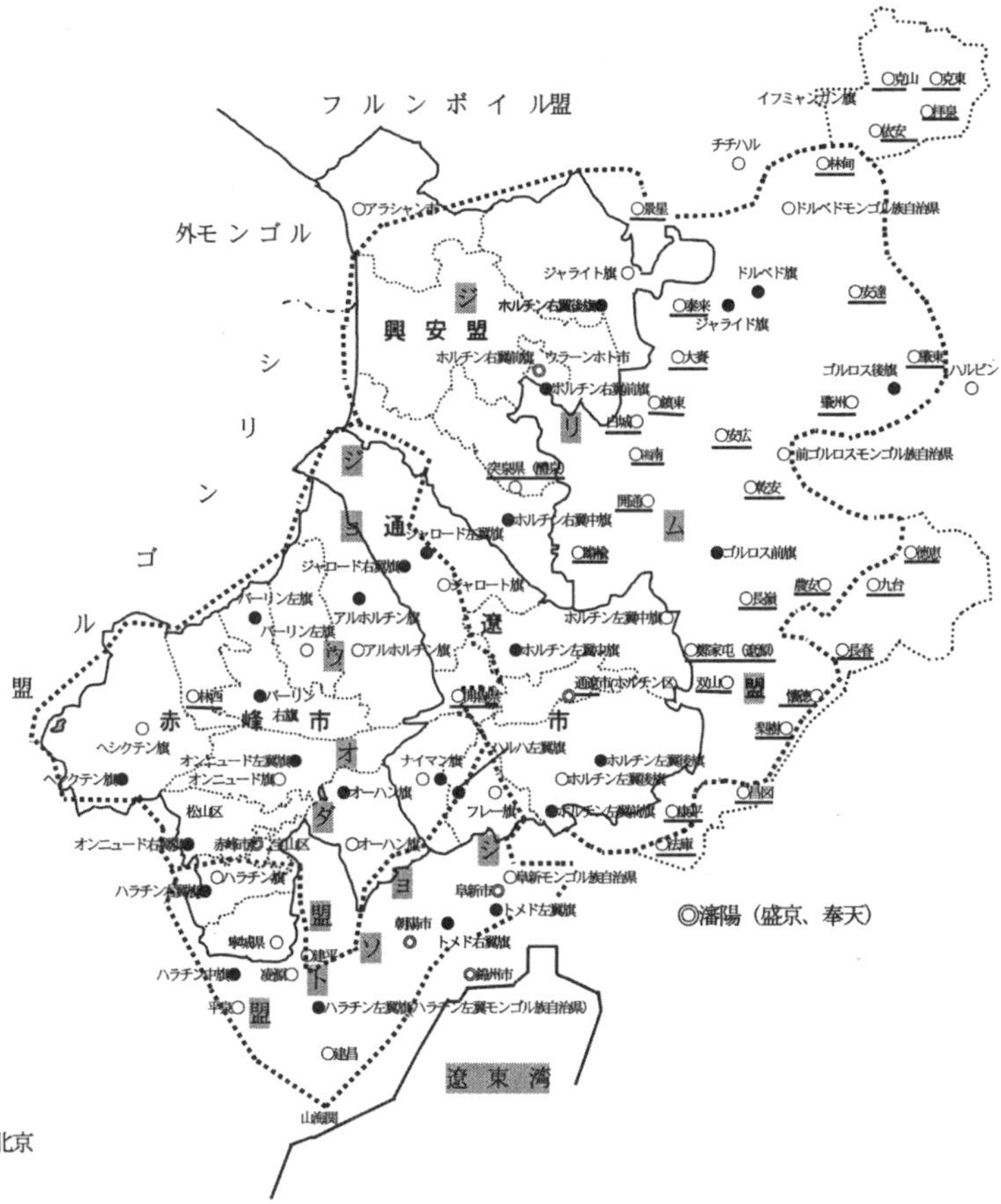

凡例	········	清代の内モンゴル東部の範囲と、それを構成するジリム盟、ジョウオダ盟、ジョソト盟の範囲を示す。
	――――	現在の内モンゴル東部の範囲と、それを構成する盟、市の範囲を示す。
	·············	内モンゴルを構成する旗と県の範囲を示す。
	○ ◎	現在の旗、県、市の名称と所在場所を示す。
	●	かつての旗の名称と所在場所を示す。
	○長春	下線を引いたものは開放蒙地の名称と所在を示す。

清代および現代内モンゴル東部図

乱・激動の時代であり、そこに複雑な国際関係も絡んでいた。かくて長年の政治・社会体制が動揺し、多くの複雑な問題が噴出し、内モンゴル東部には、上述した各種の問題が生じたこともあって、政治は混乱し、経済は逼迫し、社会は激動し、モンゴル人は不安な日々を過ごしていたのである。それ故に、モンゴル人が旗やソムの単位でオボー祭りを行うことは容易ではなく、オボー祭りは不振であったのである。

ロブサンチョイダンの著述後も状況に変化はなかった。ホルチン左翼中旗を例にとると、一九二〇年代後半に、同旗に残されていた最後の牧地を「西夾荒」と「遼北荒」の二区画の開放蒙地とし、測量して漢人農民に払い下げる計画が実施に移された。それまでも同旗での開放蒙地の設定と開墾に反対する運動は存在したが、ここに至り、生活の場を完全に失う危機に直面したモンゴル人の反墾闘争は激化し、一九二九年から一九三一年にかけて、ウンドゥル王ヤンサンジャブが「西夾荒」開墾に反対して武力行使も辞さぬ姿勢で一般モンゴル人にも働きかけて動き、「遼北荒」をめぐっては一九二九—一九三〇年にガーダー＝メイリンが規模の大きい武装闘争を展開した。しかしいずれも張作霖政権等に鎮圧され、その後測量は終了した。だが漢人への払い下げ直前の一九三一年に満洲事変が勃発し、両区画の開墾計画はまさに実現直前に白紙に戻されたのである。(21) 要するに一九二〇年代も開墾問題が内モンゴル東部のモンゴル人の生活と将来を不安に陥れ、オボー祭りを盛んにやる気分・状況ではなかったと言える。

三　満洲国期

満洲事変の同年、バボージャブの子息ガンジュルジャブを長とする内モンゴル自治軍による自治独立運動が行われたが失敗し、一九三二年に満洲国が建てられたとき、内モンゴル東部は興安省として満洲国の治下に入った。満洲国期のオボー祭りについて、当時編纂されたホルチン右翼後旗志（ホルチン右翼後旗は興安南省に所属）に「近年来不作で匪賊が跳梁したため、この気風〔オボー崇拝の気風〕がやや弱まった。〔満洲国の〕建国後、なお旧典に従い、期限になると祭祀を挙行しているけれども、往時の熱烈さに及ばず点々と祭られているに過ぎない」とある。[22]「近年来」とは、清朝末期に内モンゴル東部が混乱状態になって以来という意味でなければならない。その時期と比べると、満洲国建国後オボー祭りがしきたりに従って行われているけれども、往時の熱烈さには及ばないと言うのである。

一方同じ興安南省のフレー旗では、旧時旗長が〔旗オボーとして〕「祭っていたのはフレー鎮の北のハダト山であり、五年に一度大祭を行い、一九三一年前には毎年祭っていたが、日本の侵入以後、即ち終わりを告げた」とある。[23]別の人は、満洲国初期までハダト山、エルセン鎮のガジャルボリン=オボー、オンゴン山のオボーを毎年祭っていたが、やめた。旱魃時にアラシャン=ボラグという泉を祭っていたのもやめ、シャーマニズム関連のアンダイ祭りも禁じられた。満洲国は人が集まることを嫌ったのだろうと述べた（二〇〇四年夏フレー旗都での聞取り）。旗オボー格のハダト山以外のオボーも満洲国が祭らせなかったことになる。

だが旗都から現地に出て土地の長老たちに聞くと、ガジャルボリン=オボーもオンゴン山のオボーも満洲国期に祭りをやめたことはなかったという。ハルゴー=ソムのオボー=アイルのオボーも土地改革ころまで、エルセン鎮のオンド=アイルのオボーも公社初期まで祭られていたという（二〇〇四年聞取り）。少なくとも一般のオボーが祭られ続けていたことは明らかである。

旗オボーのことだが、ジャライド旗（興安南省所属）の旗オボーたるウルジーチョクト山のオボー（所在地バヤンオラーン=ソム）は、一九三二年（満洲国成立直後）まで祭られていたという（二〇〇五年夏聞取り）。するとこの旗オボーも、フレー旗のハダト山同様、満洲国期に祭りが中断したことになる。ではやはり満洲国は旗オボーの祭りを禁じていたとみるべきなのであろうか。私は禁じていなかったとみる。そのようなことを窺わせる当時の記録は、管見の限りない。[24]満洲国初期の五年間、満洲と内モンゴル東部を調査した赤松智城が「此月（五月—吉田）から七月頃にかけてはかの全蒙古に特有な集団的宗教行事である鄂博祭（obon tahilga）が執行される」と述べている。[25]赤松智城や彼とともにオボーを調査した秋葉隆をまつまでもない。当時オボー祭が行われていたことを示す資料にこと欠かないからである。まずジャライド旗だが「本旗における最大のオボは霊山と称せられる罕山（ハンオーラ）頂上にあるものにして、毎年陰暦五月上旬吉日を選んで祭典が挙行せられ、旗公署王府の各人員は皆衣冠束帯の礼装にて、その前日鄂博祭典の現地に到着し」云々とあり、[26]「本旗は鄂博祭りを非常に重視してゐるが、各努図克いずれにも鄂博があり、毎年旧〔暦〕五月上旬に鄂博祭が行はれる」とある。[27]罕山（ボグド山、ウルジーチョクト山）のオボーは、今も旗オボーである。満洲国期、その祭りも同旗を構成する各努図克（ヌトゥッグ）のオボー祭りも、旗によって重視されていたのであり、旗のオボー祭りについては毎年旗当局の参加を得ていたのである。

興安西省（大体今の赤峰市の範囲）のナイマン旗（現在通遼市に所属）では「旗内に於ける鄂博の祭祀は各処に於て行はれるが」云々とあり、ハーン山の祭祀についても「旗内に白音昌干、古爾本賽汗の二汗山がある。毎年旧暦六月一六日旗公署より一〇〇円の補助を受け前者は瘤喇嘛廟後者は奈林他拉部落民（三〇戸）主催し喇嘛の読経を請ひ盛大な祭祀を行ふ」とある。[28]ハーン山は旗オボー格であり、その祭祀はオボー祭祀と同義である。満洲国期、ナイマン旗は少なくとも旗オボーの祭りを積極的に支援していたのである。

興安西省に属したアルホルチン旗については「此の屯（ハルタクチン屯―吉田）では土地に関する祭祀は殆んど行われてゐないが只毎年旧暦五月に行はれる罕山のオボ祭りがある。罕山は……旗全体の祭祀を行ふ山でもある。……村からメイハン（天幕）を持参して山で一泊する」とか、[29]日本敗戦直前の「一九四五年に、旗のイフ＝ハーン山を祭る集会において、……一八歳のチョクタン（力士名―吉田）が、相撲に参加して上位の八番目に座した」とある。[30]この旗でもハーン山が旗オボーとして毎年祭られていたのである。ハルタクチン屯では土地関係の祭祀がほとんど行われていないとあるのは、同屯のハルタクチン＝オボー（qartaGcin obuG-a）[31]に関するのだろうか。そうとしても当時、他所で一般のオボーも祭られていた。それは「その年（一九四四年―吉田）にバルチロード廟のゲゲーン＝サンから…流れるウルジームレンの南斜面にあるオダン＝トホイ泉を祭る集会を催した」とあるからである。[32] 泉を祭るのもオボーを祭るのと、ほぼ同義である（第四節一項参照）。

満州国期、今のフルンボイル市の興安嶺の西は興安北省、東は興安東省と称され、興安南省、興安西省同様、興安局の下にあった。興安北省（遊牧地帯）のオボー祭りについて、一九三三年夏から三年余同省で過ごした米内山庸夫は、ハイラル近郊のアンバン＝オボー（省オボー）とソロン旗（現エヴェンキ族自治旗）のバインホショー＝オボーの祭りの写真を自著に載せ、前者の祭りに役人も参加していることを記した。[33] 一九三八年まで四年間を北省で過ごした徳廣桂濱は、シネバルガ旗の旗オボーたるボグド山のオボーの祭りに、遠方の旗民も参加し、当日、立派な法衣を纏ったラマ達を先頭に、特別な礼服を着た各官吏が続き、祭儀を行うと記している。[34] 池尻登は、オボー祭りの「最も盛大なものは巴爾虎のボグド・オーラ・オボの祭で、省長以下の官吏が古式の衣装を着し参列し」云々と述べている。[35] この文から省オボー、旗オボー以外のオボーも祭られていたことがわかるが、米内山も「蒙古人の部落の近くに大ていこの祭るオボがある。……春になれば、そのあたりの蒙古人は一家眷族、ともども山に集まってきてオボを祭る」と述べている。[36]

要するにフレー旗とジャライド旗のオボー祭りが、満洲国期に停止されたとの見解は、誤りである。旗オボーも一般のオボーも満洲国期において祭られていたと見るべきである。

本項で述べたことをまとめると、満洲国統治下の内モンゴル東部地域では、オボー祭りは、当時政情や社会状態がその前に比べると落ち着きを取り戻したこともあり、ふつうに行われていたようである。だがホルチン右翼後旗の旗志に記されていることが、同旗以外の内モンゴル東部の諸旗にも当てはまるとするならば、かつてこの地域の政情と社会状態が安定していたころほどには盛んではなかったということになる。

四　社会主義革命とオボー

満洲国崩壊後の一九四七年に内モンゴル自治区が成立すると、社会主義的土地改革が実施された。このときオボー崇拝は迷信として否定され、大半のオボーは祭りをやめた。少数のオボーは祭りを続けたが、それらも一九五八年に人民公社時代に入ると、その大部分が祭りをやめた。一九六六年の文化大革命勃発から一九七七年にそれが終息するまで、祭りは全く不可能となった。のみならずオボーは多くが壊され、埋設物が暴かれた。祭りが復活したのは、文革終結直後に復活した一部のオボーを除いて、一九八〇年代からである。だが今に至るまで祭られないものも多い。要するに近現代における内モンゴルのオボーの最大の危機は、一九四七年からの四〇年間であった。これは社会主義政策がオボーにもたらした危機である。

五　取り残されたオボー

オボー祭り停滞の大きな理由に漢人によるステップ耕地化問題があることは、先に述べた。耕地化され漢人居住地と化したところに残されたオボーの問題も重要である。漢人居住地としては、県治となり東北三省に組み込まれたもの、県治となったが内モンゴル東部の赤峰市・通遼市・興安盟内に留まったもの、これら三つの盟・市内の旗に存在する漢人集住地などが挙げられる、これら三種の土地面積は、内モンゴル東部地域のもともとの広さの三分の二をかなり超えているであろう。そこにオボーが数多く取り残され、その多くが消失したのである。

例えば吉林省双遼県内の鄭家屯のオボーがある。鄭家屯はもとホルチン左翼中旗の地であったが、清末にそこに遼源州（一九一三年に県となる）が置かれて同旗から外され、一九四〇年に双山県と合併して双遼県に属し、現在同県の政府所在地である。このオボーは一九三三年当時鄭家屯外里余の鄂博山上にあり、粗石を円錐形に積んだ高さ約一二〇cmの堆石で、柳條もヒーモリもなかった。よく見るとこの堆石から東西方向の山腹にかけて崩れた小オボーがいくつかあったが、散乱がひどく小オボーの正確な数は不明であった。(37)一九三五年当時遼源県のモンゴル人はわずか九七四人で、漢人は一三万人に迫っていた(38)。このオボーの荒れ様からみて、当地のモンゴル人がこれを地域ぐるみで祭ることは、すでに行われていなかったと見てよい。

主に祭るオボーを替えた例もある。赤峰市ヘシクテン旗では、清代にはサイハン=ハイルハンを、民国以後はバヤン=ハイルハンを主に祭り、祭日にジャサグが民を率いて祭祀を行った(39)。サイハン=ハイルハンは、もと同旗南部の芝瑞郷の地に属し(現中国建国後この山以南は河北省の地となった)、バヤン=ハイルハンはダライノール鎮に属する。民国以後、後者を主に祭るようになったのは、旗の南部が清代乾隆以後に開墾され(40)、モンゴル人が減少したのに対し、後者はステップが残りモンゴル人も多い地域のままであったからである。

オボーそのものが移されることもあった。例として、今のオンニュード旗(ほぼもとのオンニュード左翼旗に相当)の旗オボーがある。元来このオボーは、チョクウンドル山(今のチョクウンドル=ソムにある)の山頂にあり、もとのオンニュード左翼旗の中央に位置していた。だが同旗の西部(赤峰—烏丹—大板を結ぶ線の西側)が開墾され漢人住地となった結果、モンゴル人住地の西端に位置することとなった。そこでオボーの祭りへのモンゴル人の参加の便を考慮して、一九世紀末(一八九〇年?)ころ、東隣ハイラス=ソムのシラタラ牧場内にあるバヤンウンドル(Čündüb川の南岸にある)に移したのである(注45を参照)。

このほか近現代には、耕地化とそれに伴う県の設置やその他の理由から、旗の再編や旗界の変更が頻繁に繰り返され、これもまたオボーとオボー祭りに影響を及ぼした。後述するジャロード旗、シリーンゴル盟東ウジュムチン旗の旗オボーはその例である。

本項に述べたことは、内モンゴル東部のオボー祭り不振の重要な原因の一つであり、それも基本的には漢人の進出とステップの耕地化という近現代における内モンゴル東部地域の変容に最も大きな理由となった事情が絡んでいるのである。

第三節　内モンゴル東部地域のオボー祭りの現状

一　旗オボーの祭りの現状

文革終結後、オボー祭りは復活した。だが復活に地域的差異が見られる。私は、通遼市フレー旗とバヤンノール市ウラド三旗を調べてそのことに気づいた。前者は後者より復活状況が悪いのである（表1～表4参照）。私はこの理由を、前者が内モンゴル東部に属しているためではないかと考えた。前節で述べたことを整理すると、この地域は、清末以来長期間の政治的激動や戦乱それに匪賊等の跳梁による社会混乱、来住漢人によるステップの耕地化（私墾や開放蒙地を設定しての開墾）を理由とするモンゴル人（外旗人、本旗人）多数の牧地喪失と異郷への移住そして経済的困窮、牧地の狭隘化に対応するためのモンゴル遊牧民の半農半牧・純農耕への経済・社会の転換、などの諸事情が、この地域内の諸社会を流動化し不安定にし、その紐帯を弱め、その結果たとい故郷に留まっていた場合でも、個々の社会の拠って立つ地域の守護霊の住まうオボーへの関心・意欲を削いだ。やがてオボー崇拝を迷信とする社会主義体制が確立し、オボー祭りが長期間禁じられ、一層オボーに対する意識を弱め、オボー祭りは大打撃を被った。以上の事情のいくつかは、内モンゴルの他地域にも当てはまるが、これらの影響をすべて強く受けた内モンゴル東部では、オボー祭りは早くから不振に迫り、祭られなくなったものや漢人居住地に取り残され放棄されたものも現れた。そして土地改革後長期間続いた祭りの禁止が文革後解けても、祭りは容易に復活していない。フレー旗以外の内モンゴル東部諸旗のオボーも、オボーの再建や祭りの復活の状況はよくない（フレー旗には他旗と異なる事情もある）。

旗オボーについて主に聞取りに基づいて見ると、通遼市については、ナイマン旗では旗オボーがどれか不明となり、祭られていない。ホルチン左翼中旗ではダルハン王のオボー（所在地通遼市和平街）が旗オボーであったが、祭られていない。ジョリグト王のオボー、ウンドゥル王のオボー（所在地バヤンタラ＝ソム）も祭られていない。ホルチン左翼後

内モンゴル図

シリーンゴル盟図

旗の旗オボーはションホル山のションホル＝オボー（所在地オーラン＝ソム）であったが、壊されたままで祭られていない。小範囲の一般人が山を祭っているに過ぎない。ジャロード旗の旗オボーは、旗の統合や開放蒙地の切り離し等でその位置が不明となり、祭られていない。

興安盟については、ホルチン右翼前旗の旗オボーはハンオール＝オボー（王爺廟のオボー）で、ウランホト市のチンギス＝ハーン廟の後方にあった。戦後、廟修復のさいに壊されたままである。ホルチン右翼中旗では、古くはホルチン右翼前旗とモンゴル国の境界付近のボグド山のオボーを旗オボーとして祭っていたが、後に同山がホルチン右翼前旗領に入ったので祭らなくなり、右翼中旗にあるジリム盟の盟オボーたるアルバン＝オボー（所在地バローンジリム＝ソム）を、その祭りのさい旗の人が多数集まるので、旗オボーとして祭るようになった。このオボーは今もあるが、旗レベルでは祭っていない。ジャライド旗の旗オボーは、後述するように二〇〇四年に祭りが復活した。赤峰市については、アルホルチン旗とヘシクテン旗の旗オボーが祭られ、バーリンではもと左右両旗の旗オボーとしてハーン山を共通に祭っていたが、(41)今はそれはバーリン右旗の旗オボーとして祭られている。そしてバーリン左旗はバヤンオール＝オボーを旗オボーとして祭っている。オンニュード旗の旗オボーは、祭られていない。オーハン旗、ハラチン旗にも往時旗オボーがあったが、今は祭られていない。

以上、内モンゴル東部諸旗の状況を総括すると、通遼市五旗、興安盟三旗、赤峰市六旗の計一四旗中、旗オボーを祭っているのは五旗のみである。通遼市では一旗も祭っていない。ただし同市のジャロード旗は、もと左右両旗があり同じオボーを旗オボーとして祭っていたが、両旗の統合や開魯県の設置・分離などを経て、旗オボーに種々不明な点が生じ、祭りを復活できない状態にあるという。復活への意欲が弱いとは言い難いようである。同旗の他のオボーの祭りは活発である。

今、隣接するシリーンゴル盟の諸旗と比べると、ウジュムチンの東西両旗はもと今の西ウジュムチン旗内のタビン＝オボーを旗オボーとして祭っていた。それを二〇〇二年に西ウジュムチン旗の旗オボーとして復活させた。そこで東ウジュムチン旗に旗オボーはないが、オボー祭りは盛んである。シリーンホト市、アバガ旗、スニド左右両旗の旗オボーの祭りはすでに復活した。正藍旗は一九五六年に改編されて正藍旗のほかミンガン旗、タイブス右翼旗から構成されることとなり、これら三旗のもとの旗オボーを個別に祭っている。同様に正鑲白旗は正藍旗と鑲白旗を合したもので、この二旗がもとの旗オボーを個別に祭っている。鑲黄旗ではアドーチン＝オボーが旗オボー格で祭られている。タイブス旗は旗オボーのウチ＝オボーを祭っている。要するに一〇旗中、事情のある東ウジュムチン旗以外は旗オボーが祭られているのである。もう一つ隣接するフルンボイル市のモンゴル族居住地域たる興安嶺西の四旗すなわちホーチンバルガ旗、シネバルガの左旗と右旗、エヴェンキ族自治旗でも、やはりみな旗オボーの祭りは復活している。内モンゴル東部の状況は、隣接する二つの地域と比べても対照的であることは明らかである。

二　文革後のオボー祭り復活の道筋

次に、かつて祭られていたオボーの祭りが復活する過程を見ると、まずある地域のモンゴル人から祭り復活への動きが起こる。理由は既述のように各オボーは、それが存在する地域社会の住民の守護霊が座す精神的拠りどころであり、地域社会と住民の生活の支えと信じられてきたからである。住民多数がオボーを思いかつその社会の紐帯が強ければ、祭りの復活は比較的容易である。ソムやガチャーなどを統合する旗のオボーすなわち旗オボーについては、旗内の一般モンゴル人の活動だけでは必ずしも十分でなく、旗に影響力をもち、そのような一般モンゴル人の活動に同調する指導力のある人物の存在が必要となるようである。このことを、興安盟のジャライド旗を例にとって記してみたい。ジャライド旗には、オボーが各アイル（集落）にあり、この一〇年間、アイルの人びとによってかなり祭られるようになったが、迷信と批判されてきた。旗オボーたるウルジーチョクト山のオボーの祭りを復活させようとする動きも前からあり、ジャライド旗のもとからの住民（本旗人）が積極的に動いた。ただし最も積極的であったのは、オボーがあるバヤンオラーン＝ソムの外旗人の医者であり、ソムの幹部たちもその活動を支持してきた。この医者は何人かの一般の牧民や農民と、このオボーを祭ったこともあった。二〇〇四年に、同旗の教育界の重鎮で旗内有数の知識人である古老が、旗の党や政府、人民大会、各局など各方面に、祭り復活の提言を文書で行ったが、旗の指導者たちに迷信にとらわれていると言われ、祭りの費用を出してくれなかった。そこで名目を変えて民間だけの、つまり旗政府が協力しない非公式のナーダム大会（競馬、相撲の競技会）として行うことにした。覚悟の上の行動であった。だがオボー祭りは迷信でなく自然保護に役立つことがあり、昔から祭ることで人びとが利益を得てきたという主旨の文を書いたところ、党紙の『興安日報』が採用して載せてくれた。これを読んで、党紙に採り上げられたのだからオボー祭りは迷信とは言えず、祭ってもよいのではないかと考える人びとも現れた。その一人として、人民大会の指導者のモンゴル人がおり、協力してくれるようになった。フフホト在住の有力者も手紙を書いてくれた。そしてこの古老を含むナーダムの組織者が、旗の長・書記・各局の長に、多分来ないだろう思いながら、招待状を出した。ところがナーダムの日、副旗長二人、各局の長、人民大会の主任たち、政協の主任全員が来た。参会者は三万人に達した。ラマも一〇名ほど招いて、経を読んでもらった。結局単なるナーダム大会ではなく、昔のオボー祭りと同じ形式のものとなった。旗政府は一〇万元を出してくれた。ジャライドの本旗人は一般に、一九世紀後半以後の新参者たる外旗人より、旗オボーの復活を願う気持ちが強い。中でもタイジ家系の人はそうである。ジャライドの旗オボーの祭りの復活には、上述の古老が重要な役割を果たしたが、この人物もハサル系のタイジである。このようなタイジ系統を含む本旗人の意志も重要であったと考えられる。

旗オボーの祭り復活は、旗内のさまざまなオボーの祭りの復活を刺激する力をもつ。ジャライド旗では、二〇〇四度の旗オボー祭りの実質的復活の影響を受け、二〇〇五年度にあちこちでオボー祭りが復活したと言う。旗当局の姿勢の変化を見て、オボーを祭りはじめたのである。しかしその場合でも、ソムやアイル（集落）の社会の紐帯の強弱の度合が、オボー祭り復活の動きに関連するのである。その例は、ジャライド旗とは異なるが、フレー旗のオンド＝アイル（集落）のオンディン＝オボーに見出せる。このオボーは、解放後も祭りが行われ続け、所謂文化大革命期に一時的に祭りが中断されたが、それが終結するとともに、祭りが復活した。このオボーの祭りがこのようであったのは、オンド＝アイルがボルジギン＝オボグの人びとから構成され、その社会の結束とオボー崇拝の気持ちが強いからであると考えられる。

しかしながら、内モンゴル東部の多くの地域では、上に見たように、地域と社会が変化したために、このような復活への道筋が見えないところが多いのである。

第四節　内モンゴル東部地域におけるオボー祭祀の変化

内モンゴル東部地域の激動と変容は、オボー祭りの不振を招いたが、また祭祀内容にも変化を生んだ。オボー祭りの核心は、オボーの傍で行われる祭儀であり、それに適正なものを供え、シャーマンやラマが祭文を読誦し、そして人びとがオボーに拝礼することである。この核心部分の内容に変化がみられるオボーがある。そしてその変化の内容とは内モンゴル東部地域の農耕化に関わるものである。

一　供物について

通遼市ホルチン左翼中旗ハルジン＝ソムのボロムティン＝オボーでは、二〇世紀前半に「羊のオーツ（uɣuča腰肉）、ホロード（quruɣud）などの乳製品、酒、菓子、豚のオーツ」などを供えた。ハルジン＝オボーの祭りは一九四七年以後行われなくなり、現在も復活への動きはない。モンゴルの遊牧民は豚を飼育しない。彼らが豚を飼育し始めるのは定着してからであり、しかも比較的湿潤な地域においてである。内モンゴル東部は比較的湿潤なので、定着するとよく豚を飼う。だがそれでも豚を尊重することはない。だから豚の肉をオボーに供えることは、その地域の顕著な変化を物語る。つまりモンゴル人の間での農耕化の深化や、地域における漢人の増加である。増えた漢人への配慮もあろう。ボロムティン＝オボーでは、羊を供物として用意できたにもかかわらず、豚も供えた。そこにこの地域の社会の変容を読み取れよう。ハルジン＝ソムのアルイルト＝ホショー（aru irtu qosiɣu）辺りでは、一九三〇年代に漢式農耕をモンゴル人も行うようになっており、一九四〇年代には内モンゴル東部のモンゴル人の伝統農耕であるナマグタリヤ農耕をしなくなっていた。また羊群を放牧するのも一戸のみで、その家も間もなく羊飼育をやめ、モンゴル人の主な家畜は牛となっていた。だが飼育頭数が多いのは二戸だけで、他に一〇戸が一〇頭ずつ位飼っていた。乳製品を作るのは五戸位に過ぎなかった。羊群飼養をやめた状態は、モンゴル本来の牧畜のあり方から遠く隔たっていることを意味し、乳製品製造をやめた家が多いのは、牧畜民から遠く隔たっていることを意味する。当時そこには、広い牧地がまだあった。そうであったとすると、当該地域は二〇世紀前半に、上層モンゴル人の家は牧畜をまだ営んでいたが、他の多くは農耕に多く依存せざるを得ない状態になっていたと考えられる。すなわち半農半牧段階の家と農主牧副段階の家が混在していたのである。当時ハルジン＝ソム辺りの漢人数はよくわからず、アルイルト＝ホショーには少なかった。一九一二年以後、ハルジン＝ソムの南部を流れる新開河沿いの肥沃な土地に、漢人が耕地を開き始めた。以来年数を経ていたから、かなり入り込んできていたと思われる（二〇〇四年一二月聞取り）。

同じころ、ゴルラス後旗のモンゴル人の各集落にあるオボーの祭りに「豚羊」供えていた。[42]同旗は漢人居住地に囲まれ、旗のモンゴル人口一万人ほど（漢人約二一万人）で、農耕化が顕著であった。

戦後の状況だが、前述のジャライド旗のウルジーチョクト山のオボーでも、革命後禁じられていた祭りが、二〇〇四年に復活したとき、牛羊とともに豚も供えた（二〇〇五年夏聞取り）。この変化の背後に、戦後における同旗の変化すなわち農耕化の深化や漢人増によってモンゴル人に生じた経済や意識の変化、それに漢人への配慮などを読み取ることができよう。通遼市フレー旗ハルゴー＝ソムのバガアチマグ山の麓のテクスン＝ホワでも、二〇〇四年にオボーを築き、山羊と豚を供えて祭った（二〇〇四年夏聞取り）。ここは半農半牧区である。また通遼市ジャロード旗南部のウルジームレン＝ソムでは、ソム内の聖泉を祭るのに、泉の主のロス（luus）を抑える力があるとして豚の頭を供える（二〇〇四年一二月聞取り）、オボー祭りの内容は広く、「オボーを祭る外に、名山、大川、神樹、神泉、湖泊も祭る」とあるように、[43]泉を祭ることもオボーを祭る意味をもつ。遊牧では豚は飼わぬから、定着化し豚も飼うようになり、漢人農民も増えた清末以後に、豚を供えるようになったと思われる。
五穀を供えることは内モンゴル東部にあると思うが、今のところ例を見出せない。

二　祭文の内容の変化について

上述したジャライド旗のウルジーチョクト山のオボーの祭文に、家畜の供物として「馬、ヤク、山羊、羊、ニワトリそして犬、牛、ラクダ」とあり(44)、ニワトリが含まれている。ニワトリも豚同様、モンゴル遊牧民の家畜ではなく、定着牧畜化してから飼われはじめたものである。それが祭文に登場しているのは、内モンゴル東部地域のモンゴル人の経済・生活の変化を反映していると見られる。

上述したホルチン左翼中旗のボロムティン＝オボーの祭儀の開始にあたって、祭りの主宰者（ダーノヤン）が酒を撒布してから述べた言葉に「家畜の繁栄、狩猟の豊富、畑の豊作、無病息災、多雨で旱魃のないこと」などがある。「畑（tariy-a）の豊作」は「五穀の豊作」と同義の可能性が高く、このオボーが祭られていた戦前（一九四七年以後祭られていない）におけるこの地域の住民の農耕化を反映していると考えたい。オンニュード旗ブリイェン＝ソムのホルハ＝ガチャーにあるホルハのオボー（qurqa-yin obuɣa）の祭文にも、雨水の順調、牧草の良好、家畜の無病と順調な成長などとともに「五穀（tabun tariya）が豊穣であること」を祈る(45)。オンニュード旗の農耕化の影響を被ったものと言える。

おわりに

以上、近現代における内モンゴル東部の歴史状況の変化の中で、古来モンゴル人があつく崇拝してきたオボーとその祭りがどのようになってきたかを見てきた。オボーは、社会主義中国では、建国後ずっと迷信として冷遇され、いわゆる文化大革命の時期にはひどく攻撃の標的とされたから、オボーは研究対象として危険なものの一つであった。近年ようやくオボーについて書かれることが増えたが、オボーの種類や分類、祭り方を叙述することが中心であり、オボーの祭文の紹介もされるが、その分析に関してはほとんど手付かずである。またオボーというのは、地域社会とその住民に深く関わる存在であるにもかかわらず、地域の社会および住民との関連で考察することは皆無といった状態である(46)。

その意味で二〇世紀はじめにロブサンチョイダンが、簡略ではあるが、当時の政治・社会状況とオボー祭りの不振を関連付けて述べたのは、卓見というべきものであった。本稿は、ロブサンチョイダンのそのような観点を尊重し、それを、より具体的にかつ時代を下らせて考察したのである。そしてその場合、オボーの本質に関するドルジ＝バンサロフや後藤冨男の見解が採るに足ると思われるので、利用した。

本稿の特色は、オボー研究が十分でない状況の中で、これらの先人の考えに依拠しながら、現地聞取り調査をそれなりに実施して集めた資料や戦前の文研資料もかなり使って考察した点にある。そして近現代における内モンゴル東部地域の変容がオボーに大きな影響を及ぼしたことを、大まかではあるが、ある程度実証したつもりである。だが本稿は、モンゴルの社会とオボー崇拝の関係を深く考察したとは、必ずしも言えない。本当は、内モンゴル東部の社会的変化が顕著でオボー崇拝がかなり弱まっている地域を徹底的に調査し、そこから得られた資料に基づいて、モンゴル人社会の変化とオボー崇拝の関係を、詳細に論述することを行いたかった。だが諸般の事情によって、それを実施することはできかった。これが将来の課題であることを述べて擱筆したい。

注

（1）秋葉　隆「朝鮮の民俗に就いて──特に満蒙民俗との比較」、『朝鮮文化の研究』、ソウル、一九三七、三三一──五六頁

（2）秋葉　隆「鄂博と鄂博祭」、赤松智城・秋葉　隆共著『満蒙の民族と宗教』（大阪屋号書店、一九四一）、二五二──二六四頁。

(3) *Черная въра или шаманство у монголъ и другия статьи Дорлжи Банзарова* Санктпетервургъ, 1894, стр.18。ドルジ＝バンザロフ著・白鳥庫吉訳『黒教或ひは蒙古人に於けるシャマン教』（新時代社・復刻本、一九七一）は、「околодок（周辺）」を「部落」と訳しているが、妥当でない。

(4) Č. Norǰin nar(erkilen nayiraɤuluɤči), *Mongɤol kel-ün toli*, 1997, Köke qota, p.780.

(5) ロブサンチョイダンは、内モンゴル東部ハラチン旗の出身であり、肉粥が出されることを記している(Lobsangčoyidan ǰokiyaba, Qa. Danbiǰalsan čoqulba, *Mongɤol-un ǰang aɤali-yin oilaburi*, Kökeqota, 1981, p.290)。

(6) ラマのワジラダラ＝メルゲン-ディヤンチの残した古写本に、オボー祭りの効果として「即ち現世の幸福、人民の安寧、家畜の繁殖、富の増加、悪魔の退散、諸病の祓除」が挙げられている〔ドルジ＝バンザロフ著・白鳥庫吉訳「黒教或ひは蒙古人に於けるシャマン教」（ドルジ＝バンザロフ著・白鳥庫吉訳、ミハイロフスキー著・高橋勝之訳『シャーマニズムの研究』、一九四〇年文求堂（復刻本、新時代社、一九七一）、二六頁〕。

(7) 江上波夫「匈奴の祭祀」、『ユーラシア古代北方文化』、全国書房、一九四八年、二二五―二七九頁。

(8) 後藤冨男は、モンゴル族のオボー崇拝に、匈奴をはじめステップの諸民族の間に広まっていたシャーマニズムの普遍的な祭祀形態の伝統を引くものが数多く見られるとして、オボーの周りを三度巡ること、かつて行われていた流血の供犠と今も行われている無血の供犠、会宴、男の三種の競技を挙げている（後藤冨男「モンゴル族に於けるオボの崇拝―その文化に於ける諸機能―」、『民族学研究』一九―三・四、一九五六、五四―五七頁）。

(9) シャーマンはオボー祭りに一般参会することはできた（フレー旗オンゴンオーリン＝オボー、オンディン＝オボー、ジョジャーン＝アイルのオボーおよびバヤンノール市ウラト前旗のホショー＝オボーに対する二〇〇四年八月の聞取りに基づく）。

(10) Sayinǰirɤal. *Ongɤon takilɤ-a*, Begeǰing, 1, 2001, pp.463-471. 二〇〇四年一二月に実施した調査によれば、シャーマニ

ズムが行われていると見られてきたホーチン＝バルガ旗において、現在シャーマンが祭儀に関わっているオボーはない。同旗最大のオボーであったアンバン＝オボーについては、文化大革命前まではシャーマンが祭儀を行っていたという。ちなみにこのオボーは文革時に破壊されてしまった。

（11）ドルジ＝バンザロフ、一九四〇、二三頁。

（12）後藤、一九五六、六二―六九頁。

（13）Lobsangčoidan, 1981, pp.291-292.

（14）Owen Lattimore, *The Mongols of Manchuria, London*, 1934, pp.115-116（オウエン＝ラティモア著・後藤富男訳『満洲に於ける蒙古民族』（財団法人善隣協会、一九三四年）、九四―九五頁）。ボルジギン＝ブレンサイン『近現代におけるモンゴル人農耕村落社会の形成』（風間書房、二〇〇三年）の第四章第四節。

（15）Owen Lattimore, 1934, pp.119-121（オウエン＝ラティモア著・後藤富男訳前掲書、九八―一〇一頁）。中見立夫「ハイサンとオタイ―ボグド・ハーン政権下における南モンゴル人」、『東洋学報』五七―一・二、一九七六年、一四六―一四八頁。

（16）中見立夫、前掲論文、一四七―一五〇頁。Owen Lattimore, 1934, p.121（オウエン＝ラティモア著・後藤富男訳前掲書、一〇〇―一〇一頁）。

（17）盧明輝「巴布扎布伝記」、中国蒙古史学会編『中国蒙古史学会成立大会紀念集刊』、一九七九年、五七七頁。NAKAMI Tatsuo, Babujab and His Uprising: Re-examining the Inner Mongol Struggle for Independence, *MEMOIRS OF THE RESEARCH DEPARTMENT OF THW TOYO BUNKO*, No.57, The Toyo bunko, 1999, pp.146-149. Owen Lattimore, 1934, p.125（オウエン＝ラティモア著・後藤富男訳前掲書、一〇三―一〇四頁）。

（18）橘　誠「辛亥革命後における内モンゴルの二元的政治構造―ジャロード左旗の二ザサク制の事例を中心に」（口頭発表）、

二〇〇五年度早稲田大学史学会大会、二〇〇五年一〇月一五日。

(19)中見立夫「文書史料にみえるトクトホの〝実像〟」、『アジア・アフリカ言語文化研究』四八・四九合併号、一九九五年。中見は、蜂起の一九〇五年であることを疑い、またトクトホの反墾闘争の姿勢が不明確であることを指摘している。

(20)忒莫勒「民国元年昭烏達盟扎魯特左旗事変研究」『中国辺疆史地研究』、一九九五年第四期、六九―七二頁。橘誠前掲口頭発表。

(21)ボルジギン・ブレンサイン、前掲書、第二章「ウンドゥル王と「西夾荒」の開墾問題」、第三章「「遼北荒」の開墾問題とガーダー・メイリン蜂起」

(22)盧伯航編『科爾沁右翼後旗志』一、一九三八年(一九六五年復刻本)、第二章「地誌」第八項「陵寝―鄂博」。なおこの旗は、一九五二年にホルチン右翼前旗とジャライド旗に併合された。

(23)包金山・扎木拉「庫倫旗蒙古族風俗(部分)」、庫倫旗志辦公室『庫倫旗志資料匯編』第一輯、一九八九年、九五頁。

(24)『満洲国政府公報』、満洲国史編纂刊行会編『満洲国史各論』一九七一年、第一二編礼教の項。その他。

(25)赤松智城・秋葉隆『満蒙の民族と宗教』、大阪屋号書店、一九四一年、二四四頁。

(26)土屋定国『興安南省扎賚特旗事情』(満洲帝国地方事情大系L第八号)、満洲帝国地方事情大系刊行会、一九三七年、二九頁。

(27)『興安南省扎賚特旗実態調査報告書』、興安局、一九三九年?、一八頁。

(28)「奈曼旗に於ける宗教と諸習俗」、『蒙古研究』第二巻第四号、蒙古研究会、一九四〇年一一月、六九―七〇頁。

(29)『興安西省阿魯科爾沁旗実態調査報告書』(実態調査資料第1輯)、興安局、一九四一年、四三頁。

(30)Qoduringγ-a. *Aru qorčin-u nayir nayadum*, Qayilar, 1994, p.77.

(31)Qoduringγ-a. *Aru qorčin-u ay ula usu*, Dongliao, 1997, pp.203-204.

(32) *Qoduringγ-a, Aru qorčin-u nayir nayadum,* Qayilar, 1994, pp.91-92. バルチロード廟はアルホルチン旗の南部にある。
(33) 米内山庸夫『蒙古草原』、改造社、一九四二年、一四七―一五七頁。
(34) 徳廣桂濱『蒙古の実態を探る』、財団法人蒙古会館事業部、一九三八年、一六一―一六四頁。
(35) 池尻　登『達斡爾族』、満洲事情案内所、一九四三年、一四八頁。
(36) 米内山庸夫『蒙古草原』、改造社、一九四二年、一四三頁。
(37) 赤松智城・秋葉　隆共著『満蒙の民族と宗教』、大阪屋号商店、一九四一年、二五六―二五七頁。
(38)『康徳六年末満洲帝国現在戸口統計』、治安部警務司、一九四〇年、二二―二三頁。
(39) 克什克騰旗地方志編纂委員会『克什克騰旗志』、内蒙古人民出版社、一九九三年、九七四頁。
(40) 柏原孝久・濱田純一『蒙古地誌』下巻、冨山房、一九一九年、七〇〇―七〇一頁。
(41) 巴林左旗志編纂委員会編『巴林左旗志』、一九八五年、五三二頁。
(42) 村田数馬『濱江省郭爾羅斯後旗事情』上（満洲帝国地方事情大系E第二八号）、満洲帝国地方事情大系刊行会、一九三七年、四〇頁。
(43) 扎魯特旗志編纂委員会編『扎魯特旗志』、方志出版社、二〇〇一年、五九三頁。
(44) アルタンガラグ「オボー祭祀（obuγan taqilγ-a）に見るモンゴル人の自然観」、二一世紀COEアジア地域文化研究第二八回定例研究会、二〇〇五年二月八日、配布資料。
(45) 中国社会科学院民族と人類学研究所副研究員ムンフダライ氏を通じてNamtaisürüngから得た資料。第二節の五におけるオンニュード旗関係資料も同じ。
(46) 例えばSayinjirγal 2001.

表1　通遼市フレー旗のオボー

凡例：表１～表4の項目中、「地域」は祭祀する地域、「革命初期」は土地改革期、「公社初期」は人民公社初期、「文革」は文革期を意味する。

オボー名	山名	所在地	地域	革命前	革命初期	公社初期	文革	現在
×	バガアチマグ	ハルゴー=ソム	地元の4集落	○	×	×	×	○
オボー=チョロー		同		×	×	×	×	×
オボー		同	隣接ガチャー	○	×	×	×	×
オンゴン山オボー		同		○	×	×	×	×
ジョジャーン集落のオボー		同		○	×	×	×	×
*	ハダト	フレー鎮	旗全体	○	×	×	×	×
	チャガンチョローテイ	バヤンホワ=ソム		○	×	×	×	×
ガジャルボル山オボー	ガジャルボル	エルセン鎮	養畜牧川の北	○	×	×	×	×
オンディン=オボー		同	オンド集落	○	○	○	×	○
不明		同	地元の集落	○	×	×	×	○?

* オボー状の石積みがあった

表2　バヤンノール市ウラト前旗のオボー

オボー名	山名	所在地	地域	革命前	革命初期	公社初期	文革	現在
ホショー=オボー	モナ	バヤンホワ鎮	旧右翼公旗	○	× (1951○)	×	×	○
ダワー廟オボー		同	廟のある村	○	×	×	×	○
ジャルガルティン=オボー		アルタチン=ソム？	?	○	○?	○?	×	○
タバンタイジ=オボー		同	5タイジの子孫	○	×	×	×	○
デブスギンソミヤー=オボー		同	寺のオボー	○	×	×	×	○

表3　バヤンノール市ウラト中旗のオボー

オボー名	山名	所在地	地域	革命前	革命初期	公社初期	文革	現在
チュールミン=オボー		デレンオール鎮	グーシン廟と近傍		×	×	×	?
アルホダギン=オボー		サンギンダライ=ソム	?	○	×	×	×	○
ボグディン=オボー		同	?	○	×	×	×	○
オンゴンテギン=オボー		同	旗	○	×	×	×	○

*他にソロン=オボー、バータルルダ=オボー、ガルダン＝オボー、シルハイイン=オボー、ボルハントイン=オボー、デルデゲン=オボーなどがあり、祭られているという。

表4　バヤンノール市ウラト後旗のオボー

オボー名	山名	所在地	地域	革命前	革命初期	公社初期	文革	現在
アルタンホロク=オボー	モナ	バヤンボラク鎮	旗民	○	×	×	×	?
バヤンウンドル=オボー		ハイラス=ソム	周辺の牧民	○	×	×	×	○
バルオール=オボー		バヤンゴビ=ソム	?	○	×	×	×	○
メグジムハイルハン	同		?	○	×	×	×	?
ゴルバントイギン=オボー		同バヤンチャンドマニ=ガチャー	左のガチャー	○	×	×	×	?
チョクウンドル=オボー		同上	同ガチャー	○	×	×	×	○
バヤンバガモド=オボー		ウルジー=ソムのバヤンノロー＝ガチャー	左記ガチャーとモンゴル国側	○	×	×	×	○
シャルゴビン=オボー		ナランボラク=ソム	バヤンシャンド廟の僧	○	×	×	×	○
ナランハイルハン=オボー		同上	タイジとトイン	○	×	×		○?
バヤンチャガンウンドル=オボー		?	?	○	×	×	×	?
アルシャン=オボー		?	?	○	×	×	×	?
フフウンドル=オボー		バヤンチャンドマニ=ソム	?	○	×	×	×	?
フルフンデリン=オボー			?	○	○	×	×	○

遺産をめぐる様々な意見
―チャンパサック世界遺産登録のプロセスと地元住民の周辺化―中心‐周辺の関係の再検討にむけて

西村正雄

Ⅰ．序

研究者は一九九四年以来、ユネスコ世界遺産の問題に取り組んできた。現在世界中で自然、文化、複合をあわせ総数八〇〇余の世界遺産が登録され、「世界遺産」という名前を知らない人はいないぐらいとなった。それに伴い、世界遺産をめぐるビジネスも活発化し、世界いたるところで、「世界遺産」は、観光地のなかで、高級感を出すためのブランド名ともなってきた（Abram and Waldren eds. 1998）。つまり、世界遺産は、情報、金融、人の流れなど、今日地球規模で起こっているグローバリゼーションの一環として[1]、そのレイトカマーとしての要素をもちつつ、世界的にその概念を展開して来たといえる。

そもそも世界遺産は、ユネスコが一九七二年に世界遺産条約によって定めた概念であり、その根本的な理念は、世界に散らばる貴重な遺産を世界中の人々の英知と資金で守ってゆこうというものであった（Cuéllar ed. 1997; Valderrama

1995)。

今日、遺産の管理や観光開発といった分野に関心のある研究者は、世界遺産内、またはその近くに住む人々のことを考えることがいかに重要であるか様々な場で論じてきた（例、Cuéllar ed. 1997; English Heritage 1996; Feilden and Jokilehto 1993; ICCROM 1995; Miura 2003; Ramos, et al. 2003）。

チャンパサック世界遺産においても、本研究者をはじめ、行政担当者、国際援助機関に属する人々は遺産の内部に住む人々について配慮し、彼らの生活の維持こそが重要であると述べてきた（Nishimura 1998a, 2004a, c; UNESCO 1996c）。しかしながら、実際には私たちは、今存在する世界遺産と関連して、行政側の人々によって手厚く保護されてきた住民をほとんど皆無といってよいほど見ていないのである。むしろ、各地でそうした住民は排除され、自らのアイデンティティを失い、行き場のないところに追いやられてきた（例、Miura 2003）。彼らはしばしばもともと自分たちが暮らしてきた土地から追い出され、他の場所へと強制的に移住させられてきた（Nishimura 2004a）。チャンパサックもその例外ではなかった。

この論文では、この問題に関して、四つの点に問題を絞って、論じてみたい。まず第一に、チャンパサック遺跡群が世界遺産に登録されるまでのプロセスを時間を追って検討してみたいと思う。特にこの検討過程の中で、ステークホールダーの世界遺産登録に対する異なった観点（あるいは期待感）を見直してみるつもりである。この研究・調査は、世界遺産になる前から行われ、世界遺産後も継続して行われてきたことから、この見直し作業で、遺産の保護に関するポリシーの問題ばかりでなく、それぞれのステークホールダーの考えかたの変化についてもまた明らかにできるものと考える。この点で、私たちは、いかに地方の行政担当者が地域の住民を懐柔し、遺産についてそうした自分たちが真に行いたいと思っていたことを達成してゆくのかを明らかにしたいと考えている。

第二に、本論文では、なぜ地方の行政担当者が世界遺産内の村の状況を変えることに血眼になるのか、その理由について論じたいと考えている。ここでの討議は、開発人類学からの観点から組み立てられ、「文明化され」、よく発達した部分としての世界遺産と、文明から取り残され、当該の文化の中であまり発達していない部分としての村という明確な差異化、または対象の先鋭化の問題についてふれる（Kottak 1994）。それゆえに、行政担当部局は、自身の文化の発展の「ショーウィンドウ」の役割を遺産に帰し、そのショウウィンドウから異質なもの、すなわち村の生活を取り除こうとしていると考えられるのである（Nishimura 2004c）。結果的に、村人はいとも簡単に、しばしば同意形成なしに他の場所に移動させられ、結果的に地域の文化的景観（カルチュラル・ランドスケープ）の変更をもたらしていると考えられるのである。

第三に、本論文では、世界遺産のマネージメントの問題を取り上げる。世界遺産条約の中で、いわゆる「生きている遺産」（Living Heritage）の重要性に触れられているにもかかわらず（UNESCO 1972）、「生きている遺産」とはなにか、いままで決して明確に定義されてこなかった。このため、世界遺産における「生きている遺産」の状況は極めて不明確となっており、そのことが、遺産内の村人の社会—政治的、社会—経済的地位を危ういものとしてきた。世界遺産条約は、そうした人々の地位を守れないものとなってきた。この力の欠落ゆえに、世界中で、とくに東南アジアのいたるところで、村人の地位はその場その場の、その時々の政治の状況に翻弄されてきた。

第四に、そして最後に、本論文では、「生きている遺産」の保存がなぜ重要なのかについて理由を強調して議論を進めてゆく。ここで、「生きている遺産」の保全こそ、世界遺産の管理の中核をなすものであり、それなくしては、遺産の管理は全く意味を成さなくなる。チャンパサックでは、我々は、文化的遺産が毎日の生活の中心をなしていることを見ており、とくに資源獲得に関して重要な役割を示してきたことを見てきた。このフィールドワークの結果を基に、我々は、村人の遺産の管理において、いかにその周りを取り巻く環境についての村人自身の空間的—時間的認識を考えることが重要か、説明したいと思う。

Ⅱ．ラオス、チャンパサック世界遺産の登録プロセス

A．チャンパサックの地理的背景

チャンパサック世界遺産は、正式名称は、「チャンパサックの文化的景観の保全のための世界遺産(2)」である。しかし本論文では、略して「チャンパサック世界遺産」という名称で呼ぶ。チャンパサック世界遺産は、ラオス南部のメコン川沿いに位置しており、首都のヴィエンチャンから東南方向に約五〇〇km、最も近い都市、チャンパサック県の首都、パクセ(3)の南約三〇kmのところに位置している（図1）。

ラオスは四方を他国に囲まれた国であり、海に面していない。このうち、隣国のタイとは、同じく隣国ベトナムと並んで長い国境線を共有する。タイとの国境のほとんどは、メコン川によって形成されている。しかし、この世界遺産が位置するチャンパサック県は、県内をメコン川が流れ、タイとの国境線は山塊によって形成されている。その結果、チャンパサック県は、その山塊とメコン川に囲まれた一種孤立した土地となっており、そこにアクセスするにあたって従来メコン川を渡るか、タイ側から山塊の裾野をめぐる道路をたどる必要があり、交通の便の点で一種「不便」な所であった。しかしながら、この不便さがこの地域の遺産をそれがつくられ、そして廃棄されて後もほとんど大きな撹乱もなく（Sayavongkhamdy 1990）、きわめて良好な保存状態のまま保ち続けて要因ともなっているといえる。メコン川がさらに南下してカンボジアに入る。カンボジアと南部は国境を接している。カンボジアとの国境は、メコン川が断層を流れるため、流れの急な滝となっており、今日コーン滝をはじめ、また拡大したメコン川内に多くの岩礁、小島があり、サウザンド・アイランドと呼ばれ、風光明媚な観光地となってきている。しかし、それは同時にメコン川が交通の手段としては、直接カンボジアからラオスまで使うことができなかったことを意味しており、後で述べるように、この地がかつてクメールの帝国（アンコール）の領土の一部となった時でさえ、アンコール帝国とこの地との行き来が盛んに行わ

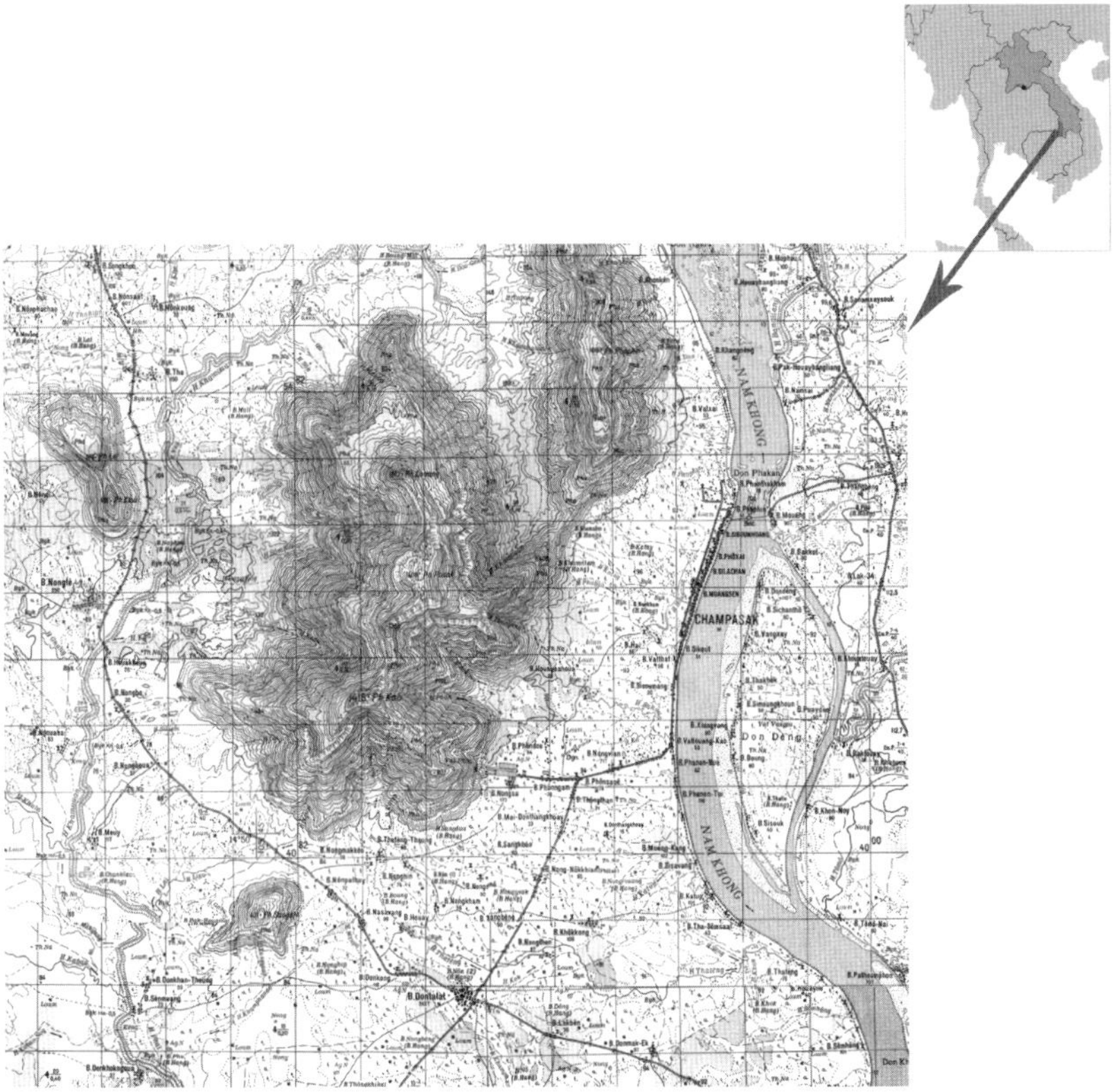

図1　ラオス、チャンパサック世界遺産所在地　（出典：ラオス人民民主共和国政府、地理局発行、D-48-44:（Champasak）. 1:100000, 1997）

れたが、その手段としては陸路が重要であったと推測されるのである。

この一種孤立した土地は、タイとの国境を作る山塊の裾野が広がってメコン川にいたるまでの、海抜約一〇〇mからそれ以下の狭い沖積平野でできている（図1）。沖積平野は、山塊からメコン川に流れ込む小河川が東西に流れている。これらの小河川は、乾季（十二月から四月）には、ほとんど降雨がないため、干上がる。一方雨季（五月から十一月）には洪水を起こす。この規則的な洪水は、平野部に泥土の堆積をもたらし、比較的肥沃な土壌の分布を平野一帯にもたらしてきた。とくに、山沿いでは良好な土壌と雨水により、雨水頼りの水稲耕作を可能にしてきた（図2）。ラオス全土が土壌の質の点で比較的恵まれない中、この地はその中では、比較的水稲耕作ができる土

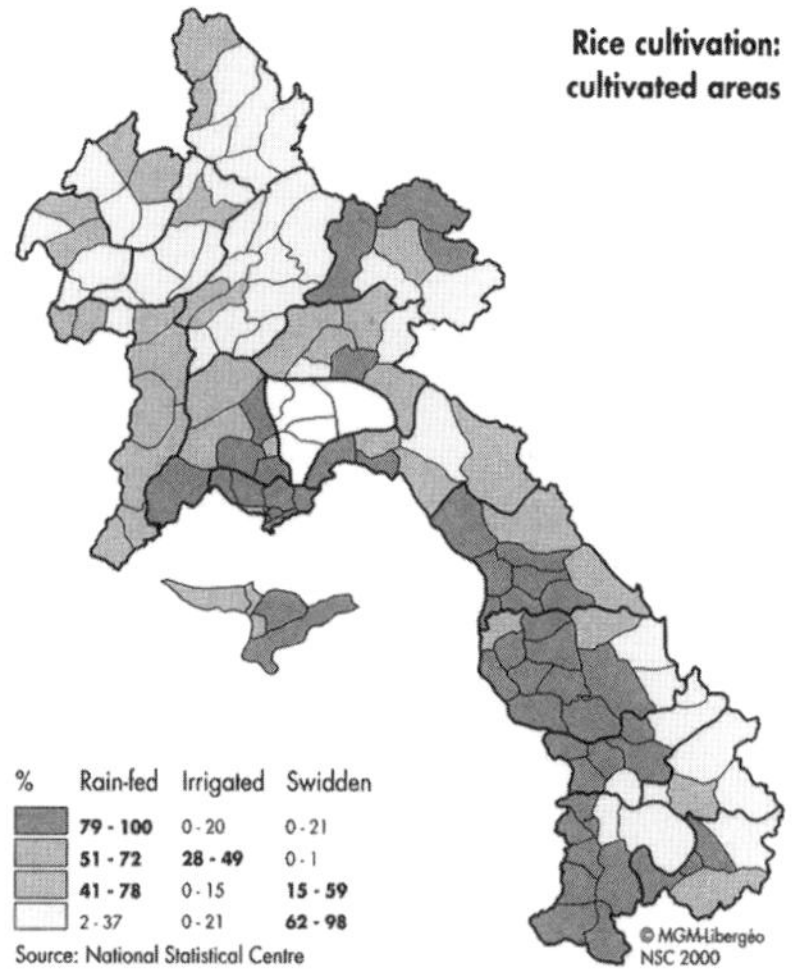

図２　稲作分布図（雨水耕作を含む）（出典：Sisouphanthong, B. and C. Taillard 1998）

地として知られてきた。しかしその一方で、この定期的な洪水をどのようにコントロールするかが、この地に居をかまえた人々の長年の活動の中心であった。乾季にはほとんど雨が降らず、一方雨季に多大の降雨によって洪水をもたらす気候条件は、そのサイクルを把握し、水をいかにコントロールするかが、そこでの農耕民にとって最も重要であり、それに成巧してはじめて、一定の収穫が得られるという、特殊な適応の知識と技術を人々に求めてきた。

最近の研究によれば、この地における洪水は、それを排水する高度な技術と知識が必要であり、この地に都市を築いた人々は、そうした技術と知識を持ち合わせていた様子がうかがえる（Cucarzi et al. 1992; Pichard 1997）。アンコールのあるシエム・リアップは歴代の王の仕事として、網の目のような灌漑水路が建設されたが、その大きな目的は、水の供給にあった（Groslier 1979; Rooney 1994）。一方、この場所でもまた、灌漑水路の建設の痕跡があるが、それは排水を目的としたものであったと思われる（Cucarzi et al. 1992）。この排水こそ、この地の人々の知識と技術が結集したものと考えられる。

チャンパサック平野の西に存在する山塊のうち最も高い山が、標高一四一六mのカオ山（Phu Kao）である（図1）。カオ山は、チャンパサック平野のどの位置からも見ることができると同時に、メコン川からもよく見ることができる。この山は、独特の形をしていることで知られている。その山頂に岩が屹立しており、遠望では、まるで自然のリンガ[4]

がそこにあるように見える。そのため、それを頂に持つ山全体が神の宿る山としてみられ、これがカオ山を聖地として信仰する理由となったと考えられている（Barth 1902）。実際、シェスタプラ古代都市で発見された碑文によれば、「男がリンガバルバタ（Linga Barbata）（カオ山のこと）に導かれて都市（シェスタプラ）を造った」と述べている（Jacques 1962, 1986;Cucarzi and Zolese 1997; Jacques 1962, 1986; Jacob 1974; Lintingre 1974）。カオ山の存在こそ、この地域に人々が集まり、都市を確立し、聖なる山に見守られて毎日の生活を確立し、聖なる山（カオ山）への信仰のため、寺院（ワット・プー）を建立したと考えられている（Barth 1902; Cucarzi and Zolese 1997; Dumarçay 1988; Finot 1902; Government of Lao PDR and UNESCO 2001; Jacob 1974; Jacques, 1962, 1986; Lintingre 1974; Nishimura 1998c）。

B．チャンパサックにおける遺産の歴史的意義

このチャンパサック平野とその山塊は、先アンコール時代（ca 3-9C AD）、アンコール時代（ca. 9-13C AD）、そして後アンコール時代（ca 13-19C AD）の遺産を集中的に含む場所として知られている。特に、先アンコール期からアンコール期につくられたワット・プー（Vat Phou）と呼ばれる石造寺院コンプレックス（Barth 1902; Dumarçay 1988; Finot 1902; Government of Lao PDR and UNESCO 2001; Jacob 1974; Jacques, 1962, 1986; Lintingre 1974; Nishimura 1998c; Pichard 1997）、また、平野にほぼ造られた時代のまま埋蔵されている「古代都市」（シェスタプラ）と呼ばれる都市遺跡が存在している（図3）（Cucarzi et al. 1992; Government of Lao PDR and UNESCO 2001）。これらの遺跡は、ごく小規模な調査を除いてほとんど調査されずにそのまま残存してきた。

現在まで調査をしてきたフランス隊、イタリア隊によると、ワット・プーの周辺に残る石造建造物の痕跡は、ワット・プーとは異なった様式をしめしており、その作り手は未だ不明である（Lintingre 1974; Parmentier 1914）。ワット・プー寺院コンプレックスは、この一帯で一番大きな石造建造物である（図4）。この建造物は、今日砂岩とラテライト

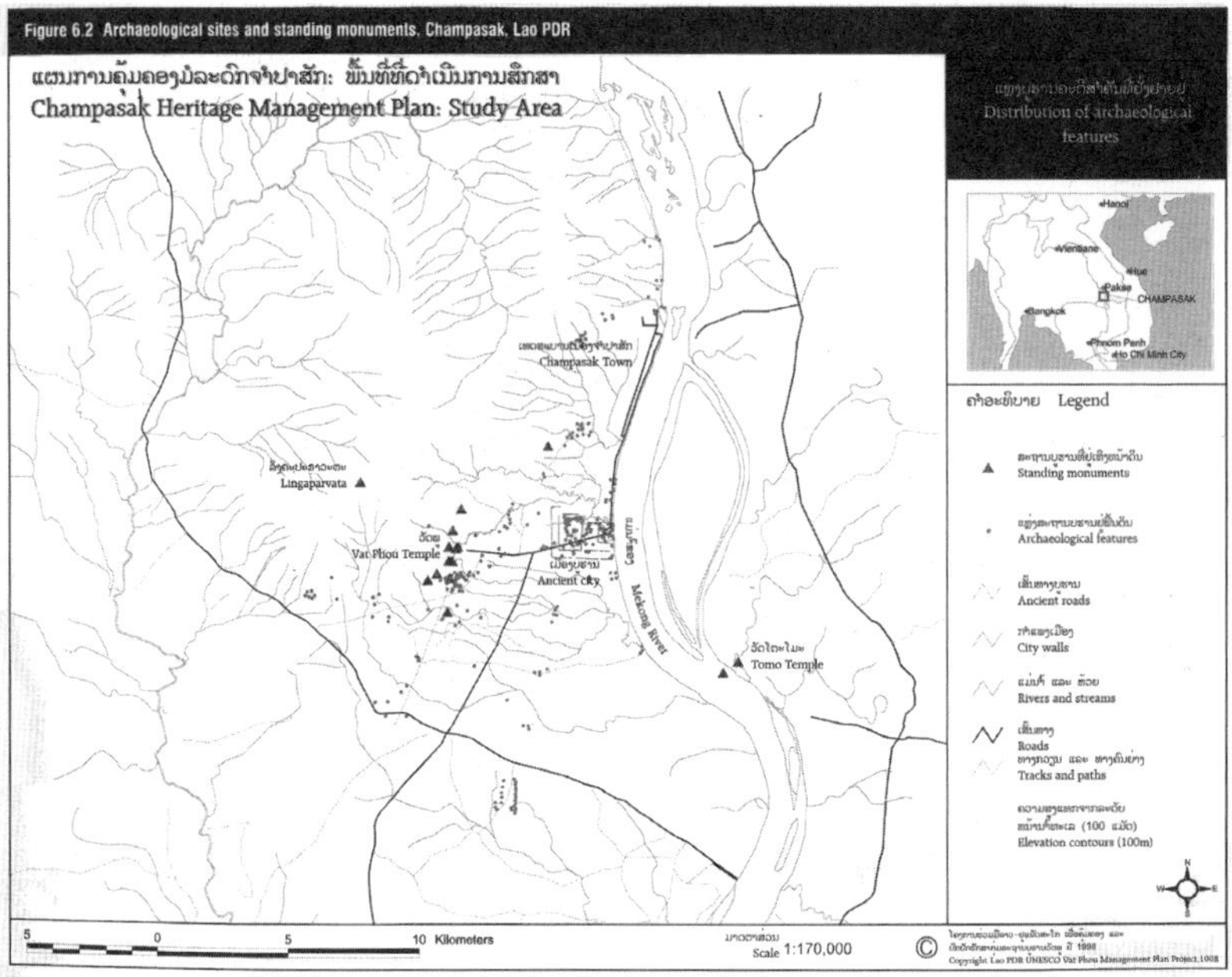

図 3　チャンパサック主要遺跡分布図（出典：Government of Lao PDR and UNESCO 2001）

のブロックで構築されているが、フランス隊の調査によると、そうした石造の建物が造られる以前、レンガ造りの建物が存在し、さらにそれに先立って木製の建物の存在があったことを示唆している（Dagenes 1988; Dumarçay 1988; Government of Lao PDR and UNESCO 2001）。このことは、ワット・プー寺院コンプレックス自体も、その最初の造り手は、アンコールを構築したクメール人とは異なることを示唆している（Lintingre 1974）。時代的に、この寺院コンプレックスから出土する最古の遺物が、5世紀から7世紀と示唆されており、明らかにカンボジアのアンコールの国家形成以前にこの建物が作られ始めたことを示めしている（Jacob 1974; Jacques 1962, 1986; Lintingre 1974; Nishimura 1997; 1998a）。

　さらに、古代都市遺跡は、その中の建物の多くがレンガで造られていたことが知られている。一部土台石に砂岩が使用されたが、ほとんどがレンガで造られていたと思われる。その最下層のレン

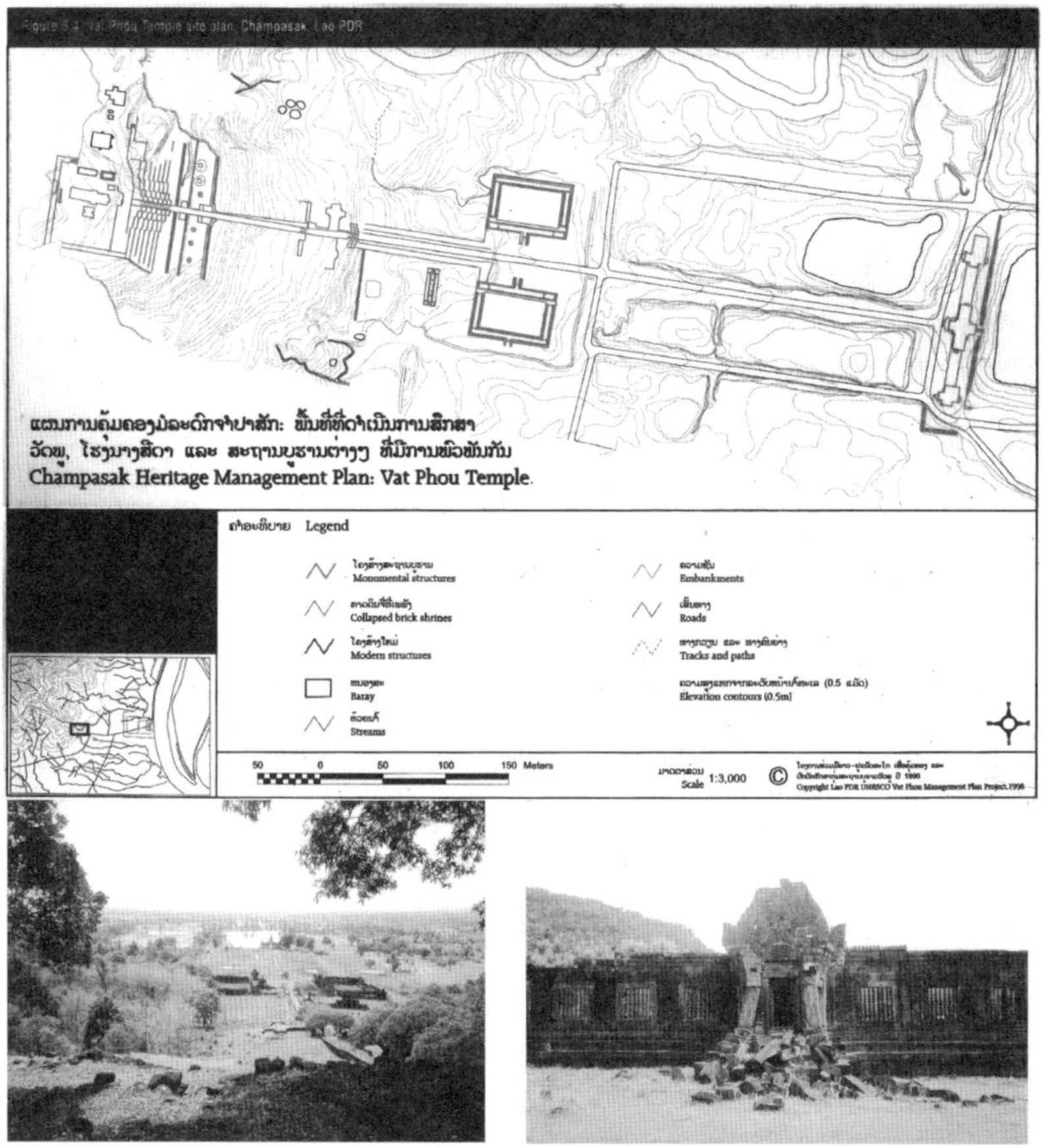

図4　ワット・プー遺跡地図、およびワット・プー遺跡遠景（左）、ワット・プー遺跡の「下段テラス主要建物（右）（出典：Government of Lao PDR and UNESCO 2001）

ガの年代測定から、都市の形成の開始は五世紀ごろからそれ以前と推定されている（Cucarzi, et al. 1992; Nishimura 1997, 1998a; Nishimura and Sikhanxay 1998）。このことから、この地に人々が集まり、都市を形成し、また宗教寺院を建立し始めるのが、五世紀からそれ以前と考えられているのである。このことは、この地が、社会―経済的な意味で、また宗教―観念的な意味で重要な場所であったことを示している（Cucaruzi and Zolese 1997; Cucaruci, et al. 1992; Nishimura and Sikhanxay 1998; 大坪 2004）。

C．文化遺産保護に関する活動

文化遺産の保護の活動は、ヨーロッパからの調査者がこの地を訪れて初めて始まったと考えられているが（例、Government of Lao PDR and UNESCO 2001）、私たちの調査では、そうではない（Nishimura 2004c）。いわゆる科学的な保存修復の知識と技術は、ヨーロッパの学者の持ち込んだものであった。しかし遺産保護の活動は、調査以前からあったと考えられる。村の人々による日常的保存修復の活動が、調査以前から存在していた様子がうかがえる。たとえば、図5a、bに示されているように、ワットプーの建物の周辺は、明らかにきれいに整備されている様子がうかがえる。この整備は、ヨーロッパからの人々の指示で行われたのではなく、地元の人々自身の自発的意志によるものであった（Levy 1959a）。今日でも地元の人々は、自らの意志で、ワット・プー周辺遺跡の整備を欠かしていない。これらの意志の源を探ることは、この地の人々による修復保存を考える上できわめて重要である。彼らは、彼らの考えから、修復保存の重要さを認識してきたのであり、そのやり方を発達させてきた。彼らの整備の特徴として、二つの点があげられる。

図5　ワット・プーの古写真（a:上段テラスの建物 b:参道の階段）（出典：Marchal 出版年不明）

第一に、かれらは、ワット・プー内の参道、下段テラスから上段テラスへ至る道の整備をおこなってきた。これは、上段に仏教寺院が当時存在しており、そこに至る道の整備が必要であったからと考えられる。

第二に、主要な遺跡、遺物に対し、崇拝の念を示すため、雑草を取り払い、周辺をきれいにして、花、ろうそく、線香を添えてきた。またいくつかの重要と思われる石像を人が容易に見やすい場所に集め、それらに花、ろうそく、線香をそえてきた。このやり方は現在でもワット・プー周辺でよく見られる光景である。

一九八〇年代以降、こうした村人の整備とは別に、ヨーロッパからの修復プランが出始める。特に、ワット・プーの修復に関心を持ってきたのは、フランスであった。フランスは、隣のアンコールで、早くから保存修復にたずさわり、クメール建築の保存修復に関しては、世界的に秀でた知識、技術を蓄積してきた（Rooney 1994）。この知識、技術の裏づけをもとに、ワット・プーの保存修復に関して、独自のチームを送り、プランを立ててきた（Dagens 1988; Dumarçay 1988）。

Ⅲ．チャンパサック世界遺産登録後の動き

二〇〇一年一二月にチャンパサックは、世界遺産委員会で世界遺産に登録された。この登録に先立って、日本政府は、ODAの新たな種類として、文化無償援助を設立していた。この援助先に、ラオスを考え始めていた。このためのヒヤリングと調査、ラオス中央政府関係者との折衝が始まっていた。

二〇〇二年、その前年に世界遺産になったチャンパサックは、無償援助の対象となった。同年、正式に日本政府は援助を決定し、援助の準備に入った。その内容は、ワット・プー境内の排水路の整備、遺物貯蔵施設の建設、旧王朝時代の建物の撤去及び、ワット・プー入り口周辺の整備であった。実際の日本からの専門家の派遣を前に、地元ラオス政府のやるべき仕事として、そうした工事のための資材置き場と、これから造る貯蔵施設の建設用地の整備が課せられた。このプロジェクトは、日本政府とラオス政府との二国間援助の形態をとっているため、名目的なプロジェクトの契約相

手は、ヴィエンチャンのラオス中央政府であった。しかし、プロジェクトの実際の推進者は、地元の県と郡レベルの政府関係者であった。このことが後に、チャンパサックのランドスケープの大きな変更をもたらす要因となったと思われる。

もともと、チャンパサックは、地域主義の強いところと認識され、ユネスコの世界遺産プロジェクトの推進においても県レベル、郡レベルの政府は、独自の主張をしてきた（Nishimura 2004a; Nishimura and Sikhanxay 1998）。ユネスコの世界遺産登録に関して、登録条件を提示されたが、それに対する基本的な合意はあったものの、全く自らの意見を取り下げたわけではなかった。その基本的なポイントは次のようなものであった。

（1）世界遺産登録と、その後の開発に関して県レベル、郡レベルの意見をできるだけ尊重する。
（2）保存、修復に関するプランに、県レベル、郡レベルも参加する。
（3）保存、修復に関する事業に、県レベル、郡レベルの人員を使う（Nishimura 2004a）。

この考え方はしばしばユネスコと中央政府の考え方と異なるものがあった。中央政府は、対外的な窓口になっていることから、ユネスコの考え方に対する理解を示し、その意向をラオスの人々へ翻訳し、伝達する役割を果たしてきた。しかし一方でこの考え方が、地方レベルの考え方と大きく異なることを認識してきた。このため、もうひとつの役割は、地方レベルの意見をユネスコの述べる規定の中に入れること、すなわちユネスコの規定が厳しくならないように調整することであった。この作業の中で、明らかになってきたことは、中央政府がきわめて地方レベルの政府に配慮を示そうとしてきたことであった。中央政府とユネスコとの会議で、中央政府の代表によってしばしば述べられた言葉は、「チャンパサックは伝統的に地域意識の強い所」というものであった（Kuribayashi 1996; Nishimura and Sikhanxay 1998）。

この「強い地域主義」が、世界遺産登録後現れてきた。世界遺産登録の最もポイントとなる点は、地域内に遺産を守り、修復してゆくためのゾーニングが設定されたことである。このゾーンの意味の独自の拡大解釈が、地方政府の人々によってなされたように思われる。

ゾーニングは、三つの分類でなされた。第一は、研究調査すべきゾーンとして、最重要な地域で、もっとも厳しい規制が課せられた地域である。ワット・プーとその周辺地域、古代都市（シェスタプラ）地域、クメールの街道跡の一部がこのゾーンとして設定された。このゾーン地域では、あらゆる建物等の建築、道路建設等が基本的に禁止されることとなった。

一方、第二のゾーンは、この地域の自然を保護する目的で設定されたゾーンである。このゾーンには、カオ山を中心とする山塊すべて、メコン川の一部が含まれる。特にカオ山を中心とする山塊全てが含まれていることは非常に重要な意味がある。チャンパサックに遺産が造られた意味に関する指定となっている。この地域に遺産がつくられたのは、本文中、先に述べたようにカオ山頂にそそり立つ大きな岩をリンガとみなし、その結果カオ山を神の宿る聖なる山と見なしたため考えられる。このランドスケープ（景観）こそ、この地に人々が集まり、生活を営んできた源と考えられるのである。このため、チャンパサックに関しては、個々の遺跡の保存もさることながら、それらの存在する根源的な源である景観の保存が重要となってくるのである。このため、景観を作る重要な要素である山塊すべて、メコン川の一部がゾーン指定されて、保存されることになったのである。

第三のゾーンは、第一、第二のゾーンを含みつつ、より広範な地域[5]にあてられている。この地域は、チャンパサックの人々のほとんどが暮らしている場所である。このため規制は最もゆるやかなものとなっている。このゾーンの規制の基本的なコンセプトは、住民の大部分を占める農民の現生活を維持継続することを目的としている。このため、この部分の規制に関しては、事前の文化人類学的調査の結果が生かされている。例えば、村の人々の家や寺院の高さの調査から、七mの高さ以上の建物がないことから、基本的に七mの高さ制限がこのゾーンにかけられている（Government of Lao PDR and UNESCO 2001）。

こうしたゾーニングは、開発に関して独自の考えを持ってきた県、郡という地方レベルの政府機関にとって、彼らの考えと対立するものであった。このため、地方レベルの行政担当者は、一応ユネスコと中央政府の考え方に大枠で同意を示しながらも、細部の点で自分たちの考え方を示そうとした。考えを考えとしてとどめるのではなく、実際の行動の中で示してきた。先に述べたように、文化無償援助の実際の執行は、地方レベルにまかされていたため、この細部の段階で地方レベルの考え方が大いに反映されることとなった。

二〇〇二年五月、県政府と郡政府は、貯蔵庫建設用地を整備することと、排水路等を建設する機械置き場の整備に着手した。この中で、地方レベルの政府関係者は、必要最低限の場所という、日本政府側の意向を拡大解釈した。彼らは、かねてから、ワット・プー遺跡周辺を、「遺跡公園」化したと望んでいた（Nishimura and Sikhanxay 1998）。この機会をとらえて、その実行にかかった。用地整備を拡大解釈し、広大な土地をその目的に必要として接収した。その結果、ワット・プーに隣接する、ノンサ村の一〇〇戸以上が強制移住させられることになった（図６ａ、ｂ）。移住させたれた人々は、近くの土地を

図６　ワット・プー隣接の村（ノンサ村）の一部強制撤去風景（a）と、フェンス（b）（フェンスは一部切断されている）（Photo: Nishimura）

与えられ、そこに新しい家を作り生活を始めた。多くの水田も接収された結果、その影響を受けた住民は、代わりの耕作用の土地を与えられたが、土壌の質の点で劣るものであった。ただし、ワット・プーへいたる幹線道路沿いに家を建てたものは、新たなビジネスに入った。小さな食べもの屋、小さな雑貨店などである。その後のインタヴューでこうした店の人々は、収入が以前より増えたことから、世界遺産後の変化に肯定的な意見をもっていることがわかった。

この結果、強制的に接収されたワット・プー周辺はゲートができると同時に、フェンスで囲まれ、整備された（図7 a、b）。しかし、かつて村人が、農作業などのために、自由に使用していたバライからの水の供給がなくなり、この結果、ノンサ村に属し、ワット・プーに隣接する多くの水田が耕作困難なものとなった。

図７　整備され、「公園化された」ワット・プー（a:新しいゲート、b:遺物貯蔵施設とフェンス）（Photo: Nishimura）

こうした強制移住させられた世帯に対しては、補償がなされた。その額に関して、公式には発表されたものはない。しかし、移動した人々へのインタヴューでわかるのは、政府は、一世帯あたり、約七〇〇万キップス[6]を提示した模様である。村人はこの額については、不満を抱くものも多い。多くの農民が、かつて生活していた場がフェンスで入れなくなったことに不満をいだいている。この結果、しばしばフェンスが破られ、そこに元のように自由に出入りしたいという意思表示が見られる。ささやかな抵抗が見られることについて、地方政府関係者は、法律の説明をし、それを食い止めようとしてきた。しかし、実際に行為者の逮捕などの強制的な手段は今のところとっていない。破られればすぐにフェンスの修理をするといった対策にとどまっている（図6b参照）。

このランドスケープの変更は、まだ続いている。地方政府は、さらにワット・プーへのアクセスの便をよくするため、パクセからそこに続く新しい道路の建設を計画中である。また、メコン川沿岸の景色を整備するため、それに沿った村の移動を考えている。このように、地方レベルの政府の段階で、遺産の「公園化」が進んでいる。これは、ユネスコが考えてきた、ラオスの人々による遺産の保護が、異なって解釈されていることを示している。そこで、その点を踏まえ、どのような違いが見られるのか、比較検討してみたいと思う。

Ⅳ．世界遺産の様々なとらえ方

A．中央政府の考え方

すでに上で述べたように、中央政府は、すべての援助の窓口となっている。このため、常に外国、また国際機関に対して対応してゆかなければならない。世界遺産に関しても、ユネスコの理念、方法、プロジェクトの目的について、最も理解を示してきた。プロジェクトの準備段階では、ホスト役の情報文化省はもちろん、観光局、環境省など、ユネスコの提唱に沿って、政府内に各省庁間を横断的につなぎ、意見調整をする機関を設立した。これをNational Inter-Ministerial Coordinating Committee（国内省庁間調整委員会）（省してＮＩＭＣＣ）と呼んできた。ＮＩＭＣＣに参加するすべての政府機関が協力的であった（Nishimura 2004a）。そして、世界遺産の理念、目的を地方レベルの政府、他の政府機関に説明する役割も果たしてきた。この点で、中央政府は、最もユネスコに近い考え方をもっていた。したがって、ＮＩＭＣＣの会議においても、住民重視の考え方を自ら述べてきた。このため彼らは常に、世界遺産になることで、住民に多少の不自由さが伴うことはやむを得ないこととして、住民の意向こそまず第一に考えられなければならないと述べ、そのためには、今の住民の生活の継続性こそ重要と表明してきた。

しかし一方で、チャンパサック県政府、郡政府に対して、一種恐れとも言えるほどの遠慮も示してきた。会議の時、また中央政府関係者とのインタヴューで必ず出る話題は、いかに地方政府の意向を尊重することが重要であるかであり、そのため、地方政府の意見を立てる傾向にあった。特にチャンパサックは特別地方政府の力が強いことを強調し、地方政府の意見を聞かずに、プロジェクトの進行はありえないと述べてきた。このことは、中央政府の人々は、2つの顔を備えていたということである。一つは対外的な顔であり、もう一つは国内向け、特に地方政府向けの顔である。よって、中央政府は、チャンパサックに関する限り、確固とした自身の文化政策の考えを持ってきたというより、国際機関、外国と、地方政府との調整役に徹してきたといえる。

B. 地方政府の考え方

恐らく、チャンパサックの遺産に関して、最も明確な考えを持ってきたのは、地方政府の人々だと思われる。ここでの地方政府は、チャンパサック県政府とチャンパサック郡政府を指す。県と郡は本来別の行政単位であるが、ここではほぼ同じ単位として行動している。郡のレベルの人事は、ほとんど県レベルで決められており、その意味で、郡は、県政府の出先機関のような役割を果たしている。特に、文化政策に関しては、二つの行政単位は歩調を同一にしており、このため、私はここでは、二つのレベルを分けず、地方政府と呼んでいる。

彼らの主張には一貫性が見られる。まず第一に、チャンパサックの遺産は自分たちのものであり、よって、中央政府といえども「よそ者」に口出しをしてもらいたくないと考えてきたことである。彼らには、チャンパサックの遺産について、最もよく知っているのは自分たちであるとの自負がある。実際、地方レベルの政府関係者の何人かは、フランス隊、イタリア隊、ユネスコの調査と全ての調査に参加してきたものがおり、参加を通して、詳細な情報を獲得してきた。この知識の質と量が、彼らをして、ワット・プーを最もよく知り尽くしているのは自分たちであるとの自負を促してきたようである。

第二に、彼らの間には、開発に関して確固としたイメージモデルが存在しているように思われる。それは、産業化、工業化こそ発展であるというものである。モデルは、先行する他の東南アジアの国々、とくにタイの発展プロセスとやりかたが暗黙に共有されたモデルとしてあるように思われる。チャンパサックの人々にとって、すぐ隣のタイは、多くのラオス人が住み、常に人、物資、情報の流れがある所となっている（Evans 1990; 小田島2004）。この点で、いったんイメージが出来上がった時、全てのプロジェクトはその実現のために、組織化されていった。ユネスコのプロジェクトも、彼らのモデル実現のためのものであった。理念よりも、プロジェクトのもたらす金銭的な面こそ、最も興味のあるものであるように思われる。従って、ＭＩＮＣＣの会議においても、抽象的な理念よりも、具体的な金銭的問題が常に彼らの間で問題となった。その会議で常に話題となったのは、どのような物品がプロジェクトで持ち込まれ、設置されるのか、何人の地方レベルの政府関係がプロジェクトで雇われ、その報酬はどのくらいかといった問題である（Nishimura 2004a）。

第三に、そのモデルの中に、地域の住民はほとんど考慮にされてこなかった。かれらにとって、住民は、発展に関心がなく、取り残されたものであり、むしろ発展を阻害するものと考えられてきた。地方レベルの政府関係者とのインタヴューでしばしば語られてきた農民は、極めてステレオタイプ化されたものであった。すなわち、農民は、無知で、教育レベルが低く、精霊など迷信をいまだに信じ込む者であり、発展の道筋に乗ることができないものとして述べられてきた（地方政府高官とのインタヴュー　二〇〇〇）。

第四に、この延長線上で、世界遺産登録も見てきた。すなわち、世界遺産は観光開発のための資源であり、そこに国際観光客を引き寄せて、経済発展に貢献させるための手段であり、よってその手段を最も効率よく、効果的に使うことこそ重要と考えてきた（Nishimura and Sikhanxay 1998）。このため、どうやって遺産を使って観光客を増やすか、という点が重要で、常に率先してそのためのランドスケープの変更を行ってきた。また、数多くの計画をたててきた。例えば、ワット・プーの周りにフェンスをはり、そこから人々を退去させる、ワット・プーへアクセスする道路を造成する、ワット・プーの前面に観光バスのための駐車場をつくる、メコン川に沿ったところの村を退去させ、そこをプロムナード化する、メコン川内の中洲を整備して新たに「文化村」を作り、リゾート開発を行なうなどである（地方政府高官とのインタヴュー　二〇〇三）。彼らにとって、遺産はまさに開発の資源であり、経済発展のための一要素として存在しているのである。

C．地元の人々の考え方

私は、地元の人々の世界遺産に対する考え方を調べるため、一九九七年よりチャンパサックで村落調査をしてきた。ここでいう地元の人々とは、チャンパサックの世界遺産内に暮す人々を指す。チャンパサック世界遺産内には、五二村が存在し、人口約五万人となっている。この八五％以上が農民となっている。すでに述べたように、この地の農業のほとんどは、雨水頼りの農業となっている。資源のほとんどは、自給自足的に調達してきた。例えば、ほとんどのタンパク源は、川、池、田といったところにある水性の動物（魚、カニ、カエルなど）であり、家の建材（材木、屋根を葺く材料）もまた、自然の森から得たものを使ってきた。世代から世代へと受け継がれてきた知識の中でそれらの資源をどのように使うか、よく認識してきた。チャンパサック平原の後背地としてのカオ山を中心とする山塊はこの意味で、生活の糧を供給する所としての重要な役割をもってきた（Nishimura and Sikhanxay 1998）（図8 a、b、c、d）。

この人々にとって、遺産は世代から世代へと受け継がれてきたものである。それは、毎日の生活の実践の中で、教え

図８　村の生活風景（a: 稲刈り風景、b: 川での魚とり、c: かじ屋作業、d:材木作り）（Photo: a小田島；b, c, d Nishimura）

られ、観察し、また口頭によって伝えられて来たものの一環であるにすぎない（Nishimura 2004c; 小田島2004、砂井2004、嶋尾2004）。特別に世界遺産になって、今まで見慣れてきた遺産が別の価値を持つようになったことは、それほど大きな関心事ではないようである。

　ワット・プーはもともとヒンドゥーの寺院として建立されたものであるが、村人にとって、それはたいした問題となっていないようである。地域の住民にとって、ワット・プーは、「偉大な霊の宿る所」であり、祖先の霊が宿る所との認識がある。霊的なものを感じるがゆえに、ワット・プーに仏像を入れ、お供え物、線香、花を絶やさない（図９a）。村人にとって霊はたった一つではなく、多くの霊があり、祖先の霊もそこに含まれるとする考え方である。遺産は「霊的なものを感じる場」であり、それゆえに、今も遺産を大切に守ってきた（図９b）（Nishimura 2004b, c）。

　結局、ワット・プーを中心とする遺跡群とそれを取り囲む自然環境は、物質的に生活のための資源を提供してくれる場であり、村人の生活を守ってくれる地域である。同時に、精霊の宿る非物質的空間であり、それらとコミュニケーシヨンできる空間と考えてきた。よって、自然の保護は村人にとって死活問題であり、それを保全してゆくことは世代から世代へと受け継がれてきたあたりまえの日常的実践なのである。生活が成り立つのも、資源を守るものいるからであり、その理由を精霊に託してきた。この考えから、遺跡が自然と一体となった時、遺跡は、そうした精霊の宿る特殊な場と考えるのである。こうした考え方は、他の場所でも確認されている（例、Abram and Waldren eds. 1998; Harper 2003; Hirsch 1997; Novellino 2003; Ramos, et al. 2003; Stewart and Strathern eds. 2003）。何人かの研究者が指摘しているように（例、Harper 2003; Hirsch and Hanlon eds. 1995; Miura 2003）こうした場の概念は、多くの遺産を持つところで見られ、またそうした場所では、こうした考えは「迷信」としてほとんど無視されてきた。チャンパサックでも、ラオス人民民主共和国設立後しばらく、宗教的なものの排斥が行われ、特に民間信仰について圧力が加えられた（Evans 1990, 1996）。このため、数多くあったワット・プー周辺での信仰儀礼（Abhay 1959; Archaimbault 1959; Berval ed. 1959; Levy 1959b）に対しても、迷信をやめさせるための圧力が加わったのである。いまでも地方政府の人々は、筆者に、地元民の迷信と

図９：遺跡に宿る霊への崇拝（a:ワット・プー上段テラス建物内に安置された仏像、b: Nang Sida寺院における崇拝風景）（Photo: Nishimura）

して、やや蔑視した口調で説明してくる（チャンパサック県政府関係者とのインタヴュー、二〇〇〇）。

　しかし今日、中央政府の開放政策によって、それに対しての圧力はなく、むしろ政府がそうした儀式を利用して、住民のアイデンティティを構築する動きも見える（Evans 1990, 1996）。一方、この政策とは関係なく、地元民による精霊信仰は、社会主義政権前期の段階（一九七五年―一九八六年）[7]においても、やや形を変えながら[8]、本質的には変わらず続けられてきた。遺産は、精霊の宿る場としての考え方に変化はなかったのである。

D．ユネスコの考え方

　ユネスコは、過去数回行われたワット・プー修復保存の試みが期待する結果を生まなかったことから（UNESCO 1987; UNESCO/UNDP 1991）、一九九六年方針を大きく変更した（UNESCO 1995, 1996a, b, c; UNESCO/PROP 1996）。それは、過去のミッションから出された結果が次の三点で問題があると考えたからである。
（1）実現するために技術的な困難がともなう。
（2）実現するために膨大な予算が必要である。
（3）ラオスの人々の役割と、技術・知識還元のためのプログラムが明確でなく、国際専門家中心のプロジェクトの構成になっている（Dagens 1988; Dumarçay 1988; UNESCO 1987; 1995, 1996a; UNESCO/UNDP 1991）。
　このため、一九九六年に新たにプロジェクトを開始するため、外国の専門家による、彼ら自身の考えを基礎におく、修復・保存を目的としたプロジェクトから、ラオスの人々による修復・保存をめざし、その結果としての世界遺産登録を目指すものに大きく変更した。そして、プロジェクトの三つの柱として、（1）遺産のある場所の人々の生活の維持発展のためのプロジェクト、（2）ラオスの人々に知識、技術を還元するためのプロジェクト、（3）そのために、ラオスの政府機関が主体的におこない、国際機関、専門家は裏方にまわるプロジェクトにするというものであった

(Nishimura 2004a; Nishimura and Sikhanxay 1998; UNESCO 1995, 1996a, b, c)。

このため、一九九六年から始まったプロジェクトでは、全ての活動の点で、ラオス人スタッフ（多くは中央政府の関係者）と国際専門家がペアを組んでコミュニケーションをはかり、マンツーマン方式により知識、技術の交換・伝達を行っていった。遺跡のマネージメントに関しても、地元の人々の生活パターンの維持を第一に考え、無用なインパクトを起こさないための方法の模索が行われた（Nishimura 2004a）。ここでは、過去すでに言われてきた、地元の人々中心の修復保存に徹することが中心的な考えであり、ユネスコとの協議の下、中央政府でしばしば具体的政策ごとにＮＩＭＣＣ会議が開かれ、方針の確認が行われた。この結果、ユネスコの設定した大枠に沿いながら、ラオスの人々自身による自立的なマネージメントの機構ができ、それが永続的に遺産の修復・保存に向かって行くことで合意にいたった。従って、ユネスコにとって、チャンパサックの遺産の管理・運営は、他に比べより進んだマネージメントの概念を取り入れた場となったのである。

一連の活動の中で、ユネスコは、中央政府が地方政府を指導することを期待し、ユネスコの考える、地元の人々を中心としたマネージメントの考えが地方レベルにまで徹底されることを期待していた。この意思伝達のため、ＮＩＭＣＣの会議には、県レベル、郡レベルの政府関係者もオブザーバーとして参加することを期待した。しかし、県レベル、郡レベルの関係者は、常に会議に参加したわけではなかった。また、参加しても、それほど高いレベルの地位を占める関係者とは限らなかった。

Ⅴ．世界遺産をめぐる様々な意見

Ａ．せめぎあう意見と地元住民の周辺化

以上述べてきたように、遺産に関して、それぞれの関係者がそれぞれ違った見方ととらえ方をしていることが明らかとなった。このせめぎあいのなかで、力関係に差が出てくるのは、地元の具体的な問題に関わる程度が関係しているように思われる。チャンパサックの場合、常にその遺産のある場所に関わり、小さな問題に精通している地元の政府が、結局力を持ち、その考えのとおり計画が進められていった。上位に立つはずの中央政府は、その間、すべてを地方政府にまかせ、ほとんど指導してこなかったように思われる。

また、ユネスコは、交渉相手を中央政府に絞り、その政府内に諸機関の間のライバル意識を減じることと、横につなぐ情報の流れの構築、そして意思の共有化には熱心であった。そして、これは成功したように思われる。世界遺産登録までのプロセスで、多くの他の遺産地域で見られた政府内部の争いを防ぐことができたように思われる。それはラオス政府によるスムーズな意思決定として現れた。しかし、ユネスコが誤解したのが、政策を実際に施行するためのデシジョンメーキングで、ほんとうに力をもつものは誰なのかという点であった。

異なった意見のせめぎあいの中で、公式に把握される情報の流れとは別の情報の流れがあり、その非公式の流れのほうが、公式の流れに勝る場合があるという点に注目しておく必要がある。意見に影響を及ぼすものは、しばしば非公式の情報であり、この把握なくして、正しい分析はできなくなる。ＭＩＮＣが公式の情報の流れの機構であったとするならば、慣習的な中央政府と地方政府間のコミュニケーションは、非公式の流れと考えられる。そして、この関係は、ユネスコが考えていなかった、地方が中央に勝るというものであったと考えられる。この中で、地元の人々はすでに考慮の外にはずされて、計画が進められていったと考えられる。

Ｂ．真のディシジュンメーカーとユネスコの関係

こうした中で、最後に我々が考えておかなければならないのは、この世界遺産に関する事項について、一体誰がディ

シジョンメーカーなのかという点である。本来、中央政府の諸官庁を中心につくられたNIMCCがディシジュンメーカーであるべきであり、世界遺産登録前の初期の段階で、ユネスコはそれを期待していた。しかし実際は、NIMCCではなく、地方政府がディシジュンメーカーとしてその後の開発を進めてきた。このことは、ユネスコが見誤った2つの点と関係している。

まず第一に、中央政府と地方政府の力関係を見誤ったことである。ユネスコは、中央政府を上位に考え、常に第一の交渉相手と考えてきた。そこで、伝えられた意向は、地方政府も理解しているものと考え、意思統一が図られているものと考えてきた。しかし、実際には、地方政府の力は、はるかに強く、その意向は中央政府とは独立していた。むしろ、中央政府が地方政府への多大な配慮から、地方政府擁護をする立場をとったことである。

第二に、ユネスコは、世界遺産に登録されるまでは、多くの予算を費やし、しばしば会議を開き、自らの意向を伝達する努力をしてきた。しかし、世界遺産に登録された後、そのマスタープランがその通り実行されているかどうか、「モニタリング」する努力をしてこなかったことである。このため、世界遺産になる前までは、ユネスコの考え方に理解を示す様子をしていたものが、世界遺産に登録された後、理解不足から多くの問題が起こってきた。

結局、中央政府もユネスコも、世界遺産に登録されると、もうその場所にとどまることはなかった。その場に常に存在し、影響を及ぼし続けられる地方政府が最も力をもち、それゆえに影響力を行使してきたということになる。チャンパサックでの真のディシジョンメーカーは、地方政府の関係者であったと考えられる。

Ⅶ．結論―世界遺産登録のプロセスから見た中央‐周辺の関係の成立

世界遺産という中央が決めた新しい制度が、それぞれの関係者の異なった期待感を生み、それらがせめぎあう中で、

新たな中心と周辺の関係が生まれることが、チャンパサックの世界遺産登録のプロセスの調査・研究で検証することができた。チャンパサックの事例が示しているのは、住民の意向は、常に無視され、考慮にさえ上らず、情報の一方的な流れによる、新しい制度の導入であった。

その理由として考えられるのは、常に中央政府、および地方政府関係者が言い続けている言説が根底にあるように思われる。すなわち、「ラオスはとても貧しく、外の人々の助けを借りて、経済発展しなければならない」というものである。常に自らの立場を外との比較の中でとらえ、その結果、「自分たちは貧しい」というものである。ここから、経済発展を第一義的な政策におき、このためにあらゆる手段を講じるというものである。特に、地方の行政に関わる人々にとって、この経済発展のモデルは、地方政府の人々にゆだねられるべきものであると考えているようである。そしてそのモデルは、明確に政策として表明されてきたものではなく、頭の中にあるイメージのようなものとして存在してきた。イメージとしての経済発展の姿は、隣のタイの発展したイメージであり、また欧米風の観光地の姿でもあるようである（地方政府関係者とのインタビュー、二〇〇〇、二〇〇二、二〇〇三）。

このイメージと今のチャンパサックの姿との間のギャップを埋めるための努力が、ランドスケープの変更となって現れてきたものと考えられる。彼らにとって、国際観光客が訪れる世界遺産は、自分たちが発展している姿をみせる一種の「ショウウインドウ」であるべきであるにもかかわらず、今そこに住む人々の姿は、発展から遅れたものであり、そうしたものはショウウインドウから排除するという考え方が出てくるのである。この排除は、村の強制撤去という形で現れ、その代わりに、それまでイメージしてきた瀟洒な建物、プロムナードを含む新しいランドスケープの出現につながるのである。

チャンパサックの事例から、世界遺産といった、新しい制度の導入は、新たな中心―周辺の関係を生み出すことが明らかとなった。チャンパサックの場合、新しい中心は、イメージを持ち続け、それを実現してきた地方政府の関係者であり、周辺は、現在の生活をそのまま続けたいと願う人々である。同時に、ユネスコとユネスコに同調した中央政府もまた、周辺化されてきたことが明らかとなった。

遺産の保存修復の点から考えた時、ユネスコが意図してきたように、なによりも第一に村人の生活を持続し続ける形での発展が重要であり、このためには、彼らの持つ知識、技術の調査と、その応用なくしてありえないように思われる（図10 a、b、c、d）。この応用のためには、今後さらにいわゆる西洋型とは異なった（Evans 1990, 1996; Geertz 1993, 2000; Harper 2003; Hirsch and Hanlon 1995; Nishimura 2004a, c; Pottier 2003; Pottier, et al eds., 2003; Tanabe and Keys 2001; Trankell 1993）その土地の人々の知識と技術のロジックの構造の研究と理解が必要になってくるように思われる。

最後に、この事例から、COEの共通課題である四川モデルとの関連を考えた時、少なくとも三つの点で理論的な示唆ができるものと考える。第一に、チャンパサックの世界遺産登録で見られるように、新しい制度の導入は、新しい中

図10　チャンパサックに残るローカル・テクノロジー（a:村僧侶によるかじ屋技術の指導、b: 村の女性による機織、c:　村の女性による魚網の製作、d:　村人の土器作り）（Photo: Nishimura）

心―周辺の関係を作り出している。このことは、秦化、漢化といった、いわゆる華北の中国文明が波及してゆく中で、新たに現れる中心と周辺の関係があるということであり、これをとらえてゆくことが歴史的プロセス解明の中で重要になってくる。そして、中心は常に中央にいるものではなく、地方が中心になり、中央が周辺化する場合もあるということを認識しておく必要がある。

第二に、チャンパサックにおける地方政府のような役割をはたした、変化を一定方向に導く「エージェント」の存在があるということである。このエージェントを特定化してゆくことが、「地域の文化変容」を理解する上で重要であるように思われる。

第三に、新たに周辺化された人々（チャンパサックの場合、ワット・プー遺跡周辺の村の人々）は、文書化された歴史的プロセスの中で描かれてくることがほとんどないことがわかる。今回の調査で、私たちが行なっているような、村落内におけるインタヴュー調査がなければ、彼らの考え、意見はほとんど、文書化されて、表に現れてこなかった。そして、あたかも「彼らには歴史がない」ものとして、後世に伝えられてゆくはずであった。しかし、本文中に示したように、村人たちは、彼らの日常的実践の中で伝えてゆくものをもっており、生活全般を通して、記憶の中でそれを伝えてきた。

歴史的に地域文化をみてゆくことは、文化の基盤にあるものが何かを同定し、そこに新たな制度、あるは行動様式がどのようなインパクトを及ぼしていったのか見てゆくことのように思われる。あえて文書として現れてこないものを発掘してゆく努力が必要なように思われる。チャンパサックの例が示しているように、本来歴史的文書の多くが中心に位置するものによって書かれてきたこと、そしてその中で、彼らが取るに足らないものとして切り捨ててきたものがあることを考えた時、私たちの仕事は、彼らが切り捨ててきたものをできるだけ拾い上げ、それを歴史の流れの中に再び載せてゆく作業が必要なように思われる。ＣＯＥのプロジェクトは、これを目指しており、これを私たちは「地域文化のエンハンシング」と呼んできた。

チャンパサックからの事例は、このための努力が重要であることを示している。本論文において、中心に位置するものがいかに自らの意向で変革の方向を起こそうとしてくるのか、そのプロセスを示すことができたものと思われる。「地域文化」と呼ばれるものを明らかにする努力には、書かれたものだけではなく、文書化されていない資料もまた積極的に発掘してゆく必要があるように思われる。公的な歴史の中に取り残されたものを明らかにしてゆく作業を通して、私たち自身の知識の「エンハンシング」が達成されるのである。

参考文献

Abbay, T. N. 1959 "Buddhism in Laos". In Berval, R. de ed., *Kingdom of Laos*. Saigon, Vietnam: France-Asie. Pp. 257-256.

Abram, S. and J. Waldren eds. 1998 *Anthropological Perspectives on Local Development*. London: Routledge.

Appadurai, A. 1996 *Modernity at Large*. Minneapolis: University of Minnesota Press.

Archaimbault, C. 1959 "The Sacrifice of the Buffalo at Vat Ph'u". In Berval, R. de ed., *Kingdom of Laos*. Saigon, Vietnam: France-Asie. Pp. 156-161.

Barth, M. A. 1902 "Stéle de Vat Phou." *BEFEO*, II, 3, pp. 235-240.

Berval, R. de ed. 1959 *Kingdom of Laos*. Saigon, Vietnam: France-Asie.

Cucarzi, M. A. Rivolta, and P. Zolese 1992 Preliminary Report on Geoarchaeological Investigation in the Old City. PRAL 1992 Activity Report. (Unpublished.)

Cucarzi, M. A. and P. Zolese 1997 An Attempt to Inventory Khmer Monumental Remains Through Geomagnetic Modelling: the Ancient City of Wat Phu. *BEFEO* 1997.

Cuéllar, J. P. de ed., 1996 *Our Creative Diversity*. Paris: UNESCO.

Dagens, B. 1988 Preservation of Wat Phu. UNDP/LAO/86/006. Assignment Report Submitted to UNDP and UNESCO. (Unpublished) .

Dumarçay, J. 1988 Projet Pour La Restauration Du Temple de Vat Phu. Mission Report Submitted to UNDP and UNESCO . (Unpublished.)

English Heritage 1996 Hadrian's Wall World Heritage Site: Management Plan, July 1996.

Evans, G. 1990 *Lao Peasants under Socialism*. New Haven: Yale University Press.

1996 *The Politics of Ritual and Remembrance*. Chiang Mai (Thailand) : Silkworm.

Evans, G. ed. 1999 *Laos: Culture and Society*. Chiang Mai (Thailand) : Silkworm.

Feilden, B. M. and J. Jokilehto 1993 *Management Guidelines for World Cultural Heritage Site*. Rome: ICCROM.

Finot, M. L. 1902 Vat Phou. *BEFEO*, II, 3. Pp. 241-245.

Freeman, M. 1996 *A Guide to Khmer Temples in Thailand & Laos*. Bangkok: River Books.

Geertz, C. 1963 *Agricultural Involution*. Berkeley: University of California Press.

2000 *Local Knowledge*. Third Edition. Basic Books. (Originally published in 1983) .

Government of Lao PDR and UNESCO 2001 *Champasak Heritage Management Plan*. Bangkok: UNESCO.

Groslier, B. P. 1979 La Cité Hydraulique Angkorienne: Exploitation ou Surexploitation du Sol ? *BEFEO*, LXVI.

Harper, J. 2003 Memories of Ancestry in the Forests of Madagascar. In Stewart, P. J. and A. Strathern eds., *Landscape, Memory and History*. London: Pluto Press. Pp. 89-107.

Harrison, R. ed. 1994 *Manual of Heritage Management*. Oxford: Butterworth Heinemann.

Hirsch, E. and M. O. Hanlon eds. 1997 *Anthropology of Landscape*. Oxford: Clarendon Press.

Holland, D., et al. 1998 *Identity and Agency in Cultural Worlds.* Cambridge, Mass.: Harvard University Press.

ICCROM 1995 *Training Strategy in the Conservation of Cultural Heritage Sites.* Rome : ICCROM.

Jacob, J. M. 1974 Pre-Angkor Cambodia: Evidence from the Inscription in Khmer concerning the Common People and their Environment. Smith, R. B. and W. Watson eds., *Early South East Asia.* Oxford: Oxford University Press. Pp.406-426.

Jacques, C. 1962 "Notes sur l'inscription de la stéle de Vat Luong Kau." *Journal Asiatique*, ccl （2）, pp. 249-256.

1986 Le Pays Khmer Avant Angkor. *Journal des Savants* 1986.

上東　輝夫　1990　『ラオスの歴史』。東京：同文舘。

Kottak, C. P. 1994 *Anthropology*, 6th ed. New York: McGraw-Hill, Inc.

Kuribayashi, K. 1996 Mission Report. Mission to Lao PDR for Project 536/LAO/70 from 28 August to 19 September 1996. （Unpublished）.

Lefévre, E. 1995 *Travels in Laos.* Bangkok: White Lotus. （Originally published as Un Voyage au Laos, Ed. Plon, Nourrit et Cie, Paris in1898）.

Levy, P. 1959a "Two Accounts of Travels in Laos in the 17th Century". In Berval, R. de ed., *Kingdom of Laos.* Saigon, Vietnam: France-Asie. Pp. 50-67.

1959b "The Sacrifice of the Buffalo and the Forest of the Weather in Vientiane" In Berval, R. de ed., *Kingdom of Laos.* Saigon, Vietnam: France-Asie. Pp. 162-173.

Lintingre, P. 1974 A La Recherche du Sanctuaire Préangkorien de Vat Phou. *Revue Française d'histoire d'outre-mer*, no. 225.

Marchal, H.（出版年不明）*Le Temple de Vat Phou.* Saigon : Imprimerie Nouvelle d'Extreme-Orient-Saigon.

Ministry of Information and Culture, Lao-PDR 1996 Ministrerial Decree on the Nomination of the National Inter-Ministerial Co-Ordinating Committee for WAT PHU. Ministry of Information and Culture Internal Document（N. 330/IC.)

Miura, K.（三浦　恵子）2003 Contested Heritage: Angkor Case. Ph.D dissertation（SOAS, University of London）.

1998a Mission Report II for Mission IV（January - April 1997）. UNESCO-Laotian International Project for the Safeguarding of Wat Phu（Lao-UNESCO Wat Phu Project）（536/LAO/70）.（Unpublished）.

Nishimura, M.（西村　正雄）1997 Mission Report I for Missions I, II, and III（August - December 1996）. UNESCO-Laotian International Project for the Safeguarding of Wat Phu（Lao-UNESCO Wat Phu Project）（536/LAO/70）.（Unpublished）.

1998b Conceptual Framework for a Strategy of Cultural Resource Management at Archaeological Sites: the Approach Developed at Vat Phu. Paper Presented at the IPPA Congress, Melaka, July 3, 1998.

1998c『東南アジアの考古学』（共著）。東京：同成社。

2004a Representing "Vat Phou" - An Ethnographic Account of the Nomination Process of Vat Phou and Adjunct Archaeological Sites to the World Heritage List -.『早稲田大学大学院文学研究科紀要』第49輯・第3分冊。pp.29—63。

2004b「ラオス地域人類学研究所活動報告」。COE2004年度報告書。早稲田大学アジア地域文化エンハンシング研究センター

2004c　「ラオス、チャンパサックのランドスケープと記憶」。『文化人類学年報—特集：ラオス、ワット・プー地域の文化人類学—文化遺産・記憶・地域文化—』第1巻（早稲田大学文学部）。Pp.21—30。

Nishimura, M. and P. Sikhanxay 1998 Capacity Building in Cultural Heritage Management within the Context of Assistance for the Preservation of Wat Phu (536/LAO/70). Terminal Report (FIT/536/LAO/70) Submitted to UNESCO.

Novellino, D.2003 "From Seduction to Miscommunication: the Confession and Presentation of Local Knowledge in Participatory Development," In Pottier, J., et al. eds., *Negotiating Local Knowledge*. London: Pluto Press. Pp. 273-297.

大坪　聖子　2004「ワット・プー遺跡の現状と課題」。『文化人類学年報―特集：ラオス、ワット・プー地域の文化人類学―文化遺産・記憶・地域文化―』第１巻（早稲田大学文学部）。Pp.68―73。

小田島　理絵　2004「稲作、自給自足、家族と親族―ラオ人農民の日常的実践と記憶に関する一考察：1950年代から1975年を中心として」。『文化人類学年報―特集：ラオス、ワット・プー地域の文化人類学―文化遺産・記憶・地域文化―』第１巻（早稲田大学文学部）。Pp.31―43。

Parmentier, H. 1914 Le Temple de Vat Phu. *BEFEO*, XIV, 2.

Pichard, P. 1997 The Conservation of Vat Phu Temple. Assignment Report Submitted to UNESCO (FIT/536/LAO/70). (Unpublished).

Pottier, J. A. 2003 "Negotiating Local Knowledge: An Introduction" In Pottier, J., et al. eds., *Negotiating Local Knowledge*. London: Pluto Press. Pp. 1-29.

Pottier, J., A. Bicker and P. Sillitoe eds. 2003 *Negotiating Local Knowledge*. London: Pluto Press.

Preusser, F. D. 1997 Wat Phu, Lao PDR Mission Report, Feb. 2 - 17, 1997. Project # 536/LAO/70 and 534/LAO/70 Submitted to UNESCO. (Unpublished).

Ramos, M. J., A. Medeiros, P. Sena and G. Praca 2003 "Managing Natural Resources in Eastern Algarve, Portugal: An Assessment of the Policy Uses of Local Knowledge(s)". In Pottier, J., et al. eds., *Negotiating Local Knowledge*. London: Pluto Press. Pp. 155-170.

Rawson, P. 1967 *The Art of Southeast Asia*. Singapore: Thames and Hudson.

Rooney, D. 1994 *Angkor: An Introduction to the Temples*. Bangkok: Asia Books.

砂井　紫里　2004　「日常食事と食べ物の記憶」。『文化人類学年報—特集：ラオス、ワット・プー地域の文化人類学—文化遺産・記憶・地域文化—』第1巻（早稲田大学文学部）。Pp.44—53。

Sayavongkhamdy, T. 1990 Conservation of Historical and Cultural Heritage. Terminal Report Submitted to UNDP/UNESCO. Preservation of Wat Phu Champassak Project (LAO/86/006). (Unpublished).

Sikhanxay, P. 2004 Lao Government Policy toward Cultural Resource Management. 『文化人類学年報—特集：ラオス、ワット・プー地域の文化人類学—文化遺産・記憶・地域文化—』第1巻（早稲田大学文学部）。Pp.74—80。

嶋尾　かの子　2004　「ワット・プー地域における音楽文化とその現状」。『文化人類学年報—特集：ラオス、ワット・プー地域の文化人類学—文化遺産・記憶・地域文化—』第1巻（早稲田大学文学部）。Pp.54—67。

Sisouphanthong, B. and C. Taillard 1998 *Atlas of Laos*. Vientiane

Stewart, P. J. and A. Strathern 2003 Introduction. In Stewart, P. J. and A. Strathern eds., *Landscape, Memory and History*. London: Pluto Press. Pp. 1-15.

Stewart, P. J. and A. Strathern eds. 2003 *Landscape, Memory and History*. London: Pluto Press.

Stuart-Fox, M. 1997 *A History of Laos*. Cambridge: Cambridge University Press.

1998 *Historical Dictionary of Laos*. 2nd Edition. Lanham (UK): The Scarecrow Press.

Taillard, C. 1987 *Le Laos.* Montpellier: Groupement d'Interet Public RECLUS.

Tanabe, S. and C. F. Keyes eds. 1999 *Cultural Crisis and Social Memory.* Honolulu: University of Hawai'i Press.

Trankell, I. B. 1993 *On the Road in Laos.* Uppsala Research Reports in Cultural Anthropology, No. 12. Stockholm: Uppsala University.

UNESCO 1972 Convention of World Heritage. Paris: UNESCO.

1987 Project Document: Preservation of Wat Phu, Champassak. (LAO/86/006/A/01/13). (Unpublished).

1995 Capacity Building in Cultural Heritage Management within the Context of Assistance for the Preservation of Wat Phu (Wat Phu ZEMP) (Revised Draft Project Document).

1996a Project Document: Capacity Building in Cultural Heritage Management Within the Context of Assistance for the Preservation of Wat Phu (Wat Phu ZEMP). (Unpublished).

1996b Mission Report to Lao PDR for project 536/LAO/70 (10 June to 19 June 1996). (Unpublished).

1996c Wat Phu ZEMP Project. Interim Report as of 18 November 1996. (Unpublished).

UNESCO/PROP 1996 UNESCO/PROAP Cultural Sector Priority Field Activities in Asia/Pacific 1996-1997. Document Distributed within UNESCO/PROAP. (Unpublished).

UNESCO/UNDP 1991 Preservation of Wat Phu, Champassak: Project Findings and Recommendations. UNDP/LAO/86/006 Terminal Report. (Unpublished).

Valderrama, F. 1995 *Histoire de l' UNESCO.* Paris: UNESCO

Wolters, O. W. 1974 "Khmer, Hinduism, in the Seventh Century." Smith, R. B. and W. Watson eds., *Early South East Asia.* New York: Oxford University Press. Pp.427-442.

Young. C. 1997 The Management of the Wat Phu: Cultural Landscape. Mission Report Submitted to UNESCO. (Unpublished).

注

（1）これに関して、アパデュライ（Appadurai）の良く知られた概念がある。アパデュライは、今日のグローバリゼーションは、一つのまとまった流れなのではなく、エスノスケープ、メディアスケープ、テクノスケープ、ファイナンススケープ、イデオスケープと呼ばれる、いくつもの流れがそれぞれ独立しており、そのため、より複合的な様相を示すとした（Appadurai 1996）。

（2）英文名称は、The Champasak Heritage Management Plan である。

（3）パクセは人口規模で、ラオス第二の都市といわれている。

（4）リンガは、普通男性を象徴した石棒で、ヒンドゥー教のシヴァ神を表すものと考えられている（Rawson 1967; Rooney 1994; Wolter 1974）。

（5）西はカオ山と山塊全てを含み、東はメコン川の対岸まで、南はドンタラート、北はワット・サイの北まで含む広大な地域を遺産の範囲と指定した。

（6）２００２年の段階で、１円＝約９０キップス。

（7）この時代区分は、ラオスの歴史を研究する研究者の間で認識されているものではない。私はここで、研究の便宜上、1986年のチンタナカーンマイ（新思考政策）の始まりまでを、前期とした。この政策によって、ラオスに大きな変化が生まれてきたと考えたからである。

（8）例えば、かつてワット・プーでは精霊をなぐさめるため、水牛を犠牲にして捧げていた（Archaimbault 1959）が、現在ニワトリの犠牲に変わっている。

〈文化〉を問い直す—文化概念の再構築に向けて—

川原ゆかり

はじめに

「文化」という概念が論争の的となっている。「文化」という自明と捉えられがちな概念が実はわれわれを混乱させており、「文化」という大概念を一度解体してみる必要があるのではないかということが論じられるようになってきた。この状況を、一九八八年にジェイムズ・クリフォードは、「文化の窮状」（The Predicament of Culture）(1)、同年にポール・ラビノーは「文化の衰退」（decline）(2)と呼んだ。一九八九年にジョエル・カーンは、「人種概念」と同様に「文化概念の放棄」（abandon the notion of culture）(3)を主張し、一九九一年に、リラ・アブルグッドは、「文化」概念の欠陥を列挙した後、「文化に対抗して書く」（Writing against Culture）ことを提案している。(4)表現に違いこそあれ、テリー・イーグルトンが二〇〇〇年に指摘したように文化概念は明らかに「危機的な状況」（Culture in Crisis）(5)にある。

皮肉なことに、文化概念が問い直されているまさにそのとき、「文化」はますます多くの人々の間で、重要なものとなりつつある。生活実践の場においては、グローバル化に背を向けるかのように、さまざまな地域、階級、性、エスニシティの人々が、今まで以上に、自分たちの文化を主張し始めた。それに呼応するかのように、既存分野を横断し、「文化」に正面からとりくむカルチュラル・スタディーズの流れが勢いを増している。

しかし、多くの場に広まれば広まるほど、ますます、「文化」という概念はわれわれを混乱させている。レイモンド・ウィリアムズは、すでに一九七〇年代の時点でこの混乱を予見していた。

英語で一番ややこしい語を二つか三つ挙げるとすれば、Cultureがそのひとつとして挙げられるだろう。それはひとつには、この語自体が、ヨーロッパの言語のいくつかにまたがって、複雑な歴史的発達をとげたためでもあるが、おもな理由は、この語が現在いくつかの違った学問分野で、またいくつかの相容れない異なった思想体系において、重要な概念をさすようになっているためである。(6)

レイモンド・ウィリアムズは、さらに次のような問題提起を行なっている。

今日、われわれは文字通り危機の時代、経験が揺さぶられ、歴史の感覚が断ち切られ、かつては確実で役に立つと思われていたことを疑ってかからなければならない状況を生きている。……われわれがそこから出発すべきとされてきた最も根本的な概念が、突然、概念というよりも問題に、しかも単なる分析的な問題ではなく、いまだ決着しない歴史的な運動の問題となるとき、もはやこれらの概念のありきたりの説明や繰り返される戯言に耳を傾けるだけではすまされない。(7)

レイモンド・ウィリアムズは、われわれの議論の拠り所とされてきた最も根本的な概念が危うくなるとき、われわれにできるのは、そうした概念が形作られてきたそのもとにあったものを見直すしかないとしている。(8)そこで、本稿では、まず、文化人類学を中心に文化概念の形成に影響力を持った代表作のなかの文化定義を抽出し分析する。さらに、文化概念の成立・発展の系譜を批判的に概観し、文化概念の再構築の可能性を探りたい。

一　文化概念の源流―「文化」と「文明」―

文化の定義において最も影響力を持った人物は、エドワード・タイラーであろう。エドワード・タイラーは、英国人類学の父と呼ばれており、人類学で大学の講座が最初にできたのは、このタイラーが一八八四年にオックスフォード大学で大学講師（University Reader）に任命されたことがきっかけであった。タイラーは、一八七一年に、『原始文化』（Primitive Culture）のなかで次のような文化の定義を登場させた。

文化または文明とは、知識・信仰・芸術・道徳・法律・慣習・その他、人間が社会の一員として獲得した能力と習慣を含む複合的全体（complex whole）である。[9]

わずか、一文の定義であるが、この定義は実に多くの意味そして問題を含んでいる。

まず簡単に気がつくことは、「文化」と「文明」が同義語として用いられていることである。[10]エドワード・タイラーの理論は、一八七七年に『古代社会』を著わしたアメリカのルイス・ヘンリー・モルガンと同様、一九世紀の思想的潮流であった進化論を前提としている。この定義から、タイラーが、「野蛮」「未開」「文明」という進化図式の頂点として、「文化」を位置づけていたことは明白である。

しかし、文化は当初からこのような意味を持ってはいなかった。レイモンド・ウィリアムズによれば[11]、cultureの前形はラテン語の*cultura*（耕作）である。*cultura*の語源となったラテン語の*colere*は、「耕す」以外に、「住む」「敬い崇める」といった他の意味を含んでいたが、やがて後者二つは、他の語に発展してゆく。「住む」という意味は、ラテン語の*colonus*（耕作民）を経て、英語のcolony（植民地）となった。「敬い崇める」の方は、ラテン語の*cultus*（礼賛）を経て、英語のcult（崇拝）となった。「耕作」という意味を引き継いだのは、ラテン語の*cultura*で、これがフランス語に入ると、古フランス語の*couture*となり、やがてフランス語の*culture*（耕作）となって、これが一五世紀初めに英語に入ったとされている。それゆえ、cultureの初期の用法は、「耕作」あるいは「自然の生育物（基本的には、作物や家畜）の世話」であった[12]。この初期の用法と、タイラーの文化定義には、かなりの隔たりがある。

この謎を解くには、タイラーの著作の二年前に出現したもう一つの文化定義に言及してみる必要がありそうである。それは、英国の文芸批評家であるマシュー・アーノルドによって書かれた『文化と無秩序』（一八六九年）のなかの定義である。

文化（教養）とは、われわれの総体的な完全を追求することであり、それにはまず、われわれに最もかかわりの深いすべての問題について、世界でこれまでに考えられ語られた最善のものを知り、さらにこの知識を通じて、われわれのおきまりの思想と習慣とに、新鮮な自由の思想の流れをそそぎかけるようにする[13]。

アーノルドにとって「文化」とは「世界でこれまでに考えられ語られた最善のもの」すなわち、「高級文化」（High Culture）であった。この範疇に含まれていたのは、宗教をはじめとして、とくに選りすぐられた芸術、科学、歴史、詩歌、哲学であった。やがて、「文化」という概念は、「教養」とりわけ、ハイカルチャーの「教養」と同義語化されてゆく。この議論では、産業革命という近代化のプロセスのなかで、都市に流入していった労働者階級の文化は、「無秩序」を生む温床とみなされてゆく。やがて、「文化＝教養」という概念は、近代西欧国家の「文明度」をはかるものとして機能し、同時に、人々に対する国家の教育戦略とも密接に関わってゆくようになる。「文化」と「文明」の意図的な混同であるが、英国の知識人たちにとって、都合のよい戦略であったともいえる。

ちなみに、レイモンド・ウィリアムズによると、英語で独立名詞として文明civilizationという語が登場するのは一八世紀末以降で、その前形は「秩序ある社会」を示すcivilityであった。文明civilizationという新しい語は、一八世紀末以降の啓蒙思想の精神の広まりを背景として発展してゆく。この語は、秩序ある社会が達成される「過程」と、それとつながる現在、すなわち洗練と秩序が「達成された状態」という二つの意味を同時に含んでいたとされる[14]。文化概念が確立し始めた一九世紀の英語圏におけるCultureの主な用法は、この「文明」とほぼ同義であり、人間社会の進化図式の到達点として「文化＝文明」を位置づけていたといえよう。

二　「統合的全体」としての文化

二〇世紀の転換点に、人類学会において、不十分なデータに基づいた進化論に対する反動が出現する。そしてこの安易な普遍化、一般化が西欧諸国の自民族中心主義に基づいていることも問題化されてきた。それにつれて、「文化」と「文明」の概念は、意図的に区別されるようになるにいたる。二〇世紀初頭、英国人類学の発展に寄与したブロニスラフ・マリノフスキーは、タイラー流の進化主義を継承しなかった。マリノフスキーは、彼の文化理論の集大成ともいうべき著作、『文化の科学的理論』（一九四四年）のなかで、「文化とは何であるか」という節で、以下のように答えている。

文化は明らかに、道具・消費財・種々の社会集団の憲章・観念や技術・信念・慣習からなる統合的全体である。[15]

エドワード・タイラーの文化定義との類似性は認められるものの、もはや、「文化」と「文明」は並列されて定義されていない。さらにマリノフスキーは次のように続けている。

機能分析と制度分析という二種類の分析によって、文化をより具体的に、精密に、徹底的に定義することができる。文化はある程度自律的な、そしてある程度相互に整合された諸制度からなる統合体である。文化は、生殖を通ずる血の共通、協力と関連する空間的接近、行為の分化、それから最後にあげるがひとしく重要な、政治組織における力の行使というような一連の原理にもとづいて統合されている。各文化は、基本的、手段的および統合的要求の全域を充足するが故に、十全であり、自足的である。[16]

この定義からも明らかなように、機能主義の立場をとったマリノフスキーの最大の関心事は、歴史の復元ではなく、

「現存」の諸制度がいかにして機能し、相互に統合されて、「現存」の文化のなかに組み込まれているかであった。

一方、二〇世紀初頭、アメリカ文化人類学の発展に大きな影響力を持ったフランツ・ボアズもまた、タイラーの文化定義のなかに含まれる進化論的な前提を受け入れなかった。ボアズは、あらゆる価値は相対的であり、普遍的基準で価値判断を下すことはできないとする「文化相対主義（cultural relativism）」を打ち出した人物としてよく知られている。ボアズは、文化を相対化させ、個々の文化に平等の価値を認めたのである。タイラーが縦軸となる時間軸にそって文化を並べたのに対し、ボアズは横軸となる空間軸にそって文化を並列させたといえよう。

しかし同時に、文化相対主義の立場にたつボアズにとって、タイラーの文化概念は魅力的でもあった。それは、タイラーの定義のなかの、「複合的全体」という考え方である。この定義によれば、文化内のそれぞれの要素はにこやかに調和し、複合的全体としての「文化」は、あたかも、社会の旗印のようにはためいている印象を与える。文化をこのように　自己完結した、一貫性を持った統合概念と捉えることによって、それぞれの社会は、それぞれの旗印である「文化」を保持するようになる。この概念を取り入れることによって、ボアズはあらゆるデータを集積して、文化を全体として捉えるホリスティックアプローチを主張するにいたる。[17]ボアズの遺産は、その弟子たちに引き継がれ、ボアズ学派の著名な研究者として知られているルース・ベネディクトは「文化の統一性」をさらに強く打ち出した。

人類学的研究はこれまで圧倒的に文化的行為の個別的分析に専念してきていて、文化をきちんとした全体として研究してきていなかった。……歯をたたきとる慣習や、動物の腸をつかう占いの習慣の分布などを、細部にわたってトレースすることはできた。しかし、これらの文化的行為が、異なった部族の独自の統合にどのように組みこまれていたかを見ることはできなかった。この統合こそが、こうしたさまざまな慣習的手続きに形式と意味をあたえているのに、それに注意していないのである。[18]

ルース・ベネディクトは、個々の文化的行為が、「全体としての文化」にどのように「統合」されているかに注目することにより、『文化の型』（一九三四年）を描き始めた。[19] ベネディクトのこの姿勢が最も顕著に現れたのが、『菊と刀―日本文化の型』（一九四六年）[20]であろう。

ここから、文化という概念は、ある国民に、ある集団に、ある地域に特有の「統合的全体」という意味を持つようになる。個々の文化は、ボアズの主張した「歴史個別主義」(historical-particularism) の名のもとに、個々の歴史によって構築され、それぞれに個別のユニークな価値を持つようになる。そして、単数形のCulture は、複数形のCultures となり、それぞれの社会の文化は隔離されたままで分析可能となる。その結果、人類学者は個別の文化を複数並列させ、モザイクのような文化地図を描き出したのである。このことを最も象徴的に表現したのは、クライド・クラックホーンの「文化＝地図」の比喩であろう。クラックホーンはその有名な著作『人間のための鏡』（一九四九年）のなかで、以下のように文化を定義している。

文化は地図のようなものである。地図が土地そのものではなく、特定の地域を抽象的に表現したものであるように、文化はある人間集団の言語、行動、人工物にみられる統一性を志向する傾向を抽象的に記述したものである。地図が正確で地図の見方もわかっていれば、道に迷う心配はない。ある社会の文化がわかっていれば、そこでの暮しで戸惑う心配はない。[21]

三　文化の解釈学

しかし、「統合的全体」としての文化概念に熱狂していた人類学者たちは、やがて、そこに問題点を見出し、解決策を模索するようになる。その「過渡期」に現れた試みを概観してみたい。

一九七三年に、クリフォード・ギアツは、彼の文化理論を方向付けた有名な著作『文化の解釈学』を発表する。このなかで、ギアツは、エドワード・タイラーの文化概念について以下のように言及している。

これらの論文は、いずれも、タイラーの有名な「最も複合的な総体」としての文化の概念に代るものとして、よりせばめた、限定し、理論上いっそう強力な文化の概念を用いることを、時には明白に、より多くの場合は特定の分析を通じて提唱しているのである。タイラーの概念の本来の効力を否定するものではないが、タイラーの文化の概念は多くのことを明らかにするよりも、かえって混乱させてしまうようになったと私には思えるのである。[22]

ギアツは、タイラー流の「開け、ごま」式の文化概念、その概念ひとつで、すべて説明可能だと思わせるような「大概念」は、混乱をまねくとして徹底的に退ける。ギアツは、また、クラックホーンの『人間のための鏡』に現れた包括的で折衷主義的な文化概念をも批判し、自らの立場を以下のように表明している。

私が採用する文化の概念……は本質的に記号論的（セミオティック）なものである。マックス・ウェーバーと共に、人間は自分自身がはりめぐらした意味の網の中にかかっている動物であると私は考え、文化をこの網として捉える。[23]

ギアツは、文化とは、人々の思考のなかに閉じ込められているものではなく、公の象徴体系のなかに具現化されるものであるとし、その社会の人々は、この象徴を通して、彼らの価値観を伝達するとした。それゆえ、この象徴が文化の「媒介物」としていかに作用しているかを解釈することが文化分析の中心となったわけである。

しかし、ギアツは、「文化解釈の一般理論」を導くことは不可能だと主張する。ギアツの文化分析に対する姿勢は以下の言葉にみごとに集約されている。

文化の分析は本質的に不完全なものである。さらにそれより悪いことには、分析を深めれば深めるほど、いっそう不充分なものになる。これは奇妙な学問である。最も確かな主張も、きわめて頼りないものに基づき、簡単に問題を片づけても、まちがっているかも知れないという疑念をあなた自身も他の人も強めることになる。[24]

ギアツにとって、文化理論の課題は、抽象的規則性を取り出す普遍理論を構築することでは決してない。「いくつもの事例を通じて一般化することでなく、事例の中で一般化すること」[25]、いいかえれば、あくまでもローカルな文化に固有の知識の枠組のなかで、その行為の意味を解釈しようとするものである。ギアツはこのことを説明するために、医学や深層心理学で用いられる「臨床推理」という例を挙げている。臨床推理は、「一連の観察から始めて、それを特定の法則に包摂しようとするのでなく、一連の（推定上）意味するものから出発して、それを理解できる枠の中においてみようとする」[26]とされる。

「ローカルな事例の中で一般化すること」―このギアツの視点に対する評価は分かれる。確かに、ギアツは、タイラー流の大概念としての「文化」を解体し、文化分析の重点を「規則性と法則」から、「事例とその解釈」へ移行させるのに成功した。それゆえ、社会科学から人文科学へ文化分析の重点を移行させたのもギアツの功績であった。

しかし、熱狂的に支持されたギアツの著作は、一九八〇年代以降、猛烈な批判にさらされることになる。ギアツが、ローカルな文化をひとつの意味のシステムとして捉えていることに対して、いかなる原因で、どこからその体系がそもそも発生したのか、また、なぜ他の体系ではなかったのか、といった分析が欠けているという批判がある[27]。さらに、ギアツが、文化を内的に統合された秩序の総体として捉えており、そこから、個々の文化は、他の文化と隔離されたままで分析可能であるとした点でも批判されている[28]。ここにわれわれは依然、タイラー、ボアズと綿々と受け継がれる文化概念の「残滓」、すなわち個々の文化は内的に統合された全体であるとする「残滓」を見ることができる。

四　文化の政治学

一九八〇年代後半以降、個々の文化を閉じた統一体として捉えることに対する批判が起こり始める。それとともに、文化の分析は、普遍の基準として文化概念を確立するという方法から、動的な「プロセス」としての文化を描く方向にその重点が移り始める。その流れに影響力を持った代表的な文化理論を概観してみたい。

文化人類学における文化概念をめぐる論争を触発したのは、カルチュラル・スタディーズの流れであった。とくに、カルチュラル・スタディーズの文化理論創始者のひとりであるレイモンド・ウィリアムズは多くの文化人類学者の著作に影響を及ぼした。彼の有名な著作は、一九六〇～一九七〇年代に集中しているが、カルチュラル・スタディーズの発展とともに多くの分野で再評価されたといえよう。ウィリアムズは、まず、今までの文化概念を以下のように整理している。

大きく見ると、文化の定義には三つの種類がある。第一に、文化を「理想」と考える定義がある。この定義では、文化は、或る絶対のあるいは普遍的な価値に基づく、人間の完成された状態、あるいは、完成へと向かう過程である。……　次に、第二に、文化を「記録」と考える定義がある。この定義では、文化は、知性と構想力を働かせて作られたものの全体であって、細かなところまで、人間の考えや体験のさまざまな姿が記録されているものである。……　最後に、第三に、文化を「社会生活のあり方」と考える定義がある。この定義では、文化は、特定の生活の仕方を記すということである。特定の生活の仕方は、その特定の意味と価値とを芸術や学ぶということの中だけでなくて、さまざまな制度や日常の行動の中にも表現する。(29)

ウィリアムズ自身は、このうち、三番目の定義を発展させ、文化理論を「生活の仕方（Way of Life）全体の中にあるさまざまな要素の間の関係のあり方の研究(30)」と定義している。ここから、「文化」には、アーノルドが主張するようなハイカルチャーとしての芸術や教養だけでなく、ローカルな日常生活のさまざまな側面が含まれていくことになる。ウィリアムズは、ベネディクトの「文化の型」（pattern of culture）あるいは、フロムの「社会的性格」（social character）に代わって、「感情の構造」（structure of feeling）という概念を打ち出している。(31)「感情の構造」とは、一時代の文化であるが、固定されたものではなく、さまざまな要素が関連しあい、生きて動いている特定の結果として表出されたものである。

ウィリアムズはこの概念を発展させ、文化を「静止体系の固定システム」ではなく「動的な社会的プロセス」として捉え直そうとした。ウィリアムズはアントニオ・グラムシのヘゲモニー論[32]を基礎におき、個々の文化内の支配と従属の流動的な関係を描こうとした。その方法論として、どんな歴史的瞬間も、支配的な（dominant）力、対抗的な（counter）力、代替的な（alternative）力の三つを有しているとし、このような多様で異質なパワーが戦う場として「文化」を捉え直したのである[33]。ここでは、絶対的なヘゲモニーは存在せず、三つの異質なパワーの一時的均衡としての「文化」が出現するにすぎない。それゆえ「文化」は必然的に変動を伴い、固定から変化という歴史へと文化分析の重点は移ってゆく[34]。

レイモンド・ウィリアムズは、文化を要素間のにこやかな「統一体」として捉えるのではなく、逆に、葛藤、抗争、矛盾、ねじれといった概念を文化理論の中に組み込もうとした。この理論の核となるのが、日常生活を主体的に構築してゆく人間の行為性（Agency）である。ウィリアムズは、歴史上、どんな支配的文化も、人間の社会生活の実践、人間の持つエネルギー、そして人間の意志を完全に封じ込めることができなかったとしている[35]。それゆえ、「支配的な力」は、常に、「対抗的な力」、「代替的な力」によって挑戦を受け、変形を余儀なくされている。ウィリアムズは、絶えず変化するダイナミックなプロセスのなかで、人間の行為実践の場として文化を捉え直そうとしたのである。葛藤、抗争、交渉の結果として文化が生まれるのであれば、たとえ支配的パワーが覆いかぶさろうとも、ローカルな実践の場において必然的に「ずれ」や「ねじれ」が生じることを意味する。

ウィリアムズに続くスチュアート・ホール[36]もまた、文化を「戦場」（battlefield）とみなし、現在進行形の葛藤、抗争、交渉の場として文化を捉え直した。その戦場では、支配的な文化と対抗的な文化、ハイカルチャーとサブ・カルチャー、ナショナルな文化とグローバルな文化が常にせめぎあい、その覇権を獲得しようとしている。そこでは、ジェンダー、階級、人種といった要素が常にぶつかりあっている。

文化を「戦場」として捉えると、中心と周縁の関係はきわめて複雑なものになる。中心は確かに周縁を構築するが、同時に、周縁もまた、中心を構築する。両者は確かに戦っているが、同時にお互いを必要としている。支配的文化は、対抗文化を生み、また、対抗文化もまた、支配的文化があるからこそ抵抗できる。ときには、そのプロセスのなかで、中心と周縁の関係が逆転することもある。このような「脱中心化」状況を鑑みるとき、中心対周縁という単純な二項対立をもとにした伝統的な「文化変容」モデルはもはや機能しない。支配的文化の影響をうけ、ローカルな文化がいかに変容したかという一方通行的な見方には限界が生じ、両者の双方向的な変化に目を向ける必要が生じてくる。

五　「境界域」としての文化―「地域」再考―

さまざまなパワーが交錯する「戦場」として文化を捉えようとするとき、どのように文化を捉え直せばよいのだろうか？　この問いは、おそらく「文化はどこに位置するのか？」という根本的な問いと深く結びついている。[37]従来の文化人類学研究においては、文化は固有の場所と必然的に結びついているという暗黙の前提があった。これに従うと、アメリカ文化はアメリカという場所に、メキシコ文化は、メキシコという場に位置するという考え方が出てくる。この絶対的な前提のもとに、人類学者は「ある場所」に調査に出かけ、「比較」を行ない、モザイクのような文化地図を描き出したのである。しかし、人類学者ファーガソンやグプタは、著名な論文「〈文化〉を超えて―空間、アイデンティティ、差異の政治学」（一九九二年）[38]のなかで、文化を特定の場所と「自然に」結び付けて考える従来の考え方に異議申し立てを行なった。アメリカ西部とメキシコの国境地帯にみるように、多くの人々が、ナショナルな、そしてローカル来の考え方自体を問い直す必要性が出てくる。

そこで注目されてきたのが、「文化的接触領域」と呼ばれる「境界域」の文化分析である。そこは単に、二つの文化がにこやかに調和し、穏やかな融合文化が芽生える固定された場ではない。ホミ・バーバが指摘するように、そこはありとあらゆる文化やパワーが対立し、せめぎあっている領域であり、その結果、「無数の矛盾」が生じている[39]。しかし、重要なことはこのような「境界域」は決してグローバリゼーションとともに出現した状態ではなく、むしろ、歴史的にみればきわめて自然な状況で、永続的に存在していたはずのものでなかったのかという点である。むしろ、どのような葛藤、抗争、交渉のプロセスを経て、本来自然な状態のはずの「境界域」に、さまざまな境界線がひかれたのであろうか？　ファーガソンやグプタは、「文化がどのように混淆したのか」と問うのではなく、常に混淆し続けている世界にあえて境界線をひき、人々に差異化の感覚を生み出そうとした歴史的プロセスこそ解明すべき点だとしている。さらに、「ローカルがいかにグローバルやリージョナルと関連しているのか」という今までの問いも、境界で区切られた「ローカル」を所与のものとする無意味な問いだとして退ける。この問いに代わるものとして、「ローカリティやリージョンといった知覚がどのように歴史的に構築されたのか」つまり、「場の生産」(place making)が構築された社会的・政治的プロセスを解明することが重要だという[40]。

人類学者アルジュン・アパデュライもまた、著名な論文「ローカリティの生産」(the Production of Locality 一九九五年[41])のなかで、人類社会が永続的にローカルとグローバルの緊張を経験してきたとしている。人類学者が描いてきた通過儀礼やローカル・ノーレッジは実は、こういった規則的で人為的な苦役がその社会に存在しない限り、明確な境界で区切られた「ローカリティは儚きものなのだ[42]」ということを証明していると主張する。逆説的に言えば、民族誌は、「ローカリティの時空間的な再生産の記録[43]」であり、ローカルな主体を構築する記録でもある。アパデュライの言葉を借りれば、人類学者は、いわば、実体として危うい「ローカリティの生産」に関わる共犯者のひとりであったということになる。

人類学者レナート・ロサルドは、文化概念のターニング・ポイントとなった著作『文化と真実―社会分析の再構築』（一九八九年）[44]のなかで、次のような指摘を行なっている。従来の文化分析では、流動的なものは文化ではないという大原則を掲げ、文化間のぼやけた領域は無視され、ひとつの文化全体のきれいに結晶したパターンを研究するように促されていた。その結果、異質な要素がせめぎあっている「境界域の文化」は、分析上のごみ箱の中へとおしやられていた。しかし、ロサルドは、次のように言う。

現在のポストコロニアルな世界では、自律した、内部に一貫性のある宇宙としての真正な文化という考え方は、おそらく「便利な虚構」としてか、あるいはものごとをあらわにする歪みとしてでなければ、もはや保持することはできないように思われる。後からさかのぼって考えると、人類学という学問は懸命に努力しないかぎり、ひとつの自己完結した文化的な全体という中身のない虚構を保持することはできないように思われる[45]。

ロサルドは、今まで分析上周縁に追いやられてきた「境界域の文化」分析に焦点をあてるべきだとしている。この「境界域の文化」には、グローバルなもの、ナショナルなもの、ローカルなものが常にせめぎあい、「戦場」としての文化が見える場所でもある。

しかし、その領域は流動的であるがゆえに、調査者の都合のよいように凍結されていないとロサルドは言う。「境界域の文化」に焦点があたるにつれ、どのようにその資料を掘り起こしてゆけばよいかという方法論上の問題が議論されるようになってきた。とくに問題となってくるのが、調査者の視点と被調査者の視点をどのように重ねるのかという方法論上の問題である。中心と周縁の関係を問い直そうとする「脱中心化」という概念は、もともと、調査者と被調査者の不均衡な権力関係の問題として、ジェイムズ・クリフォードやジョージ・マーカスら批判人類学の流れによって、問題提起されたものである。[46] むろん、この根底には、エドワード・サイードが「オリエンタリズム」のなかで指摘した、異文化表象と権力の問題がある。[47] いいかえると、調査者が、外部の視点で、一方的に現地の文化に意味づけを行なうことに対する異議申し立てが起こり、その結果、現地の人々の、自分たちの文化に対する意味づけ・解釈をどのように資料として掘り起こしてゆくのかが問われるようになってきた。つまり、単に現地協力をあおぎ、最終的には、調査者側の解釈を押し付けることに関して異議申し立てがなされつつある。実際の現場調査において、方法論として、どのように、脱中心化された調査者と被調査者の関係を構築してゆくのかは、文化概念をめぐる論争のなかで重要な論点となっている。

おわりに―文化概念の再構築に向けて―

解体された「文化」概念をどのように再構築してゆくのか、その理論化はまだ始まったばかりといえよう。二一世紀の転換点において、さまざまな研究者から多様な提案がなされている。[48]

英国の著名な人類学者アダム・クーパーは、彼の著作『文化』(一九九九年)のなかで、文化を理解するためには、まず、最初に「文化」を壊してみる必要性があるとした。宗教であれ、儀礼であれ、知識であれ、道徳であれ、芸術であれ、それぞれの文化内の要素が「統一体」としての文化のなかに仲良く組み込まれている様子を描くのではなく、まず、それぞれの要素を切り離してみるということである。それぞれの文化要素を切り離してみてはじめて、言語、知識、技術、政治的イデオロギー、儀礼、物資がお互いどのように関連しあっているか、及びその相関配置がどのように変動してきたかを解明できるとしている。[49]

一九九〇年代以降、人類学会は、「グローバリゼーション」という言葉で覆いつくされたが、(50)とりわけ、グローバリゼーション理論に大きく貢献したのが、人類学者アルジュン・アパデュライである。アパデュライは、既存の中心―周縁モデルがもはや機能しないとし、ローカル／ナショナル／グローバルという対立軸を超える、いわば「超域」モデルを提示している。(51)ベネディクト・アンダーソンの「想像の共同体」を拡大解釈することによって、アパデュライは「想像の世界」(imagined world) すなわち、「地球全体にひろがる個人や集団の、歴史的に状況づけられた想像力によって構成される多様な世界」(52)という概念を打ち出した。グローバルな文化経済を「複合的で重層的、かつ乖離的な (disjunctive) 秩序」とし、(53)この乖離構造 (disjuncture) を的確に理解するために、五つの用語を編み出した。その五つの用語とは、①　エスノスケープ（民族の地景）②　メディアスケープ（メディアの地景）③　テクノスケープ（技術の地景）④　ファイナンスケープ（資本の地景）⑤イデオスケープ（観念の地景）である。(54)アパデュライは、この五つのランドスケープの間には、「統合」ではなく「乖離」が存在しており、動的な文化フローを捉えるためには、五つの次元の流動的な関係性に注目しなければならないとしている。さらにアパデュライは、「文化」という名詞を、「差異の境界を分節化するために動員されてきた部分に対してのみ」限定して使用し、替わって、「文化的」という形容詞を用いることにより、文化のコンテクスト的で、相対的な次元を強調するアプローチを提唱した。(55)

クリフォード・ギアツは、彼の文化概念が多くの批判にさらされた後、新たな展開を模索している。(56)ギアツは、「文化」という統合的な大概念が「解体」されつつある状況を認めつつも、一九九五年における日本講演「文化の政治学―分解する世界とアジアのアイデンティティ」のなかで興味深い示唆を残している。

必要なのは壮大な観念ではありませんし、統合概念すべてを捨て去ることでもないと思います。必要なのは、個別性を捉え得るような思考法であり、個性や特有性や不連続性や対比性や独自性を、つまりカナダのケベックの政治哲学者チャールズ・テイラーが、「深い多様性」と最近呼んだものを捉え得るような思考法です。この種の多様性は、帰属と存在の複数性でありながら、やはりそこにはつながりの感覚があり、そのつながりは全面的でも一様でもなく、本源的でも不変でもなく、にもかかわらず現実のものなのです[57]。

ギアツのこの言葉には、ローカル・ノッレジとしての固有性とそれを超える普遍性との関連をどうにか模索しようとする姿勢が窺える。さらに、ギアツは、「文化とは何か」という現在の欧米の人類学的論争に言及し、もし、この問いに理解可能な答えを与え得るとしたら、それはアジアにおいて、少なくともアジアの材料によってではないかと言う。というのも、「アジアには、豊かで独特で歴史的な深みを持つ文化の大伝統―しかるべき意味での「文明」―の共存するところが多く、そこでは差異の中に差異化が、分割の中に分割化が、雑多の中に雑多化が限りなく進行して、緊張と対比性とが折り重なり積み上がっている」からだとし、「^文化の解体^や^深い多様性^という現象を探索するには最適の場所である[58]」とギアツは言う。

クリフォード・ギアツの提案はあくまでもひとつの模索にすぎない。しかし、多くの人類学者は、「ポストモダニズムを超えて」進む時期がきていることを十分自覚している。文化概念を解体したポストモダニズムの代表的人類学者ジェイムズ・クリフォードは、「文化とは、深刻な危機に陥りながらも、それなしでは済ますことのできない概念なのである[59]」ことを認めている。また、「文化」概念を問い直すことは、前節で述べたとおり、それと密接に関わる「地域Locality」概念を根本的に見直すことにもつながる。さらに、「文化」概念を再検討してゆくためには、個別の学問領域の垣根を越えて、人間諸科学の知を結合させてゆく必要があろう。「文化」という概念をどのように再構築してゆくのか、それは、二一世紀の研究者が今後模索すべき重要な課題となる。

付記

本稿は、口頭発表「〈文化〉とは何か―カルチュラル・スタディーズと〈文化〉の概念―」（早稲田大学二一世紀プログラムアジア地域文化エンハンシング研究センター、第五回定例研究会、二〇〇三年六月）、報告「文化概念の再構築に向けて」（早稲田大学二一世紀プログラムアジア地域文化エンハンシング研究センター国際シンポジウム「アジア地域文化学の構築」資料集、二〇〇三年一二月、九五〜九六頁）及び、論文「〈文化〉という混乱—文化概念の再構築に向けて—」（『日本の科学者』vol.40 no.1、二〇〇五年一月、日本科学者会議、三六〜四一頁）などを大幅に加筆改稿したものである。

引用文献

（1）Clifford, James, *The Predicament of Culture: Twentieth-Century Ethnography, Literature and Art*, Cambridge: Harvard University Press, 1988.（ジェイムズ・クリフォード、太田好信、慶田勝彦、清水展、浜本満、古谷嘉章、星埜守之訳『文化の窮状—二十世紀の民族誌、文学、芸術』人文書院、二〇〇三年）

（2）Rabinow, Paul, Beyond Ethnography: Anthropology as Nominalism, *Cultural Anthropology* 3(4), 1988, pp. 355-364.

（3）Kahn, Joel, Culture, Demise or Resurrection?, *Critique of Anthropology* 9(2),1989, pp. 5-25.

（4）Abu-Lughod, Lila, Writing against Culture,In *Recapturing Anthropology: Working in the Present*, R.Fox,ed. Santa Fe: School of American Research Press, 1991, pp.137-162.

（5）Eagleton, Terry, *The Idea of Culture*, Oxford: Blackwell Publishers, 2000.

（6）Williams, Raymond, *Keywords: A Vocabulary of Culture and Society*, Rev. ed. London: Harper Collins, 1983.（レイモンド・ウィリアムズ、椎名美智、武田ちあき、越智博美、松井優子訳『完訳 キーワード辞典』平凡社、二〇〇二年、八三頁）

（7）Williams, Raymond, *Marxism and Literature*, Oxford: Oxford University Press, 1977.（訳は吉見俊哉『カルチュラル・スタディーズ』岩波書店、二〇〇〇年、一〜二頁より）

（8）前掲、Williams, Raymond, *Marxism and Literature*.

（9）Tylor, Edward Burnett, *Primitive Culture*, London:John Murray, 1871,p1.

（10）Morgan, Lewis Henry, *Ancient Society*, New York: H.Holt, 1877.

（11）前掲、Williams, Raymond, *Keywords*.『完訳 キーワード辞典』八三〜八四頁。

（12）前掲、Williams, Raymond, *Keywords*.『完訳 キーワード辞典』八四頁。

（13）Arnold, Matthew, *Culture and Anarchy*, London: Cambridge University Press,1869.（マシュー・アーノルド、多田英次訳『教養と無秩序』岩波書店、一九六五年、一一頁）本稿では、『文化と無秩序』とした。

（14）前掲、Williams, Raymond, *Keywords*.『完訳 キーワード辞典』五四〜五五頁。

（15）Malinowski, Bronislaw, *A Scientific Theory of Culture and Other Essays*, Chapel Hill: The University of North Carolina Press,1944.(B・マリノフスキー、姫岡勤、上子武次訳『文化の科学的理論』岩波書店、一九五八年、四二頁)

（16）前掲、Malinowski, Bronislaw, *A Scientific Theory of Culture and Other Essays*.『文化の科学的理論』四七頁。

（17）Garbarino, Merwyn S., *Sociocultural Theory in Anthropology*, New York: Holt, Rinehart and Winston,1977.（M・S・ガーバリーノ、木山英明、大平裕司訳『文化人類学の歴史—社会思想から文化の科学へ』新泉社、一九八七年、一一七頁）

（18）Benedict, Ruth, *Patterns of Culture*, Boston: Houghton Mifflin, 1934.（R・ベネディクト、米山俊直訳『文化の型』社会思想社、一九七三年、八五〜八六頁）

（19）前掲、Benedict, Ruth, *Patterns of Culture*.

（20）Benedict, Ruth, *The Chrysanthemum and the Sword*, Boston: Houghton Mifflin, 1946.

（21）Kluckhohn, Clyde, *Mirror for man*, New York: McGraw-Hill, 1949.（クライド・クラックホーン、光延明洋訳『人間

のための鏡』サイマル出版会、一九七一年、三五頁）

（22）Geertz, Clifford, *The Interpretation of Cultures*, New York: Basic Books, 1973.（C・ギアーツ、吉田禎吾、柳川啓一、中牧弘允、板橋作実訳『文化の解釈学Ⅰ』岩波現代選書、一九八七年、五頁）

（23）前掲、Geertz, Clifford, *The Interpretation of Cultures*.『文化の解釈学Ⅰ』六頁。

（24）前掲、Geertz, Clifford, *The Interpretation of Cultures*.『文化の解釈学Ⅰ』四九頁。

（25）前掲、Geertz, Clifford, *The Interpretation of Cultures*.『文化の解釈学Ⅰ』四四頁。

（26）前掲、Geertz, Clifford, *The Interpretation of Cultures*.『文化の解釈学Ⅰ』四五頁。

（27）Ortner, Sherry, Theory in Anthropology since the Sixties, *Comparative Studies in Society and History* 26, 1984, pp.126-166.

（28）Gupta, Akhil. & James Ferguson. eds, *Culture, Power, Place: Explorations in Critical Anthropology*, Durham and London: Duke University Press, 1997, pp.1-2.

（29）Williams, Raymond, *The Long Revolution*, London: Chatto and Windus, 1961.（レイモンド・ウィリアムズ、若松繁信、妹尾剛光、長谷川光昭訳『長い革命』ミネルヴァ書房、一九八三年、四三頁）

（30）前掲、Williams, Raymond, *The Long Revolution*.『長い革命』四八頁。

（31）前掲書では、「感覚の構造」と訳されているが、本稿では、「感情の構造」とした。

（32）Gramsci, Antonio, *Selections from the Prison Notebooks of Antonio Gramsci*, ed. and trans. Quintin Hoare and Geoffrey Nowell Smith, London: Lawrence and Wishart.1971.

（33）前掲、Williams, Raymond, *Marxism and Literature*, pp.108-120.

（34）前掲、Williams, Raymond, *The Long Revolution*.『長い革命』四三〜四四頁。

（35）前掲、Williams, Raymond, *Marxism and Literature*, p.125.
（36）Hall, Stuart, Gramsci's Relevance for the Study of Race and Ethnicity, *Journal of Communication Inquiry* 10(2),1986, pp.5-27.
（37）Gupta, Akhil. & James Ferguson, Culture, Power, Place, Ethnography at the End of an Era, In *Culture, Power, Place: Explorations in Critical Anthropology* ,1997, pp.1-29.
（38）Gupta, Akhil. & James Ferguson, Beyond "Culture": Space, Identity, and the Politics of Difference, *Cultural Anthropology* 7 (1), 1992, pp.6-23.
（39）Bhabha, Homi K., Location, Intervention, Incommensurability: A Conversation with Homi Bhabha, *Emergences* 1 (1),1989,pp.63-88.
Bhabha, Homi K., *The Location of Culture*, London:Routledge,1994.
（40）前掲、Gupta, Akhil. & Ferguson, James, Culture, Power, Place, Ethnography at the End of an Era, p 6.
（41）Appadurai, Arjun, The Production of Locality, in Richard Fardon, ed. *Counterworks: Managing the Diversity of Knowledge*, London and New York: Routledge, 1995, pp.204-223.（アルジュン・アパデュライ、門田健一訳「ローカリティの生産」『さまよえる近代―グローバル化の文化研究』平凡社、二〇〇四年、三一七～三五三頁）
（42）前掲、Appadurai, Arjun, The Production of Locality「ローカリティの生産」『さまよえる近代』三三一頁。
（43）前掲、Appadurai, Arjun, The Production of Locality「ローカリティの生産」『さまよえる近代』三三一頁。
（44）Rosaldo, Renato, *Culture & Truth : The Remaking of Social Analysis*, Boston: Beacon, 1989.（レナート・ロサルド、椎名美智訳『文化と真実―社会分析の再構築』日本エディタースクール出版部、一九九八年）
（45）前掲、Rosaldo, Renato, *Culture & Truth*『文化と真実―社会分析の再構築』、三二四頁。

(46) Clifford, James and George E. Marcus. eds., *Writing Culture : the Poetics and Politics of Ethnography*, Berkeley: University of California Press,1986.

(47) Said, Edward W, *Orientalism*, New York: Pantheon,1978.
Said, Edward W, *Culture and Imperealism*, New York: Knopf, 1993.

(48) 主な論争については下記の文献に詳しい。
Brightman, Robert, Forget Culture: Replacement, Transcendence, Relexification, *Cultural Anthropology* 10(4), 1995, pp.509-546.
Lewis, Herbert. The Misrepresentation of Anthropology and its Consequences, *American Anthropologist* 100(3),1998, pp. 716-731.
Sahlins, Marshall, Two or Three Things That I Know About Culture. *Journal of the Royal Anthropological Institute*, 5(3), 1999, pp. 399-421.
Eriksen, Thomas Hylland and Finn Sivert Nielsen, *A History of Anthropology*, London: Pluto Press, 2001.

(49) Kuper, Adam, *Culture: The Anthropologists' Account*, Cambridge: Harvard University Press, 1999, pp. 226-247.

(50) この流れに影響力を持った他の文献は以下のとおり。
Featherstone, Mike, ed., *Global Culture: Nationalism, Globalization, and Modernity*, London:Sage, 1990.
Hannerz, Ulf, *Cultural Complexity*, New York: Columbia University Press,1992.
Friedman, Jonathan, *Cultural Identity and Global Process*, London: Sage,1994.

(51) Appadurai, Arjun, *Modernity at Large: Cultural Dimensions of Globalization*, Minneapolis: University of Minnesota Press,1996（前掲、『さまよえる近代』）

(52) 前掲、Appadurai, Arjun, *Modernity at Large.*『さまよえる近代』七〇頁。

(53) 前掲、Appadurai, Arjun, *Modernity at Large.*『さまよえる近代』六八頁。

(54) 前掲、Appadurai, Arjun, *Modernity at Large.*『さまよえる近代』六九頁。

(55) 前掲、Appadurai, Arjun, *Modernity at Large.*『さまよえる近代』三七〜三八頁。

(56) Geertz,Clifford, *Available Light: Anthropological Reflections on Philosophical Topics*, Princeton and Oxford: Princeton University Press, 2000.

(57) Geertz, Clifford, *The Politics of Culture : Asian Identities in a Splintered World, and Other Essays.* 2002.（クリフォード・ギアツ、小泉潤二編訳「文化の政治学―分解する世界とアジアのアイデンティティ」『解釈人類学と反＝反相対主義』みすず書房、二〇〇二年、五〇〜五一頁）

(58) 前掲、Geertz, Clifford, *The Politics of Culture*（「文化の政治学―分解する世界とアジアのアイデンティティ」五一頁）

(59) 前掲、Clifford, James, *The Predicament of Culture*（『文化の窮状―二十世紀の民族誌、文学、芸術』二三頁）

あとがき

本書は二十一世紀COEプログラム〝アジア地域文化エンハンシング研究センター〟の最初の論文集である。本センターの事業推進担当者が研究対象としているアジアは、いわゆる中国を中心にして、新疆ウイグル自治区のオアシス地域、内モンゴルの草原地域、朝鮮半島、日本列島、東南アジアのバリ島やラオス等々を含んでいる。このように生態学的・植生的にも大きく異なるこれら諸地域の地域文化をいったいどのように分析すればよいのか、本プログラムに申請するにあたって、共通の視座を探すため私たちは多くの議論をかさねた。かくてたどり着いたのが方法論としての〝四川モデル〟である（本書総論を参照されたい）。

本センターでは二〇〇二年度に当該プログラムに採択されて以来、この〝四川モデル〟を座標軸として、毎年さまざまな角度から統一テーマを掲げて国際シンポジウムを開催し、アジアにおける地域文化の諸問題を中国文明を典型とする広域文明との関連から分析、討論してきた。そして本センターの構成単位である八つのプロジェクト研究所も、この国際シンポジウムの統一テーマに意識的に連動させつつ、それぞれ独自の視点からシンポジウムを開催してきた。こうして統一テーマと個別テーマとを有機的にリンクさせながら、センター全体ではかなりの数のシンポジウムを実施してきたことになる（記録は本センターのホームページhttp://www.enhan.waseda.jpをご覧頂きたい）。本書はその成果の一部であり、引き続き続集も刊行する予定である。

また本プログラムは大学院博士後期課程に置かれた教育・研究拠点であるため、その終了とともに成果としての具体的な拠点組織を実現することが求められている。早稲田大学文学学術院では二〇〇七年度に従来の第一文学部・第二文学部に代わる新学部として、文学部および文化構想学部の二つの学部を立ち上げることを決定した。それにともなって大学院文学研究科も大きく変わり、一研究科一専攻となり、従来の各専攻は各コースとなる。そこで本センターでは博士後期課程に置く新コースとして〝アジア地域文化学コース〟の新設を企画し、教授会で承認された。この新コースでは、これまで本センタ内ーで毎月行ってきた定例研究会を制度化して継承し、博士後期課程の学生に対して専攻横断的な学際的指導を行い、課程博士論文の作成を共同で指導することを目指している。

こうした教育拠点の〝アジア地域文化学コース〟の新設以外に、昨年には研究拠点の設立も実現した。それが〝アジア研究機構〟である。本機構は本学のもう一つのアジア研究の二十一世紀ＣＯＥプログラムである〝現代アジア学の創生〟、およびアジア太平洋研究センター等とともに組織されたもので、本学の特徴ある研究分野としての〝アジア研究〟を発信するための拠点である。やや具体的に言えば、大型の戦略的研究費を獲得する場合の母胎として、アジア関連の産学連携等の窓口として、アジア地域に係わる総合シンクタンクとして、そしてポストＣＯＥの研究教育拠点としての役割が期待されている。本プログラムは二〇〇六年度をもって終了し、その後はこうした〝アジア地域文化学コース〟と〝アジア研究機構〟においてその成果が確実に継承されてゆくであろう。

最後になったが、学術書の出版が困難なおり、こころよく本書の出版を引き受けてくださった雄山閣社長宮田哲男氏に、厚くお礼を申し上げげたい。

また、本書の刊行に早稲田大学より経費補助を受けたことを付記する。

二〇〇六年一月九日

工藤元男

執筆者紹介（掲載順）

大橋一章（おおはし・かつあき）
アジア地域文化エンハンシング研究センター・拠点リーダー
一九四二年生
早稲田大学文学学術院・教授・奈良美術研究所
東洋美術史
主要論著
『天寿国繡帳の研究』（吉川弘文館）
『飛鳥の文明開化』（吉川弘文館）
『図説敦煌：仏教美術の宝庫莫高窟』（河出書房新社）

近藤一成（こんどう・かずなり）
運営委員会委員長・事業推進担当者
一九四六年生
早稲田大学文学学術院・教授・長江流域文化研究所
中国宋代史
主要論著
「宋代士大夫政治の特色」（『岩波講座世界歴史3　中華の分裂と再生』岩波書店）
「東坡〈黄州寒食詩巻〉と宋代士大夫」（『早稲田大学文学研究科紀要』48）

『黒水城出土宋代軍政文書の研究』（平成15年・16年度科学研究費補助金基盤(C)(2)研究成果報告書）

工藤元男（くどう・もとお）
事務局長・事業推進担当者
一九五〇年生
早稲田大学文学学術院・教授・長江流域文化研究所
中国古代史
主要論著
『睡虎地秦簡よりみた秦代の国家と社会』（創文社）
『中国世界遺産の旅3　四川・雲南・チベット』（編著、講談社）
「禹の伝承をめぐる中華世界と周縁」（『岩波講座世界歴史3　中華の形成と東方世界』岩波書店）

李成市（り・そんし）
事業推進担当者
一九五二年生
早稲田大学文学学術院・教授・朝鮮文化研究所
朝鮮古代史
主要論著
『古代東アジアの民族と国家』（岩波書店）
『東アジアの王権と交易』（青木書店）
『東アジア文化圏の形成』（山川出版社）

新川登亀男（しんかわ・ときお）
事業推進担当者
一九四七年生
早稲田大学文学学術院・教授・水稲文化研究所
日本古代史
主要論著
『上宮聖徳太子伝補闕記の研究』（吉川弘文館）
『日本古代の儀礼と表現』（吉川弘文館）
『日本古代の対外交渉と仏教』（吉川弘文館）

肥田路美（ひだ・ろみ）
事業推進担当者
一九五五年生
早稲田大学文学学術院・教授・奈良美術研究所
東洋美術史
主要論著
『講座仏教の受容と変容4　中国』（分担執筆、佼成出版）
「涼州番禾県瑞像の説話と図像」（『佛教藝術』第二一七号）
「唐代皇帝肖像彫刻的意義与制作意図的一箇側面」（『中国史研究』第35冊）

高橋龍三郎（たかはし・りゅうざぶろう）
事業推進担当者
一九五三年生
早稲田大学文学学術院・教授・シルクロード調査研究所
日本考古学
主要論著
『現代の考古学6　村落と社会の考古学』（編著、朝倉書店）
『縄文文化研究の最前線』（早稲田大学　トランスアート社）
『マルカタ南Ⅱ―ルクソール周辺の旧石器遺跡―』（編著、早稲田大学出版部）

海老澤衷（えびさわ・ただし）
事業推進担当者
一九四八年生
早稲田大学文学学術院・教授・水稲文化研究所
日本中世史
主要論著
『荘園公領制と中世村落』（校倉書房）
「伊賀国黒田荘における寺僧私領の展開と終焉」（『鎌倉遺文研究』12号）
『景観に歴史を読む　史料編』（早稲田大学）

土田健次郎（つちだ・けんじろう）

事業推進担当者
一九四九年生
早稲田大学文学学術院・教授・長江流域文化研究所
中国宋代思想、日本江戸時代思想
主要論著
『道学の形成』（創文社）
『聖教要録・配所残筆』（講談社）
『近世儒学研究の方法と課題』（編著、汲古書院）

岡内三眞（おかうち・みつざね）
事業推進担当者
一九四三年生
早稲田大学文学学術院・教授・シルクロード調査研究所
アジア考古学
主要論著
『社会考古学の試み』（編著、同成社）
『生態考古学でみる歴史の復原』（早稲田大学文学部）
『中国新疆トルファン交河故城城南区墓地の調査研究』（編著、シルクロード学研究センター）

吉田順一（よしだ・じゅんいち）
事業推進担当者

一九四〇年生
早稲田大学文学学術院・教授・モンゴル研究所
モンゴル史
主要論著
『「モンゴル秘史」研究』（モンゴル文、中国・民族出版社）
『アルタン・ハーン伝訳注』（共訳、風間書房）
『エヴェンキ族自治旗イミン・ソムのオールド族の牧畜』（平成10年・平成12年度科学研究費補助金基盤研究(C)(2)研究成果報告書）

西村正雄（にしむら・まさお）
事業推進担当者
一九五〇年生
早稲田大学文学学術院・教授・ラオス地域人類学研究所
文化人類学、考古学
主要論著
『東南アジアの考古学』（共著、同成社）
『Champasak Heritage Management Plan』(UNESCO・Bankok)
「Representing "Vat Phou"—An Ethnograpic Account of the Nomination Process of Vat Phou and Adjunct Archaeological Sites to the World Heritage List—」（『早稲田大学文学研究科紀要』第49輯）

川原ゆかり（かわはら・ゆかり）

事業推進担当者
一九六〇年生
早稲田大学文学学術院・助教授・ラオス地域人類学研究所
文化人類学・ジェンダー研究
主要論著
『道徳を問い直す』（共著、水曜社）
The Family Revisited: Working Papers（編著、The Institute of Contemporary Japanese Studies, Waseda University）
「文化人類学からみたジェンダー研究」（『日本の科学者』Vol.38 No.1）

Finally, in an effort to reconstruct the concepts of "culture" and "locality," [WP6] discussion turns to the kinds of arguments that have come forth at the turn of the 21st century.

[WP1] Alternatively, the subtitle can be set off by a colon, e.g., ..." Culture" : Toward...

[WP2] Suggestion: Many terms and phrases are set off by quotation marks in this abstract. Confirm that all of them are necessary, and consider whether any of them could be eliminated.

[WP3] If I have misread your original sentence, delete the additions I have made here.

[WP4] As now written and punctuated in the original, the meaning of this sentence is not clear. Is there not supposed to be a comma after the word "this," so that the opening phrase should read "Together with this analysis of culture," ? (As now written, "this" appears to refer to something in the preceding statement.)

[WP5] This rewording is simply to avoid the repeated use of the word "shift," which already has been used in the two preceding sentences. Please check to see that it maintains your original intent.

[WP6] What does this underlined phrase modify or relate to? If to the "turning" of the discussion, move the phrase so that it follows immediately after "Finally," . If it modifies "have come forth...century," leave it where it is.

[WP7] What does this underlined phrase modify or relate to? If to the "turning" of the discussion, move the phrase so that it follows immediately after "Finally," . If it modifies "have come forth...century," leave it where it is.

emerging through a process.

Questioning “Culture” : Toward [WP1]a Reconstruction of the Concept of Culture

Kawahara Yukari

At present, “culture” [WP2]as a fundamental concept is faced with a crisis. Hence there are arguments that it is necessary to disassemble the concept of culture and reexamine its meaning. This paper takes as its purpose, first, [WP3]a critical overview of the establishment and genealogies of the development of the concept of culture primarily within cultural anthropology; and second, an exploration of the possibilities of a reconstruction of the concept of culture. Further, it discusses how, in the process of reconstructing “culture,” the concept of “locality” has been argued. As its methodology, the paper extracts from representative works and analyzes those definitions that exerted influence on the forms of the conception of culture particularly within cultural anthropology.

Concerning the formative period of the general idea of culture in the second half of the 19th century, it touches on the social and political context wherein “culture” and “civilization” were treated as synonymous. There follows a discussion of the background of the differentiation between “culture” and “civilization” by Bronislaw Malinowski and Franz Boas. In this discussion, the concept of “culture as a whole” eventually came to have the meaning of a particular cultural entity in a specific locale. Individual cultures, in the name of “historical particularism,” were held to be constructed within their individual histories, each possessing its own values.

Following the transitional period of the 1970s known as “the interpretation of cultures,” criticism began to arise regarding taking all of these individual cultures together within the framework of “culture as a whole.” Together, the analysis that has conceived of culture as being based on universal standards began to shift its emphasis in the direction of describing culture as a dynamic process. This shift to “cultural politics” eventually touched off a debate regarding “centrality” and “marginality.” From that point, the paper focuses on [WP5]cultural analysis of “borderlands,” analyzing the circumstances by which the meaning of locality came to be reexamined.

From first to last, the local government hoped for economic development through the development of tourism utilizing the site. They saw economic development as progress, and viewed the inscription on the World Heritage list as an opportunity for economic progress.

The local residents hoped that while maintaining their current lifestyle patterns they could improve their situation within their own ability to adapt. From the outset, even before the site was inscribed, they had taken care of the sites as places where great spirits dwelt and the mountain forest in which they are located was held to be the place to which the spirits of ancestors returned.

UNESCO itself through nominating the sites hoped for "sustainable development" that would not threaten the lifestyle of the local residents. Toward achieving that end, it was considered important to strengthen necessary knowledge for those local residents.

Ultimately, it was the opinion of the local government that won the day. Following inscription, they carried out an extensive reinterpretation of the master plan along the lines of their current notions of "development." As a result, they implemented a major compulsory resettlement of some of the villagers living adjacent to the site: Vat Phou, thus bringing a major transformation of the landscape.

In the power relations among various stakeholders, the strongest is ordinarily at the local level, and in this case it was the local government which could exercise the strongest influence over local residents. The local government thinks that the World Heritage site plays a role as a symbolic "show window" of development. It would seem that the lifestyle of the local people was seen as lagging behind the development symbolized by Champasak peasants and therefore they became a target for removal.

In conclusion, it is clear that regarding World Heritage Site status, the stakeholders' views vary and depending on time and place one of those views wins out and becomes linked with the actual guardianship of the site. Finally, in relationship with the Sichuan model, in the relation between the center and periphery, it is not always the central political power such as central government that takes the leading role, but sometimes the local political power such as local government assumes that role. It is emphasized that this interrelationship does not develop at a stroke but should be recognized as dynasty the Han (Chinese) and the Jirim league and Jo-oda league Mongolians of the Josotu league moved and settled in this area. The demographic impact of this was to reduce the territory, transforming it by the settling of nomads into a half-agricultural half-herding lifestyle, then ultimately to a completely settled agricultural life. The Oboo was observed in a particular area and it is my view that it was due to the disturbances and changes in the eastern portion of Inner Mongolia that the observing of the festival diminished. At present under the Chinese socialist administration, with Oboo disavowed and suppressed as superstition, even though the festival is possible, the Oboo festival in the eastern region of Inner Mongolia, compared with that in other regions, remains conspicuously low-key. Finally, I show that among the influences in the society of eastern Inner Mongolia are the addition of pigs as offerings and the addition of mention of staple grains in the prayers offered.

Contested Views on Heritage-the Process of Inscribing Sites in Champasak, Lao PDR, on the World Heritage List and the Marginalization of Local Residents: Toward a Reevaluation of the Relation Between Center and Periphery

Nishimura Masao

This paper's purpose it threefold. (1) It examines the process leading to the inscription of Champasak, in southern Laos, on the World Heritage list, and delineates those who held a stake in the event, the different roles they played and how their views varied. (2) It pays special attention to the opinions and expectations of those in charge of administration within the local government. (3) It considers the issues of World Heritage management, questions who that heritage is for and discusses who the nucleus of its maintenance and management is.

Among the stakeholders in the inscription of Champasak on the World Heritage list, the author identifies four main players: the central government, local government, local residents and UNESCO. The central government showed the greatest understanding of UNESCO principles and came to realize that the fundamental maintenance and management would be done by the community people in Champasak. At the same time, it consistently showed "consideration" for the local government, giving its position a dual aspect.

Following the medieval period and modern period, the borderlands and distant regions grew progressively closer, world religions and universal ways of thinking began to spread via northwest China in every direction. Further, via sea routes, Buddhism, Hinduism, Christianity and Islam began to spread from the Persian Gulf throughout the Indian Ocean and along coastal areas of Southeast Asia. These world religions and universal ways of thinking were dynamically transmitted in ways that transcended race and ethnic groups, regions and borders and historical periods. Indeed they possessed the strength to transcend regions, borderlands and distant regions in addition to transcending the nation states.

The Oboo of the Eastern Region of Inner Mongolia in the Modern and Contemporary Period

Yoshida Jun'ichi

Mongolian Oboo take the form of a cairn with a willow branch etc. placed on the top and function as loci occupied by divine spirits (nibdag sibdag and luus) which protect large and small local communities and groups of blood relatives such as banners (旗), sumu, ayil and obog. These Oboo have come to be celebrated by these communities and organizations during the summer. At present, these festivals in the eastern region of Inner Mongolia are largely low-key, in comparison with the various banners of Bayannuur city in the western region. This paper inquires into the historical reasons for this decline in activity.

Lobsangchoidan, of the Qarachin banner of eastern Inner Mongolia, taking into consideration eastern Inner Mongolia in 1918, has pointed to the rampancy of banditry, the disturbances resulting from the 1911 Revolution and the collapse of the Qing dynasty, through which the region became part of the Republic of China. From a consideration of these points as a departure, I examine the circumstances of the Oboo festival in eastern Inner Mongolia since 1918, showing that the inactivity continued through the period leading up to the establishment of Manchukuo and into that period as well. I point out that the notations in contemporary stating that the Oboo festival was banned are inaccurate. The strongest reason for the inactivity in celebrating the Oboo festival-which Lobsangchoidan did not point out-is that following the Qing own way. As a result, it came to be embodied in Japan's peculiar nature. Hence, in many different ways as this thinking came to be recognized and formed, it became a foundation upon which further new arguments and expressions were formulated.

The Dissemination of Thought and Religion as Seen in the Silk Road Region, the Borderlands and the Distant Region

Okauchi Mitsuzane

We use the generic term "Silk Road" when referring to the east-west routes of interchange in Afro-Eurasia, which includes northwestern China. The coming and going of people, ideas, beliefs and trade goods alternated widely depending on the period, region and route. Northwestern China when seen from Zhong yuan was not a region but a borderland, and when seen from Japan it was a distant region. That is, the meaning of region, borderland and distant region depends on the location and perspective of the place that is taken as the starting point, as well as on such temporal factors as the historical era. This paper investigates the differences and universal characteristics in the regions, borderlands and distant regions in thought, religion, belief, manners and customs in terms of geographic region and the axis of time.

In northwest China from the Paleolithic era to the Neolithic era onward, resident ways of thought and beliefs put down strong roots and composed the foundations for local culture and society. From the Bronze Age into the Ancient period and thereafter, various kinds of thought, religions, beliefs, manners and customs were introduced to the area from the four points of the compass. As representative of what was disseminated, from India came Buddhism, from China came Taoist thought on immortality, Confucianism and Taoism, from West Asia came Zoroastrianism, Christianity, Manicheanism, Nestorianism and Islam. In addition, there remain a large variety of materials related to thought, religion, belief, manners and customs. The people of northwest China, from the very birth of ancient China, while taking as their base the region's own unique thought, customs, manners and beliefs, had adopted according to their own subjective judgment and standards the ideas and religion transmitted from surrounding regions.

Chinese Confucianism, yet there were Confucianists in Japan who were recognized as such by society. In other words, there was in Japan what one might call a "self-conscious Confucianism." However, it is also true that in Japan, certain elements originally employed by Confucianism-for example, the mortuary tablets into which the soul of the deceased is transferred-took root within Buddhism. This is what might be called "unconscious Confucianism." When Confucianism is made conscious, in many instances it is accompanied by a criticism of Buddhism. At such times, what is brought forward are the "three fundamental principles in human relations and five virtues," the ultimate example of "self-conscious Confucianism."

However, even in relation to these "three bonds and five virtues," there is a difference in concrete terms between Japan and China. Therein rises the issue of "shared patterns" and "divergent content." As an example, China, Korea and Japan all share an emphasis on propriety, but there is local disparity in the specific details. Perhaps the clearest example of this is that Japan diverges from China and Korea in having abandoned from ancient times through the modern period the actual practice of "three years of mourning" for one's parents. The "shared pattern" lies in the common attitude of esteeming discipline and order in everyday affairs, in what might be referred to as "decorum" or "etiquette." The "divergence of content" lies in the differences in how that discipline and order are implemented. From this we can discern another significant element that can be called the influence of Confucianism in Japan. That is, by becoming aware of "divergence of content," one becomes consciously aware of Japanese spiritual states and folkways that we had not been conscious of beforehand. In particular, due to the diffusion of Zhu Xi thought, which possesses the strong characteristics of universality, this phenomenon was encouraged.

The development of Zhu Xi thought in East Asia had the impact of taking mental and ideological issues which had until then not been given clear expression and rendering them with clarity through rigorous Zhu Xi argumentation. For example, because of Zhu Xi Confucianism, in the Edo period Ito Jinsai was able to thoroughly critique issues and construct an ideology deeply rooted in the everyday experience of the locale. In addition, members of the school of Yamazaki Ansai including Asami Keisai, while critiquing Jinsai, were able to put Zhu Xi ideology to everyday use in their rice paddy agriculture in Japan is dependent upon skillfully capturing water during the short rainy season. The concern of the members of this community is focused on the construction of reservoirs and how to manage them. In carrying out surveys on villages in Japan, one realizes that in a very large number of cases the sluices and waterways are managed either by individual owners or two or three farm households. The focus of the community is therefore on the village-owned ponds. In order to pursue common issues of Bali and Japan, in this paper I consider the issues of dams and waterways in Japan in modern times. Conquering the short rainy season becomes a major issue, and a time-based water supply restriction is established. Negotiations are carried out within the village, and these rely on the judgment of the great village headman. At such times, the issue goes beyond simple irrigation management and is settles as an administrative issue of the village. In the transformation from the early-modern period to the modern period, these circumstances did not change and it became necessary for even those villages were not adjacent to one another to gather to solve irrigation water issues. On reconsideration, in the case of Bali, as Geertz indicates, at the village level there are three organizations, while the Japanese village takes the form of a unified whole. This is thought to be closely related to the instability of the upper structure. Administration at the village level was always potentially ready to break up. In terms of placing emphasis on decorum and working toward unification, both the upper structure and lower structure share the same character, and at the hamlet level, Bali, compared with Japan, can be called a "theatre state" in character. From this perspective, Japanese early-modern society considered in this paper could not be considered a "theatre state." However, "theatre state" aspects can be seen in medieval society, and ultimately Japan, while based upon paddy-field agriculture, can be said to have wavered between being a "water-power state" -which had its origins in the Qin and Han dynasties-and "theatre state" characteristics.

The Function of the Zhu Xi Thought in East Asia

Tsuchida Kenjiro

It has often been argued that Japanese Confucianism is different from receiving Chinese Buddhism when it was introduced from the Southern Court. However, although the five kings of Wa paid tribute to the Southern Court repeatedly through the 5th century, Japan was never able to import Chinese Buddhism. In the 6th century Paekche sent to Japan in an alternating system masters of the five Confucian classics. They commenced the instruction of writing culture, and as the intellectual level of the Japanese rose, Buddhism was successfully transmitted.

Theatre State Bali and Pre-modern Japanese Society as Seen in Village Water Supplies

Ebisawa Tadashi

In the 2003 symposium "Structure of the Study of Asian Local Cultures" which initiated the 21st century COE program, I gave a presentation on "Communities, Courtesies and Paddy Field Restoration: Tsushima and Bali." I indicated the special characteristics of two water-utilization nations in East Asia, the irrigation society of the Qin and Han dynasties explicated by Karl Wittfogel which could be contrasted with water-supply societies of Japan and Bali, in which irrigation is managed by villages working in concert. On the macroscopic level, I believe those points remain valid. However, in the interim, ongoing surveys of Bali have gradually clarified points of difference between the villages which supported the "theatre state of 19th century Bali" and the villages of pre-modern Japanese society. Clifford Geertz, taking over the tradition of research on Bali and seeing in the structure the special quality of Negara, in which there is a solid understructure and a swaying upper structure, has named this "the theatre state" However, a degree of modification is required.

The villages of Bali and Japan share the common characteristic of attaching importance to the communal society involved in irrigation rights. To short, in Bali the focus is on waterways, while in Japan it is on ponds. In Bali, because in general there is a difference in altitude between the rice paddies and the riverbeds, it is necessary to dig long waterways across steeply inclined slopes-under severe natural conditions which make maintenance and management dangerous-even requiring the excavation of trowongan tunnels. As a result, the concern of the community members focuses on this element. By contrast,

Receptivity of Southern Court Buddhist Art in Paekche and Japan

Ohashi Katsuaki

This paper considers the circumstances of receptivity by which Chinese Buddhism and Chinese Buddhist art in the latter half of the 4th century was transmitted from the Chinese Southern Court to Paekche in the Korean peninsula, and in turn, in the first half of the 5th century was transmitted from Paekche to Japan.

It is thought that Buddhism was introduced to Japan in the Former Han period, but for 200 years thereafter it did not flourish in China. That it took Buddhism such a long time to actually spread through China was because China already possessed a sufficiently high level of thought and culture to resist Buddhism. For the newly arrived Buddhism to be accepted within China required a two-hundred-year period of merging with Chinese culture and civilization.

Profound Buddhist thought was Sinified while bonding with Taoist conceptions and traditional Chinese thought. The temples were the base of Buddhism's rise employed traditional palace architecture, one of huge wooden structures and brightly colored tile roofing. A brilliant golden gilt bronze statue of Buddha was placed in the Buddha hall, majestic murals were painted directly on the faces of the walls and the entirety was rendered majestic with traditional Chinese applied arts. For Buddhism to flourish in China required that the different culture of Indian Buddhism be wrapped within the culture of Chinese tradition. In short, at this point Chinese Buddhism appeared for the first time.

During the period of the Northern and Southern Courts, Chinese Buddhism flourished in both the Southern Court, ruled by the Han, and the Northern Court, controlled by the Northern Peoples. It was said that in the capital of Nanjing and Luoyang huge, ornate wooden buildings stood side by side on the streets and multiple splendid, enormous gilt-bronze statues of Buddha were enshrined in each Buddha hall displaying the traditions of Chinese art. This Chinese Buddhism was no doubt t the forefront of civilization in East Asia.

However, Chinese Buddhism, the vanguard of East Asian Civilization, did not acquirc a culture of written language, i.e., for people of lower intelligence, it was difficult to comprehend. At the end of the 4th century, because Paekche had already achieved a literature civilization, it was capable of years ago was an essential historical step in the progress toward ancient state formation in Japan and until now within archaeology there has been a tendency to assess the development of that society as autonomous rather than reflecting influences from abroad. However, when one examines the political movements in East Asia at that time, Yayoi development cannot be seen as occurring entirely independent of the historical movements of East Asia. If anything, in the transformation from the initial stage of the chiefdom to the more complex stages, one can perceive the constant agency of active contacts with the Han, the Wei Dynasty and the Korean peninsula. The earliest record is the Weizhi, the Wei Chronicle, which states that in the year 57 the chief of the Na chiefdom paid tribute to the Han Court, and mentions an edict by Emperor Chien-wu Chung-yuan and presentation of a gold seal inscribed "King of Wa affiliated with Han" indicating a regional chiefdom was based in northern Kyushu. In the tribute of Suisho in 107, whatever the reality, the term "King of Wa State" was used for the first time. Thereafter in response to the legation of Nanshoume and Toshigyuri sent by Himiko in 239, the Wei Dynasty designates Himiko as "Queen of Wa Friendly to Wei," indicating she was more than a tributary and more like an "outer vassal." Coming from the system of the Han Court, this was a cordial exception. This was a decision brought forth by the social circumstances of the Three Kingdoms period, but the kingdom of Wa made great use of the gold seal and the official dignity as the most prestigious item in the world. For this reason, her position within the Wa was consolidated and unification as a chiefdom was strengthened. Thereafter during the Wei Dynasty the Wa chiefdom tributes to the Han and Wei were all from the chief of northern Kyushu and Yamato, and hence is related with the actual records of these emissaries' tributes and the bestowal of gifts such as mirrors and glass bi disks which became significant prestigious possessions. The chiefs utilized these prestigious gifts to the greatest possible degree, communicating their chiefhood to the populace. The chiefs carried out competitive feasts and rituals in order to secure their positions as chiefs. This method is often found within the ethnography of chiefdoms.

As an example of the icons brought from the capital of Zhongyuan to Chengdu and then widely diffused from Chengdu to the surrounding areas one can put forth the "Buddha with Bhumisparsa Mudras," a Buddha of complex characteristics. In the Sichuan region it became popular as possessing the merit of dispelling various misfortunes. It was not only this "Buddha with Bhumisparsa Mudras" that was carved in Sichuan but there was an especially large number of other sculptures of Vaisravana (毘沙門天) and the Thousand-Arm Avalokitesvara carved in the western portion and central portion of the valley centering on Chengdu which were also held to be efficacious in protection against calamity.

When one looks anew at the Sichuan region and its neighboring areas during the T'ang period, one notices that this area was the geographic boundary of the mixed settlements of Han (Chinese) and various southwestern ethnic groups. In the west were the Tufan （吐蕃） and in the south the Nanzhao (南詔), and toward the end of the T'ang period the Nanzhao actually laid siege to Chengdu for a period of two months. For Chengdu-and indeed for China as a whole-the western and central regions of the Sichuan valley was the front line of defense against these other peoples.

Precisely because it was the border region dividing different peoples, there was an urgent need to win over the sentiments of the peoples who came into contact and conflict with one another and protect against misfortune. There were instances where the central court dealt with these demands directly and indirectly, but in the Sichuan region one finds what might be called a local consciousness proud of its local identity vis-a-vis the central government. The region became a breeding ground for popular religious beliefs and artistic activity. The creation of such works as Ksitigharbha (地蔵菩薩) or worldly merit and the popular "Sculpture of the Western Pure Land were particularly common because of this marginal location. In this paper I have clarified at least partially the main factors leading to the formation of the local culture of Sichuan and the characteristics of that culture.

The Development of Yayoi Society and the East Asian World

Takahashi Ryuzaburo

The formation and development of Late Yayoi society approximately 2,000

Kudara O (King of Paekche) with the Emperor of the Northern and Southern Dynasties had a major influence on the two types of name creation. Furthermore, each contributed to acquisition of methods of awareness of social order within the archipelago symbolized in the swords.

However, there was a difference between the long sword in the west and the steel sword in the east. The long sword of the west favored the discourse world of China's Northern and Southern Dynasties and the kingdoms of the Korean peninsula. However, the vassal relationship between Wakatakeru Daio and the possessors of the long sword is a weak one. To the contrary, it would seem to show that the territorial strength of those who possessed the long sword was highly independent. The eastern steel sword symbolized the strength of ties in terms of character between Wakatakeru Daio and the possessor of the steel sword. It further reveals that the peculiar logic of Japanese mythology and genealogy was advanced in the east.

The multilayered regional culture of the Japanese archipelago as a region within East Asia and the various regions within that very archipelago are shown in relief by this acceptance of Chinese characters through the intervention of the value of goods.

The Sichuan Region As Seen in Buddhist Cliff Sculptures

Hida Romi

Cliff sculptures distributed broadly throughout the Sichuan region were carved over a period of five centuries from the T'ang through Sung Dynasties, and the center of this sculpturing activity shifted from the northern region of the valley southward and from the western and central regions toward the eastern region. This would appear to indicate that the influence of Zhongyuan (中原) penetrated geographically from the northern section, which is near Zhongyuan, gradually southward, but in fact that was not actually the case. There is a shift in the subjects and iconography employed in the cliff sculptures between those in the northern region and those in the western and central sections. It is conjectured that the central reason for this is that in the western section the closer the sculptures were to Chengdu, in the heart of Sichuan, the greater was the influence of the faith and sculpture of the urban temples and shrines of Chengdu.

had been accepted by Koguryo, which had achieved a pioneering form of nation state, influenced Silla, whose own formation of a nation state in the southern portion of the Korean peninsula developed somewhat later. It can further be assumed that they were involved in a reciprocal process of establishing their own unique culture of Chinese characters.

From the perspective of receptivity of civilization between Chinese civilization and adjacent regions, the Chinese character culture of the Nangnang region, from northeastern China to the Korean peninsula, one can grasp how the pioneering receptivity and transformation found in Koguryo was precisely the process by which the southern portion of the Korean peninsula and the Japanese archipelago were made receptive to civilization.

Regional Culture of the Japanese Archipelago As Seen in the Receptivity of Chinese Characters

Shinkawa Tokio

This paper examines how early Chinese characters (provisionally called koten moji, classical characters) were acquired from the Chinese mainland and the Korean peninsula and reproduced in the Japanese archipelago between the 3rd and 5th centuries and how those ideographs influenced the formation of the archipelago's society and the form of the people's consciousness. Following are the important issues considered.

First, characters and writing were inscribed on mirrors and swords or on such offerings and newly manufactured goods as earthenware. This indicated that characters and writing were dependent upon the value of the goods themselves and that these characters and writings were not yet independent.

Second, in the latter half of the 5th century, long inscribed names began to appear on swords. Examples of this include the long sword excavated in the west from the Kikusuimachi Edafunayama kofun in Kumamoto prefecture and the steel sword excavated in the east from the Gyoda-shi Inariyama kofun in Saitama prefecture. That it spread to this degree attests to the rapid advance of the acquisition of characters symbolizing the value of swords and the reproduction of those characters in various regions of the archipelago. What is of particular significance in this context is that the international document indicating vassalage exchanged between Wakatakeru Daio (Wa no Buo) and under the government and order of the Qin and Han dynasties, and the particular local cultures that had existed since the New Stone Age were lost. In this sense, the Qin-Han period was indeed epochal in East Asian history. This paper examines the process by which the peripheral regions' ethnic groups and its various countries were incorporated into the Chinese empire, from the standpoint of the system of commanderies and counties based on the model of Qin and Ba-Shu and presents this as the "Sichuan model."

Characteristics of the Nangnang Region Seen Through the Culture of Chinese Characters

Lee Sungsi

This paper traces the culture of Chinese characters in Silla, the early stage of which can be found at least as early as the 6th century, through excavated materials such as wooden strips carrying official messages and stone monuments. Of particular significance is that the recently excavated Seongsan-sanseong wooden strips (mid-6th century) show that already by that time with the characters found in the monument of Namsansinseong (591 A.D.) the command and utilization of the populace was already systematized.

That Silla had this proficiency in early characters requires that attention be paid to its relations with Koguryo. The unique written style of 6th-century Silla which repeats 「教」 can be traced with certainty back to the monument of King Kwanggaeto (414 A.D.). Further, the monument of the Jungwon Koguryo, which is entirely different from the inscription on the monument of King Kwanggaeto, shows a writing style that materialized between the Koguryo writers and the Silla readers. It can be seen that owing to the political relationship with Koguryo, Silla from early times had mastered the modified characters of Koguryo which differed from the standard Chinese style. It appears that proficiency existed not only in the style itself but that it extended to multiple aspects of what we call moji bunka.

The formation of the ancient nation state of Silla proceeded along the path of breaking away from the political influence of Koguryo in the latter half of the 6th century. That process was also one in which the joined forces of the Royal Capital began to control and unify various surrounding areas. In those circumstances, it can be assumed that the Chinese character culture which

The Legal System and System of Commanderies and Counties of the Qin Rule of Ba-Shu

Kudo Motoo

The decision by the Qin to subjugate Ba-Shu was reached and implemented following strenuous debate over the line of rulership. However, there were various particular local factors in the background of Ba-Shu that prevented its rule from becoming like that of Qin proper. As a result, in the Ba region a feudal domain-like public order was maintained and in the Shu region, following a stage as a dependent state, a system was formed that was composed of commanderies and counties. Later, when the Qin unified China, the feudal system was abolished and the entire land came to be ruled under a commandery-county system. During the Former Han dynasty, a feudal system was reestablished and used jointly with the system of commanderies and counties. As Kurihara Tomonobu made clear, in the Former Han dynasty, the commandery-county system was put in place throughout China proper, enclosing the surrounding regions in a feudal system. Further, a multilayered world order was constructed which incorporated various ethnic groups and various countries existing within the system of commanderies and fiefs and in the extensions of the empire, a system inherited by subsequent Chinese dynasties. In this system of control and social order, the experience of the Qin in ruling Ba-Shu, the first step it encountered in the process of unifying the six kingdoms, is markedly evident.

In the middle and late period of the Former Han dynasty, in regions where immigrants were numerous, Han absorption of the original peoples progressed, and in many areas in the Sichuan valley the distinctions between immigrants and original peoples disappeared. In other words, Ba-Shu culture as a local culture disappeared through the establishment of the Qin and Han dynasties. In this manner, the empire's military and political control extended into the fringes of the interior of the Chinese empire and among the various ethnic groups and countries located outside the empire proper. As they were incorporated within the empire's control and order, each region's particular culture was lost. As a result, it can be said that "Chinese civilization" is a symbol of the rule and order imposed by the Chinese empire, and it was possessed of such enormous strength that it colored all of East Asia in the tint of the Chinese empire. Various ethnic groups and countries were incorporated

General Outline: To Develop a Construct of Asian Regional Cultural Studies

Kondo Kazunari

The JSPS states the purpose of the 21st century COE Program as follows: "By thus raising the standard of both education and research in them, the Program seeks to elevate Japanese universities to the world' s highest echelons, while fostering people of talent and creativity who will be qualified to assume roles as world leaders. In this way, the Program aims to promote the development or universities that are vigorous in the pursuit of their mandates and that are competitive at the highest levels of international excellence." The purpose of this chapter is to explain how the Research Center for Enhancing Local Cultures in Asia, within the Waseda University Graduate School Literature Department, in pursuit of COE goals researches Asian regional cultures and how it is educating researchers.

The authors of the articles in this volume, who are engaged in the study of Asian regional cultures as an interdisciplinary field, are bringing together the most up-to-date research in their individual disciplines and by means of continuing discussions of each others' work are attempting to delineate a new historical picture of Asia. In that pursuit, we have taken as our foundation and point of departure the legacy of research left by two former scholars of Asian history at Waseda University. There are the historical foundations of Asia according to the Sanfudotai theory of Matsuda Hisao and the international system and structure model of the Han dynasty proposed by Kurihara Tomonobu. By combining these two concepts, we have delineated a fundamental structural outline upon which each scholar's research is based. With this as a base, we have introduced the Sichuan model as a conceptual methodology and enhanced it with research techniques, inquiring into the various ways in which civilization and culture interrelate-whether in conflict, absorption, fusion, transformation or independence-in the interaction between the civilization of broad regions and local regional cultures. This volume is the result of attempts to detect from this a new figure of Asia amidst these dynamic movements. In that sense, this volume is an attempt to develop a construct of Asian regional cultural studies.

平成18年３月31日初版発行　《検印省略》

アジア地域文化学叢書《ちいきぶんかがくそうしょ》Ⅰ

アジア地域文化学《ちいきぶんかがく》の構築《こうちく》　―21世紀《せいき》COEプログラム研究集成《けんきゅうしゅうせい》―

編　者　©早稲田大学アジア地域文化エンハンシング研究センター
発行者　宮田哲男
発行所　㈱雄山閣

〒102-0071　東京都千代田区富士見２－６－９
ＴＥＬ　03-3262-3231㈹　FAX 03-3262-6938
振替：00130-5-1685
http://www.yuzankaku.co.jp

組　版　創生社
印　刷　吉田製本工房
製　本　協栄製本

法律で定められた場合を除き、本書からの無断のコピーを禁じます。

Printed in Japan 2006
ISBN4-639-01925-4 C3020